北京物资学院学术专著出版资助基金项目

北京物资学院校级青年科研基金项目（2022XJQN35）

投资组合模型优化及效率评价研究——基于不确定环境

TOUZI ZUHE MOXING YOUHUA JI
XIAOLÜ PINGJIA YANJIU
JIYU BUQUEDING HUANJING

王建建 何 枫 著

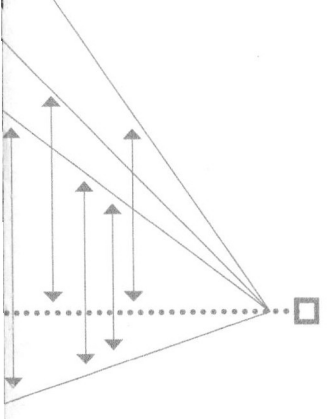

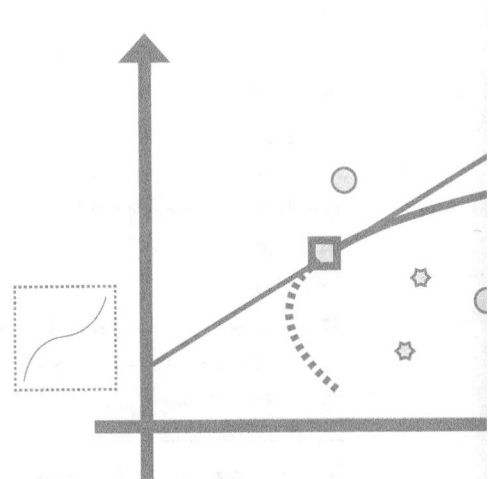

首都经济贸易大学出版社

Capital University of Economics and Business Press

·北 京·

图书在版编目(CIP)数据

投资组合模型优化及效率评价研究:基于不确定环境 /
王建建,何枫著 .--北京:首都经济贸易大学出版社,2023.6
ISBN 978-7-5638-3534-8

Ⅰ.①投… Ⅱ.①王… ②何… Ⅲ.①组合投资-投资
模型-研究 Ⅳ.①F830.59

中国版本图书馆 CIP 数据核字(2023)第 109714 号

投资组合模型优化及效率评价研究——基于不确定环境

王建建 何 枫 著

责任编辑	杨丹璇
封面设计	风得信·阿东 FondesyDesign
出版发行	首都经济贸易大学出版社
地　　址	北京市朝阳区红庙 (邮编 100026)
电　　话	(010)65976483　65065761　65071505(传真)
网　　址	http://www.sjmcb.com
E - mail	publish@cueb.edu.cn
经　　销	全国新华书店
照　　排	北京砚祥志远激光照排技术有限公司
印　　刷	北京九州迅驰传媒文化有限公司
成品尺寸	170 毫米×240 毫米　1/16
字　　数	364 千字
印　　张	23
版　　次	2023 年 6 月第 1 版　2023 年 6 月第 1 次印刷
书　　号	ISBN 978-7-5638-3534-8
定　　价	68.00 元

前　言

　　技术进步是推动金融业发展与变革、促进我国经济高质量发展的重要动力。在数字经济时代，金融科技能够优化金融业资源配置方式，催生金融业支付结算新业态，提升信息收集与传递效率，优化金融业风险管理模式，通过"金融乐高"的形式为金融业提供全新可能性。同时，金融科技能够通过促进实体经济高质量发展，推动数字产业基础建设，助力金融科技战略部署。因此，要重视金融科技相关风险管理与防控，建立数字经济时代的金融行业效率评价体系。金融科技发展步入新的阶段，技术进步使得金融机构能够更好地识别风险、管理风险。金融科技提供了信用风险评估模式并且控制了信用风险。随着金融科技的发展以及机器学习和深度学习等技术的进步，金融机构能够通过对市场数据的分析来进行市场预测，其预测结果亦能够供金融机构参考，使其能够捕捉市场规律，精准识别市场风险，提高市场风险管控效率，促进金融业良好发展。

　　"十四五"时期，数字经济成为我国实现高质量发展的关键支撑，而对金融数字化转型而言，到目前为止，属于金融行业的证券投资组合理论不断发展，已成为金融市场中重要的组成部分。由于证券市场环境日益复杂，不稳定性使得不确定环境下证券投资组合的研究成为众多学者关注的焦点，亟须探索研究更加合适的组合模型来抵御风险。不确定性是投资组合模型非常重要的因素，许多基于均值-方差框架衍生而来的不确定模型大都考虑将风险和收益的不确定性进行量化处理，在模型构建中却忽视了实际市场交易中摩擦因素（如交易成本与市场流动性等）的影响，这些在实际证券市场中不可避免地会对交易的结果产生巨大影响，使得投资者在证券市场中极有可能面临不确定、不精确的金融数据。因此，有必要考虑采用区间数与模糊数来量化这类指标，同时将交易成本以及市场流动性纳入不确定环境下的模型，分别建立相应的不确定投资组合优化模型进行求解研究，并针对不确定环境下投资组合模型的效率问题建立有效评价体系。

不确定性是决策分析研究中最主要的困难。事件的不确定性主要有两种不同的表现形式：随机性和模糊性。投资组合选择是投资者在不确定环境下的投资决策问题。自从1952年马科维茨运用数量化方法创立了证券投资组合理论以来，随机不确定性环境下的投资组合选择问题的研究已经发展得相当完善。然而，对于投资决策中模糊不确定性的研究却比较少。近几年证券市场中的不确定性逐渐被人们所认识和关注，基于模糊不确定性的投资组合选择正在成为学术界关注的重要研究领域之一。

本书基于笔者的博士学位论文，分别采用区间数及模糊数和最优化方法等工具对证券投资组合选择问题进行了系统深入的研究，试图为投资决策建立一种新的分析框架。针对中国证券市场，本书提出采用区间数及模糊数量化投资组合模型的预期收益、风险及流动性指标，构建了若干有实践价值的不确定环境下的组合优化模型，通过改进目标函数及约束条件的优化方法进行求解，并且采用中国证券市场的数据对模型给出了应用实例。同时，基于数据包络分析法，针对不确定环境下的投资组合模型，本书提出了区间DEA的投资组合效率评价模型及模糊投资组合的效率评价模型的一般形式。本书还介绍了该领域其他学者的重要研究进展。本书的主要研究内容包括以下六个部分：

第一，建立了考虑收益、风险和流动性的多目标区间规划模型，并采用理想点法和线性加权和法对模型进行求解。首先，运用理想点法求各个目标的最佳最优值和最差最优值，并引入优化参数级别，从而将不确定规划问题转化为确定规划问题；其次，运用线性加权和法，通过直接引入优化参数的水平来求解模型；最后，通过数值算例及实际证券组合对两种方法进行比较。

第二，改进区间可接受度的证券投资组合区间二次规划模型。首先，建立随机不确定环境下的投资组合模型。其次，针对构建的不确定投资组合模型的目标函数和约束条件含有不确定数的情况，提出了基于改进区间可接受度及可能度确定性转换方法进行模型的求解。最后，通过证券的数据实验，与已有的传统方法进行对比。

第三，研究了证券投资组合的广义区间二次规划模型，考虑采用拉格朗日对偶算法求解该模型上界，以获得更精确的值。最后通过两组证券实际应用来验证所建立的模型，结果表明：采用拉格朗日方法求解所提出的模型可以得到更精确的投资组合的风险区间，有助于投资者在现实生活中进行更加合理的投资选择。

第四，针对模糊环境下的投资组合问题，首先用三角和梯形模糊数分别描述证券的收益率和流动性，并在模型中引入了线性交易成本，建立了一种新的含交易成本及流动性约束的投资组合风险最小化的模糊二次规划模型。为求解该模糊模型，本书提出采用 γ-截集，将模糊二次规划模型转化为区间规划进行求解。最后通过实验将本书构建的模型与设置流动性和交易成本是否存在的三种模型进行比较，结果表明：采用本书模型得到的结果更优，而且投资者可得到模糊环境下不同参数对应的风险值，使投资者可做出更接近市场实际情况的投资决策。

第五，结合了投资组合与效率评价两大理论体系，针对不确定环境下证券的区间收益率、风险损失率，运用区间 DEA 方法，提出了区间 DEA 的投资组合效率评价模型。基于 DEA 的投资组合效率评价的研究大多在投入与产出指标为精确数且不考虑市场摩擦因素影响的前提下展开。然而，现实证券市场中存在各种摩擦因素与限制，因此在用均值方差前沿面来评价投资组合的效率时存在一定的难度，从而无法获取真实有效的效率值。为解决此问题，本书首先采用区间数刻画收益率及风险损失率，以此构建了区间 DEA 的投资组合效率评价模型。其次，通过投资组合的实例验证了采用区间 DEA 方法来评价不确定环境下投资组合有效性具有一定优势。最后得出结论：采用区间 DEA 方法对未来不确定环境下的证券投资组合的效率值进行估计，可得到组合收益及风险区间有效范围，有利于投资者做出合理的投资决策。

第六，证券市场的多摩擦因素（如交易成本及流动性的限制）的影响使得投资者很难获得精确的收益率，为投资组合的效率评价带来一定的难度。为此，基于模糊理论，本书针对不确定环境下证券的模糊收益率，引入了交易成本、交易量限制等约束条件，结合数据包络分析方法，建立了基于 DEA

的模糊投资组合效率评价模型的一般形式，以便针对含摩擦因素的模糊投资组合进行效率的评估。最后，通过实际应用验证了本书效率评价模型的有效性和实用性，有利于投资者针对不确定环境下证券投资组合模型的效率做出合理的投资决策。

本书能够顺利完稿，首先要感谢导师何枫教授在书稿写作过程中给予的建设性意见及写作指导。其次，感谢 Wind 金融终端数据库提供了各类证券详细的统计数据，为研究的顺利开展起到了铺垫作用。再次，感谢北京科技大学经济管理学院的胡枫教授、黄晓霞教授的宝贵建议，感谢北京科技大学经济管理学院博士徐晓宁、马栋栋、李航、陈丽莉、刘荣、刘艳荣等在本书撰写过程中提供的建议，感谢硕士生王启立、徐秀梅等在我生活上遇到困难时提供的帮助和支持。在本书付梓之际，谨向参与本书研究的所有人员给予的鼎力支持表示感谢。同时，感谢首都经济贸易大学出版社的帮助和支持。

本书在分析和论证过程中应用和借鉴了国内外许多学者的部分相关研究成果，这些研究成果对本书的内容起到了极大的支撑作用，在此表示衷心的感谢。感谢北京物资学院学术专著出版资助基金项目及 2022 年校级青年科研基金项目（2022XJQN35）提供的资助。本书可供从事金融数学、金融工程和金融管理研究的科研人员，从事实际投资决策的专业人员以及有关专业的高等院校师生阅读参考。

由于时间紧，加之笔者水平有限，本书对有些问题的研究不够深入，数据未能及时更新，需要做进一步的研究。对于著作的不妥之处，恳请各位专家、同行及广大读者批评指正。

目　录

第1章　绪论 ………………………………………………… 1

1.1　研究背景 …………………………………………………… 3

1.2　研究意义 …………………………………………………… 7

1.3　研究内容、研究方法与技术路线 ………………………… 10

第2章　理论基础及文献综述 ……………………………… 17

2.1　证券投资组合的基本理论 ………………………………… 19

2.2　不确定数相关理论 ………………………………………… 35

2.3　效率评价 DEA 理论 ……………………………………… 42

2.4　不确定性证券投资组合模型及效率评价研究综述 ……… 55

第3章　基于区间数的多目标证券投资组合模型 ………… 79

3.1　基于区间数的多目标证券投资组合模型的构建 ………… 82

3.2　求解区间数的多目标证券投资组合模型 ………………… 84

3.3　应用分析 …………………………………………………… 87

3.4　本章小结 …………………………………………………… 98

第4章　改进区间可接受度的证券投资组合区间二次

**　　　　规划模型** ………………………………………… 101

4.1　含交易成本的区间二次规划模型构造及其求解 ………… 105

4.2　数值应用 …………………………………………………… 115

4.3　本章小结 ……………………………………………………… 123

第 5 章　基于证券投资组合广义区间二次规划的数值解

　　　　　及实际应用 …………………………………………… 125

　　5.1　含流动性的证券投资组合的广义区间二次规划模型 ………… 129

　　5.2　证券投资组合的广义区间二次规划模型的求解 ………… 130

　　5.3　数值投资应用 ……………………………………………… 135

　　5.4　本章小结 ……………………………………………………… 142

第 6 章　证券投资组合模糊二次规划模型 ………………… 143

　　6.1　预备知识 ……………………………………………………… 147

　　6.2　模型建立及求解 ……………………………………………… 148

　　6.3　数值算例 ……………………………………………………… 156

　　6.4　本章小结 ……………………………………………………… 163

第 7 章　基于区间 DEA 的投资组合的效率评价及实际应用 ……… 165

　　7.1　证券投资组合效率评价模型 ……………………………… 167

　　7.2　基于区间 DEA 的投资组合效率评价模型 ……………… 179

　　7.3　实例分析 ……………………………………………………… 182

　　7.4　本章小结 ……………………………………………………… 208

第 8 章　基于 DEA 的模糊投资组合的效率评价及实际应用 ……… 209

　　8.1　模糊证券投资组合效率定义 ……………………………… 213

　　8.2　模糊投资组合效率评价模型的一般形式 ………………… 214

　　8.3　实证分析 ……………………………………………………… 223

　　8.4　本章小结 ……………………………………………………… 233

第 9 章　结论及研究展望 ·································· 235

参考文献 ·· 245

附录 1　第 3 章 10 只股票每月收益率 ····················· 271

附录 2　第 3 章 10 只股票每月收益率区间计算分布表及图 ··· 279

附录 3　第 3 章 10 只股票每月换手率区间计算分布表及图 ··· 291

附录 4　第 3 章理想点法和线性加权和法模型代码 ·········· 303

附录 5　第 4 章基于改进区间可接受度及可能度的模型代码 ·· 309

附录 6　第 5 章基于广义区间二次规划数值解代码 ·········· 317

附录 7　第 6 章模糊二次规划代码 ······················ 325

附录 8　第 7 章 23 只股票不同时段的效率值 ··············· 329

附录 9　第 7 章 5 只股票 10 种组合在不同时段的效率值 ······ 335

附录 10　第 7 章 10 种组合下 5 只股票不同时段的最优
组合比例 ······································ 339

附录 11　第 7 章 23 只股票区间收益及风险代码 ············· 343

附录 12　第 7 章基于区间 DEA 模型求 23 只股票不同模式下
区间效率代码 ·································· 347

附录 13　第 8 章基于 DEA 模糊投资组合效率评价代码 ·········· 353

第 1 章　绪论

1.1 研究背景

经过近 30 年的发展，我国证券市场逐步走向成熟，我国证券业逐渐演变成社会经济发展中最具发展前景的行业之一并取得了重大成就。证券市场在促进我国经济结构调整、推动市场经济迅速发展以及深化国有企业改革等方面起到了至关重要的作用。目前证券市场的法规体系及交易技术手段处于世界较为领先的水平，已成为我国金融体系当中一个必不可少的关键成分，其经济地位也日益显现。投资者为了获取高额的收益，选择购买不同种类的基金、股票、债券等有价证券进行投资，这种通过买卖证券赚取差价的行为称为证券投资。

基金是金融市场不可或缺的主体，其投资绩效成为金融行业众多研究者十分关心的问题。与欧美发达国家的基金发展相比，我国的基金发展相对较晚。随着我国综合国力的提升及改革开放的深入，我国基金的衍生品有了较大的发展。与 2012 年的基金结构相比，2022 年我国股票型和债券型基金占比有了大幅度的提升，混合型基金占比虽有所下降，但仍在所有基金中占据最大比例。此外，2022 年的基金中还衍生出其他金融投资产品，如另类投资基金。图 1-1 展示了 2012 年与 2022 年我国基金结构。

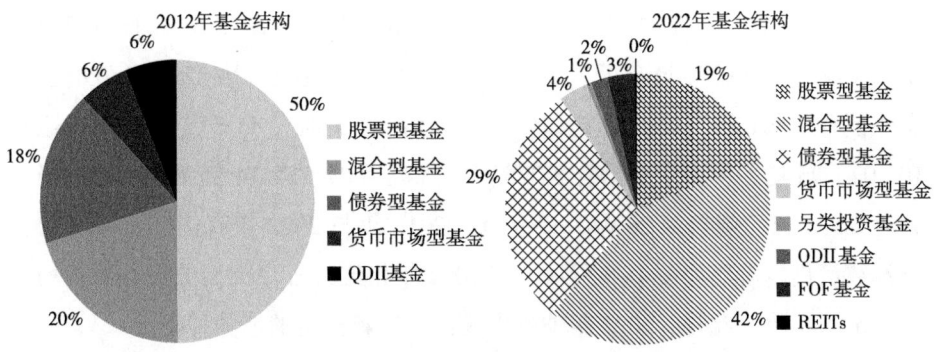

图 1-1 2012 年与 2022 年我国基金结构

由图 1-1 可以看出，从 2012 年到 2022 年，混合型、债券型、股票型基金仍是我国金融市场的三大主体。截至 2022 年 8 月，我国沪深两市上市 A 股总数合计 4 787 家，总市值达到 81.16 万亿元；而 2021 年 12 月的 A 股总数为 4 603 家，市值规模达到 91.61 万亿元。2022 年的市值规模与 2021 年的市值规模相比，涨幅为-11.5%，这一下跌幅度创下有史以来的最高纪录。如图 1-2 所示，2012 年以来，我国金融市场上市 A 股总数呈现逐年递增的趋势。

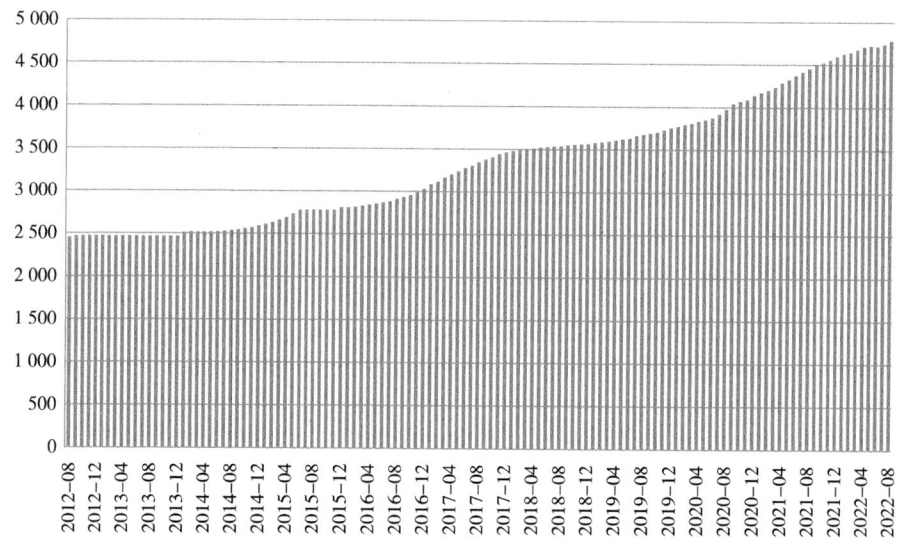

图 1-2　2012—2022 年我国上市 A 股总数（单位：家）

截至 2022 年 8 月 31 日，我国信用债券市场上大约有 15 588 只同业存单，票面总额为 139 638.70 亿元；金融债有 2 607 只，规模可达 325 061.09 亿元；企业债有 2 801 只，规模为 21 941.39 亿元；公司债有 11 612 只，规模达到 104 020.96 亿元；中期票据有 8 226 只，规模为 87 514.14 亿元；短期融资券共有 2 935 只，规模为 26 940.49 亿元。2012 年与 2022 年我国债券市场的各债券数量具体占比如图 1-3 所示。与 2012 年相比，各个类型的债券数量均发生一定的变化。此外，2022 年债券市场衍生出新类型的债券种类。

随着证券市场发展的愈加成熟，投资组合理论（portfolio theory）被提出。一般来讲，该理论描述了这样一种投资行为：投资者通过将个人资金分散化地投资至若干比例的不同种类的证券，以尽可能建立起一个有效合理的资产组合，从而达到自身资产的收益极大化和风险极小化的目的。最近十年，我国证券市场衍生出大量金融产品。投资者在应对种类繁多的金融产品时，首先需要根据已有信息及经验对各类金融产品进行有效的评估，然后选择将持有资金分散至若干股票，力求在组合时收益最高、风险最低。

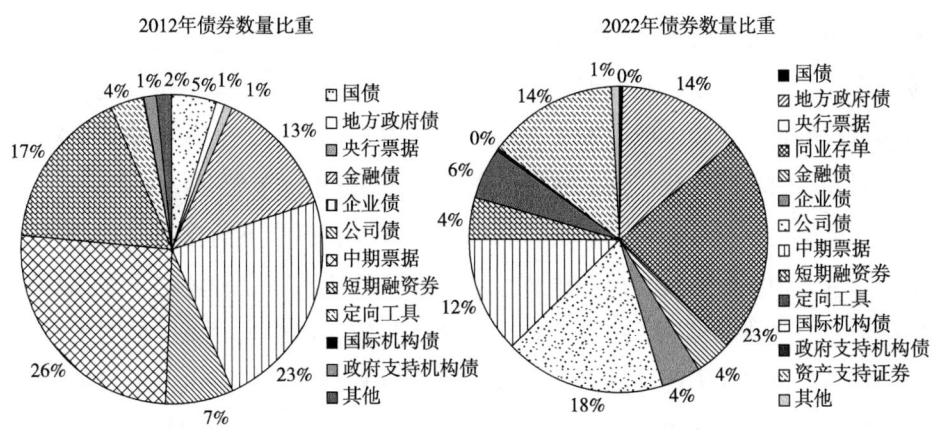

图1-3 2012年与2022年我国债券数量比重

证券投资组合理论可以说是金融学中发展最为迅速、应用最为广泛的领域之一。现代投资组合理论随马科维茨（Markowitz）首次提出的均值-方差模型得到快速发展，取得了丰厚的成果。证券投资组合理论在我国对外直接投资战略过程、规范金融机构的资产管理、证券投资策略、个人资产的持有分配过程等方面的应用前景十分广泛。研究学者（Sharpe，Mossin，Young）采用数量化方法不断改进和完善投资组合理论以获取实际有效的投资方法，使得投资组合理论体系更为完善，应用范围更广。现代证券投资组合理论在世界各国都处于理论研究前沿。

证券市场是一个极其复杂的系统，充斥着很多不确定性因素，如国家经济形势、经济政策变化、文化、市场本身的发展规律及投资者心理等。也就是说，投资者在进行投资时，实质上是在动态复杂的不确定环境下进行收益与风险的抉择。1952年，在多个理想假设存在的情况下，美国著名的经济学家马科维茨首次提出确定环境下量化的基础证券投资组合模型，分别采用均值和方差来量化投资组合的收益与风险这两个因素。那么，投资者在进行证券投资决策时应如何在众多证券中选择高效的收益与风险的组合呢？这正是投资者所关心的主要问题。真正的理性投资者应该在规定的预期风险水平下使得投资组合的总收益最大化，或者在规定的预期收益水平下使得投资组合的总风险最小化。因此，金融学者已将研究证券投资组合作为重要课题之一。如何成为理性投资者？如何做出最优化的投资组合决策？这是值得研究者继续深思的问题。但是，投资组合预测一般是在不确定的环境中进行的，而且金融资产的投资风险、收益及流动性的大小是不确定的，通常会随环境在一定的时间段内不断变化，这就使得投资者需要在此情况下做有效决策。

如前所述，投资的目的在于获得一定的收益，但是不断变动的市场体系下充斥着各种不确定性。简单来讲，若要使得投资者在这种环境下做出合理的决策，就必须准确地了解证券市场各类不确定性的影响因素，同时要准确公正地描述影响因素的不确定性，以达到可以减少甚至规避由此引发的损失的目的。无论出于何种目的的证券投资，均会面临不可避免的投资风险，这种风险是指获取期望收益的一种不确定性，也有可能导致投资者血本无归。因此，投资者应该尽可能地分散这种风险，不应该只专注于一种证券的投资来获取最大化收益。而投资组合可以为投资者分散所持有的金融资产，即通过将多种证券以不同比例的组合来抵消风险，使投资者可在收益与风险之间权衡，以最大化获取收益。

面对不确定环境中若干比例的证券投资组合，如何从中获取有效的组合成为研究者关注的问题。目前，对于不确定环境下的证券投资组合的理论模型研究已有很多，但多数投资者均不太相信和接受这种数理化的模型，而更愿意依据自己过往的投资经验分配现有资产。与此同时，研究证券投资组合理论模型的学者们通常忽视了投资者的实际需求，这就使得理论模型大大脱离了实际市场中的投资情形。在证券市场迅猛发展及金融衍生品种类不断增加的背景下，亟须研究者从实际市场的各种角度剖析投资者的实际偏好，进而运用已有知识来量化数理模型并建立一套行之有效的科学计算方法，以便为投资者做出正确合理的投资决策提供帮助。

综上所述，不确定性是投资组合模型非常重要的因素，许多基于均值-方差框架衍生而来的不确定模型大都考虑了将风险和收益的不确定性量化处理，却忽视了实际市场交易中的摩擦因素（如交易成本与市场流动性等）对交易结果的影响。因此，投资者极有可能面临不确定、不精确的数据。本书考虑将交易成本和市场流动性纳入不确定环境下的模型，并采用区间数与模糊数来量化这类指标，分别建立了关于证券投资组合的区间及模糊二次规划模型，并提出了合理的数学求解方法。

不确定性投资组合模型的建立是否有效？这就要求研究者根据市场现有属性，采用科学合理的方法来建立有效的投资组合的评价体系。有效的投资组合模型不仅可以促进金融市场的稳定发展，还可以为投资者提供更强有力的自主选择权。因此，针对市场摩擦因素影响的投资组合理论模型的研究，不仅为研究投资组合理论带来一定的机遇，而且具有一定的应用价值和实际意义。本书基于 DEA 证券投资组合评价模型，针对市场的不确定性，将区间 DEA 的效率评价方法与投资组合模型相结合，提出了均值-方差框架下基于区间 DEA 的投资组合效率评价模型。此外，针对不确定环境下证券的模糊收益率，本书引入交易成本、交易量限制等约束条件，建立了基于 DEA 方法的一般情况下模糊投资组合效率评价模型。本书所构建的不确定环境下 DEA 投资组合效率评价模型不仅弥补了现有评价方法理论的不足，更为投资者、政府机构提供了正确的决策指导，这对促进我国金融证券市场的稳定发展具有重要的理论与现实意义。

1.2 研究意义

证券市场因受诸多因素的影响（如国家经济形势、文化、政策的变化、市场自身规律以及投资者心理等）而充满了不确定性，这使得证券市场以及投资者获取的数据具有很强的不确定性。想要避免甚至战胜这种不确定性带来的风险，投资者就要掌握市场动态，认识、了解和分析各种不确定性因素给投资带来的影响。几十年来，绝大多数的投资组合模型都基于某种随机状态下的概率论来建立贴切的模型进行求解。而不确定性是投资组合模型的重要因素，这就使得投资者可能以一种不精确、不确定和模糊的数对收益和风险进行描述，但是若没有足够的历史数据，使用统计变量来描述模型将变得十分困难。因此，如何在这种不确定环境下获得最优的投资组合成为本书理论研究的核心问题。

当前，大多数基于精确数来量化投资组合的理论模型通常建立在概率论的基础上，其研究已相对完善。为了解决证券市场各种不确定因素影响所引起的交易不确定性，越来越多的学者意识到不确定环境中的投资组合选择问题研究的重要性。相对而言，人们对于不确定条件下证券投资组合的研究相对较少，考虑到事物的随机性问题可以用概率论的方法来解决，人们开始探索是否能够利用某种理论知识解决不确定性问题。为寻找合适的不确定数来度量证券的收益及风险，探求快速合理的求解算法、构建合理的投资组合效率评价模型及其实际应用逐步成为研究者近几年关注的热点问题。不确定情况下证券投资组合问题的研究起步不久，仍处于探索阶段，运用不确定性研究证券投资组合问题、建立新的模型帮助投资者进行投资分析，在理论和实际应用中都将具有一定的重要意义。

为了实现上述目标，合理描述和处理投资过程中遇到的不确定性是投资者做出正确决策的关键，也是难点。事件的不确定性有两种不同的形式：随机性和模糊性。随机性是一种涉及事物外部因素的不确定性，而模糊性是比随机性更深刻、更广泛的涉及事物内部结构的不确定性。为了描述其随机性，大多数学者将证券收益率视为一个随机变量，并基于概率论和线性规划建立了基于随机变量的组合投资决策模型。然而，风险资产所处的经济和政治环境将对其产生影响，这种影响无法准确描述与刻画，同时使风险资产的收益和风险变得模糊。因此，对证券市场中的不确定性进行深入的研究，特别是利用不确定数理论来研究组合投资问题，具有非常重要的理论意义。近年来，国内外许多学者致力于研究具有模糊性的证券组合投资问题，寻找证券收益和风险的新的度量方法，探索证券组合投资模型的新算法和实际应用。本书在相关文献的基础上，致力于将不确定型规划及效率评价方法与证券投资组合模型相结合展开研究，具有极其重要的理论与实际意义。其理论意义在于：

第一，本书从实际出发，基于均值-方差模型，深入分析了投资组合模型的收益与风险的关系，并考虑了对投资而言重要的交易成本及流动性的影响因素，建立了合理的模型，对我国证券投资组合模型的研究具有一定的理论参考价值。由于证券市场较为复杂且受不同种类的非随机因素（如交易成本和流动性）的影响，因此收益率具有不确定性；而现实中投资者不仅需要依据证券的历史信息预测未来趋势，还要结合自身偏好以及相关领域的专家经验和知识来做出客观的投资决策。因此，针对以往投资组合模型的缺陷，本书研究了考虑交易成本及市场流动性约束的不确定环境下的组合模型。将投资组合的风险作为模型的目标函数，本书构建了包含市场摩擦因素（如交易成本和流动性）的区间二次规划模型和模糊二次规划模型，这不仅完善和丰富了不确定优化理论，也使得问题的解决较符合实际，具有一定的实际意义，为不确定证券投资组合模型的理论研究提供了一定的借鉴。

第二，本书将区间 DEA 的效率评价方法与投资组合模型相结合，基于 DEA 证券投资组合评价模型，结合市场的不确定环境，考虑了证券收益及风险的不确定性，提出了均值-方差框架下基于区间 DEA 的投资组合效率评价模型。本研究不仅为投资组合效率评价模型的构建提供了一条新的研究思路，也丰富了投资组合效率评价理论的相关内容，有助于该理论在其他领域的应用。

第三，本书针对不确定环境下的证券的模糊收益率，引入了交易成本、交易量限制等约束条件，提出了基于 DEA 方法的模糊投资组合效率评价模型的一般形式。本书提出的效率评价模型不仅可以有效地评估模糊环境下的投资组合的效率，也可以为现实中的投资者提供有价值的理论依据。

本书的实际意义在于：中国证券市场不断发展和完善，逐步与国际接轨。证券市场的完善不仅需要政府进行积极、务实、稳步的改革，还需要建设者推陈出新地进行实践，也需要经济理论工作者进行深入的有针对性的理论研究，从而为证券市场的和谐健康发展提供理论支持。因此，开展适用于我国当前实际情况的证券理论研究已成为一个重要的研究课题，具有重要的经济理论价值和紧迫的现实意义。

在证券投资理论研究领域，传统的证券投资选择模型大多基于概率论和最优化理论，在建模过程中仅考虑了证券收益和风险的随机性，而忽略了投资环境、决策环境、投资者主观意愿和信息认知能力的模糊性。考虑随机性和模糊性的组合投资选择模型已成为近年来组合投资领域的热点问题之一，并取得了丰硕的研究成果。证券投资中的双重不确定性已逐渐被人们认识与关注。基于模糊不确定理论的证券组合投资分析正在成为一个新的研究方向。运用最优化方法和不确定性数相关理论研究证券组合投资决策，为投资决策分析奠定了新的理论基础，提供了新的分析框架，从现实和应用的角度看都将具有非常重要的意义。

本书通过考虑市场摩擦因素的影响，建立了含交易成本及市场流动性的区间二次规划模型及模糊规划模型，并提出了对应模型的求解方法，其实证分析的结果表明投资组合的风险目标函数范围较小，可以为投资者提供较为准确的投资决策指导。另外，本书所构建的不确定环境下的 DEA 投资组合效率评价模型，实现了对区间证券投资组合及模糊投资组合进行科学合理的效率评估，其实际应用也表明，由 DEA 评价所得的效率值可以为投资者、政府机构提供理性的投资决策。

1.3 研究内容、研究方法与技术路线

1.3.1 研究内容

本书基于笔者的博士论文，对不确定环境下证券投资组合模型及其效率评价的相关内容展开研究。以证券投资组合为研究对象，其收益与风险受到交易费用、流动性限制、资金限制等条件的影响，因此进一步研究增加各种约束条件建立优化模型并求解是非常有必要的。首先，基于马科维茨的均值-方差模型，以总体风险损失率度量证券投资组合的风险，采用换手率来度量流动性，本书建立了基于证券预期收益率、证券损失率、市场流动性均为不确定数（区间数和模糊数）的投资组合选择模型。其次，为求解不确定环境下所提出的证券投资组合模型，本书深入合理地探求了此类含有不确定数的相关规划求解方法。最后，为了评估投资组合的效率问题，本书基于 DEA 方

法，结合市场的不确定性，分别提出了区间 DEA 的投资组合效率评价及模糊环境下含摩擦因素用于评估投资组合效率的一般形式。

全书总共分为 9 章，主要研究思路如下：

第 1 章：绪论。本章主要深入分析选题的背景和意义、方法及技术路线、主要的相关研究工作和创新点，并对此作简明扼要阐述。

第 2 章：理论基础及文献综述。本章主要针对本书所涉及的证券投资组合、不确定数及效率评价的相关基本理论进行阐述，对现有涉及的不确定性证券投资组合模型及求解方法进行梳理，针对不确定性环境下证券投资组合模型及基于 DEA 证券投资组合的效率评价等作相关的文献梳理与总结。

第 3 章：基于区间数的多目标证券投资组合模型。首先，本章建立了一个以收益最大、风险最小、换手率偏好最大为目标的新的证券投资组合区间规划模型；其次，针对该问题，利用理想点法以及线性加权和法进行求解；最后，结合数值算例及实际证券组合应用给出两种方法所求得的解。

第 4 章：改进区间可接受度的证券投资组合区间二次规划模型。首先，本章建立了动态环境下的投资组合模型；其次，针对构建的不确定投资组合模型的目标函数和约束条件含有不确定数的情况，提出了基于改进的区间可接受度及可能度确定性转换方法进行模型求解；最后，将结果与已有的传统方法求解进行对比。

第 5 章：基于证券投资组合广义区间二次规划的数值解及实际应用。首先，本章建立了含交易成本的证券投资组合的广义区间二次规划模型；其次，针对模型来分析投资者如何探索最优值和准备承担风险的能力，利用拉格朗日对偶算法进行求解得到区间目标函数值的上下界，从而提出了证券投资组合的广义区间二次规划的数值解法；最后，通过两组不同样本量的证券实际应用来阐释。

第 6 章：证券投资组合模糊二次规划模型。本章采用模糊数的相关理论对证券风险、收益以及流动性进行刻画，进而构建存在模糊数的投资组合的二次规划模型，并采用 γ-截集将模糊二次规划模型转化为区间规划进行求解。

第 7 章：基于区间 DEA 的投资组合的效率评价及实际应用。本章基于区间 DEA 效率评价方法，针对不确定环境下的证券的区间收益率、风险损失率，运用区间 DEA 方法，提出了区间 DEA 的投资组合效率评价模型，实现对不确定环境下含有区间数的投资组合模型的效率评估。最后，通过投资应用实例分别验证了采用 DEA 和区间 DEA 方法来评价投资组合有效性具有很大的优势。

第 8 章：基于 DEA 的模糊投资组合的效率评价及实际应用。本章针对不确定环境下证券的模糊收益率，引入交易成本、交易量限制等约束条件，建立了基于 DEA 方法不同导向的模糊投资组合效率评价模型的一般形式。

第 9 章：结论及研究展望。本章主要对本书前几章节进行总结，并指出未来值得研究的方向。

1.3.2　研究方法

本书结合模糊集理论、投资组合理论和 DEA 理论等理论，采取了文献研究、数学建模、实证分析及理论与证明等方法对不确定环境下基于 DEA 交叉效率的投资组合选择问题进行系统的研究。

第一，文献研究法。本书通过归纳并分类总结的方法，对现有的文献研究方法和成果进行综述和对比，系统整体地梳理文献，为后续研究提供了坚实的理论基础。这主要包括：对国内证券投资组合理论以及国内外不确定环境下证券投资组合模型及效率评价的研究进行系统的研究和梳理，找出已有研究成果的不足之处，从而明确主要的创新方向；通过结合我国证券市场上存在的不确定因素，奠定了对不确定环境下证券投资组合的模型及效率评价进行深入分析的基础，进而明确了未来深入研究的方向。

第二，数学建立模型方法。数学建立模型方法是研究证券投资组合模型的基本方法，也是本书最基本的分析方法。本书首先通过学术网站及 Wind 数据库收集并整理了大量的实际资料和相关数据。在此基础上，本书利用不确定数中的区间数、模糊数的相关数学定义及定理，结合投资组合理论与 DEA 理论，从证券投资组合的预期收益率、风险损失率、市场流动性等角度入手，将不确定规划数学方法应用到不确定环境下证券投资组合的区间二次规划模型及模糊二次规划模型的研究中进行求解。同理，在 DEA 证券投资组合评价模型基础上，结合市场的不确定性（收益和风险），本书采用 DEA 的不同数学模型来研究不确定环境下证券投资组合的效率评价问题。本书总体上基于两个层面对不确定环境下证券投资组合进行了全面、系统的研究，并采用数学软件 MATLAB 对所提出的新的模型进行编程求解。

第三，定性及定量分析相结合的方法。投资组合的建立基础是一定经济理论、市场机制和投资者的偏好，只能进行定性描述。而检验具体的投资组合的模型构建及假设，又须从定量角度精确计量。在收集证券交易所上市公司的财务数据和股票收益数据的基础上，本书应用所建模型对样本股票进行效率评价和投资组合选择实证分析。

第四，理论分析及证明相结合的方法。本书运用相关理论方法研究，给出不确定环境下投资组合的前提假设，构建严密的数学模型。然后针对模型求解，运用相关理论说明模型所具有的性质，从而求解问题并给出简便的解法。

第五，归纳及演绎结合法。本书从以往的经济和投资组合理论中归纳出系统的理论体系，然后进一步发展组合理论模型，把组合理论应用到承保风险的分散上。寻找理论规律的过程也是不断进行归纳和演绎的过程。

1.3.3 技术路线

根据前文所述，本书的研究技术路线如图 1-4 所示。

1.3.4 创新点

本书力图从新的视角、采用新的模型及求解方法来理解和分析问题，对不确定环境下的投资组合模型进行了细致深入的研究。本书将模型的构建与实证分析紧密结合，注重提出新的组合投资模型的同时考虑模型的实际应用价值，并将新建模型与传统模型进行比较分析。与既有研究相比，本书的创新点主要体现在以下几个方面：

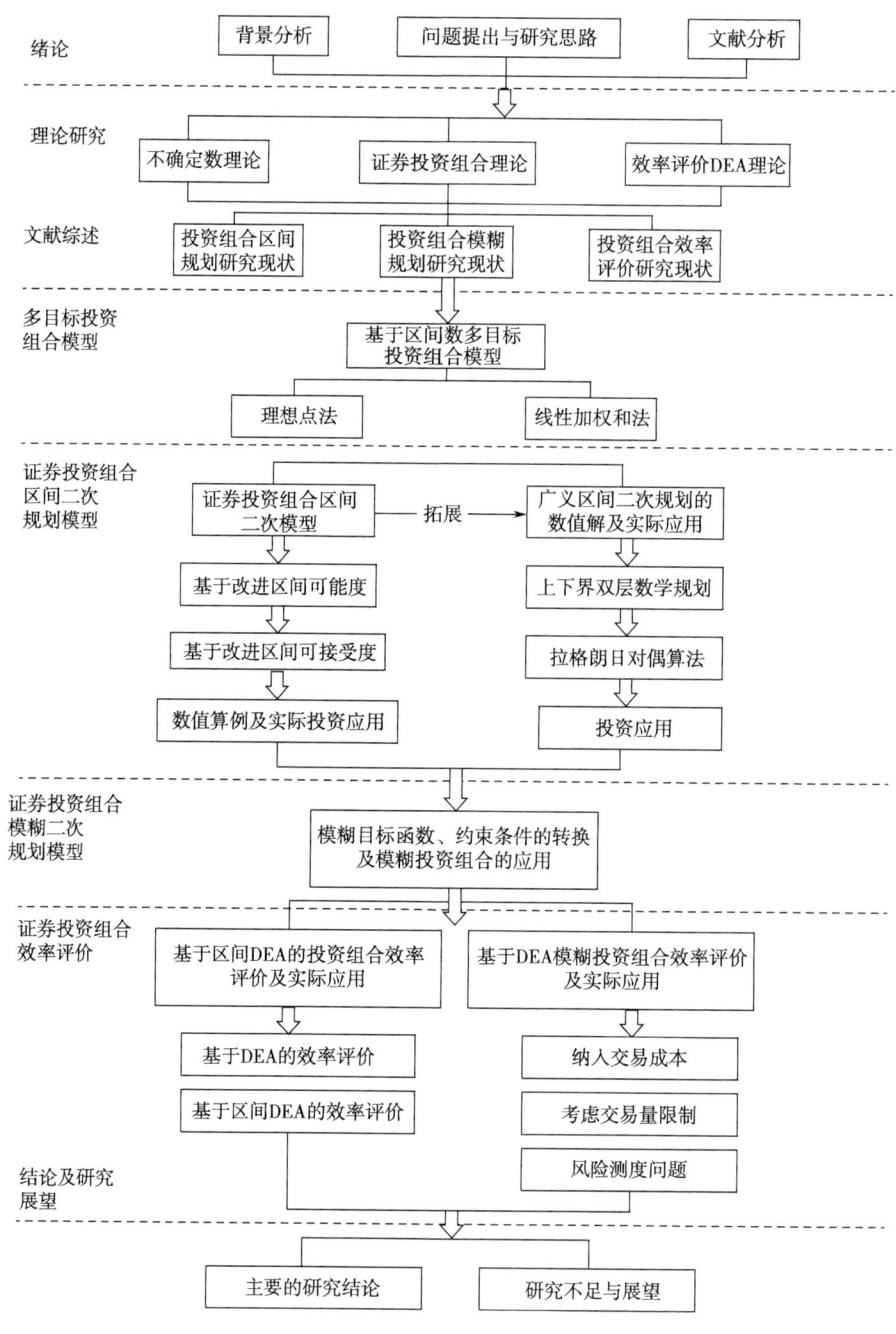

图 1-4　技术路线

第一，基于传统均值-方差模型。本书针对不确定环境下的投资组合问题，以总体风险损失率来度量证券投资组合的相关风险，以换手率刻画流动性，引入交易成本及流动性等约束条件，建立了兼顾收益、风险、流动性的新投资组合的模型；同时，针对多目标证券投资组合的区间模型的求解，采用理想点法和线性加权和法，并与数值算例和实际应用相结合，说明了该模型的可行性，然后对两种求解方法进行比较。此外，针对建立的投资组合区间二次规划模型，为求解模型，本书提出了基于改进的区间可接受度及可能度确定性转换方法。结果表明：本书所建立的模型得到的结果更优，能够为投资者提供一定的理论支持，投资者可依据个人偏好选择合理的投资策略。

第二，建立了证券投资组合广义区间二次规划模型，并利用拉格朗日对偶算法求解该模型，从而提出了证券投资组合的广义区间二次规划的数值解法。基于拉格朗日方法求解所提出的模型可获得更精确的投资组合的风险区间，有助于投资者在现实生活中进行更加合理的投资。

第三，以模糊数截集作为切入点。针对现实环境下的证券市场存在证券风险、收益以及流动性的模糊现象，本书建立了含交易成本及流动性的证券投资组合的模糊二次规划模型，并提出采用 γ-截集将模糊二次规划转化为区间规划的模型求解方法，有利于投资者获取模糊环境下不同参数对应的风险范围，使投资更加合理有效。

第四，以数据包络分析方法为理论依据。基于证券的风险及收益的不确定性，本书提出了均值-方差框架下区间 DEA 的投资组合效率评价模型。此外，引入交易成本、交易量限制等约束条件，建立了基于 DEA 方法不同导向的模糊投资组合的效率评价模型的一般形式。本书的研究成果不仅为投资组合效率评价建模提供了一条新的研究思路，其实际应用也表明，由 DEA 评价所得的效率值可以为投资者、政府机构提供理性的参考。

第 2 章 理论基础及文献综述

2.1　证券投资组合的基本理论

2.1.1　证券投资组合的基本概念

投资组合理论作为资本市场和保险市场投资和承保活动的重要理论，在西方发达国家两个市场的稳定和发展中发挥了重要作用。因此，为了确保我国这两个市场的繁荣与稳定，有必要对投资组合理论和方法展开研究。在开展本研究之前，首先需要了解证券投资组合的相关概念。

2.1.1.1　证券含义及分类

证券（securities）是表明财产或权益所有权的书面文件，用于证明证券持有人有权获得相应权益，如债券、股票、票据、提单、保险单、存单等。

根据证券所表达的价值和权利的内容，证券可以分为有价证券和无价证券（如图2-1所示）。有价证券是指具有面值的所有权或债权凭证，它证明持有人有权转让、买卖所有权或债权凭证，并且在此基础上获得一定的收益。狭义的证券一般指的是这类有价证券，它属于一种虚拟资本，本身无价，但代表拥有一定数量财产的权利，持有人可以直接从证券中获得一定数量的商品、货币或利息收入，并且可以在证券市场上交易和流通，因此在客观上就具有价格。无价证券是指本身不代表一定价值且不能交易或流通的证券，主要有证据证券和凭证证券两种类型。证据证券是简单地证明事实的文件，主要包括贷款凭证、证据（书面证明）等。凭证证券是判定持有人为某些私人权利的合法权利者，并证明持有人履行的义务有效的文件，如存款单据、借据、收据和定期存折等。

此外，有价证券根据是否具有融资功能分为金融证券和货物证券。其中，金融证券可分为货币证券和资本证券。货币证券是对货币享有请求权的证券（如汇票、支票、本票和票据等），可以在商品买卖时作为中介取代现金。资本证券是有价证券的主要形式。此类证券是指把资本投向企业或将资本贷给企业和国家的凭证，主要包括股权证券（股票、认股权证）和债权证券（各种债券）。狭义的证券通常指资本证券（这是本书讨论的重点）。货物证券是提货权的凭证, 如仓单、装运证书和提单等单据, 证明证券持有人可以提货。

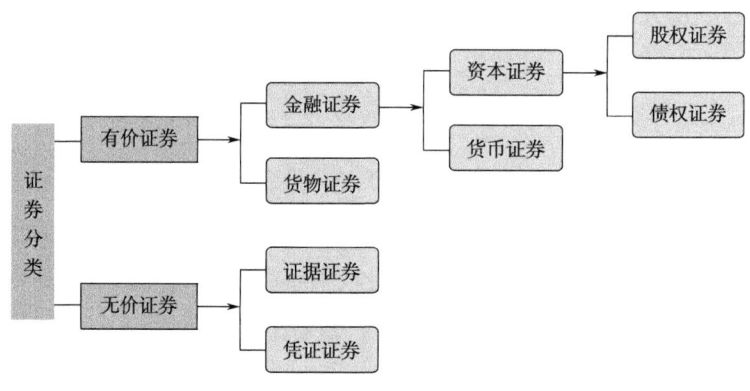

图 2-1　证券的分类

2.1.1.2　证券投资及组合含义

证券投资作为直接投资的一种重要形式, 是指自然人、法人和其他社会团体在证券流通市场上通过买卖证券获得差价的投资行为和投资过程, 即投资者通过购买有价证券获取收益的行为。

投资组合选择 (portfolio selection) 作为金融决策的重要组成部分, 主要研究投资者在投资过程中如何在一定风险下实现收益最大化或在一定收益下实现风险最小化。也就是说, 在一定的假设条件下, 投资者在对证券投资组合的整体收益和风险进行评估的基础上, 在资产可支配范围内选择若干个资产作为投资对象, 将投资资金分配给那些能够为其带来最大收益或最小风险的证券, 从而形成一个证券投资组合。

需要注意的是, 这里的"投资组合"是一个整体概念, 是两个或两个以上要素的集合, 是由几种不同比例的证券组合而成的一个整体。一个全面的投资组合可以包括广泛的内容。如果投资组合的要素是证券, 那么它就是"证券投资组合"; 如果投资组合的要素只是股票或债券, 那么它就是"股票投资组合"或"债券投资组合"; 如果进一步扩展到金融资产以外的实物资产, 那么它就是"资产组合"。

证券投资组合的基本原则是选择某种证券, 同时按照一定比例进行投资组合，以分散风险。投资组合的意义在于，投资组合的总风险将小于每种证券风险的线性总和。这是因为投资组合风险不仅取决于它们之间的相互关系，一些证券收益的下降可以通过其他证券收益的增加来补偿。

2.1.1.3　证券投资组合收益及风险含义

收益（return）是财富的增加。收益意味着更多财富，更多财富意味着更多消费和更多福利。投资者投资的目的是获得一定的财富增值。证券投资收益是指投资者在一定期限内进行的投资所得，主要包括债券利息、股票股利、证券交易的现行价格与原价的价差等收益。其收入与支出的差额是证券投资者在证券投资活动中获得的报酬。证券投资的目的是获得投资收益。收益的衡量标准通常是利润和收益率。当投资期初和期末之间的差额以一定金额表示时，这个收益一般表示为利润；当利润以期初投资金额的百分比表示时，收益表示为收益率（通常称为"收益"，一般指"收益率"）。狭义的收益率通常指以一年为单位计算的收益；为了表示任一时期的收益，通常使用持有期收益来表示。一般来说，证券投资收益包括利息、股息等当期收益以及证券价格波动带来的资本收益。然而，由于市场的不断变化，不同时期各种证券的收益率是不一致的，即证券的未来收益将成为一个不确定的量，投资者要对未来的收益进行一定的估计与预测。马科维茨认为证券的未来收益率是不确定的，通常用随机变量表示，因此期望收益率可以看作对未来收益率的最佳估计。

广义而言，风险是指预期事物的不确定性。通常有两种情况：预期不确定性可能带来的意外收益，即风险收益；预期不确定性可能导致的意外损失，即风险损失或风险成本。从狭义上讲，风险仅指人们基于未来判断的决策和行为与客观条件变化的不确定性之间的冲突，以及可能产生的后果与既定目标之间发生多重负偏离的总和。它通常是客观事物的变化和人们对这种变化的主观判断的统一。风险水平因事物而异，可以被识别和衡量。证券投资风险是指证券在未来一段时间内收益的不确定性，即盈亏的可能性。市场组合风险主要分为两类：系统性风险和非系统性风险。前者是指市场上所有金融资产由于某些因素而损失的可能性，难以避免和消除。这种风险一般是由社会经济景气情况、市场总体利率水平等变化引起的。后者是指某些因素会导致单一资产损失的可能性。一般来说，它是指企业特有的风险，如工人罢工、新产品研究失败、企业卷入法律纠纷等，这种风险可以通过合理的投资资产组合来避免。

2.1.1.4　证券投资组合收益及风险的度量

在构建证券投资组合时，我们应该首先考虑如何衡量其基本要素，即使用什么标准来衡量收益和风险。常用的几种度量方法如下：

（1）单个证券收益的度量

①收益率

证券投资的收益是指投资者放弃即期消费，将资金投资于证券资产以获得的回报。它包括两部分：一是持有证券的经常性收入，如股息、红利、债券利息等；二是从证券买卖差价中获得的资本收益。一般来说，人们关心的是资本增值的效率。因此，在研究证券投资收益时通常使用"证券投资收益率"的概念，也称"持有期收益率"，俗称"收益率"。收益率可以从三个方面来衡量，即单期收益率、多期收益率和对数收益率。

单期（一期）收益率是收益率的一种基本形式，也是价格变动中最简单的形式，其表达公式为：$r_t = \dfrac{P_t - P_{t-1}}{P_{t-1}}$。这是按初始价格标准化的一种不考虑规模的标量指标，通常以百分数形式表示。其中，r_t 表示第 t 期的证券收益率，P_t 表示第 t 期的证券价格，P_{t-1} 表示第（$t-1$）期的证券价格。如果考虑利息或红利支付，那么单期收益率可以调整为：$r_t = \dfrac{P_t - P_{t-1} + D_t}{P_{t-1}}$。其中，$D_t$ 表示在时间段 $[t-1，t]$ 上支付的利息或红利。

多期收益率是以复利思想计算的收益率。计算方法有两种：综合法和指标法。综合法使用各个时期的单期收益率，其公式为：$1 + r_{(k)} = (1 + r_1) \times (1 + r_2) \times \cdots \times (1 + r_k) = \prod\limits_{i=1}^{k}(1 + r_i)$。其中，$r_{(k)}$ 表示 k 期多期收益率，r_i 表示第 i 期的单期收益率。而指标法强调的思想是现金收入应该立即被用来购买额外的证券。用指标法可以比较直观地理解多期收益率，综合法计算起来比较方便，实际上两者计算的结果是一致的。需要说明的是，单期收益率和多期收益率都是百分比收益率。

用对数收益率表示的收益率具有令人满意的统计性质，多用于金融研究问题的建模中，其计算公式为：$r_t = \ln(1 + r_i) = \ln\left(1 + \dfrac{P_t - P_{t-1}}{P_{t-1}}\right) = \ln P_t - \ln P_{t-1}$。对数收益率具有百分比收益率所不具有的一些性质。

②预期收益率

证券收益率是投资者选择投资对象的重要参考指标。然而，由于不同时期各种证券的收益率不一致，投资者需要在做出投资决策之前预测各种证券的未来收益率，即求出各种证券的预期收益。预期收益率是通过观察一定时期内证券收益率的变化而估计的数值。对于离散型随机变量，它被定义为各种可能的证券收益率及其相应概率的加权平均数，计算公式为：$E(r) = \sum_{i=1}^{N} p_i r_i$。其中：$E(r)$ 是某个证券的预期收益率；N 是这个证券可能产生的收益率的状态数；r_i 是证券可能产生的收益率；p_i 是产生 r_i 的概率，其满足 $\sum_{i=1}^{N} p_i = 1$。而对于连续型随机变量，如果收益率的分布函数为 F，则收益率 r 的数学期望为 $E(r)$，即预期收益率 $R = E(r) = \int_{-\infty}^{+\infty} r \, \mathrm{d}F(r)$。由于在现实投资过程中，人们并不能看出证券收益率的潜在概率，因此必须通过其他方式来度量证券的预期收益率。一般情况下，人们往往是以最近时期内收益率的样本均值 $\dfrac{1}{N}\sum_{i=1}^{N} r_i$ 来估计预期收益率的，它假定收益率的概率是不变的。实际上，证券的未来收益率状况服从一定的统计规律，绝不是收益率的简单平均。

（2）证券组合收益的度量

在证券投资组合中，尽管每种证券的收益率不同，但证券投资组合作为一个整体的收益率仍然可以衡量。投资组合收益率的计算方法是将投资组合的收益除以投资总额。在数值上，证券组合收益率 r_p 也等于其组合中各个证券收益率的加权平均值，即：$r_p = \sum_{i=1}^{n} w_i r_i$。其中：$n$ 是证券组合中证券的个数；r_i 是第 i 只证券（$i = 1, 2, \cdots, n$）的收益率；w_i 是第 i 只证券在总投资中所占的比例，该比例也被称为证券组合的权重。权重的计算公式为：$w_i = \dfrac{\text{第 } i \text{ 个证券投资额}}{\text{证券投资组合总额}}$。其中，$w_i$ 满足 $\sum\limits_{i=1}^{n} w_i = 1$。

投资组合权重可以是正值或负值。一个正的权重意味着可以买入证券；一个负的权重意味着卖空此种证券，即投资者从别处借来一定数量的某种证券，并在指定期限内返还同样数量的某种证券。根据数学期望的线性性质，可以得到投资组合的预期收益：$R_p = E(r_p) = \sum\limits_{i=1}^{n} w_i E(r_i) = \sum\limits_{i=1}^{n} w_i R_i$。

（3）单个证券风险的度量

在实际投资中，我们很难得到收益率的分布函数，只能通过统计知识来度量风险的大小。假定在过去 N 个时期内采集到某证券的收益率分别是 r_1，r_2，$\cdots$，r_N，在计算这个预期收益率时，可以得到一个序列 $\hat{r}_1$，$\hat{r}_2$，$\cdots$，$\hat{r}_N$，其中 $\hat{r}_N$ 就是该证券的预期收益率，$\hat{r}_N$ $(i \neq N+1)$ 可以看作证券在第 i 期的估计收益率。如果以样本均值 $\bar{r} = \dfrac{1}{N} \sum\limits_{i=1}^{N} r_i$ 估计预期收益率，则有：$\hat{r}_1 = \hat{r}_2 = \cdots = \hat{r}_N = \hat{r}_{N+1} = \bar{r} = \dfrac{1}{N} \sum\limits_{i=1}^{N} r_i (i \neq N + 1)$。这里用序列 $\{\hat{r}_i\}$ 给出估计单个证券风险的方法，并用 σ 表示单个证券的风险。

①方差法（L^2 风险）。在马科维茨提出投资组合理论之前，风险度量方法一直停留在非定量的主观判断上。1952 年，马科维茨在《投资组合选择》一文中假设，投资风险可以被视为投资收益的不确定性，这种不确定性可以通过统计中的方差或标准差来衡量。在方差作为风险度量的基础上，理性投资者在进行投资决策时追求收益与风险之间的平衡，即在一定风险下获得最大收益，或在一定收益下承担最小风险。

用方差法度量的 L^2 风险是最早提出和应用最广泛的风险度量方法，其计算公式是：$\sigma^2 = \dfrac{1}{N-1} \sum\limits_{i=1}^{N} (r_i - \hat{r}_i)^2$。其中，$\sigma$ 是证券的风险，σ^2 是该证券风险的方差，r_i 是该证券在第 i 期的收益率，$\hat{r}_i$ 是 r_i 的估计值，N 表示时期总数。在马科维茨的定义中，$\hat{r}_i$ 是一个常数，且 $\bar{r} = \dfrac{1}{N} \sum\limits_{i=1}^{N} r_i$。因此，马科维茨关于证

券风险的定义仅是本节中的一个特例。

②L^1 最大偏差法（L^∞ 风险）。最大偏差法的思想借用了数学上的距离定义，故用这种方法定义的风险又被称为 L^∞ 风险，其是证券收益率与估计收益率之差的绝对数的最大值，即：$\sigma = \max\limits_{1 \leqslant i \leqslant N} \{|r_i - \hat{r}_i|\}$。该表达式中 $\hat{r}_i$ 是常数，因此这种定义也是一种特例。最大偏差法比较适用于度量那些处于上升或衰退阶段的证券的风险。

③平均偏差法（L^1 风险）。平均偏差法借助数学上的 L^1 距离定义。L^1 风险是证券收益率与估计收益率之差的绝对数的平均值，即：$\sigma = \dfrac{1}{N-1} \sum\limits_{i=1}^{N} |r_i - \hat{r}_i|$。其中，$\hat{r}_i$ 是常数，因此这种定义仍是一种特例。

④下半方差法（L_-^2 风险）。由于用方差法度量证券的风险受到许多人的质疑，1959 年马科维茨提出用下半方差代替方差来度量证券的风险。这种方法只考虑收益分布的左边，即损失在风险中的作用，所以该法度量的风险又被称 L_-^2 风险。它是证券收益率与估计收益率之差为负的各项平方和的平均值的开方，即：$\sigma = \sqrt{\dfrac{1}{m-1} \sum\limits_{i=1}^{N} (r_i - \hat{r}_i)^2}$。其中，$m$ 是证券收益率与估计收益率之差为负的项数，i 为证券收益率与估计收益率之差为负的各项。

⑤VaR（value at risk）。VaR 是指在一定的概率水平下（置信度），证券在未来特定时间内的最大可能损失。该法能将不同市场因子、不同市场风险集成为一个数，较为准确地测量不同风险来源及其相互作用而产生的潜在损失，较好地适应了金融市场发展的动态性、复杂性和全球整合性趋势。VaR 的含义是"处于风险中的价值"，是指市场价格正常波动下某一证券的最大可能损失。用数学公式表示为：Prob $(r - \hat{r} \leqslant -\text{VaR}) = 1 - c$。其中，$c$ 表示置信度。

（4）证券组合的风险度量

当投资者决定将一些证券组合成一个投资组合或者将一些证券添加到原始投资组合中时，他们不考虑单个证券本身的风险，而考虑各种证券风险之间的关系，这种关系在数学上通常通过协方差或相关系数进行测量。

①协方差与相关系数

协方差是二维随机向量中两个变量之间相互关系的函数，用于揭示由两种证券组成的投资组合中两种证券的收益率之间的关系。正的协方差表明这两种证券具有相同的收益变动趋势，而负的协方差表明两种证券的收益变动趋势相反。如果想要分析由多个证券组成的投资组合的风险，则需要分析投资组合中两两证券之间的协方差，才可以最终了解投资组合的风险情况。计算两种证券（第 i 种和第 j 种）之间的协方差公式为：$\sigma_{ij} = \frac{1}{N-1} \sum_{i=1}^{N} (r_{it} - \hat{r}_{it})(r_{jt} - \hat{r}_{jt})$。其中，$N$ 是考察的时期数，r_{it} 是证券在第 t 期的收益率，$\hat{r}_{it}$ 是证券 i 在第 t 期的估计收益率。

由协方差定义可知，$\sigma_{ij} = \sigma_{ji}$ 并且当 $i=j$ 时，σ_{ij} 就是证券 i 的方差。将 n 种证券的方差及其协方差按照一定的顺序组成一对称矩阵：$\Omega = \begin{bmatrix} \sigma_{11} & \sigma_{12} & \cdots & \sigma_{1n} \\ \sigma_{21} & \sigma_{22} & \cdots & \sigma_{2n} \\ \vdots & \vdots & & \vdots \\ \sigma_{n1} & \sigma_{n2} & \cdots & \sigma_{nn} \end{bmatrix}$。该对称矩阵为证券组合的协方差矩阵，且是一个正定矩阵。

为进一步说明证券之间的关系，本书引入相关系数这一概念。相关系数是反映两个随机变量分布之间相互关系的指标，它是一个标准化的计量单位，其取值范围在 $[-1, +1]$。证券 i 与证券 j 的相关系数 $\rho_{ij} = \frac{\sigma_{ij}}{\sigma_i \sigma_j}$，当两种证券间的相关系数是+1 时，表示它们的收益具有完全正相关性，不仅变动方向一致，而且变动程度相同，此时证券组合的风险是个别风险的加权平均；当两种证券间的相关系数是−1 时，表示它们的收益率具有完全负相关性，虽变动程度相同，但变动方向完全相反，两种证券的风险可以相互部分或全部抵消，此时证券组合的风险小于个别风险的总和；当两种证券的相关系数是 0 时，说明证券之间的收益变动完全不相关，它们的变动方向和变动幅度互不关联。

②证券组合的风险

有了相关系数和协方差矩阵，可以方便地度量证券组合的风险。假设有一个 n 种证券构成的组合，证券（$i=1, 2, \cdots, n$）的风险用 σ_i 表示，它在

组合中的权重记为 w_i，则有 $\sum\limits_{i=1}^{n} w_i = 1$。用 σ_p 表示证券组合的风险，用 $\boldsymbol{W} = (w_1, w_2, \cdots, w_n)^{\mathrm{T}}$ 表示组合的权重向量，这样可以给出几种度量证券组合风险的方法。

方差法（L^2 风险）是最常用的度量证券组合风险的方法。L^2 风险的数学表达式为：$\sigma_p^2 = \sum\limits_{i=1}^{n} \sum\limits_{j}^{n} w_i w_j \sigma_{ij}$。其中，$\sigma_{ij}$ 是证券 i 与证券 j 的协方差。结合

$$\boldsymbol{\Omega} = \begin{bmatrix} \sigma_{11} & \sigma_{12} & \cdots & \sigma_{1n} \\ \sigma_{21} & \sigma_{22} & \cdots & \sigma_{2n} \\ \vdots & \vdots & & \vdots \\ \sigma_{n1} & \sigma_{n2} & \cdots & \sigma_{nn} \end{bmatrix}$$ 和 $\rho_{ij} = \dfrac{\sigma_{ij}}{\sigma_i \sigma_j}$，于是 L^2 风险可以进一步表示为：$\sigma_p^2 =$

$\sum\limits_{i=1}^{n} \sum\limits_{j=1}^{n} w_i w_j \rho_{ij} \sigma_i \sigma_j = \boldsymbol{W}^{\mathrm{T}} \boldsymbol{\Omega} \boldsymbol{W}$。其中，$\sigma_p^2$ 被称为证券组合的方差。由于协方差矩阵 $\boldsymbol{\Omega}$ 是正定矩阵，所以上式是一个关于权重的正定二次型。

用最大偏差法度量证券组合的风险时，L^{∞} 风险的数学表达式为：$\sigma_p = \max\limits_{1 \leqslant i \leqslant n} \{w_i \sigma_i\}$。

用平均偏差法度量证券组合的风险时，L^1 风险的数学表达式为：$\sigma_p = \sum\limits_{i=1}^{n} w_i \sigma_i$。由此可以看出，$L^1$ 风险实际上是构成这个组合的各种证券风险的加权平均。

2.1.2 传统投资组合理论

从证券投资的发展过程来看，证券投资理论大致可以分为传统证券投资理论和现代证券投资理论。

传统投资组合理论可以追溯到中世纪意大利的威尼斯、热那亚等城市为资助政府军队而发行的军事债券。随着 19 世纪工商业的快速发展，投资者开始寻找为风险证券定价及预测其未来价格的方法。在现代投资组合理论形成之前，"技术分析"和"基本面分析"这两种传统的投资理论在欧美发达国家都很盛行。在 20 世纪 50 年代之前，传统的投资组合理论主要是对经验的描述性总结。该理论主要以文字形式表达，如"不要把所有鸡蛋放在一个篮

子里"和"分散投资风险"等谚语和箴言。随后在具体的投资过程中，投资者逐渐形成了早期的组合投资方法。

2.1.2.1　确定投资目标

不同的投资者对其投资组合有明显不同的投资目标。如果投资者是谨慎保守型的，为了获得稳定的现金流来满足现金流管理的需要，投资组合的构建将侧重风险防范，这可以通过选择中长期国债、信用评级良好的公司债、高信用评级的公司债以及高信用评级、稳定的股票股利支付来实现。如果投资者是进取激进型的，并且为了提高资产价值回报率而寻求尽可能高的回报率，那么组合的构建就注重收益，这可以通过选择具有高成长性和发展潜力的股票来实现，也可以选择风险投资或投资低信用而高收益的债券等来实现。如果投资者希望在投资时保证证券的易变现性，那么投资组合的构建应侧重证券的强流动性，这可以通过选择短期国债或高信用短期票据等来实现。

2.1.2.2　证券的分析及选择

传统的证券分析通常针对单一证券进行。证券投资分析的方法有基本面分析和技术分析。基本面分析包括宏观分析和微观分析。宏观分析是对整个证券市场因素的分析，微观分析是对某个公司或某类公司的分析。基本面分析致力于分析证券的内在价值和整个证券市场的走势。技术分析基于价格的历史趋势反复出现这一事实，通过分析历史信息（证券价格、交易量、技术指标等）预测证券未来的价格趋势。经过分析后，投资者选择符合目标要求的证券及入市的时机。

2.1.2.3　确定证券组合

传统投资组合理论根据投资目标和一定的证券分析选择，确定投资对象，给出具体的投资比例，使证券组合具有理想的风险和收益特征，以提高投资收益率，规避投资风险。传统投资组合理论基于描述性分析，具体指导思想是选择不同类型的投资组合、不同期限的证券组合、不同市场的证券组合及不同行业的投资组合。

2.1.2.4　证券组合管理

投资组合确定后，由于证券市场的突发事件、股票价格的异常变化或投资者初始预测分析的错误，投资组合的预期收益很难实现，因此有必要对投资组合进行调整。在此阶段，还可以评估投资组合的有效性，考虑投资组合产生的回报以及投资组合中嵌入的风险，并为投资组合调整或新投资组合的构建做好准备。

从这个角度来看，传统的投资组合理论大多基于大量的定性描述，其核心内容可以概括如下：

第一，投资者应选择贴现值最大的资产或组合进行投资，即贴现值最大化原则。

第二，投资者在做决策时应努力实现最高收益，避免收益的过度波动。

第三，投资者持有的资产应尽量分散，以减少风险暴露，主要投资于不同行业或不同类型的资产。

传统的投资组合理论描述了投资的基本原理，即收益和风险之间的平衡，同时考虑了风险的分散。然而，随着马科维茨资产选择理论的建立，投资组合理论已经从定性分散化投资阶段进入了现代投资组合理论的定量分析和风险规避阶段。

2.1.3 现代投资组合理论

现代投资组合理论产生于投资管理的专业阶段，即 20 世纪 50 年代左右。在此期间，经济学家开始将成熟的微观经济理论和数理统计引入投资领域，使投资管理朝着科学的方向发展。直到 20 世纪 80 年代初，投资组合理论基本形成了一个完整而严密的科学体系。现代投资组合理论（modern portfolio theory，MPT）也被称为投资组合理论或投资分散化理论，本质上是关于风险的准确计量和风险资产的定价。现代投资组合理论是一种在不确定环境下的证券投资行为的一种理论，其实质是让投资者面对证券市场的各种证券，尽可能做出最佳选择，将可支配资产按照最佳比例投资于各种不同的证券，进而形成理想的投资组合，以达到规避风险和最大化收益的目的。

美国经济学家马科维茨（Markowitz，1952）和托宾（Tobin，1958）对现代投资组合理论做出了最大贡献。托宾因在创立这一理论的基础方面所做的贡献而获得了 1981 年诺贝尔经济学奖。马科维茨（1984，2000）、夏普（Sharp，1970）和米勒（Miller，1960）三人因使该理论发展成系统严格且实用的科学体系而获得 1990 年诺贝尔经济学奖。1952 年，马科维茨在《金融杂志》上发表了一篇题为《投资组合选择》的文章，这是现代投资组合理论的开端。马科维茨对风险问题进行了正规化的描述，解释了分散投资降低风险的原因，提出了投资组合的均值-方差模型，并给出了使用无差异曲线从有效组合中选择最佳组合方案的准则。此后，马科维茨将现代投资组合引入了一个全新的领域，他的投资组合均值-方差理论成为现代投资组合理论的奠基石。在马科维茨研究的基础上，现代投资组合理论分别向实用化、资本资产定价及套利定价理论三个方向发展，使其自身的理论体系不断得到丰富和发展。

现代投资组合理论建立在一定的假设和定量分析基础上，因此其理论体系科学严谨，并在实践中解决或解释了市场中的一些问题。然而，现代投资组合理论在理论和实际应用上仍有一些局限性。

第一，风险概念的局限性。根据现代投资组合理论的风险观，风险是证券未来预期收益率变化的方差或标准差。虽然这一定义使风险的含义非常明确且可衡量，但毫无疑问，对投资者有利的预期收益率的变化被纳入风险的范畴。因此，这样定义的目的是满足严格的数学表达式的需要，而非满足投资者对其真正的面临风险进行回避的需要。

第二，风险分散的局限性。在现代投资组合理论风险观的指导下，该理论提出用各种非正相关的投资组合分散风险，从而规避风险。一般来说，这种风险分散具有静态和被动的特点，认为风险无法改变，只能通过分散的方式解决。在真实的金融市场中，很多风险可以通过主观努力来改变；虽然这种分散风险的方法也可以获得最优结果，但这种最优结果只是由投资数量结构的调整产生的，而不是由提高风险的收益和成本决定的，因此这种分散风险的方法缺乏投资者的经济动机。

第三，具有严格的理论假设。现代投资组合理论的假设条件很多，主要包括以下假设：

假设市场是有效的，即投资者能够快速有效地掌握金融市场上多种收益和风险变动及其原因。

假设投资者都是风险厌恶者，都愿意得到较高的收益率，如果要他们承受较大的风险，则必须以得到较高的预期收益作为补偿。

假设投资者都是不满足的，即投资者在一定风险条件下使得收益最大，都渴望得到较高的收益率。

假定投资者根据金融资产的预期收益率和标准差来选择投资组合，而他们所选取的投资组合具有较高的收益率或较低的风险。

假定多种金融资产之间的收益都是相关的，如果得知每种金融资产之间的相关系数，就有可能选择最低风险的投资组合。

假定投资者拥有完全流动性的资产，即资产具有供给的无限弹性，资产组合和销售不影响市场的价格和期望收益率，并且每种资产的收益率都服从正态分布；投资者追求每期财富期望效用的极大化；投资者具有单周期视野，所有投资比例是非负的，即不允许买空和卖空。

上述这些假设条件很难得到科学和客观的验证，其可靠性有待商榷。例如：假设大多数理性投资者厌恶风险，但实际上投资者对风险的态度非常复杂；假设预期收益和风险的估计是对一组证券的实际收益和风险进行的正确测量，相关系数也是未来关系的正确反映，但历史数据几乎不太可能重复；假设市场是有效的、市场价格能够准确及时地反映所有信息、市场大部分时间是平衡的，但在现实中，市场不可能完全有效，甚至大多数时候它是严重无效和不平衡的（这不仅因为市场存在摩擦、信息不对称和传导壁垒，还因为市场参与者思维的多变性）。

第四，理论对资本价格的认知局限。现代投资组合理论大多基于对市场行为的理解，而不是对价值的理解。当然，这并不是说它们没有考虑价值的问题，但至少在概念上，这些理论倾向于在理解投资行为的本质时支持市场行为。套利定价理论（APT）认为证券的收益率形成与一系列基本因素有关。但是，APT并没有具体说明对确定证券回报很重要的因素的数量和类型，其中一个明显重要的因素是市场影响力，但对于哪些因素来可用来补充综合市场影响力，APT并没有进行说明。

第五，应用的局限。现代投资组合理论的应用需要从市场现象中提取必要和及时的信息和数据。虽然可以采取各种措施滤除一些短期噪声，但对长期失真信息的影响很难消除，而且获取信息的成本很高。此外，均值-方差模型需要计算协方差，这很复杂。由于股票市场上的股票太多，因此几乎不可能根据资本资产定价模型来选择股票，使用套利定价模型亦很难确定价格。因此，现代投资组合理论在实际应用中受到限制。

2.1.4 马科维茨均值–方差模型

如前所述，1952 年，美国经济学家马科维茨率先使用定量方法对收益率和方差进行投资组合研究。在几个严格的假设条件下，他在论文中首先提出了确定最小方差来度量风险的思想，建立了组合投资决策模型，并说明了投资者在不确定性条件下如何进行投资，如何根据自己的效用偏好选择最佳投资决策，以及如何通过内部分散化来降低风险的内在机制，从而开创了现代投资组合理论的先河，标志着现代金融学的开端。

为了分散投资风险并获得适当的投资回报，投资者通常采用组合投资，即把一笔资金分散投资于几种不同的证券。那么在投资过程中，投资者最关心的只有两个问题：预期收益水平和预期风险大小。在马科维茨建立的模型中，当投资者在一定时期内投资可支配资产时，预期收益率是投资组合回报的期望值，预期风险是投资组合收益率的方差。它的决策目标主要有两个：回报尽可能高，不确定性风险尽可能小。最佳目标是在收益与风险两者之间寻求一个均衡点，由此建立起均值–方差（mean–variance，M–V）模型。马科维茨假设投资者是风险厌恶型的，理性投资者总希望在抑制风险的条件下获得最大的预期收益，同时在抑制预期收益的条件下最小化投资风险，具有这种性质的证券组合被称为有效证券组合。M–V 模型如下：

假设投资者可对 n 种证券进行组合投资，R_i 和 $ER_i = r_i$ 分别记为第 i 种证券的收益率与期望收益率；方差 $DR_i = \sigma_i^2$ 表示第 i 种证券的风险，则这 n 种证券的投资收益率及预期收益率分别为：$\boldsymbol{R} = (R_1, R_2, \cdots, R_n)^T$，$\boldsymbol{ER} = (ER_1, ER_2, \cdots, ER_n)^T = (r_1, r_2, \cdots, r_n)^T$。风险用投资收益率方差或标准差来衡量：

$$DR = E\left[(R - ER)(R - ER)^{\mathrm{T}}\right] = \begin{bmatrix} \sigma_1^2 & \sigma_{12} & \cdots & \sigma_{1n} \\ \sigma_{21} & \sigma_2^2 & \cdots & \sigma_{2n} \\ \vdots & \vdots & & \vdots \\ \sigma_{n1} & \sigma_{n2} & \cdots & \sigma_n^2 \end{bmatrix} \quad (2-1)$$

其中，$\sigma_{ij} = \sigma_{ji}$（$i = 1, 2, \cdots, n; j = 1, 2, \cdots, n$），该矩阵是对称的，一般假设为正定矩阵。若投资者向证券 i 投资，则令 x_i 表示投资该证券占总投资额的比重，即投资比例。则投资这 n 种证券组合的投资收益为：$r = \sum_{i=1}^{n} x_i r_i$。投资组合的风险为：$\sigma^2 = \sum_{i=1}^{n} \sum_{j=1}^{n} x_i \sigma_{ij} x_j$。其中，$\sum_{i=1}^{n} x_i = 1$，表示投资者将所有可支配资产投资到 n 种证券中。当 $x_i \geqslant 0$ 时，证券市场是不允许卖空的；若现实的证券市场有卖空情况存在，则投资比例系数 x_i 可以为负值。

原始的 M-V 模型是一个双目标优化模型，为了应用拉格朗日乘子法求解模型的边界，将其中一个目标（期望收益率）转化为约束条件，使得双目标优化模型变为单目标优化模型。该模型的解表示给定预期收益率下的最优投资组合，其权重为给定收益率下投资组合的最优投资权重。由于 M-V 模型是在以下两个条件下建立的：第一，风险规避性，即投资者在一定收益条件下使得风险最小；第二，非满足性，即投资者在一定风险条件下使得收益最大。于是，马科维茨的均值-方差模型主要包括以下两种形式：

$$\min \sigma^2 = \sum_{i=1}^{n} \sum_{j=1}^{n} x_i \sigma_{ij} x_j$$

$$\text{s. t.} \begin{cases} r = \sum_{i=1}^{n} x_i r_i = r_0 \\ \sum_{i=1}^{n} x_i = 1 (i = 1, 2, \cdots, n; j = 1, 2, \cdots, n) \end{cases} \quad (2-2)$$

$$\max r = \sum_{i=1}^{n} x_i r_i$$

$$\text{s. t.} \begin{cases} \sigma^2 = \sum_{i=1}^{n} \sum_{j=1}^{n} x_i \sigma_{ij} x_j = \sigma_0^2 \\ \sum_{i=1}^{n} x_i = 1 (i = 1, 2, \cdots, n; j = 1, 2, \cdots, n) \end{cases} \quad (2-3)$$

目前，M-V 模型的结构相对简单，易于理解，因此在实际资产配置领域得到了广泛的应用，成功率较高。许多机构在分配资产时只考虑三种资产类型：普通股、长期债券和货币市场工具。为了投资更多元化和分散化的资产类型，一些机构将国际产权和房地产列为投资选择。然而，分析中通常考虑的资产类型不超过八种。此外，普通股、长期债券和短期市场工具等资产类型的收益率、方差和协方差的历史数据也相对较好。这些数据为这些资产类型的风险收益行为提供了更全面的信息。资产配置的目标是混合资产类型，以便为投资者提供他们可以接受的风险水平下的最高回报。

此外，M-V 模型还为拓展资产类型和国际投资提供了一些分析原则和理论依据。根据马科维茨的投资组合理论，为了在一定收益率下实现投资组合最优化，证券的方差和协方差必须尽可能地最小化，降低协方差的有效方法是选择相关性较小的投资组合。不同资产类型的证券收益率相关性较小。此外，国内证券与国外证券收益率相关性也较小。因此，扩大资产类型或进行国际投资可以有效降低风险。

虽然 M-V 模型简单易懂，且理论已经成熟，但由于模型本身的一些假设和特点，它在应用过程中存在一些问题。首先，该模型认为，预期收益和风险的估计是对一组证券的实际收益和风险进行的正确测量，相关系数也是未来关系的正确反映，这与实际情况相悖。由于历史数据不能准确反映未来的收益及风险状况，证券的各种变量会随着时间的推移而发生变化，这些因素可能会从不同方面造成理论假设与实际脱节。其次，该模型使用证券预期未来收益的方差或标准差作为风险度量。虽然风险的大小明确且易于测量，但由于计算差异和标准差的双向性质，对投资者有利的预期收益率的变化也将被纳入风险范畴。这并没有真正反映出投资者需要规避的真正风险。再次，马科维茨的投资组合模型还假设所有投资者都有一个共同的单一投资期，所有证券投资组合都有唯一的持有期，这在现实条件下是不容易实现的，因此缺乏一个共同的衡量标准来比较不同时期资产的收益和风险，进而导致投资组合的有效边界难以解决。最后，该模型的应用条件非常严格。为了在投资组合构建中使用马科维茨的均值-方差模型，投资者必须获得感兴趣证券的收益、方差和协方差的估计值。对具有大量证券的投资组合优化分析相当困难，需要精通理论和现代计算设备的专业人员。此外，必须及时准确地获得证券市场的变化，这在当前条件下几乎是不可能的，即便勉强做到，其效果也会大打折扣。

马科维茨的投资组合理论解决了普通投资者的最优投资决策问题——如何确定投资比例。在此基础上，在资本市场达到均衡（供给=需求）时，或者说所有投资者的投资行为都符合现代投资组合理论时，资产的收益如何决定，资产收益的风险如何测定，以及任何一种资产的预期收益与风险之间的函数关系是什么？资本资产定价模型（CAPM）描述了资本市场达到均衡时资产收益的决定机制，但它基于许多假设，这些假设往往与现实不符。在检验 CAPM 时，难以得到真正的市场组合。更重要的是，一些实证结果与 CAPM 相似。1976 年，美国经济学家罗斯（Ross，1976）提出了一个新的资本资产均衡模型——套利定价模型（APT）。该模型认为，风险可以由多个因素产生。它对风险态度的假设比 CAPM 的假设更宽松，因此更接近现实。当前，现代投资组合理论的研究主要集中在马科维茨模型、资本资产定价模型和套利定价理论。但到目前为止，针对这三个方面的研究相对比较独立，没有有机地统一起来。

2.2 不确定数相关理论

由于社会经济的快速发展、科学技术的快速进步、知识和信息的扩散，在社会、经济和军事领域都存在一些决策问题，决策信息通常以区间数和模糊数的形式出现，对这类不确定多属性决策问题的研究越来越受到人们的重视。测量误差、测量和评价参数的不完善等因素导致测量值不完整，不能用固定且准确的实数表示。这往往给数据一个取值范围，即测量值是区间数。因此，有必要对区间数进行研究。区间数作为一种特殊的模糊数，是一种可广泛用于处理不确定性问题的有效工具。下面首先介绍区间数的相关定义、运算及性质。

2.2.1 区间数的相关理论

定义 2.1：设 R 为实数域，$A=[\underline{a},\ \bar{a}]$ 是有界闭区间，若 $\underline{a}\leqslant\bar{a}$ 且 $\underline{a},\ \bar{a}\in R$，则称 $A=[\underline{a},\ \bar{a}]$ 为区间数。其中 $\bar{a}$、$\underline{a}$ 分别是区间数上下界。当 $\underline{a}=\bar{a}$ 时，区间数退化为一个实数。

定义 2.2（区间数的中点和半径）：对于一个区间数 $A=[\underline{a},\ \bar{a}]$，也可以用 $A=\langle m\ (A),\ w\ (A)\rangle$ 表示。其中 $m\ (A)=\dfrac{(\underline{a}+\bar{a})}{2}$，$w\ (A)=\dfrac{(\bar{a}-\underline{a})}{2}$，分别称为区间数 A 的中点和半径。

定义 2.3：设 $A=[\underline{a},\ \bar{a}]$，$B=[\underline{b},\ \bar{b}]$，则 $A+B=[\underline{a}+\underline{b},\ \bar{a}+\bar{b}]$，$A-B=[\underline{a}-\bar{b},\ \bar{a}-\underline{b}]$，$A\times B=[\min\ (\underline{a}\cdot\underline{b},\ \underline{a}\cdot\bar{b},\ \bar{a}\cdot\underline{b},\ \bar{a}\cdot\bar{b}),\ \max\ (\underline{a}\cdot\underline{b},\ \underline{a}\cdot\bar{b},\ \bar{a}\cdot\underline{b},\ \bar{a}\cdot\bar{b})]$，$A/B=[\underline{a}/\bar{b},\ \bar{a}/\underline{b}]$（当 A 和 B 为正区间数时），特别地，$1/B=[1/\bar{b},\ 1/\underline{b}]$，$A/B=A\times 1/B$，且 $0\notin[1/\bar{b},\ 1/\underline{b}]$，

$$kA=\begin{cases}[k\underline{a},\ k\bar{a}] & k\geqslant 0\\ [k\bar{a},\ k\underline{a}] & k<0\end{cases}\quad(k\ 为确定数)，\ 1/B=[1/\bar{b},\ 1/\underline{b}]。$$

性质 2.1：对于区间数 $A=[\underline{a},\ \bar{a}]$，$B=[\underline{b},\ \bar{b}]$，$C=[\underline{c},\ \bar{c}]$，有以下运算性质：$A+B=B+A$，$(A+B)+C=A+(B+C)$，$A\times B=B\times A$，$(A\times B)\times C=A\times(B\times C)$。

性质 2.2：对于两个区间数 $A=[\underline{a},\ \bar{a}]=\langle m\ (A),\ w\ (A)\rangle$，$B=[\underline{b},\ \bar{b}]=\langle m\ (B),\ w\ (B)\rangle$ 和 $k\in R$，则有以下结论成立：

$m(A+B)=m(A)+m(B)$；

$m(A-B)=m(A)-m(B)$；

$w(A+B)=w(A-B)=w(A)+w(B)$；

$m(kA)=km(A)$；

$w(kA)=|k|w(A)$。

区间数在处理不确定数据特别是在不确定优化中具有特殊优势，吸引了许多学者对其进行研究，随之也产生了一些问题。对于两个实数，可以通过它们自身的数值比较它们的大小关系，但对于区间数，由于它表示的是实数的集合，无法通过实数比较方法比较一个区间数是否大于（或优于）另一个

区间数。此外，如何解释和确定区间数优化问题中包含区间系数的不等式关系、如何确定包含区间数的目标函数的最优值（即如何确定目标函数的最大值或最小值）等，这些问题都涉及区间数大小的比较。因此，有必要构建一种新的数学工具来比较两个区间数的大小（或优劣），这也是建立区间数数学变换模型的基础。

区间数的排序主要用来反映一个区间数是否优于或劣于另一个区间数，而研究区间数，首先要解决的就是区间数的排序问题。目前区间数的排序方法大致可以分成三大类：第一类是确定法排序法，利用区间数的端点或中点给出两个区间数间的绝对大小关系（大于、小于或等于）。第二类是基于度的区间数排序法，通过不同的可能度（或优势度、可信度、可接受度）来定义排序方法，以此描述一个区间数大于（或优于）另一个区间数的程度。第三类是区间数距离排序法，通过定义区间数的距离，比较与第三点距离的远近来确定区间数的大小（也称间接排序法）。

关于确定性排序方法，马龙华将其总结为以下区间序关系：

区间序关系 $\leq_{LR}$：$\begin{cases} A \leq_{LR} B \text{ 当且仅当 } \underline{a} \leq \underline{b} \text{ 和 } \bar{a} \leq \bar{b} \\ A <_{LR} B \text{ 当且仅当 } A \leq_{LR} B \text{ 和 } A \neq B \end{cases}$

区间序关系 $\leq_{MW}$：$\begin{cases} A \leq_{MW} B \text{ 当且仅当 } m(A) \leq m(B) \text{ 和 } w(A) \geq w(B) \\ A <_{MW} B \text{ 当且仅当 } A \leq_{MW} B \text{ 和 } A \neq B \end{cases}$

区间序关系 $\leq_{LM}$：$\begin{cases} A \leq_{LM} B \text{ 当且仅当 } \underline{a} \leq \underline{b} \text{ 和 } m(A) \leq m(B) \\ A <_{LM} B \text{ 当且仅当 } A \leq_{LM} B \text{ 和 } A \neq B \end{cases}$

区间序关系 $\leq_{L}$：$\begin{cases} A \leq_{L} B \text{ 当且仅当 } \underline{a} \leq \underline{b} \\ A <_{L} B \text{ 当且仅当 } A \leq_{L} B \text{ 和 } A \neq B \end{cases}$

区间序关系 $\leq_{M}$：$\begin{cases} A \leq_{M} B \text{ 当且仅当 } m(A) \leq m(B) \\ A <_{M} B \text{ 当且仅当 } A \leq_{M} B \text{ 和 } A \neq B \end{cases}$

确定性排序法计算量小，只利用了区间数的中点或端点，但它将任意两个区间数的大小关系绝对化，无法有效地反映出区间数所蕴含的一种不确定性。为解决此类问题，许多国内外学者给出了一种能够反映出一个区间数大于、等于或小于另一个区间数程度的量，并以该度量为基础得出区间数之间的排序，也就是基于度的区间数排序方法。

区间数距离排序法也被称为间接排序法，这种方法的特点是：首先定义区间数的距离，找出一个最优或最劣区间作为参考标准。区间数与最优参考区间的距离越小，与最劣参考区间的距离越大，则该区间数越优。即通过计算与参考区间的距离大小来排序。该方法通过引入极大区间数，再比较与极大区间数的距离得到了一个描述区间数大小的相对优势度公式，借助区间数的距离提出了一种刻画区间数大小的优先度的定义，使得对不相交的区间数之间的大小比较更加细致。

基于以上三类区间数排序方法可解决含区间系数这类不确定的优化问题。

2.2.2　模糊数的相关理论

正如任何一门新学科的建立一样，模糊数学是客观发展的必然产物。美国控制论专家扎德（Zadeh）在 1965 年发表了一篇著名的论文，标志着模糊理论的诞生。经过 50 多年的发展，模糊数学理论已取得长足的进步。正如经典分析在经典数学中占有举足轻重的地位一样，许多模糊数学工作者也一直十分重视模糊分析的研究，这方面的研究成果也相当丰富和深入。

模糊分析的一个不可缺少的部分是对模糊数的研究。模糊数的概念可以追溯到 1972 年的研究（Chang，Zadeh），它结合概率分布函数的性质，将实数域 R 上一族具有特殊性质的模糊集定义为模糊数。此后，学者们逐步展开对模糊数的研究。随着对模糊数性质研究的不断深入，特别是考虑到建立模糊数值函数的微积分等问题，模糊数与区间分析、集值映射理论的联系越来越受到重视。

模糊数的概念出现后，人们意识到实数往往不能准确地表示受观测和噪声影响的不确定量。为了更准确地描述世界，学者们逐渐认识到研究模糊数的必要性。然而，经典分析在处理数量方面显示出极大的优越性和实用性。因此，将经典分析理论扩展到模糊领域具有重要的实用价值和理论研究价值。由于模糊数在本质上是一个特殊的函数，不再是一个简单的数，因此经典分析学的一些结果是不能成立的。然而，经典分析为我们提供了研究模糊数的方法和系统的思路。我们可以将经典分析学的方法运用到模糊数的研究中。

在模糊理论中，张（Zhang）指出模糊数是一类特殊的模糊变量，它描述了一个模糊集的隶属函数的分布情况。关于模糊数具体定义及相关性质如下。

定义 2.4（模糊数）：设 $A \in F(R)$，是正规凸模糊集，即对任意 $\gamma \in [0, 1]$，$A(t)$ 是 A 的隶属函数，$A_\gamma = \{t \in R \mid A(t) \geqslant \gamma\}$，其中 $\gamma \geqslant 0$ 表示 A 的一个 γ-水平截集，设 A 的水平集 $A_\gamma = [a_1(\gamma), a_2(\gamma)]$ 为一闭区间，则称 A 为一个模糊实数，简称模糊数。模糊数的全体记为 $\bar{R}$。

除此之外，科尔纳（Körner）指出模糊数之间的运算比较繁杂，为减少运算量，后来的学者又提出几类特殊化的模糊数，主要包括 L-R 模糊数、三角形模糊数和梯形模糊数。

定义 2.5（L-R 模糊数）：设 $L(x)$，$R(x)$ 分别是模糊数 $\tilde{A}$ 的左右基准函数，如果

$$\mu_{\tilde{A}}(x) = \begin{cases} L\left(\dfrac{m-x}{\alpha}\right), & x \leqslant m, \ \alpha > 0 \\ R\left(\dfrac{x-m}{\beta}\right), & x > m, \ \beta > 0 \end{cases} \tag{2-4}$$

则称 $\tilde{A}$ 为 L-R 模糊数，记为 $\tilde{A} = (m, \alpha, \beta)_{LR}$，其中 m 为均值，α、β 为 $\tilde{A}$ 的左右宽度，当 $\alpha = \beta = 0$ 时，L-R 模糊数退化成实数，即 $(m, \alpha, \beta)_{LR} = m$。严格来说，三角形模糊数和梯形模糊数都是 L-R 模糊数的特例。

定义 2.6（三角形模糊数）：设实数域 R 上的模糊数 $\tilde{A}$ 具有隶属函数：

$$\mu_{\tilde{A}}(x) = \begin{cases} \dfrac{x-l}{m-l}, & l \leqslant x \leqslant m \\ \dfrac{r-x}{r-m}, & m \leqslant x \leqslant r \end{cases} \tag{2-5}$$

则称模糊数 $\tilde{A}$ 为三角形模糊数。其中，$l \leqslant m \leqslant r$，$l$、$r$ 分别为 $\tilde{A}$ 的下界和上界，一般记为 $\tilde{A} = (l, m, r)$。当 $x = m$ 时，三角形模糊数的隶属度为 $\mu_{\tilde{A}}(m) = 1$；

当 $l<x<r$ 时，$0<\mu_{\tilde{A}}(x)<1$；其他情况下，$\mu_{\tilde{A}}(x)=0$。当 $m-l=r-m=a$ 时，三角形模糊数 $\tilde{A}$ 变为对称的三角形模糊数 $\tilde{B}=(m,a)$；当 $m=l=r$ 时，三角形模糊数 $\tilde{A}$ 退化成普通实数。

定义 2.7（梯形模糊数）：若定义 2.6 中 $l=a$，$m=[b,c]$，$r=d$，$a\leqslant b\leqslant c\leqslant d$，则称 $\tilde{A}$ 为梯形模糊数，记为 $\tilde{A}=(a,b,c,d)$，且

$$\mu_{\tilde{A}}(x)=\begin{cases}\dfrac{x-a}{b-a}, & a\leqslant x\leqslant b\\ 1, & b\leqslant x\leqslant c\\ \dfrac{d-x}{d-c}, & c\leqslant x\leqslant d\\ 0, & \text{其他}\end{cases} \qquad (2-6)$$

梯形模糊数 $\tilde{A}$ 亦可采用左右宽度形式描述，记 $\tilde{A}$ 的隶属函数为：

$$\mu_{\tilde{A}}(x)=\begin{cases}1-\dfrac{a-x}{\alpha}, & a-\alpha\leqslant x\leqslant a\\ 1, & a\leqslant x\leqslant b\\ 1-\dfrac{x-b}{\beta}, & a\leqslant x\leqslant b+\beta\\ 0, & \text{其他}\end{cases} \qquad (2-7)$$

此时，记 $\tilde{A}=(a,b,\alpha,\beta)$，其中 α、β 为左右宽度，$[a,b]$ 为容许区间。

定义 2.8（可能性均值）：$M^{*}(\tilde{A})=2\displaystyle\int_{0}^{1}\gamma a_{2}(\gamma)\mathrm{d}\gamma=\dfrac{\displaystyle\int_{0}^{1}\mathrm{Pos}[A\geqslant a_{2}(\gamma)]a_{2}(\gamma)\mathrm{d}\gamma}{\displaystyle\int_{0}^{1}\mathrm{Pos}[A\geqslant a_{2}(\gamma)]\mathrm{d}\gamma}$

为上可能性均值，$M_{*}(\tilde{A})=2\displaystyle\int_{0}^{1}\gamma a_{1}(\gamma)\mathrm{d}\gamma=\dfrac{\displaystyle\int_{0}^{1}\mathrm{Pos}[A\leqslant a_{1}(\gamma)]a_{1}(\gamma)\mathrm{d}\gamma}{\displaystyle\int_{0}^{1}\mathrm{Pos}[A\leqslant a_{1}(\gamma)]\mathrm{d}\gamma}$ 为下可能性均值，Pos 表示可能性测度。

设模糊数 $A\in F$ 的水平集为 $A_{\gamma}=[a_{1}(\gamma),a_{2}(\gamma)]$（$\gamma\in[0,1]$），模糊数 $B\in F$ 的水平集为 $B_{\gamma}=[b_{1}(\gamma),b_{2}(\gamma)]$（$\gamma\in[0,1]$），下面分别给出上、下可能性方差以及上、下可能性协方差的定义：

定义 2.9（可能性方差）：上可能性方差记为

$$\text{Var}^*(\tilde{A}) = 2\int_0^1 \gamma(a_2(\gamma) - M^*(\tilde{A}))^2 d\gamma$$

$$= \frac{\text{Pos}[A \geqslant a_2(\gamma)][M^*(\tilde{A}) - a_2(\gamma)]d\gamma}{\text{Pos}[A \geqslant a_2(\gamma)]d\gamma};$$

下可能性方差记为

$$\text{Var}_*(\tilde{A}) = 2\int_0^1 \gamma(a_1(\gamma) - M_*(\tilde{A}))^2 d\gamma$$

$$= \frac{\text{Pos}[A \leqslant a_1(\gamma)][M_*(\tilde{A}) - a_1(\gamma)]d\gamma}{\text{Pos}[A \leqslant a_1(\gamma)]d\gamma}。$$

其中，$\text{Pos}[A \geqslant a_2(\gamma)] = \prod(a_2(\gamma), \infty) = \sup\limits_{\mu \geqslant a_2(\gamma)} A(\mu) = \gamma$，$\text{Pos}[A \leqslant a_1(\gamma)] = \prod(-\infty, a_1(\gamma)) = \sup\limits_{\mu \leqslant a_1(\gamma)} A(\mu) = \gamma$。

定义 2.10（可能性协方差）：$\text{Cov}^*(A, B) = 2\int_0^1 \gamma(a_2(\gamma) - M^*(\tilde{A}))(b_2(\gamma) - M^*(B))d\gamma$ 为上可能性协方差；$\text{Cov}_*(A, B) = 2\int_0^1 \gamma(a_1(\gamma) - M_*(A))(b_1(\gamma) - M_*(B))d\gamma$ 为下可能性协方差。

定理 2.1：设 A 和 B 是两个模糊数，λ 是实数，则

$$\text{Var}^*(A + B) = \text{Var}^* A + \text{Var}^* B + 2\text{Cov}^*(A + B);$$

$$\text{Var}_*(A + B) = \text{Var}_* A + \text{Var}_* B + 2\text{Cov}_*(A + B);$$

$$\text{Var}^*(\lambda A) = \begin{cases} \lambda^2 \text{Var}^*(A) & \lambda \geqslant 0 \\ \lambda^2 \text{Var}_*(A) & \lambda < 0 \end{cases};$$

$$\text{Var}_*(\lambda A) = \begin{cases} \lambda^2 \text{Var}_*(A) & \lambda \geqslant 0 \\ \lambda^2 \text{Var}^*(A) & \lambda < 0 \end{cases}。$$

定理 2.2：设 Ω、F、P 为完备概率空间，ξ_1、ξ_2 为定义在概率空间上的平方可积的模糊随机变量，λ_1、$\lambda_2 \in R$，则有

① $\text{Var}(\lambda_1 \xi_1 + \mu) = \lambda_1^2 \text{Var} \xi_1$；

② $\text{Var}(\xi_1 + \xi_2) = \text{Var} \xi_1 + \text{Var} \xi_2 + 2\text{Cov}(\xi_1 + \xi_2)$；

③ $\text{Cov}(\lambda_1 \xi_1 + \mu, \lambda_2 \xi_2 + \nu) = \lambda_1 \lambda_2 \text{Cov}(\xi_1 + \xi_2)$，这里的 μ 和 ν 均为模糊

数，且 λ_1、$\lambda_2 \geqslant 0$。

2.3　效率评价 DEA 理论

数据包络分析（data envelopment analysis，DEA）是由著名运筹学专家查恩斯（Charnes）和库伯（Cooper）等学者于 1978 年提出的。DEA 是在"相对效率评估"的概念基础上发展起来的，根据多输入和多输出数据的相对有效性而得到评价结果，此方法来源于法约尔对生产率（productivity）进行的研究。DEA 是一种有效的多输入多输出决策单元间相对效率的非参数分析方法。随着模型的不断完善，该方法可以有效地应用于社会多个领域。目前，DEA 作为研究多输入多输出问题最有效的方法，采用同构决策单元作为研究对象。每个决策单元（decision making unit，DMU）可以被视为相同的实体，即在相同的视角下，每个决策单元具有相同的输入和输出类型。

自查恩斯、库伯和罗兹（Rhodes）于 1978 年提出第一个 CCR 效率评价模型后，国内外学者对 DEA 理论研究日益深入，方法不断创新，应用研究范围更加广泛。由于 DEA 的拓展模型种类繁多，本节在模型引入之前首先介绍模型背后的几个相关概念。

2.3.1　DEA 的基本概念

2.3.1.1　决策单元

一个经济系统或者一个生产过程可以看作某一个单位在某一个可能的范围内，通过投入一定数量的生产要素并产出一定数量的"产品"或"服务"的活动。虽然这种活动的具体内容各不相同，但其目的都是尽可能地使这一活动取得最大的"效益"。为了允许应用程序进行这类活动，从"投入"到"产出"需要经过一系列决策才能实现，或者说，由于"产出"是决策的结果，我们使用术语决策单元（DMU）来表示根据将输入转换为输出的任何实体。由此可以认为，每个 DMU（通常第 i 个 DMU 记作 DMU$_i$）都代表或者表现出一定的经济意义，它的基本特点是具有一定的投入和产出，并且在将投入转化成产出的过程中努力实现其自身的决策目标。DMU 的概念是广泛的，它可以是企业，这时投入为厂房、资金、原材料、机器设备、技术和管理人员等，产出为各种产品；也可以是大学，这时科研设备、实验仪器、宿舍、教职员工、教育经费等为投入，培养出来的各种专门人才与所得的科研成果为产出；还可以针对教育机构和医院以及警察部队（或其细分部门）或军队单位，对其性能进行比较评估。按照系统的语言，"投入"通常被称为"输入"，"产出"通常被称为"输出"。这样，一个 DMU 就是一个将一定"输入"转化成一定"输出"的实体。在许多情况下，人们对多个同类型的 DMU 更感兴趣。所谓同类型的 DMU，是指具有以下三个特征的 DMU 集合：它们具有相同的目标和任务；它们处在一样的外在环境中；它们具有相同的输入和输出指标。

需要指出的是，由于研究目的的不同，即使对于同一个 DMU，它的"投入"和"产出"指标也会有所不同。因此，为了满足不同研究目的的需要，DMU 的投入产出指标体系的建立要根据实际需要来确定。既可以横向对比，比如以多个棉纺企业作为不同的 DMU；也可以纵向对比，比如以不同年份的情况作为不同的 DMU。

2.3.1.2　生产可能集

设某个 DMU 在一项经济（生产）活动中的输入数据集为 $X = (x_1, \cdots, x_m)^{\mathrm{T}}$，输出数据为 $Y = (y_1, \cdots, y_s)^{\mathrm{T}}$，于是可以简单地用 (X, Y) 来表示这个 DMU 的整个生产活动。

定义 2.11：称集合 $T = \{(X, Y) | $ 产出向量 Y 可以由投入向量 X 生产出来$\}$ 为所有可能的生产活动构成的生产可能集（production possibility set, PPS）。

假设生产可能集 T 的构成满足下面 5 条公理。

平凡性：$(x_j, y_j) \in T$，$j = 1, 2, \cdots, n$。平凡性公理表明，投入 x_j、产出 y_j 的基本活动是生产可能集中的一种投入产出关系。

凸性：对任意的 $(X, Y) \in T$ 和 $(\bar{X}, \bar{Y}) \in T$，以及 $\mu \in [0, 1]$，有 $\mu (X, Y) + (1-\mu)(\bar{X}, \bar{Y}) \in T$，即如果分别以 X 和 $\bar{X}$ 的 μ 倍和 $(1-\mu)$ 倍之和作为新的输入，则可得到原产出相同比例之和的新的产出，凸性表明 T 是一个凸集。

锥性：若 $(X, Y) \in T$ 及 $k \geq 0$，则 $k (X, Y) = (kX, kY) \in T$。这表

明，若以原输入的 k 倍为新的输入，则得到原输出 k 倍的新输出是完全可能的。

无效性：设 $(X, Y) \in T$，若 $\bar{X} \geq X$，则 $(\bar{X}, Y) \in T$；若 $\bar{Y} \leq Y$，则 $(X, \bar{Y}) \in T$。这表明，在原来的生产活动的基础上增加投入或者减少产出进行生产是可能的。

最小性：生产可能集 T 是满足平凡性、凸性、锥性的所有集合的交集。

可以看出，满足上述 5 个条件的集合 T 是唯一确定的：

$$T = \left\{ (X, Y) \mid \sum_{j=1}^{n} x_j \lambda_j \leq X, \sum_{j=1}^{n} y_j \lambda_j \geq Y, \lambda_j \geq 0, j = 1, 2, \cdots n \right\}。$$

2.3.1.3 生产函数

定义 2.12：称集合 $L(y) = \{X \mid (X, Y) \in T\}$ 为对于 Y 的输入可能集。

定义 2.13：称集合 $P(x) = \{X \mid (X, Y) \in T\}$ 为对于 X 的输出可能集，其中 T 为生产可能集。

定义 2.14：设 $(X, Y) \in T$，如果不存在 $(X, \tilde{Y}) \in T$，且 $Y \leq \tilde{Y}$，则称 (X, Y) 为有效生产活动。

定义 2.15：对于生产可能集 T，所有有效生产活动（点）(X, Y) 构成的 R^{m+s} 空间中的超曲面 $Y = f(X)$ 为生产函数。

生产函数的主要性质包括：

第一，非负数性。$f(*)$ 的值是一个有限的、非负的实数。

第二，弱必要性。在没有投入的情况下，不可能有生产的正产出。

第三，x 非递减性（或称单调性）。任何一个投入的增加不会减少产出。如果生产函数是连续可微的，单调性意味着所有的边际产品都是非负的。

第四，x 凹性。向量 X_0 和向量 X_1 的任意线性组合所对应的产出至少不少于 $f(X_0)$ 和 $f(X_1)$ 的相同线性组合。用数学表达为：对所有的 $0 \leq \theta \leq 1$，有 $f(\theta X_0 + (1-\theta) X_1) \geq \theta f(X_0) + (1-\theta) f(X_1)$。如果生产函数是连续可微的，凹性意味着所有边际产品是非增的。

上述属性并不详尽，也无法保证任何时候都成立。例如，在大量输入导致输入拥塞的情况下，单调性假设是无效的。在每个输入对输出都必不可少的条件下，弱必要性假设通常被更强的假设所取代。

2.3.1.4 生产前沿面

生产前沿面（production frontier，也称生产边界）可用于定义输入和输出之间的关系。生产前沿面代表了不同投入水平可获得的最大产出水平，因此反映了该行业的技术现状。如果该公司在该行业中是技术有效的，它将在生产前沿面上部运营；如果不是技术有效的，它将在生产前沿面下部运行。生产前沿面上的点定义了生产可能集的有效子集。其数学定义为：设 $\omega^* \geqslant 0$，$\mu^* \geqslant 0$，且 $L = \{(x, y) \mid \omega^{*T}X - \mu^{*T}Y = 0\}$ 满足 $T \subset \{(x, y) \mid \omega^{*T}X - \mu^{*T}Y \geqslant 0\}$ 以及 $L \cap T \neq \emptyset$，则称 L 是生产可能集 T 的弱有效面，$L \cap T$ 为生产可能集 T 的弱生产前沿面；特别地，如果 $\omega^* > 0$，$\mu^* > 0$，则称 L 为生产可能集 T 的有效面，$L \cap T$ 为生产可能集 T 的生产前沿面。

2.3.2 DEA 的基本模型

1978 年，查恩斯等人首次提出数据包络分析（DEA）CCR 效率评价模型。自 CCR 模型提出以后，40 多年来国内外学者对新的 DEA 模型（如 BCC、FG、超效率模型、加性模型、ST 模型）的理论、方法的研究不断创新，其应用研究更为广泛。随着 DEA 方法的不断拓展，涌现出大量的适应不同问题求解的新模型、理论及方法，更拓展出新的交叉研究领域，DEA 越发重要，成为系统分析的有力工具。下面简单介绍 DEA 的几类基本模型。

2.3.2.1 CCR（Charnes, Cooper and Rhodes, CCR）模型

第一个重要的 DEA 模型是 CCR 模型，它是由美国著名运筹学家查恩斯、库伯和罗兹三人于1978 年共同提出的。在后来的 DEA 文献中，学者以三人姓氏的首字母来命名他们创立的第一个 DEA 模型，即 CCR 模型。CCR 模型是以相对效率概念为基础提出的一种崭新的系统分析方法，假设规模收益不变（constant returns to scale，CRS），其得出的技术效率包含规模效率的成分，因此通常被称为综合技术效率。

假设有 n 个决策单元，每个决策单元有 m 种类型的输入以及 s 种类型的输出，各决策单元的输入和输出数据如表 2-1 所示。

表 2-1　决策单元的输入输出数据

决策单元		1	2	⋯	j	⋯	n			
v_1	1 →	x_{11}	x_{12}	⋯	x_{1j}	⋯	x_{1n}			
v_2	2 →	x_{21}	x_{22}	⋯	x_{2j}	⋯	x_{2n}			
⋮	⋮	⋮	⋮		⋮		⋮			
v_m	m →	x_{m1}	x_{m2}	⋯	x_{mj}	⋯	x_{mn}			
		y_{11}	y_{12}	⋯	y_{1j}	⋯	y_{1n}	→	1	u_1
		y_{21}	y_{22}	⋯	y_{2j}	⋯	y_{2n}	→	2	u_2
		⋮	⋮		⋮		⋮			⋮
		y_{s1}	x_{s2}	⋯	y_{sj}	⋯	y_{sn}	→	s	u_s

表中，x_{ij} 为第 j 个决策单元对第 i 种输入的投入量，$x_{ij}>0$；y_{rj} 为第 j 个决策单元对第 r 种输入的产出量，$y_{rj}>0$；v_i 为对第 i 种输入的一种度量；u_r 是对第 r 种输出的一种度量，其中，$i=1,2,\cdots,m$，$r=1,2,\cdots,s$，$j=1,2,\cdots,n$。为方便起见，记 $\boldsymbol{x}_j=(x_{1j},x_{2j},\cdots,x_{mj})^{\mathrm{T}}$，$j=1,2,\cdots,n$，$\boldsymbol{y}_j=(y_{1j},y_{2j},\cdots,y_{sj})^{\mathrm{T}}$，$j=1,2,\cdots,n$，$\boldsymbol{v}=(v_1,v_2,\cdots,v_m)^{\mathrm{T}}$，$\boldsymbol{u}=(u_1,u_2,\cdots,u_s)^{\mathrm{T}}$。假定决策单元 j_0 的规模收益不变，则投入导向下的 CCR 对偶模型可表示为：

$$\min\theta$$

$$\text{s. t.}\begin{cases} \sum_{j=1}^{n}\lambda_j x_{ij}\leqslant\theta x_{ij_0},\ i=1,2,\cdots,m \\ \sum_{j=1}^{n}\lambda_j y_{rj}\geqslant y_{rj_0},\ r=1,2,\cdots,s \\ \lambda_j\geqslant 0,\ j=1,2,\cdots,n \end{cases} \tag{2-8}$$

产出导向下的 CCR 对偶模型可表示为：

$$\max\varphi$$

$$\text{s. t.}\begin{cases} \sum_{j=1}^{n}\lambda_j x_{ij}\leqslant x_{ij_0},\ i=1,2,\cdots,m \\ \sum_{j=1}^{n}\lambda_j y_{rj}\geqslant\varphi y_{rj_0},\ r=1,2,\cdots,s \\ \lambda_j\geqslant 0,\ j=1,2,\cdots,n \end{cases} \tag{2-9}$$

DMU$_0$ 为弱 CCR 有效的充分必要条件是模型（2-8）或者模型（2-9）的最优值 θ^*、φ^* 为 1。投入和产出导向 CCR 模型示意图分别见图 2-2 和图 2-3。

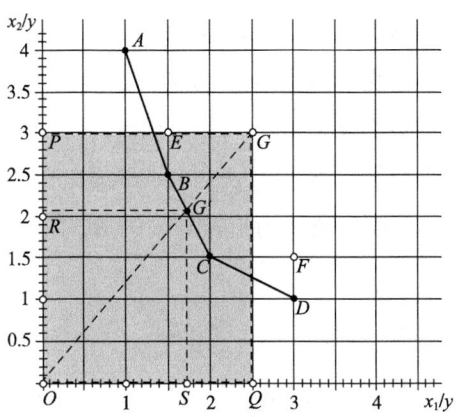

图 2-2 投入导向 CCR 模型基本原理

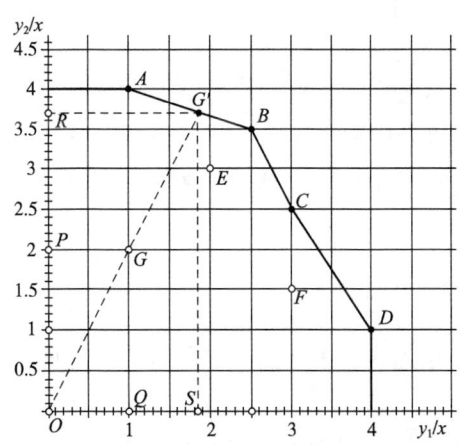

图 2-3 产出导向 CCR 模型基本原理

从图 2-2 和图 2-3 可以看出，DEA 衡量的效率是相对效率，即被评估的 DMU 相对于"领先"DMU 的效率，DEA 得出的效率值是被评价 DMU 与处于前沿上的投影点相比较得出的。CCR 模型假设生产技术的规模收益不变，或者虽然生产技术规模收益可变，但所有评估的 DMU 都处于最佳生产规模阶段，即处于规模收益不变阶段。然而，在实际生产中，许多生产单元并没有达到最佳规模的生产状态，因此，基于 CCR 模型得出的技术效率包含规模效率的成分。

2.3.2.2　BCC（Banker, Charnes and Cooper, BCC）模型

1984 年，班克尔（Banker）、查恩斯（Charnes）和库伯（Cooper）提出了一个用于估计规模效率的 DEA 模型。这种方法的提出对于 DEA 理论方法具有重要意义。BCC 模型基于规模收益可变（VRS），得出的技术效率排除了规模的影响，因此被称为纯技术效率（pure technical efficiency，PTE）。基于规模收益率可变的效率评估模型被称为投入导向的 BCC 模型，也被称为 VRS 模型，表示如下：

$$\min\theta$$

$$\text{s. t.}\begin{cases} \sum_{j=1}^{n} \lambda_j x_{rj} \leqslant \theta x_{ij_0}, \ i = 1, \ 2, \ \cdots, \ m \\[2mm] \sum_{j=1}^{n} \lambda_j y_{rj} \geqslant y_{rj_0}, \ r = 1, \ 2, \ \cdots, \ s \\[2mm] \sum_{j=1}^{n} \lambda_j = 1, \ \lambda_j \geqslant 0, \ j = 1, \ 2, \ \cdots, \ n \end{cases} \quad (2\text{-}10)$$

与之类似，也可以采用输出导向（output-oriented）模型，即保持输入恒定，用于研究每个决策单元的输出情况。基于规模收益不变的输出导向 BCC 模型为：

$$\max\varphi$$

$$\text{s. t.}\begin{cases} \sum_{j=1}^{n} \lambda_j x_{ij} \leqslant x_{ij_0}, \ i = 1, \ 2, \ \cdots, \ m \\[2mm] \sum_{j=1}^{n} \lambda_j y_{rj} \geqslant \varphi y_{rj_0}, \ r = 1, \ 2, \ \cdots, \ s \\[2mm] \sum_{j=1}^{n} \lambda_j = 1, \ \lambda_j \geqslant 0, \ j = 1, \ 2, \ \cdots, \ n \end{cases} \quad (2\text{-}11)$$

被评价的决策单元 DMU_0 为弱 BCC 有效的充分必要条件是模型（2-10）或者模型（2-11）的最优值 θ^*、φ^* 为 1。投入和产出导向 BCC 模型示意图分别见图 2-4 和图 2-5。

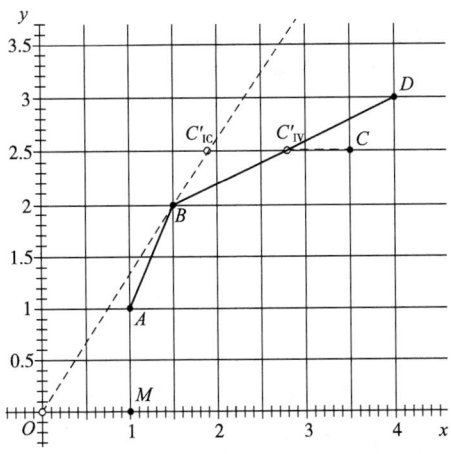

图 2-4 投入导向 BCC 模型基本原理

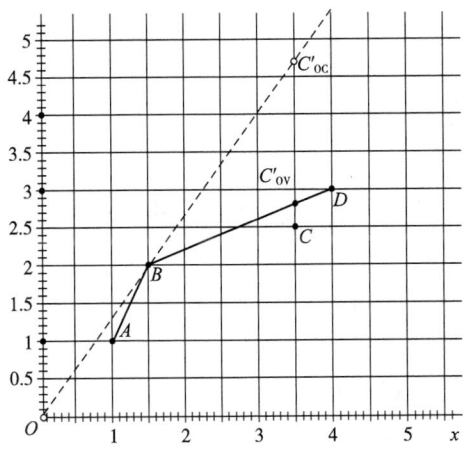

图 2-5 产出导向 BCC 模型基本原理

2.3.2.3 SBM (slacks-based measure, SBM) 模型

在径向 DEA 模型中，对无效率程度的测量只包含所有投入（产出）等比例缩减（增加）的比例。对于无效 DMU 来说，其当前状态与强有效目标值之间的差距，除了等比例改进的部分之外，还包括松弛改进的部分。而松弛改进的部分在效率值的测量中并未得到体现。出于这样的考虑，托恩（Tone）提出了 SBM 模型：

$$\min\rho = \left(1 - \frac{1}{m}\sum_{i=1}^{m}\frac{s_i^-}{x_{ij_0}}\right) \bigg/ \left(1 + \frac{1}{s}\sum_{r=1}^{s}\frac{s_r^+}{y_{rj_0}}\right)$$

$$\text{s. t.} \begin{cases} \sum_{i=1}^{m} x_{ij}\lambda_j + s_i^- = x_{ij_0}, \ i = 1, 2, \cdots, m \\ \sum_{r=1}^{s} y_{rj}\lambda_j - s_r^+ = y_{rj_0}, \ r = 1, 2, \cdots, s \\ \sum_{j=1}^{n} \lambda_j \leqslant 1, \ \lambda_j \geqslant 0, \ j = 1, 2, \cdots, n \\ s_i^-, \ s_r^+ \geqslant 0, \ i = 1, 2, \cdots m, \ r = 1, 2, \cdots, s \end{cases} \quad (2-12)$$

在上述模型中，通过 C-C 变换可得：

$$\min\rho = t - \frac{1}{m}\sum_{i=1}^{m}\frac{S_i^-}{x_{ij_0}}$$

$$\text{s. t.} \begin{cases} t + \frac{1}{s}\sum_{r=1}^{s}\frac{S_r^+}{y_{rj_0}} = 1 \\ \sum_{i=1}^{m} x_{ij}\Lambda_j + S_i^- = tx_{ij_0}, \ i = 1, 2, \cdots, m \\ \sum_{r=1}^{s} y_{rj}\Lambda_j - S_r^+ = ty_{rj_0}, \ r = 1, 2, \cdots, s \\ \sum_{j=1}^{n} \Lambda_j = t, \ \Lambda_j \geqslant 0, \ j = 1, 2, \cdots, n \\ S_i^-, \ S_r^+ \geqslant 0, \ i = 1, 2, \cdots, m, \ r = 1, 2, \cdots, s, \ t > 0 \end{cases} \quad (2-13)$$

被评价的决策单元 DMU$_0$ 为弱有效的充分必要条件是模型（2-13）的最优值 $\rho^* = 1$。

DEA 模型分为径向 DEA 模型和非径向 DEA 模型，其中径向 DEA 模型包括 CCR 模型、BCC 模型，非径向 DEA 模型包括加性模型（additive model）、乘法模型（multiplication model）、RAM 模型（range-adjusted measure model）、SBM 模型（slacks-based measure model）及超效率模型（super-efficiency model）等其他拓展模型。表 2-2 对几个经典 DEA 模型的特征进行了描述和对比。

表 2-2 几个经典 DEA 模型的特征

DEA 模型		CCR-I	CCR-O	BCC-I	BCC-O	ADD	SBM
数据	X	非负	非负	非负	自由	自由	非负
	Y	自由	自由	自由	非负	自由	自由
平移不变性	X	No	No	No	Yes	Yes[a]	No
	Y	No	No	Yes	No	Yes[a]	No
单位不变性		Yes	Yes	Yes	Yes	No	Yes
效率值取值范围		[0, 1]	[0, 1]	(0, 1]	(0, 1]	No	[0, 1]
技术效率或混合效率		技术	技术	技术	技术	混合	混合
规模报酬		CRS	CRS	VRS	VRS	C (V) RS[b]	C (V) RS

注：①加性模型具有平移不变性仅当加入凸性约束条件，即 $e\lambda = 1$。

②C（V）RS 表示规模报酬不变（可变）仅当加入凸性约束条件，即 $e\lambda = 1$。

传统 DEA 模型一般将决策单元视作黑箱，无法把内部各子系统之间的中间产品纳入模型中，从而无法进一步分析系统整体低效的深层次原因。为此，法勒（Färe）和格罗斯科夫（Grosskopf）相应地提出了网络 DEA 模型，从而可对现实中更复杂的生产经营系统进行效率评价，使得测评结果更加合理。其中，网络 DEA 两阶段系列模型占有重要地位。它又可分为基础两阶段DEA、一般两阶段 DEA 及非期望产出两阶段 DEA 三种。

基础两阶段 DEA 效率评价模型还可分为独立模型、系统距离度量模型、SBM 度量模型、过程距离度量模型、比率系统效率模型。一般两阶段 DEA 模型基本有六个子类，它们分别为：系统距离度量模型、过程距离度量模型、SBM 效率度量模型、比率系统效率模型、比率过程效率模型以及博弈理论模型。非期望产出两阶段 DEA 主要有两类：第一，只考虑非期望最终产出；第二，考虑非期望中间产出和最终产出。

2.3.3 DEA 有效性及其经济意义

DEA 有效的经济意义是除非增加一种或多种投入，或减少其他种类的产出，否则无法再增加任何产出；除非增加一种或多种投入，或减少其他种类的产出，否则无法再减少任何投入。

第一，DEA 有效，即 $\theta^* = 1$，$s^{-0} = 0$，$s^{+0} = 0$，表示该决策单元既是规模有效又是技术有效的，说明在这 n 个决策单元组成的经济系统中，该决策单元的生产要素已达到最佳组合，资源获得充分利用，取得最大的产出效果。

第二，弱 DEA 有效，即最优值 $\theta^* = 1$，但 $s^{-0} \neq 0$，$s^{+0} \neq 0$，表示该决策单元或不是规模有效的，或不是技术有效的。

第三，非 DEA 有效，即最优值 $\theta^* < 1$，表示该决策单元非同时为技术有效和规模有效的。θ^* 值越小，说明其相对有效性越低。

定义 2.16：设 h_{CCR}^I 为输入导向的 CCR 模型的最优值，h_{BCC}^I 为输入导向的 BCC 模型的最优值，称 h_{CCR}^I 为被评价决策单元 DMU_{j_0} 的"技术效率"（productive efficiency），也称为整体效率；称 h_{BCC}^I 为被评价决策单元 DMU_{j_0} 的"纯技术效率"（pure technical efficiency）；称 $SE = \dfrac{h_{CCR}^I}{h_{BCC}^I}$ 为被评价决策单元 DMU_{j_0} 的"规模效率"（scale efficiency）。

由此定义知，整体效率的分解公式为 $h_{CCR}^I = h_{BCC}^I \cdot SE$。可以看出，整体效率 h_{CCR}^I、规模效率 SE 和纯技术效率 h_{BCC}^I 之间的关系如下：$0 < h_{CCR}^I \leq h_{BCC}^I \leq 1$；$0 < SE \leq 1$。

定义 2.17：设 h_{CCR}^I 为输入导向的 CCR 模型的最优值，h_{SBM}^I 为输入导向的 SBM 模型的最优值，则称 $h_{MIX} = \dfrac{h_{SBM}^I}{h_{CCR}^I}$ 为混合效率。

由此得关系如下：$h_{SBM}^I = h_{MIX} \times h_{CCR}^I = h_{MIX} \times h_{BCC}^I \times SE$。

投入方向的模型与产出方向的模型也有其各自的经济意义：投入方向的模型在保持产出不变的情况下分析各个决策单元的投入使用情况。$\theta^* < 1$（$\varphi^* < 1$），说明决策单元 DMU_{j_0} 是无效的，在生产过程中其使用了过多的资源，投入可以按照 θ^* 同比例减少；而 $\theta^* = 1$（$\varphi^* = 1$）且各个松弛变量均为零，说明任何投入均不可能减少，此时决策单元 DMU_{j_0} 是有效的。产出方向的模型则说明了在各个决策单元保持投入不变的情况下，产出是否能按某一比例扩大：如果不能扩大，则决策单元 DMU_{j_0} 是有效的；反之，则是无效的。

定理 2.3（有效性与量纲选取无关定理）：决策单元的弱 DEA 有效性和 DEA 有效性与输入和输出量纲的选取无关。

定理 2.4（有效性与决策单元同倍"增长"无关定理）：决策单元的弱DEA 有效性和 DEA 有效性与决策单元对应的输入和输出的同倍"增长"无关。

2.3.4 区间 DEA 模型的研究进展

传统 DEA 模型往往假定所有决策单元的投入产出数据都是确定数；但是在现实的效率评价中的确存在着大量的不确定性因素，如测量误差、数据噪声、多情景导入以及随机性影响等，这使得传统 DEA 方法的适用性大大减弱。为此，把不确定性因素纳入评价模型中，就使得研究结果更具柔性和现实意义。库伯等首次讨论了具有不精确投入产出数据 DEA（imprecise DEA，IDEA）的模型，其中的不精确数据包括序数和区间数两种，他们对区间数据进行规范化处理和变量替换，将区间 DEA 转化为确定型 DEA 再进行求解。之后遵循此思路，国内外学者对此进行了更深入的研究，涌现出一系列新的区间 DEA 的模型、方法及工具。德斯波蒂斯（Despotis）和斯米莉斯（Smirlis）给出了一种不同于库伯等提出的求解含有不精确数据的 DEA 模型方法——区间效率法，该方法根据被评价决策单元、参考单元的区间指标数据的最大值与最小值的不同组合关系，分别计算出各被评价单元的最大效率值与最小效率值，从而组成一个效率区间，再以此区间效率分析各决策单元的相对有效性。下面介绍区间 DEA 的基本模型及求解思想。

设有 n 个待评估单元记为 DMU_j（$j=1, 2, \cdots, n$），每一个单元分别对应着 m 种投入和 s 种产出，可记为 $\boldsymbol{X}_j = (x_{1j}, x_{2j}, \cdots, x_{mj})^{\mathrm{T}}$，$\boldsymbol{Y}_j = (y_{1j}, y_{2j}, \cdots, y_{sj})^{\mathrm{T}}$，$j=1, 2, \cdots, n$。不同于传统的 DEA 模型，我们假定每个 DMU 的投入产出数据在一定范围内变化，即为区间数，用数学符号表示为 $x_{ij}^I \in [x_{ij}^l, x_{ij}^u]$，$y_{rj}^I \in [y_{rj}^l, y_{rj}^u]$，$i=1, 2, \cdots, m$，$r=1, 2, \cdots, s$，$j=1, 2, \cdots, n$，其中 x_{ij}^l 和 y_{rj}^l 分别是投入和产出数据的下界，x_{ij}^u 和 y_{rj}^u 分别是投入和产出数据的上界，上标"I"表示该指标是一个区间数（interval number）。设 DMU_{j_0} 的投入和产出为 (x_{j_0}, y_{j_0})，则评价 DMU_{j_0} 相对有效性的含有区间数的 D_{CCR} 模型为：

$$\min \theta$$

$$\text{s. t.}\begin{cases} \sum_{j=1}^{n} \lambda_j x_{ij}^l \leqslant \theta x_{i0}^l, \ i = 1, 2, \cdots, m \\ \sum_{j=1}^{n} \lambda_j y_{rj}^l \geqslant y_{r0}^l, \ r = 1, 2, \cdots, s \\ \lambda_j \geqslant 0, \ j = 1, 2, \cdots, n \end{cases} \quad (2\text{-}14)$$

模型（2-14）是一个非线性规划模型。基于已有研究，首先考虑对决策单元 DMU_{j_0} 最不利的情形，从而可得评价决策单元 DMU_{j_0} 的区间效率值下限的模型：

$$\min \theta^l$$

$$\text{s. t.}\begin{cases} \sum_{j=1, \neq j_0}^{n} \lambda_j x_{ij}^l + \lambda_{j_0} x_{ij_0}^u \leqslant \theta x_{ij_0}^u, \ i \in N_m \\ \sum_{j=1, \neq j_0}^{n} \lambda_j y_{rj}^u + \lambda_{j_0} y_{rj_0}^l \geqslant y_{rj_0}^l, \ r \in N_s \\ \lambda_j \geqslant 0, \ j \in N_n \end{cases} \quad (2\text{-}15)$$

在模型（2-15）中，x_{ij0}^u 和 x_{ij}^l 以及 y_{rj0}^l 和 y_{rj}^u 分别代表：被评价单元的最大投入和参考单元的最小投入以及被评价单元的最小产出和参考单元的最大产出。根据模型（2-15）得出来的效率值是被评价单元的最小效率值，记作 θ_0^l。

同样，考虑对决策单元 DMU_{j_0} 最有利的情形，可得到评价决策单元 DMU_{j_0} 的区间效率值上限的模型：

$$\min \theta^u$$

$$\text{s. t.}\begin{cases} \sum_{j=1, \neq j_0}^{n} \lambda_j x_{ij}^u + \lambda_{j_0} x_{ij_0}^l \leqslant \theta x_{ij_0}^l, \ i \in N_m \\ \sum_{j=1, \neq j_0}^{n} \lambda_j y_{rj}^l + \lambda_{j_0} y_{rj_0}^u \geqslant y_{rj_0}^u, \ r \in N_s \\ \lambda_j \geqslant 0, \ j \in N_n \end{cases} \quad (2\text{-}16)$$

在模型（2-16）中，y_{rj0}^u 和 y_{rj}^l 分别表示被评价单元的最大产出和参考单元的最小产出；x_{ij0}^l 和 x_{ij}^u 分别表示被评价单元的最小投入和参考单元的最大投入。根据模型（2-16）得出来的效率值是被评价单元的最大效率值，记作 θ_0^u。通过模型（2-15）和模型（2-16），每个决策单元都得到一个有界区间 $[\theta_j^l, \theta_j^u]$，这个区间包括所有可能的效率值，称这个有界区间 $[\theta_j^l, \theta_j^u]$ 为区间效率值。

根据区间效率值，可将所有的决策单元分为以三类：

第一类：$E^{++} = \{ j \in J \mid \theta_j^l = 1 \}$。

第二类：$E^+ = \{ j \in J \mid \theta_j^l < 1 \text{ 且 } \theta_j^u = 1 \}$。

第三类：$E^- = \{ j \in J \mid \theta_j^u < 1 \}$。

其中：J 代表决策单元的指数集 $\{1, 2, \cdots, n\}$；E^{++} 表示 DEA 绝对有效的决策单元集合；E^- 表示 DEA 绝对无效的决策单元集合；而 E^+ 代表的是介于绝对有效和绝对无效之间的决策单元集合，表示决策单元从最大限度上来讲是有效率的，但其在投入及产出的指标上仍有可调整的空间。

若 $DMU_{j_0} \in E^{++}$，则称 DMU_{j_0} 为区间 DEA 有效；若 $DMU_{j_0} \in E^+$，则称 DMU_{j_0} 为区间 DEA 部分有效；若 $DMU_{j_0} \in E^-$，则称 DMU_{j_0} 为区间 DEA 无效。

2.4 不确定性证券投资组合模型及效率评价研究综述

2.4.1 证券投资组合的区间规划的研究现状

区间规划（interval programming）问题是不确定优化问题的一个分支，就是将目标函数或约束函数中的不确定性参数以区间数的形式给出并加以求解。含区间系数的优化问题是不确定优化问题的子问题，根据问题是否为线性问题，区间规划问题可以分为区间线性规划问题和区间非线性规划问题。

现实金融市场是一个非常复杂的系统。由于证券市场的随机性和模糊性，同时外部有各种影响市场变化的因素，因此投资者无法准确估计收益、风险的概率分布，只能依据专家知识及自身经验进行投资决策，具有很强的不确定性。而在模糊数相关理论中，区间数是一类特殊的模糊数，与一般模糊数变量相比，区间数不需要利用市场信息来确定自身的隶属函数；

与随机变量相比，当没有足够的实验数据来获得参数的概率密度函数时，区间法比基于概率论的方法更实用。因此，区间法是处理不确定性问题的一种简单有效的方法。随着理论的发展与完善，人们逐渐认识到在证券投资选择规划中，投资者可以首先利用区间数来处理证券市场的模糊不确定性，估计证券的预期收益率的区间范围，然后通过区间规划的方法得到一个有效的投资组合策略。基于此，许多学者对证券投资组合的区间规划展开了研究。同时，由于投资者在投资过程中不能忽视交易成本和证券市场流动性等因素的影响，一些学者也开始在证券投资组合区间问题的研究过程中将这些因素加入模型中，以建立一个更贴近实际经济活动、更具现实意义的模型。

目前，关于证券投资组合的区间数优化问题的研究以线性约束和线性目标函数的线性优化问题居多，并取得了很多的研究成果。例如：依达（Ida）针对资产收益率和方差均为区间模糊数的情况，在马科维茨均值-方差框架下提出多目标投资组合选择模型并给出了相应的求解算法。巴塔查里亚等（Bhattacharyya et al.）考虑了长期收益、短期收益、流动性、红利、资产数目以及投资比例的边界约束对投资决策的影响，利用区间数方法来描述资产的期望收益、风险以及流动性的不确定性，建立了一个基于区间分析的均值-方差-偏度投资组合模型。莱等（Lai et al.）以区间数来描述收益率在证券市场的不确定性，提出了半绝对偏差度量风险的投资组合模型，将其转化为线性区间规划模型进行求解。考虑到证券市场中存在的各种不确定性，张等（Zhang et al.）提出用区间数限定证券投资收益率和协方差，在均值-差分模型框架下，提出了容许均值-方差模型。在不确定性变量为模糊变量的模糊投资规划模型的基础上，吉奥夫等（Giove et al.）考虑了证券价格为区间数的投资组合问题，利用区间分析方法来处理这些不精确的输入数据，构建了一个基于极小极大后悔准则的投资者组合模型。刘等（Liu et al.）讨论了资产收益表示为区间数的不确定投资组合选择问题，在均值-绝对偏差框架下建立了两个双层数学规划模型。殷（Yin et al.）给出区间值模糊数的排序方法，解决了投资者对于四种证券的投资组合策略问题。吴等（Wu et al.）提出了收益和风险均为区间数的证券投资组合模型，通过使用区间数和凸分析，得到非劣解。孙冲和侯为波采用区间数度量证券收益、风险损失率、流动性、资产组合的分散程度的不确定性，建立了多目标区间数规划模型，并通过引入不同的投资者满意度参数将多目标区间规划模型转化为精确数的线性规划模型进行求解。

李汶华等在区间分析和累计概率分布的基础上构造了一种新的确定区间数的方法，计算在某一置信区间的 VaR 值，而后对比研究了这种新方法与蒙特卡洛模拟方法之间的差异。白卫东将收益、风险及流动性水平扩展为区间情形，通过统计获取收益率及换手率区间，并采用极大极小半绝对偏差作为风险度量，构建基于区间线性规划的投资组合选择模型。路应金等通过引入风险偏好系数 α，并将区间线性证券组合投资转化为参数线性规划进行求解，使证券组合投资决策更合理。谢文君和张鹏运用区间数表示资产的收益率和风险，在考虑交易成本、借款约束、资产的短期与长期收益率和上下界约束等约束条件的基础上，提出均值-半绝对偏差（M-SAD）区间投资组合模型，并在 M-SAD 模型的基础上加入熵约束，得到具有熵约束的均值-半绝对偏差（M-SAD-E）区间投资组合模型。孙靖等基于区间多目标规划建立一个以预期收益率、风险损失率及流动性为目标函数的多期投资组合选择模型，然后通过设计一个定向变异算子，改进基于偏好多面体的交互式遗传算法，并将上述算法的运算机制与所建模型的多期特性相结合以求解模型。孙玉华和徐秀梅利用区间数描述了证券收益、风险损失率和流动性的不确定性，建立了一个新的多目标区间规划模型，并用理想点法和线性加权和法求解，最后通过实例分析说明了模型的可行性及两种求解方法的优缺点。为了研究不确定环境下的投资组合问题，陈国华和廖小莲在投资组合模型中引入了模糊区间集的概念，并建立了以投资组合收益最大化为目标，以 β 值和流动性为约束的区间规划投资组合模型（IMBL），采用区间数理论将区间规划投资组合模型转化为带参数的线性规划模型，对投资者具有一定的参考价值和指导意义。孙艳红针对市场允许卖空的情况，提出了证券组合的区间数线性规划模型，并通过优化区间数线性规划问题中目标函数的参数 α 和约束水平 η，将目标函数和约束均为区间数的不确定线性规划问题转化为确定性线性规划问题并求解，最后通过实例验证了方法的可行性。孙江洁对区间证券投资组合的系统风险和非系统风险进行了定量分析，建立了多目标线性规划模型，提出了一种新的基于 β 约束的区间证券多目标投资组合模型，使证券投资更加灵活。岳伟和贺兴时（2007a）基于区间规划方法研究了摩擦市场的投资组合选择问题，并结合绝对偏差风险函数的思想，建立了一个关于区间数的投资组合模型。岳伟和贺兴时（2007b）用区间数方法描述了证券收益、投资风险和证券流动性的不确定性，建立了投资组合选择的区间规划模型，并基于区间数的序关系将区间规划问题转化为普通的参数规划模型进行求解。王双将区间数引入风险管理投资中，利用极大极小规则求解风险投资区间规划的最优解，对投资者的实际投资具有一定的指导意义。隋云云等采用区间数测度投资收益，利用半绝对偏差作为投资风险的测度，并在考虑投资者效用的条件下提出一种新的基于效用最大化的区间投资组合模型，为得到该模型的解，引入一个反映市场经济环境因素的系数，从而将区间规划问题转化为一个一般的线性规划问题，并结合实例说明该模型的应用。基于区间数线性规划问题的最优性条件，在引入收益-风险偏好参数和优化水平参数的基础上，赵玉梅等提出了证券组合投资的多目标区间数线性规划模型，投资者可以根据对风险的喜好程度和金融市场的客观情况，适当估计这两个参数，从而得到相应情况下的有效投资方案，使投资过程更具柔性，而且更加接近实际情况。在利用模糊约束将均值-方差的投资组合规划模型转化为模糊线性规划模型时，陈国华等采用区间数来描述证券的期望收益率和风险损失率，建立了区间数模糊证券投资组合模型，利用区间数知识把区间规划问题转化为参数线性规划问题进行求解，并通过算例阐述了方法的有效性。

在区间线性规划问题研究的基础上，学者们还延伸了对证券投资组合的区间非线性规划问题的研究。例如，李和徐（Li and Xu）建立了一种在混合不确定环境下新的证券组合模型。任大源等利用极小极大原理建立了含有交易成本的非线性规划模型，结合凸规划理论与 KKT 条件给出求解模型的方法。徐晓宁等分别针对市场上允许卖空和不允许卖空的情况，提出了证券投资组合的区间二次规划模型，通过应用区间数排序方法（区间序关系、区间可能度和区间可接受度）给出了两种证券投资组合的区间非线性优化的数学转化模型，从而将不确定性证券投资组合模型转化为确定性的证券投资组合二次规划模型进行求解，并与传统方法进行比较。

近年来，学者们不断深化和完善马科维茨的均值-方差模型，使得解决确定性证券投资组合问题的方法越来越成熟。实际上，受证券市场各种不确定性因素的影响，对于证券的期望收益率、风险等，投资者很难给出一个精确值。因此，学者们对收益率、风险等为不确定数（区间数）的证券投资组合的模型展开了一系列研究。例如，纳杰菲和普尔艾哈迈迪（Najafi and Pourahmadi）基于不确定条件下的交易成本研究了动态投资组合选择问题，并针对该问题提出了实用模型和设计算法进行求解。欧米迪等（Omidi et al.）提出了一种高性能神经网络模型，用于在不确定理论的基础上求解具有不确定收益的投资组合选择的两类不确定规划模型。翟和白（Zhai and Bai）讨论了一个不确定的投资组合选择问题，其中考虑了背景风险、安全回报和背景资产回报，提出了一个具有投资组合选择背景风险的不确定均值-风险模型，并且当证券收益率服从不同的不确定性分布时给出了模型的清晰形式。李等（Li et al.）讨论了在不确定环境下考虑交易成本和投资者破产的影响的多期投资组合选择问题，通过新方法将提出的不确定优化模型转化为相应的确定性优化模型，并将遗传算法与罚函数相结合进行求解。李爱忠等研究了不确定环境下极大极小风险控制的连续时间投资组合优化问题，运用 Bellman 最优性原理和 HJB 方程构造了典型的资产组合优化模型，借助随机控制和多重网格数值逼近方法得到相应优化问题的最优投资策略，通过实证方法验证了过程风险控制下资产配置策略的有效性。索拉雷斯和科埃罗（Solares and Coello）提出使用进化算法结合区间分析来优化投资组合中的资源分配，使用概率置信区间来表现解决方案，使投资者不仅可以考虑投资组合预期收益的影响，还可以考虑不能获得预期收益时的风险。

综上，许多学者已从理论上给出了证券投资组合的区间线性规划模型的求解方法，并用实例印证了证券投资组合区间规划模型和方法的可行性、有效性、实用性。因此，如何尽可能准确地估计证券的期望收益率是个既实际又困难的课题。此外，证券风险区间的估计、流动性区间的估计、参数的取值以及收益率区间的确定，都会影响投资者的决策。

2.4.2 证券投资组合的模糊规划的研究现状

控制论研究领域的专家扎德首次提出模糊集合的概念，并创建模糊集合论，模糊数学的概念也应运而生。在此基础上，很多学者相继将模糊数学应用于各个领域。同时，学者们对模糊环境下的投资组合问题展开了研究工作，开始使用模糊数学方法仿真证券市场，从而为投资者提供正确的投资决策。

在模糊不确定性环境下，为描述模糊因素对证券市场的影响，开展对证券投资组合的模糊研究，构建出贴近现实经济活动的、更符合模糊环境下的证券投资规划模型，是进行证券投资决策的前提。从目前的研究成果来看，从不同的模糊理论基础出发，模糊证券投资规划模型大致可以划分为基于模糊决策理论框架的模糊投资规划模型、基于模糊数理论框架的模糊投资规划模型以及基于可能性及可信性分布的模糊投资规划模型四类。

2.4.2.1 基于模糊决策理论框架的模糊投资规划模型

基于模糊决策理论框架的问题一直以来都是广大学者不可回避的问题。直到 1970 年，贝尔曼和扎德（Bellman and Zadeh）提出了模糊决策理论，为解决这一类问题提供了有力的理论依据。随后，一些学者在可能性理论框架下展开了对模糊投资组合问题的研究，并且取得了一定的成果。例如，奥斯特马克（Östermark）利用模糊决策理论研究了具有一种无风险资产和多种风险资产的动态投资组合问题，提出了一个模糊控制模型。1998 年，拉马斯瓦米（Ramaswamy）基于模糊决策理论研究了资产组合问题，构建了一个债券投资组合选择模型，可以保证投资者在既定的市场情景下获得一个给定的目标收益，即使市场的假定不精确，也可以保证获得部分投资收益。针对概率框架下均值-方差类模型在实际投资中可能存在不能反映投资者的分散化投资要求的问题，里昂等（León et al.）在模糊决策理论框架下，考虑到投资组合问题线性和二次规划模型约束条件的特殊结构，将分散化和期望收益条件设定为模糊软约束，同时其他约束条件仍然保持设定为硬约束，提出了一种模糊的方法修正线性约束问题解的不可行性。此外，瓦塔达（Watada）假设投资者用对数隶属函数刻画证券投资组合的期望收益和投资风险的满意程度，提出了一个基于均值-方差模型的模糊决策理论投资组合选择模型。方等

（Fang et al.）提出了基于模糊决策理论的带投资交易费用的资产组合再平衡模型。

国内学者也对模糊决策框架下的模糊投资规划模型进行了深入系统的研究，并取得了大量有价值的学术研究成果。曾建华和汪寿阳首先研究了清晰环境下投资组合问题并给出了相应的模型和求解方法，进而考虑到投资者通常不能准确地预测收益和风险，利用模糊决策方法研究了模糊环境下的投资组合选择问题，提出了一个基于模糊决策理论的投资组合模型，最后利用一个算例来展示模糊环境下的投资组合模型更能体现风险分散的事实。庄新田等从投资者选择证券的满意度出发，比较了线性隶属函数与非线性隶属函数模型的差异，构建出双目标有价证券选择模型，采用进化规划求得了最优解，并验证了模型的有效性。在二目标有价证券选择的基础上，庄新路等引入风险指标 VaR，按投资者给定的期望目标及容差采用"S"形隶属函数度量收益率和风险损失，构建了二目标模糊投资规划，依据深圳股票市场的 9 只股票收益率数据，采用进化规划优化求解，并验证模糊投资规划的有效性。同样以 VaR 度量投资风险目标，并考虑以投资产出率作为收益目标，黄小原等研究了两目标下企业投融资组合管理的模糊规划问题，对不同模糊程度下的债务结构、财务杠杆及其股东权益资本产出率进行了仿真。肖冬荣等把偏度水平引入投资组合模型当中，利用伸缩指标，构建出期望收益、投资风险和偏度水平的三目标模糊投资规划，给出了非线性多目标投资组合的求解方法。姚天祥等采用预测的收益率代替样本均值，提出了新的风险度量函数，证明构建的模糊环境下的投资组合可以完全转变为线性规划进行求解，减少了协方差的计算量，使得处理大型证券组合优化问题成为可能。刘艳春和高闯利用对数型隶属函数来表示投资者对证券组合期望收益率和风险的渴望水平，建立了基于均值-WCVaR 模糊投资组合优化模型。邵全将资产的收益率视为模糊数，利用可能性测度和必要性测度，建立基于模糊机会约束规划的乐观型、保守型投资组合模型。房勇和汪寿阳利用模糊决策理论研究成比例交易费用的证券投资组合优化问题。陈国华等讨论了具有模糊收益率的投资组合选择问题，利用模糊约束简化方差约束，建立了投资组合选择的模糊线性规划模型。

2.4.2.2　基于模糊数理论框架的模糊投资规划模型

由于证券市场的复杂多变，未来投资收益率随时间的变动而变动，投资者对未来的收益状况、风险大小在不同程度上都含有一定的主观看法，很难对未来的投资收益和投资风险给出清晰、准确的度量。同时，投资者关心投资收益和投资风险本身状态的不确定性，因此采用模糊变量描述投资收益和投资风险更加符合实际的投资情况。从现有的研究成果来看，模糊投资规划中的模糊变量一般为特殊的模糊数。而根据选取模糊数的类型，证券投资规划模型又可分为基于一般模糊数理论的证券投资规划模型和基于区间模糊数的证券投资规划模型。具体研究现状如下：

为了可以有效描述证券市场中所蕴含的模糊特性，同时，将投资者的满意度水平纳入证券投资选择规划中，采用投资者的满意原则代替优化原则，瓦塔达（Watada）于1997年构建的证券投资选择规划中，利用模糊数度量期望投资收益和投资风险带给投资者的满意度水平，认为采用模糊数变量代替均值-方差模型中的随机变量能大大简化均值-方差模型的计算量，并且模糊数变量可以很好地描述投资者期望满意度水平。方等（Fang et al.）在经典均值-方差框架下，引入了证券的流动性约束，将流动性约束变量视为梯形模糊数，构建了清晰目标函数为投资收益和投资风险的二目标模糊投资规划，并给出了优化求解的方法。黄（Huang）将证券投资收益率视为三角形模糊变量，在可信性理论基础上，考虑期望值算子和方差算子，构建出两类模糊均值-方差模型，采用杂交智能算法对模型进行优化求解，并以数字实例给出了最优解和相应的有效性前沿。

国内学者在一般模糊数理论基础上构建了很多有价值的模糊投资规划模型，并提出了优化求解的方法和应用实例。吕昌会等从证券投资收益率和投资风险存在时变性的角度出发，将目标函数和约束条件均视为模糊数处理，提出了基于模糊多目标投资规划的证券投资决策模型，利用目标函数及其约束系数的可行性水平参数对模糊多目标投资规划进行优化求解。考虑到证券投资的预期收益率和风险的模糊性，郭存芝等利用多样化选择约束抵减证券投资的非系统风险，以证券组合的收益率极大化和 β 值极小化为目标，建立了一种新的基于模糊多目标规划的证券投资决策模型，并给出了模型的求解方法。徐维军从模糊理论出发，在对证券市场上的收益与风险特性重新进行度量和刻画，进而提出了一类新的具有加权的可能性均值、方差以及协方差概念的基础上，建立了收益率为模糊数的加权可能性证券投资组合模型，并给出了相应的加权可能性有效证券组合及有效前沿的概念，通过求解两个相对应的优化模型得到了一个具有带状投资区域的有效性前沿。李建新等将证券价格波动视为动态的模糊系统，利用模糊数研究了证券价格的变化规律，定义了模糊环境下证券价格的期望值、证券投资收益率的期望值、预期风险系数，从而构建出风险厌恶型的证券投资数学模型，并以凌钢股份和酒钢宏信为例分析了模型的适用性。陈国华等从过去的证券投资收益率和风险只能作为未来收益和风险的参考，预期收益率和风险的变化具有模糊性的角度出发，将收益率视为模糊数，利用模糊约束简化均值-方差模型中的方差约束构建了投资组合的模糊线性规划模型，在引入模糊期望的条件下，把模糊线性规划问题转化为普通参数线性规划，并给出了算例结果。李建新等以时机捕捉型投资者的投资理念和操作经验为平台，在模糊环境下模拟这类投资者的证券分析和决策过程，利用模糊数的概念定义股价波动的预测集，在讨论证券价格的变化规律和显著投资时机等概念的基础上，构建了三个时机捕捉型的证券投资模型，从华阳科技和冠龙股份的实际分析结果来看，模糊环境下的投资规划具有很广泛的适用性。在证券投资收益率视为模糊数的条件下，程巧华等将无风险资产纳入投资组合规划中，考虑在一定置信水平下以偏离中心值的程度作为风险的度量，证明了当预期收益率给定时最小风险选择组合的存在性以及当风险给定时最大收益率选择组合的存在性，并求得了这两类规划的最优解。考虑到证券投资的预期收益和风险的模糊性，何树红等利用在约束条件中加入证券多样化选择约束的方法来抵减非系统风险，建立了带交易费用的综合考虑收益和风险的模糊多目标规划模型，把目标函数和约束系数均作为模糊数处理，并给出了求解方法和算例说明。岳伟等利用区间数来描述证券的期望收益率，用三角形模糊数来描述证券的风险损失率，构建出证券投资组合的模糊线性规划模型，给出了具体求解方法，并利用国内真实数据进行实证检验，结果表明模糊投资线性规划模型能获得较好的投资效果。为了模拟股票价格投资分析的过程，为证券投资计划的制订提供相应的投资建议，王庆等从股票在证券市场上的表现出发，以模糊数重新定义了证券投资收益率，建立了模糊投资规划模型，为证券投资者的决策提供了一个新的解决途径，并证明了该模型由于依赖投资者的知识和经验，求解过程简单易行。严维真等把贷款的收益率刻画为模糊变量，建立了贷款组合的优化决策模型：对于贷款收益率为三角形模糊变量的特殊情况，给出了模型的清晰等价类，采用传统的方法进行求解；而对于贷款模糊收益率的隶属函数比较复杂的情况，采用模糊模拟的混合优化算法进行求解，得到了最优解。

2.4.2.3 基于可能性分布的模糊投资规划模型

在由于客观条件限制，证券收益率的概率统计推断不一定准确的条件下，基于可能性分布的模糊投资规划模型可以保证投资策略的有效性，避免出现过大的误差。扎德（Zadeh）假定投资规划模型中的不确定性变量服从某种可能性分布，提出了可能性理论，为以上问题的处理提供了有力的工具。近年来，有一些学者开始利用可能性理论来研究投资组合选择问题。在均值-方差模型的投资模式的基础上，田中等（Tanaka et al.）根据历史收益率与未来证券市场收益的相似程度，提出了基于可能性理论的中心差值模型，利用模糊概率以及可能性分布讨论了证券投资组合问题。与之类似，他们也定义了中心差值的有效性前沿等概念，进而提出了基于上指数型可能性分布和下指数型可能性分布的模糊资产投资组合选择模型，并且阐述了这两种投资模型与马科维茨均值-方差模型之间的区别。在均值-方差模型的投资模式和可能性理论的基础上，在假设各证券的未来收益率的可能性分布相互独立的条件下，井上和谷野（Inuiguchi and Tanino）依据极小极大后悔准则提出了一个基于可能性规划的投资组合模型。张等（Zhang et al.）用上、下可能性均值和方差进一步讨论了 M-V 模型，分别得到了上、下可能性有效投资组合。此后，他们进一步讨论可能性均值-方差模型的有效前沿，并在考虑带交易费用情况下研究可能性均值-标准差投资组合模型。邓和李（Deng and Li）将传统的 M-V 模型简化为基于可能性理论的双目标规划模型，利用模糊两阶段算法求解。李婷等基于可能性理论，假设数据服从正态分布，利用 VaR 约束衡量风险，构建了一个考虑风险的价值要求和背景风险因素的模糊投资组合模型，分析结果显示：风险因素更能反映出证券市场上实际的投资风险，引导投资者做出较为准确的投资决策。李等（Li et al.）基于田中（Tanaka）的模型进行深入研究，假设不确定收益服从独立指数可能性分布，考虑偏差特征建立了新的模糊概率投资组合模型，进一步讨论了在引入必然性和可能性约束条件的基础上的模型。在引入梯形模糊数的可能性均值和可能性方差概率的基础上，卡尔森等（Carlsson et al.）假定证券的收益率服从梯形可能性分布，并且假定投资者追求一种效用函数的最大化，提出了不允许卖空情况下具有最大效用的模糊可能性证券投资组合模型。阿拉什等（Arash et al.）提出了一种将可能性均值-方差理论与市场心理学相结合的两阶段投资组合再平衡方法。利库戈斯和马斯托蒂斯（Liagkouras and Metaxiotis）采用模糊收益的方差来量化投资组合风险，研究了带有交易成本和模糊变量的多期投资组合优化问题，引入改进多目标进化算法进行求解。拉姆利和贾曼（Ramli and Jaaman）假定资产收益是梯形和五边形模糊数，提出基于可能性均值-方差的七种扩展 M-V 投资组合选择模型。纳比尔（Nabil）结合可能性理论和目标规划模型（GP），考虑投资者对不同目标的偏好之间的权衡，并通过满意度函数纳入投资者的偏好。

洪雁等认为证券的历史数据和专家对证券未来表现的判断是证券收益率的两个重要信息，因而基于这两个因素的可能性分布描述证券收益率的不确定性，结合可能性理论的可能性测度、必要性测度和可信性测度，建立了基于模糊机会约束规划的乐观型、悲观型和折中型投资组合模型，得到了各模型最优解的解析式，并用算例给予说明。为了克服随机可能性投资组合规划模型和可能性投资组合规划模型在拟合分布时未考虑相关因素，以至于不足以全面预测证券趋势的问题，乔峰等将可能性测度应用到不足约束下的投资组合最优化思想中，把风险定义为不能实现的最低组合回报率的必要性测度，提出了可能性分位数投资组合模型和可能性模态法投资组合模型。此外，还有很多学者对基于可能性理论的模糊投资组合选择问题进行了研究。例如，张意楠基于可能性理论，依据不同的因子波动率模型，分别构建了基于因子 GARCH、EGARCH 和 GJR-GARCH 模型的模糊投资组合模型。宋健和邓雪针对存在模糊不确定性的证券市场构建双目标可能性均值-方差投资组合模型，引入线性加权法转化为单目标规划，并设计 PSO-AFSA 混合算法进行求解。

2.4.2.4　基于可信性理论的投资组合选择模型

实际投资决策过程往往受到各种模糊不确定因素的影响，投资者对各决策指标的预判也受到主观因素的影响，推断的不准确性会导致投资决策的失效。杜波伊和普拉德（Duboi and Prade）详细介绍了可能性和必然性测度的基本概念。扎德（Zadeh）构建模糊集合概念后，林（Lin）对此进行完善，类似于传统的概率测度，刘等（Liu et al.）给出了模糊数的可信性测度的相关定义，之后，刘宝键和彭锦建立了一套完整的公理即可信性理论。由于可信性测度满足自对偶性，一些学者尝试利用可信性理论来处理投资组合选择过程中的模糊不确定性。黄（Huang）用可信性测度表示选择资产收益的机会约束，建立模糊可信投资组合模型，并设计了模糊仿真与遗传混合算法，同时引入可能性和必要性测度，建立具有模糊机会约束的乐观及悲观投资组合模型，随后以可信性熵作为风险度量，给出了一个模糊环境中投资组合风险的新定义，并依据此定义提出了一个均值-风险曲线模型和一个基于可信性的均值半方差投资组合模型。李等（Li et al.）在此基础上引入了风险约束，进而提出了具有风险约束的机会约束投资组合模型。李等（Li et al.）考虑了偏度因素对投资决策的影响，以可信性三阶矩作为偏度度量，提出了一个基于可信性均值-方差-偏度投资组合选择模型。阿春香和刘三阳基于效用函数，对有效资产投资组合的收益率模型进行研究，建立了基于可信性分布的投资组合模型，提出混合智能算法技术某种效用函数下的最优投资组合。邵全通过资产过往数据及专家对资产未来表现预判的可能性分布，对证券收益的不确定性进行描述。张等（Zhang et al.）利用可信性测度研究了投资组合调整优化问题，提出了一类带交易费用可信性均值-方差调整模型，并利用可信性理论研究了具有新增多种风险资产和一种无风险资产的投资组合选择问题，构建了两个基于可信性均值-方差的投资组合模型。卡德姆等（Kamdem et al.）探讨了具有模糊风险指标的可信性投资组合问题，提出了一个可信性均值-方差-偏度-半峰度投资组合选择模型。李等（Li et al.）在可信性理论框架下提出了最小后悔模型来研究模糊投资组合选择问题。

国内许多学者重视投资组合模型中的模糊不确定性并取得了一些重要成果。张卫国给出了基于可能性理论的若干新模型和相关有效算法。张鹏和舒燕菲为度量金融市场的不确定性，提出可信性均值-方差优化模型，进而采用旋转算法进行求解。张鹏和龚荷珊基于可信性理论，构建考虑实际约束的可调整可信性均值-半方差投资组合模型。宋燕玲等考虑了可信性偏度及模糊流动性约束，分别建立满足随机性和模糊性和带模糊流动性约束的均值-方差-偏度-正弦熵模型。王灿杰和邓雪基于可信性理论，假设资产收益率为三角模糊数并考虑融资约束，在模糊随机环境下提出均值-熵-偏度三目标投资组合模型。

现有的研究成果在经典均值-方差模型的基础上，构造出投资收益和投资风险在模糊环境下的隶属函数，在模糊决策理论的基础上，以最大化投资收益和最小化风险为目标，将随机不确定性环境下的投资规划模型相应地转化为模糊不确定性环境下的投资规划，从而做出最优的证券投资组合决策。采用模糊变量度量投资规划中的模糊不确定性，避免了基于模糊决策理论框架的模糊投资规划中构建不确定性变量隶属函数的过程，使得构造出的规划模型在描述模糊不确定性时更加明确、直观。然而，由于在实际的投资环境中观测到的数据往往为清晰数据，模糊数变量的选取和构建就成为构建模糊投资规划模型最重要的一个环节，模糊数变量是否合理很大程度上决定了投资决策的效果。基于可能性分布的模糊投资组合规划问题的研究尚处于起步阶段，现有的有价值的研究成果远远少于基于模糊决策理论和模糊数理论的模糊投资组合规划的研究成果。准确描述证券投资收益率的可能性分布是基于可能性分布的模糊投资规划模型做出合理投资决策的前提条件，然而，在模糊环境下，由于模糊不确定性变量包含投资者的主观因素，因此，不能像估计随机变量的参数那样，简单地利用证券市场上的数据估计出可能性分布函数的相关参数。另外，基于可能性分布的模糊规划投资模型的优化求解方法相对来说有些复杂，这无疑制约了其在实际中的应用范围。

综上所述，许多学者基于模糊线性规划进行了大量研究，结合证券市场的实际情况，构建了证券组合投资的模糊规划模型，并针对模型给出了相应的解法。在此基础上，本书将继续讨论模糊非线性规划在证券投资组合中的应用，主要相关研究文献如下：刘等（Liu et al.）讨论了模糊多期投资组合优化问题，以区间数表示收益率、风险损失率和证券的流动性，提出了最大化收益的模糊非线性规划模型，并通过改进粒子群算法进行求解。塞博利多等（Saborido et al.）考虑一种基数约束的投资组合选择模型，使用 LR 型模糊数获得给定投资组合的未来收益的不确定性。黄（Huang）研究了模糊环境下的投资组合模型，并定义了一种新的风险测度来衡量投资组合的风险问题；同时，基于模糊数半方差概念，讨论了不确定环境下多阶段的投资组合问题，并提出了两个均值半方差模型。

2.4.3　投资组合效率评价研究现状

对于证券投资者或投资经理而言，投资组合评价为其提供了一种发现投资活动中的缺陷与不足，并对非有效的投资过程加以改进的方法。因此，投资组合评价不仅仅是一种评价投资活动的方法，也是一种改进投资活动的反馈机制。通过对投资组合进行评价，投资者或投资经理能够辨别自己的优势与不足，从而改进投资策略，达到提高投资组合效率的目的。另外，通过对投资经理人的投资活动进行评价来衡量其投资能力，能为投资经理人薪酬计划的制订提供决策依据。总之，随着投资业的发展壮大和不断繁荣，投资组合评价具有相当重要的理论与现实意义。

投资组合效率评价中，最常见的有三大指数法：Treynor 指数、Sharp 比率以及 Jesnen 指数。1999 年，莫尔（Mory）从经济学的角度提出了基于有效前沿法的投资组合效率定义，指出被评价单元的效率取决于该投资组合到有效前沿的相对距离。然而，在现实投资环境中，为了模拟复杂金融市场的限制，投资组合优化模型都较为复杂，因此很难获得真实的有效前沿，这给投资组合效率的评价带来了很大挑战。鉴于传统的投资组合评价方法中存在的问题与不足，人们不断地对其进行改进，甚至提出全新的评价方法来对投资组合的业绩进行度量。1978 年，美国运筹学家查恩斯（Charnes）和库伯（Cooper）等学者在"相对效率评价"概念的基础上发展了一种非参数系统分析方法，用于对多投入、多产出的同类型决策单元（DMU）进行效率评价，即数据包络分析法（DEA）。DEA 诞生以来，由于具有适用范围广、原理相对简单的优点，且在分析多投入与多产出的情况时具有独特的优势，因此在证券投资组合、教育、金融、公共交通、物流、管理等众多领域的应用拓展极其迅速。在金融领域，投资组合绩效评估是一个重要的环节，为了完善传统投资组合效率评价研究的不足，众多学者将（DEA）应用到投资组合效率评价研究中。数据包络分析法是一种基于数据的非参数方法，因此，相比传统的投资组合评估方法，运用 DEA 构建投资组合效率评价体系具有一定的优越性：首先，该方法不受资本市场有效性假设的限制。其次，该方法可以进一步将投资组合的收益、成本以及流动性风险、市场风险等多个指标纳入评价体系，使得评价更加科学合理。为了发挥 DEA 在评估证券投资组合绩效和获得相对排名方面的作用，国内外学者已做了大量的研究工作。

针对传统投资组合效率评价方法中出现的问题，很多学者将 DEA 引入投资组合的评价中。近年来，许多学者开始重视采用 DEA 来评价投资组合的绩效，该方法基于投资组合的前沿面，将待评价的投资组合投影到该前沿面上，进而根据投资组合与投影点的相对距离来评价投资组合的绩效。目前广泛运用的前沿面方法主要有两类：一类是分散化（非线性 DEA）模型；另一类为传统的 DEA 模型。

2.4.3.1　基于分散化模型的投资组合评价

马科维茨提出均值-方差投资组合理论优化的核心是分散非系统性风险，诸多学者延续了该分散化思想，构建了不同导向下的分散化（diversification）模型。布列克等（Briec et al.）基于效率改进函数，在均值-方差准则下构建单阶段分散化效率评价模型，并严格区分了投资组合效率和分配效率。扎罗和纳（Joro and Na）通过添加偏度来扩展均值-方差模型，提出基于均值-方差-偏度的非线性 DEA 模型来评估投资组合绩效，实证结果表明，基于该模型的投资组合效率比基于均值-方差的投资组合效率更理想。洛扎诺和古铁雷斯（Lozano and Gutierrez）基于二阶随机占优理论构建了投资组合分散化评价模型。兰布和缇（Lamb and Tee）提出了具有任意数量的风险和收益指标多样化一致的 DEA 风险模型，并进一步研究了多样化的风险度量和随机优势之间的关系。然而他们忽视了负的风险值问题。为解决此问题，布兰达（Branda）提出了基于定向距离测量的多样化 DEA 模型，定义了新的效率测度，讨论了 SSD 效率与最强 DEA 效率的等效性，并将该模型用于测度美国股票市场上具有代表性的 48 个行业组合的效率。他基于方向距离函数构建了几类分散化模型，且允许投入、产出数据存在负值。2014 年，布兰达和科帕（Branda and Kopa）研究了风险度量的不同对 DEA 效率和 SSD 关系的影响，并提出了具有二进制权重的 DEA 风险模型。同年，布兰达（Branda）针对非负输入和输出的情况，在已有研究基础上引入了具有可变规模收益的输入-输出导向模型。2014 年，丁等（Ding et al.）采用 DEA 方法研究了均值-方差框架下存在保证金要求的情况，且验证了在投资组合样本规模较大时，DEA 可作为评价投资组合效率的有效工具。塔瓦纳（Tavana）提出了一种三阶段混合方法，并通过 DEA 进行初步筛选和项目排名，根据目标值在模糊环境中选择最理想的项目组合。梅赫拉瓦特等（Mehlawat et al.）考虑五个目标函数（收益最大化、偏度、效率、风险和峰度最小化）的多目标投资组合选择模型，并使用 DEA 评估六个标准得到相应的效率值。赵等（Zhao et al.）考虑了系统风险对投资组合绩效评价的影响，构建了分散化投资组合评价模型，最后将其应用于中国基金市场的基金评价中。萨拉杰赫洛（Serajehlo）针对非线性 DEA 模型的复杂性提出了相对简化的求解方法。

上述关于分散化问题的研究往往局限于单阶段的投资组合评价，然而在投资实践中，多阶段投资情形则更为普遍。李等（Li et al.）首次运用嵌入方法求得在均值-方差框架下的多阶段最优投资策略与前沿面函数的精确表达式。自此，多阶段均值-方差投资组合优化研究得到了广泛的发展。然而，由于投资阶段之间存在联系，而且在一般情况下，投资者很难将各阶段投资之间的联系独立开来，这就对多阶段投资组合效率评价提出了挑战。由李等（Li et al.）的研究可知，投资组合在各阶段的联系主要体现在动态财富过程中。因此，基于投资组合的财富动态方程构建评价模型更加符合投资组合的实际运作。最重要的是，已有的多阶段分散化问题都基于投资组合在各阶段的收益率来构建评价模型，忽略了投资组合在各阶段之间的联系（财富动态过程）。在均值-方差的框架下，莫雷等（Morey et al.）基于投资组合在各个阶段的收益率，提出了存在二次约束的多阶段分散化评价模型。布列克和克斯坦斯（Briec and Kerstens）将莫雷等（Morey et al.）的单维度度量方法拓展为一般的评价测度，确保对各阶段的收益和风险同时进行改进。布朗迪等（Brandouy et al.）在均值-方差-高阶矩框架下，基于龙伯格（Luenberger）生产率指标构建了多阶段分散化评价模型。上述多阶段分散化评价模型仅在目标函数中将各阶段效率加权，而在约束条件中并没有体现各阶段投资之间的联系，因此在本质上并没有体现多阶段投资组合的动态性特征。尽管林等（Lin et al.）基于方向距离函数构建了多阶段分散化模型，且通过基金在各阶段的单位净值来连接各个投资阶段，然而从本质上讲，上述研究并没有考虑投资组合的财富累积对投资组合的效率评价产生的影响。周忠宝等基于财富动态方程构建了更加符合实际投资过程的多阶段全连接分散化投资组合评价模型，该模型不仅较好地刻画了投资过程的动态性，而且为多阶段投资组合的效率分析提供了科学的评价方法。

尽管分散化（diversification）模型具有良好的分散风险的特点，且能有效地逼近真实前沿面，但是当样本量大时，模型的复杂性会造成计算困难，从而制约了其应用。传统的 DEA 模型能有效地克服计算复杂这一难题，具有易处理大规模运算的优势，可用于处理大规模的效率评价问题，极大地降低了计算的复杂度。

2.4.3.2 传统 DEA 模型评价

默西等（Murthi et al.）于 1997 年首次提出采用 DEA 方法来评估证券投资组合的绩效，并定义了 DEA 模型组合效率指数 DEPI 来评估具有各种交易成本的证券投资组合。随后，研究者逐渐将 DEA 方法应用于证券投资组合绩效评估的各个领域。1998 年，麦克马伦和斯特朗（Mcmullen and Strong）基于 DEPI 指标，分别采用 1 年、3 年和 5 年三种不同时长的基金的年平均收益率、销售成本和初始费用作为投入产出指标，通过 DEA 方法评估了美国 135 只股票基金的相对效率。萨德佐和萨达诺（Sedzro and Sardano）将年收益率、费用比率、最小初始投资以及风险变量作为投入产出指标，利用 DEA 模型分析并评价了美国 58 只股票基金的相对效率，并将此方法与传统方法进行比较，研究得出其评价基金的有效性和排序相关性很强的结论。莫雷等（Morey et al.）使用 DEA 进行多视野投资组合分析，在均值-方差的框架下，根据 DEA 的建模思想提出了存在二次约束的非线性 DEA 模型，以期望收益作为产出，以投资组合的方差作为投入，通过投入产出比对投资组合的绩效进行动态分析。2001 年，为了对 DEPI 指标进行修正和扩展，巴索和富纳里（Basso and

Funari）提出了一个新的指标 IDEA-1，用来考虑交易费用和多种风险度量指标的新型 DEA 评价模型，同时考虑到多输入多输出结构，构建了新的绩效评价指标 IDEA-2，并对意大利基金市场 1997 年至 1999 年期间 47 只基金的表现进行了实证研究。通过考虑多样化，布列克等（Briec et al.）在一个周期的均值-方差框架下提出了二次约束非线性 DEA 模型（所谓的多样化模型），并引入了可能性函数提高效率。常（Chang）运用非标准的 DEA 模型（最小化输入凸集合），以收益率为产出，以标准差、总资产和费用等为投入，进行了投资组合效率评价研究。格雷戈里奥等（Gregoriou et al.）应用数据包络分析法（DEA）来评估对冲基金分类的研究，实证结果表明，随着对冲基金数量的增加，DEA 可作为一种对机构投资者、养老基金和高净值个人信赖的效率评估方法。达拉奥（Daraio）则将标准差、费用率、投资周转率和规模作为投入，以收益率为产出进行了实证研究。洛扎诺和古铁雷斯（Lozano and Gutiérrez）描述了几种具有一个输入和一个输出的多样化线性模型，与传统的 DEA 模型不同，该模型采用了最大凸输入要求集（MCIRS）方法，用于评估 1992—1996 年期间美国基金的业绩。为更好地刻画基金收益变化所带来的风险，陈和林（Chen and Lin）分别采用 VaR 及 CVaR 测度替换传统的风险方差，并视投资组合的 VaR 和 CVaR 值为投入指标。库奥斯曼恩（Kuosmanen）考虑了随机占优理论，与 DEA 相结合提出了一类新的效率评价模型并进行了基金业绩的评价。巴索和富纳里（Basso and Funari）通过 DEA 模型研究了基金规模效率评价问题。普雷马钱德拉等（Premachandra et al.）构建了可以分阶段考察子系统效率的两阶段 DEA 模型，并通过实证分析了美国的共同基金的效率。玛丽安等（Mariane et al.）以及巴拉洛斯等（Babalos et al.）通过将 Malmquist 指数与 DEA 结合，分析了不同国家对应的基金效率的改进问题。针对 DEA 在投资组合评价中可能存在不具有分散化的问题，丁等（Ding et al.）在保证金约束下分析了 DEA 在投资组合效率评价中的问题，并通过仿真发现，随着样本量的增加，DEA 的前沿面将不断地逼近真实的前沿面。针对此问题，刘等（Liu et al.）基于广义收益-风险框架，在理论上证明了 DEA 方法对真实前沿面的收敛性，该理论证实了 DEA 模型在大规模运算中具有良好的分散化特性。周等（Zhou et al.）提出基于 DEA 的前沿面改进方法，该方法不仅可以改进传统的 DEA 前沿面，还可以为投资者提供一个可实现的投资标杆。盖拉格德拉等（Galagedera et al.）研究了两阶段的 DEA 模型，并允许第一阶段存在遗漏变量，最后通过两阶段模型对美国基金市场的共同基金进行效率评估。巴拉洛斯等（Babalos et al.）同样通过构建 Malmquist 指数对 2003—2009 年希腊国家股票型基金进行总效率的评估。刘等（Liu et al.）在均值方差真实投资组合前沿面为凹函数的前提下，通过理论及实证表明了 DEA 模型在评估投资组合的效率时具有收敛性。由于 DEA 在指标选取上的差别会导致评价结果的差异，因此指标的正确选择对于准确评价投资组合的业绩具有非常重要的意义。

国内学者方面，丁文桓等研究了多投入多产出的 DEA 投资组合效率评价模型，以基金的投资收益、周转率和净资产增长率为产出，以基金的年初单位净资产、单位运营成本以及期末单位净资产的标准差等为投入。罗洪浪等以基金的收益为产出，以基金运作的交易成本、管理费用和收益率的标准差为投入，通过传统 DEA 模型进行基金的评价。姚凤阁和陈柳钦针对我国基金市场不同地区发展的差异，通过 DEA 研究了不同区域基金的发展能力。范宇和边馥萍通过比较讨论 DEA 与静态博弈（Nash equilibrium）理论的关系，构建了基于纳什均衡理论的 DEA 模型，并将所建模型用于评价我国基金的投资。赵秀娟和汪寿阳通过传统 DEA 模型分别对我国基金市场上 2004—2005 年不同数量不同类型的基金进行实证研究，结果表明，大部分的基金几乎处于无效状态，且不存在显著可持续性和规模效应。周忠宝等研究了存在交易成本约束的投资组合，通过 DEA 来评价其效率值，仿真结果表明，当投资组合的样本量足够大时，其 DEA 的有效包络面几乎逼近投资组合真实的前沿面，从而验证了该方法的合理性与可行性。赵旭和吴冲锋运用 DEA 分析模型对基金的效率和可持续性问题进行了实证分析。支燕和邓忠奇针对我国基金市场大量的样本数据，利用 SBM 方向距离函数和龙伯格（Luenberger）生产率对基金的变动情况进行了评价。陈志平和林瑞跃对不同指标下的 DEA 模型进行了梳理，包括收益率为负的 DEA 模型、DEPI 指数以及考虑多种风险度量和交易费率的 DEA 模型。董铁牛等通过建立极效率 DEA 模型将待评价基金之间的相对效率差值拉大，更好地区分高、低效率的基金，同时对高效率的基金进行排序，发现影响基金效率的影响因素。赵秀娟等针对我国开放式基金的收益率序列分布呈现显著的尖峰厚尾、有偏性的特点，通过非对称的 Laplace 分布拟合基金收益率的分布，以便更好地度量基金的风险，然后构建 DEA 模型，对我国基金市场的长期、中期、短期效率进行了评价。赵秀娟等通过 DEA 模型对我国基金相对效率进行了评价，寻找出影响效率的因素，包括规模、系统性风险和基金管理信息等。针对多阶段的投资情况，邓超和袁倩将时间空间变量融入传统 DEA 模型中，构建动态的 DEA，对我国的基金业绩进行了实证分析。周忠宝等考虑到市场摩擦因素对投资组合收益的影响，构建了不同类型成本函数下的 DEA 模型，解决了在考虑交易成本情形下多阶段投资组合评价问题。陈刚以周收益率的标准差、运营成本为投入指标，以收益率和詹森指数为产出指标，利用综合 DEA 指标对投资组合进行评价，结果表明，利用该指标得出的评价结果与用詹森指数得出的结果差别很大。韩泽县和刘斌以年初单位净资产、单位基金周净资产值的相对标准差和单位净资产费用率为输入指标，以期末净资产、国债和货币资金占期末净资产的比例和单位基金分红为输出指标，应用 DEA 模型对投资组合进行评价。洪君、钱建豪也应用 DEA 方法对我国投资组合的绩效表现进行了实证分析，其研究区别只在于输入指标、输出指标的选取上。徐美萍和张波针对国内证券市场中的 39 个投资组合，运用输入导向的 BCC 模型进行评价，得出了无效投资组合仿效的标杆，并进一步分析了各投资组合的规模收益特征。王梅在其硕士论文中探讨了交易成本、交易量限制以及保证金要求三种因素摩擦情况下的单阶段投资组合及其评价问题。

以上大多数研究集中在输入指标和输出指标的选取上，而且往往不考虑数据背后的真相。事实上，在许多情况下，很多交易数据都是在允许卖空以及需要满足保证金约束的情况下生成的，实际的投资大多是多阶段的或动态的过程，投资者可以在不同时段内重新分配自己的资产。因此，我们将进一步阐明这些重要问题并结合 DEA 方法对不确定环境下满足不同约束条件的投资组合进行绩效评价。

相比传统的投资组合评价方法，DEA 方法具有一定的优势。但是，在 DEA 方法中存在三个突出的问题：首先，对于 DEA 模型中投入、产出指标的选择，研究者们目前还没有达成一致。而 DEA 方法是基于数据的非参数分析方法，其指标的选取对评价结果有一定的影响，因此，指标选取的不同会导致不同的研究者对同一投资组合做出不同的评价。其次，运用 DEA 方法对投资组合进行评价的已有研究大多未考虑交易成本等市场摩擦因素的影响，这与实际的投资环境有一定的差距。最后，现有的研究往往没有考虑建立 DEA 模型所依赖的假设条件。DEA 方法是以逼近原理为基础的，即只有投资组合真实前沿面为凹函数或生产可能集为凸集时，DEA 的有效前沿面才无限逼近投资组合的真实前沿面，我们才可以运用逼近理论构建相应的 DEA 模型来估计投资组合的效率。若所依赖的假设条件不成立，其评估结果可能误导投资者。

虽然投资组合优化和风险度量方面仍有很多问题亟待研究，但已形成了较完善的体系，为本书研究投资组合的效率评价问题奠定了基础。针对投资组合效率的评价研究也存在很多不足：首先，以三大指数为代表的传统评价方法都以 CAPM 模型为基础，在实际应用时假设严格，难以满足。同时，传统方法不能体现投资者的偏好以及风险厌恶程度。其次，由于实际资产收益的分布并非联合正态分布，因此在评价时只用方差来度量风险并不合适。同时，一般情况下投资者将损失作为风险，因此在评价时就需要考虑更多的风险指标来对方差进行补充，但缺乏这方面的研究，而且当考虑多风险指标时，计算量是一大问题。最后，对动态投资组合效率评价的研究不足。实际中投资往往为多期投资，现有对动态投资组合效率的定量研究较少，多数仍停留在定性分析上（比如择时能力的研究），已有的一些定量研究结果也只是对多年效率的平均，并没有考虑各期投资之间的联系。因此，对投资组合效率的评价还有待进一步的研究。

综上所述，现有针对投资组合的风险度量和投资组合优化方面的研究已取得了丰硕的成果，为本书研究投资组合的效率评价问题奠定了基础。但是，已有的模型大多都针对确定性情况，假定数据准确可测、可精确量化，未考虑到金融市场的复杂性。因此如何在这种不确定环境下进行投资组合的效率评价是值得研究的。基于此方向，本书将区间 DEA 的效率评价方法与投资组合模型相结合，结合市场的不确定性并考虑了证券收益及风险的不确定性，提出了均值-方差框架下基于区间 DEA 的投资组合效率评价模型。此外，许多学者将投资收益当作模糊变量，开展了模糊投资组合选择问题研究。也有部分学者将输入输出数据当作模糊值，研究基于模糊 DEA 方法的效率评价问题。但是，到目前为止，鲜有学者基于模糊 DEA 效率评价研究投资组合选择问题。因此，本书将考虑金融市场中的模糊不确定性，综合利用模糊集理论、投资组合理论以及 DEA 理论，针对不确定环境下证券的模糊收益率，引入交易成本、交易量限制等约束条件，建立基于 DEA 方法的不同风险测度下模糊投资组合效率评价模型。因此，本书考虑对不确定环境下证券投资组合效率的评价进行进一步的研究。本研究不仅可以进一步发展和完善投资组合效率评价与投资组合选择的理论基础，而且对我国个人和机构投资者的实际投资决策具有指导意义和参考价值。

2.4.4　文献评述

从国内外已有文献来看，马科维茨在 1952 年提出的均值-方差模型开创了现代投资理论的先河，但是 M-V 模型建立在严格的假设的基础上，这些假设条件往往很难满足。鉴于此，国内外学者对 M-V 拓展模型进行了详细的研究。投资者很难有效管理由大量资产组成的投资组合，所以大量的研究开始基于金融市场的实际情况来限制投资组合的证券数量，约束资产的投资比例，限定证券的购买数量和交易费用等。具有基数约束的投资组合选择模型已经有比较深入的研究成果，这些模型也在金融市场上进行了相应的实践。

大多数研究人员都在概率论的框架下研究投资组合的选择，假设风险资产的收益率为随机变量。但真实的金融市场复杂多变，难以准确获得决策所需的全部信息。随着模糊集的不断发展，部分学者开始运用模糊理论研究证券市场的组合投资问题，试图将随机环境中投资组合模型推广到模糊环境中。此外，在认识到信息论和概率论中的熵可以描述不确定性后，人们开始将模糊数理论应用到金融领域的投资组合选择问题中。然而，随着投资者期望满足的目标越来越多，面对的现实约束越来越复杂，投资组合问题的求解也变得越来越困难。由于证券市场具有高流动性和高复杂性的特点，加上投资过程中投资者的主观因素对投资组合的构建具有较大的影响，因此在投资过程中很难准确地描述投资组合模型的各项参数。在模糊理论提出之后，学者们将模糊理论引入投资组合的研究中，国内外专家学者分别使用了可能性、区间数等模糊理论来研究多种情况下的模糊投资组合模型的构建和解决方法，使得投资组合在模糊不确定性的情况下亦可以进行科学的分析。

基于区间规划的投资组合模型已有不少研究，国内外文献采用区间线性规划求解投资组合模型，表明了构建的区间规划模型具有实用性。另外，与以精确数为主的投资组合模型相比，基于区间数的投资组合模型更适用于不确定性环境下证券投资组合模型的研究，更符合不确定因素影响下的证券市场投资组合的研究。目前关于区间线性规划求解已有大量的研究成果，特别是在投资组合领域有很多值得学习与借鉴的相关理论模型和应用。在实际决策过程中，区间非线性规划的应用越来越普遍，尤其是在证券投资组合的应用上，可以为投资者有效分配自己的资产提供参考。因此在不确定环境下，研究以非线性规划（二次规划）为主的证券投资组合模型是有必要且具有理论价值和深远意义的。

目前来看，基于证券市场的不确定性一般分为随机不确定性和模糊不确定性，而基于概率分布的随机不确定性的投资组合的研究已有不少，但是模糊环境下很难使用概率分布的知识来解决。因此，有必要研究模糊环境下的投资组合模型。梳理国内外的相关文献可知，关于模糊线性及非线性规划问题的求解方法虽已有不少研究，但将模糊非线性规划方法应用到投资组合模型的求解文献较少，因此在不确定的证券市场下，提出一个证券投资组合的模糊非线性规划问题的求解算法具有必要性。对于引入多个约束条件的模糊投资组合的求解，国内外学者提出了许多不同的算法，并且进行了比较研究。

第3章 基于区间数的多目标证券投资组合模型

本章针对不确定环境下选择最优投资组合的问题展开研究。1952 年，马科维茨提出的经典模型开启了人们对此类问题的研究之路。在马科维茨的投资组合模型的基础上，夏普、默森等开展了一系列的投资组合研究工作，这些研究都在一定的假设条件下给出投资组合的有效前沿的数值方法。由于马科维茨模型中需要求出所有风险之间的协方差，给计算带来了困难，因此，一直以来，人们都在不断地改进该模型或者提出新的模型。国内外许多学者对单目标证券组合投资进行了深入的研究。在此基础上，一些学者针对确定型多目标证券投资组合问题进行了研究。

2007 年，罗伯等（Lobo et al. ）考虑了线性和固定交易成本的投资组合问题。2010 年，彭等（Peng et al. ）改进了交易费用为 V 型交易函数的均值方差模型。1997 年，胡毓达等以方差衡量风险，建立了以收益极大化、风险极小化和交易费用极小化为目标的确定型证券投资多目标模型，并利用线性化手段将模型转化为分层线性目标规划问题进行求解。2013 年，刘等（Liu et al. ）讨论了收益、风险、流动性为区间数的多阶段投资组合模型。1999 年，陈华友等以马科维茨的证券投资组合理论为基础，建立了含交易费用的以风险最小、收益最大为目标的确定型投资组合模型，并引入相对偏好参数，最后利用 K-T 条件对模型进行求解。2000 年，崇曦农等以方差衡量风险，引入了单位风险的影子价格，把收益最大化、风险最小化的确定型多目标证券投资组合模型转化为单目标模型，并利用拉格朗日乘数法求解模型。2012 年，任大源等考虑了摩擦市场下的多期证券投资组合选择问题，利用极小极大原理，建立了含有机会成本和交易成本的多期极小极大投资组合选择模型。近年来，学者们不断深化和完善马科维茨的均值-方差模型，使得确定型的证券投资组合问题的解决方法越来越成熟。实际上，基于证券市场的各种不确定性，对于证券的期望收益率、风险等，投资者很难给出一个精确值。因此，学者们对收益率、风险等为不确定数的证券投资组合问题展开了一系列研究，而区间方法能够更有效地处理不确定性问题。

许多学者们继续深入研究该类问题。2004 年，路应金等建立了目标函数和约束条件均为区间数的区间线性规划问题，通过引入目标函数优化水平 α 和约束水平 β 将区间线性规划问题转化为确定型的线性规划问题。2006 年，赵玉梅等建立了收益率和风险损失率均为区间数的证券组合投资的多目标线性规划模型，通过引入风险偏好参数 α 和目标函数优化水平 β，将多目标区间规划模型转化为确定的单目标线性规划模型，进而对模型进行求解。赵玉梅在其他文献中也开始将交易费用以及无风险投资证券加入模型中。2013 年，吴等（Wu et al.）提出了收益、风险均为区间数的模型，运用区间数和凸集、凸函数性质对模型进行求解。2007 年，岳伟等用区间数来描述风险证券的收益率、投资风险及证券的流动性，建立了以收益最大为目标，以风险损失率和换手率为约束条件的单目标区间规划模型，最后利用区间数的两种序关系，将区间线性规划问题转化为普通的确定型规划问题进行求解。2008 年，陈国华建立了一种新的基于 β 约束的证券投资组合的区间模型，使得证券投资组合更具柔性，最后利用区间数知识求解模型。在此基础上，陈国华和廖小莲建立了以收益极大化为目标、以投资组合模型中 β 值和流动性为约束条件的证券投资组合的区间规划模型，利用区间数以及满意度的知识对模型进行求解。

从现有的研究来看，大多数学者结合实际情况提出了证券组合投资的区间规划模型，并针对模型运用各种方法进行求解，最后通过算例验证模型和方法的可行性和实用性。鉴于投资者在进行投资选择时以收益最大化和风险最小化为目标，并且许多学者开始意识到流动性在证券市场中的重要作用，本章以总体风险损失率来度量证券投资组合的相关风险，以换手率刻画流动性，建立了兼顾收益、风险、流动性的多目标区间规划模型。针对多目标证券投资组合的区间模型的求解，本章拟采用理想点法和线性加权和法进行，并用两个实际算例来验证该模型的可行性，从而在对比两种方法求解的结果后选择合理的投资策略。

3.1　基于区间数的多目标证券投资组合模型的构建

本模型的构建在遵循马科维茨均值-方差模型理想假设的条件下进行，即设投资者在 n 种证券之间进行选择投资，并作出如下假设：第一，证券市场是有效的；第二，投资者为理性投资者；第三，证券投资是无限可分的；第四，每种证券组合中，投资者都追求投资组合收益最大、风险最小以及换手率最大；第五，证券市场为不允许卖空的市场；第六，投资者所投资的收益越高，与之相对应的风险就越大。

为了便于问题的研究，考虑将以下记号引入本章：x_i 表示第 i 个证券所占的比例；$\tilde{r}_i$ 表示第 i 个证券的收益；$\tilde{l}_i$ 表示第 i 个证券的换手率；$\tilde{q}_i$ 表示第 i 个证券的风险损失率，其中 $i = 1, 2, \cdots, n$。根据投资者最大化收益、最小化风险、最大化换手率的偏好，这里将求最小风险，即 $\min \sum_{i=1}^{n} \tilde{q}_i x_i$，转化为求其相反数的最大值，即 $\max\left(-\sum_{i=1}^{n} \tilde{q}_i x_i\right)$。故可建立多目标模型（3-1）如下：

$$
\begin{cases}
\max R(x) = \sum_{i=1}^{n} \tilde{r}_i x_i \\[2mm]
\max Q(x) = -\left(\sum_{i=1}^{n} \tilde{q}_i x_i\right) \\[2mm]
\max H(x) = \sum_{i=1}^{n} \tilde{l}_i x_i \\[2mm]
\text{s. t.} \sum_{i=1}^{n} x_i = 1, \; x_i \geqslant 0, \; i = 1, 2, \cdots, n
\end{cases}
\tag{3-1}
$$

其中令 $D = \left\{(x_1, x_2, \cdots, x_n) \mid \sum_{i=1}^{n} x_i = 1, \; x_i \geqslant 0, \; i = 1, 2, \cdots, n\right\}$ 为满足目标最优解的可行域。基于 $\tilde{r}_i$、$\tilde{q}_i$、$\tilde{l}_i$ 都是不确定的，故将其视为模糊变量，采用模糊数中的区间数进行处理，分别记作：$\tilde{r}_i = [\underline{r}_i, \bar{r}_i]$，$\tilde{q}_i = [\underline{q}_i, \bar{q}_i]$，$\tilde{l}_i = [\underline{l}_i, \bar{l}_i]$。由此可将模型（3-1）转化为模型（3-2）：

$$
\begin{cases}
\max \sum_{i=1}^{n} [\underline{r}_i, \bar{r}_i] x_i \\[2mm]
\max -\left(\sum_{i=1}^{n} [\underline{q}_i, \bar{q}_i] x_i\right) \\[2mm]
\max \sum_{i=1}^{n} [\underline{l}_i, \bar{l}_i] x_i \\[2mm]
\text{s. t.} \sum_{i=1}^{n} x_i = 1, \; x_i \geqslant 0, \; i = 1, 2, \cdots, n
\end{cases}
\tag{3-2}
$$

通过求解出模型（3-2）中多个目标函数的最大值对应的 $x = (x_1, x_2, \cdots, x_n)^{\mathrm{T}}$，即可得到该投资组合比例。接下来分别采用理想点法和线性加权和法对模型（3-2）进行求解。

3.2 求解区间数的多目标证券投资组合模型

由于多目标证券投资组合模型是一个多目标线性规划问题，其绝对最优解通常是不存在的。证券组合投资决策的实质是寻求多目标证券投资组合模型的帕累托有效解，相应的证券组合通常可以被认为是有效的。多目标规划的求解方法相对较多，基本方法有主要目标法、评价函数法、分层序列法、线性加权和法、理想点法等。目前多采用线性加权和法、主要目标法以及理想点法来实现确定型多目标问题的求解。

刘国平和曾强采用粒子群算法对资产投资的多目标问题进行优化，解决了传统方法难以解决的问题，数值实例结果表明该算法能对资产投资问题做出优化组合决策。陈国华和廖小莲对多目标证券组合投资模型进行了研究，在模型中以绝对偏差和代替方差，以换手率刻画流动性，并采用理想点法对所提模型进行求解，最后通过实例分析得出该模型的应用价值。陈志明和陈丹彤以债券投资组合优化为研究对象，运用融入动态违约点和 SHIBOR 无风险利率改进了 KMV 模型，量化了信用风险，建立了收益与风险并重的多目标规划模型，并通过理想点法进行求解，最终给投资者提供了一份期望收益最大化、市场风险和信用风险最小化的科学投资方案。严斌和董进全将理想点法应用于证券投资组合，分别求解投资组合问题关于期望收益最大化、方差风险最小化以及期望效用最大化三个单目标问题的最优解，并通过构造评价函数求解目标问题的满意解，最后通过理论分析和实例计算验证了提出的方法有较好的可操作性。朱俊林等分别在全部投资和选择性投资两种场合下重点研究了证券投资组合方案选择问题，建立起了多目标规划模型，并在求解过程中采用理想点法将其转化为线性规划模型，利用 LINGO 软件求解出最佳投资比例。

从既有成果来看，对于精确数度量的多目标投资组合模型的求解有不少研究，而区间多目标线性规划问题的求解方法相对较少，既有文献多采用线性加权和法进行求解。例如，林军利用区间数的相对左偏度作为区间数下表达证券风险损失率的一种补充，建立了一种新的证券组合投资区间规划模型，将区间规划模型转化为参数线性规划问题进行求解，通过实例分析了该模型的应用价值，使证券组合投资决策分析更加具有柔性。孙冲和侯为波利用区间数方法描述了证券的收益、风险、分散程度以及流动性的不确定性，建立了基于区间数的多目标规划模型，并引用投资者的个人偏好系数的方法以及区间数的性质，把区间数的多目标规划模型转化为清晰数的线性规划模型进行求解，在给定投资者个人偏好系数的情况下可求得精确值，为投资者更为理性的投资提供理论依据。赵玉梅等以风险损失率衡量风险，在考虑交易费用的前提下，建立了以收益最大、风险最小为目标的双目标区间规划模型，通过引入风险偏好系数和目标函数优化水平，将多目标规划问题转化进而求解。成央金等基于区间规划的方法，研究了带固定交易费用下的模糊投资组合模型，修改了一般投资组合中的风险偏好定义方法，使其更符合区间规划；同时引进新的流动性的定义方法，修正了以往用换手率带来的缺陷。陈国华和廖小莲建立了以流动性为约束条件、以收益最大为目标的区间规划模型，并利用满意度求解模型。目前，关于三目标的区间证券投资组合问题的解法较少，而本节将采用理想点法对模型（3-2）进行求解，并将该方法与既有的线性加权和法进行对比，最后结合实际算例，比较了两种解法各自的优劣性，验证了模型的可行性。

3.2.1　基于理想点法求解的步骤

理想点法的优点是能够针对投资者的满意程度得到让投资者较为满意的组合，具体步骤如下。

第一步，分别对以下三个问题的最差最优值以及最好最优值进行求解：

$$(P1) \max_{x \in D} \sum_{i=1}^{n} [\underline{r}_i, \ \bar{r}_i] x_i;$$

$$(P2) \max_{x \in D} - \left(\sum_{i=1}^{n} [\underline{q}_i, \ \bar{q}_i] x_i \right);$$

$$(P3) \max_{x \in D} \sum_{i=1}^{n} [\underline{l}_i, \ \bar{l}_i] x_i。$$

即分别求解下面的问题：

$$(P4) \max_{x \in D} \sum_{i=1}^{n} \underline{r}_i x_i \ 和 \max_{x \in D} \sum_{i=1}^{n} \bar{r}_i x_i；$$

$$(P5) \max_{x \in D} - \left(\sum_{i=1}^{n} \bar{q}_i x_i \right) \ 和 \max_{x \in D} - \left(\sum_{i=1}^{n} \underline{q}_i x_i \right)；$$

$$(P6) \max_{x \in D} \sum_{i=1}^{n} \underline{l}_i x_i \ 和 \max_{x \in D} \sum_{i=1}^{n} \bar{l}_i x_i。$$

设 $(P4)$、$(P5)$、$(P6)$ 的最优区间分别为：$R(x)^* = [\underline{R}(x)^*, \ \bar{R}(x)^*]$，$Q(x)^* = [\underline{Q}(x)^*, \ \bar{Q}(x)^*]$，$L(x)^* = [\underline{L}(x)^*, \ \bar{L}(x)^*]$，最优解分别为 $\bar{x}^{(1)}$、$\bar{x}^{(2)}$、$\bar{x}^{(3)}$。

第二步，检验理想点，如果 $\bar{x}^{(1)} = \bar{x}^{(2)} = \bar{x}^{(3)}$，则最优解 $\bar{x}^* = \bar{x}^{(1)}$。否则转第三步。

第三步，求以下单目标区间问题：

$$\min_{x \in D} f(x) = \min_{x \in D} \left\{ (R(x) - R(x)^*)^2 + (Q(x) - Q(x)^*)^2 + (L(x) - L(x)^*)^2 \right\}^{\frac{1}{2}} \tag{3-3}$$

模型 （3-3） 等价于模型 （3-4）：

$$\min_{x \in D} \left\{ \begin{array}{l} [\underline{R}(x) - \bar{R}^*(x), \ \bar{R}(x) - \underline{R}^*(x)]^2 + [\underline{Q}(x) - \bar{Q}^*(x), \\ \bar{Q}(x) - \underline{Q}^*(x)]^2 + [\underline{L}(x) - \bar{L}^*(x), \ \bar{L}(x) - \underline{L}_*(x)]^2 \end{array} \right\}^{\frac{1}{2}} \tag{3-4}$$

为将模型 （3-4） 中的区间数转化为确定数，引入优化参数 α_1、α_2、α_3 （$0 \leqslant \alpha_i \leqslant 1$，$i=1, 2, 3$），模型 （3-4） 可转化为模型 （3-5）：

$$\min_{x \in D} \left\{ \begin{array}{l} [\underline{R}(x) - \bar{R}^*(x) + \alpha_1(\bar{R}(x) - \underline{R}^*(x) - \underline{R}(x) + \bar{R}^*(x))]^2 + \\ [\underline{Q}(x) - \bar{Q}^*(x) + \alpha_2(\bar{Q}(x) - \underline{Q}^*(x) - \underline{Q}(x) + \bar{Q}^*(x))]^2 + \\ [\underline{L}(x) - \bar{L}^*(x) + \alpha_3(\bar{L}(x) - \underline{L}^*(x) - \underline{L}(x) + \bar{L}^*(x))]^2 \end{array} \right\}^{\frac{1}{2}} \tag{3-5}$$

最后，模型 （3-5） 的解即可被视作原始模型 （3-1） 的解。

3.2.2 利用线性加权和法求解的步骤

利用线性加权和法，可实现从模型（3-1）到模型（3-6）的转化：

$$\max_{x \in D} \{ \lambda_1 R(x) + \lambda_2 Q(x) + \lambda_3 L(x) \} \tag{3-6}$$

其中，$\lambda_1 + \lambda_2 + \lambda_3 = 1$（$\lambda_i \geq 0$，$i = 1, 2, 3$）。

在模型（3-6）中引入优化参数 α_1、α_2、α_3（$0 \leq \alpha_i \leq 1$，$i = 1, 2, 3$），将其转化为模型（3-7）：

$$\max_{x \in D} \left\{ \begin{array}{l} \lambda_1 \sum_{i=1}^{n} \left[\underline{r}_i + \alpha_1 (\bar{r}_i - \underline{r}_i) \right] x_i + \lambda_2 \sum_{i=1}^{n} \left[-\bar{q}_i + \alpha_2 (\bar{q}_i - \underline{q}_i) \right] x_i \\ + \lambda_3 \sum_{i=1}^{n} \left[\underline{l}_i + \alpha_3 (\bar{l}_i - \underline{l}_i) \right] x_i \end{array} \right\} \tag{3-7}$$

投资者可根据自己的侧重与偏好，分别对参数 λ_1、λ_2、λ_3、α_1、α_2、α_3 进行取值，得到相应的最优值区间。

3.3 应用分析

本节引用岳伟和贺兴时（2007a）的应用实例，四种风险证券的收益、风险损失率和换手率区间如表3-1所示。

表3-1 各证券及其相应收益、风险、换手率区间

证券	收益区间	风险区间	换手率区间
邯郸钢铁	[0.006 0, 0.006 8]	[0.005 5, 0.006 5]	[0.22, 0.34]
齐鲁石化	[0.006 2, 0.006 9]	[0.006 0, 0.007 5]	[0.32, 0.44]
上海机场	[0.010 4, 0.011 4]	[0.008 0, 0.009 5]	[0.14, 0.25]
五矿发展	[0.023 1, 0.023 8]	[0.010 0, 0.018 0]	[0.16, 0.34]

3.3.1 利用理想点法求解模型

第一步，利用 MATLAB 对三个相互独立的规划问题进行求解，可得到以下最优解：

得到的理想点为（[0.023 1, 0.023 8]，[-0.065, -0.005 5]，[0.32, 0.44]）。对应的 $R(x)$ 的极大点为 $\bar{x}^{(1)} = (0, 0, 0, 1)^T$；$Q(x)$ 的极大点为 $\bar{x}^{(2)} = (1, 0, 0, 0)^T$；$L(x)$ 的极大点为 $\bar{x}^{(3)} = (0, 1, 0, 0)^T$。

第二步，求解以下单目标最优化问题：

$$\min_{x \in D} \{ (R(x) - R(x)^*)^2 + (Q(x) - Q(x)^*)^2 + (L(x) - L(x)^*)^2 \}^{\frac{1}{2}}$$

根据对参数 α_1、α_2、α_3 的取值不同，可得到表 3-2。其中，$f(x)$ 为假设目标函数。

表 3-2　理想点法求解的数据

α_1	α_2	α_3	投资比例	$f(x)$	$R(x)$	$-Q(x)$	$L(x)$
0.0	0.5	0.5	(0.565 4, 0.434 6, 0, 0)	0.320 9	0.006 1	-0.006 3	0.335 5
0.3	0.5	0.5	(0.565 4, 0.434 6, 0, 0)	0.319 9	0.006 3	-0.006 3	0.323 5
0.5	0.5	0.5	(0.565 4, 0.434 6, 0, 0)	0.319 5	0.006 5	-0.006 3	0.323 5
0.7	0.5	0.5	(0.559 8, 0.316 4, 0, 0.123 8)	0.304 7	0.008 7	-0.007 2	0.323 5
1.0	0.5	0.5	(0.234 5, 0.028 4, 0, 0.737 1)	0.261 2	0.019 3	-0.011 9	0.307 9
0.3	0.0	0.5	(0.565 4, 0.434 6, 0, 0)	0.319 9	0.006 3	-0.006 9	0.260 7
0.3	0.3	0.5	(0.565 4, 0.434 6, 0, 0)	0.309 9	0.006 3	-0.006 6	0.323 5
0.3	0.5	0.5	(0.565 4, 0.434 6, 0, 0)	0.305 6	0.006 3	-0.006 3	0.323 5
0.3	0.7	0.5	(0.565 4, 0.434 6, 0, 0)	0.301 1	0.006 3	-0.006 1	0.323 5
0.3	1.0	0.5	(0.565 4, 0.434 6, 0, 0)	0.299 9	0.006 3	-0.005 7	0.323 5
0.5	0.7	0.0	(0.565 4, 0.434 6, 0, 0)	0.319 5	0.006 5	-0.006 1	0.323 5
0.5	0.7	0.3	(0.565 4, 0.434 6, 0, 0)	0.306 5	0.006 5	-0.006 1	0.263 5
0.5	0.7	0.5	(0.565 4, 0.434 6, 0, 0)	0.301 6	0.006 5	-0.006 1	0.299 5
0.5	0.7	0.7	(0.565 4, 0.434 6, 0, 0)	0.299 5	0.006 5	-0.006 1	0.347 5
0.5	0.7	1.0	(0.565 4, 0.434 6, 0, 0)	0.216 5	0.006 5	-0.006 1	0.383 5

根据表 3-2 可知：固定 α_2、α_3，随着 α_1 的增大，$f(x)$ 逐渐减小，即各目标函数值与理想点的距离逐渐变小。同理，固定 α_1、α_3，随着 α_2 的增大，$f(x)$ 也逐渐减小。固定 α_1、α_2，随着 α_3 的增大，$f(x)$ 也逐渐减小。其中，α_3 的改变对 $f(x)$ 的影响偏大。考虑到换手率数值远大于收益和风险，

换手率对该函数的影响偏大符合实际情况，反映了该模型具有实际意义。同时，α_1 越大表明投资者越偏好收益，α_2 越大表明投资者越回避风险，α_3 越大表明投资者越希望市场资金流动快。投资者可根据自己对收益、风险以及换手率的偏好程度，给定 α_1、α_2、α_3 的取值，进而做出正确的投资决策。

3.3.2　利用线性加权和法求解模型

取 $\lambda_1 = \lambda_2 = \lambda_3 = 1/3$，根据对参数 α_1、α_2、α_3 的取值不同，可得到表 3-3。

表 3-3　线性加权和法求解的数据

α_1	α_2	α_3	投资比例	$f(x)$	$R(x)$	$-Q(x)$	$L(x)$
0.0	0.5	0.5	(0.565 5, 0.434 5, 0, 0)	0.107 7	0.006 1	−0.006 3	0.323 4
0.3	0.5	0.5	(0.565 5, 0.434 5, 0, 0)	0.107 8	0.006 3	−0.006 3	0.323 4
0.5	0.5	0.5	(0.565 5, 0.434 5, 0, 0)	0.107 9	0.006 5	−0.006 3	0.323 4
0.7	0.5	0.5	(0.565 5, 0.434 5, 0, 0)	0.107 9	0.006 6	−0.006 3	0.323 4
1.0	0.5	0.5	(0.565 5, 0.434 5, 0, 0)	0.108 0	0.006 8	−0.006 3	0.323 4
0.3	0.0	0.7	(0.565 5, 0.434 5, 0, 0)	0.115 6	0.006 3	−0.006 9	0.347 4
0.3	0.3	0.7	(0.565 5, 0.434 5, 0, 0)	0.115 7	0.006 3	−0.006 3	0.347 4
0.3	0.5	0.7	(0.565 5, 0.434 5, 0, 0)	0.115 8	0.006 3	−0.006 3	0.347 4
0.3	0.7	0.7	(0.565 5, 0.434 5, 0, 0)	0.115 9	0.006 3	−0.006 1	0.347 4
0.3	1.0	0.7	(0.565 5, 0.434 5, 0, 0)	0.116 0	0.006 3	−0.005 7	0.347 4
0.7	0.3	0.0	(0.565 5, 0.434 5, 0, 0)	0.087 8	0.006 6	−0.006 6	0.263 4
0.7	0.3	0.3	(0.565 5, 0.434 5, 0, 0)	0.099 8	0.006 6	−0.006 6	0.299 4
0.7	0.3	0.5	(0.565 5, 0.434 5, 0, 0)	0.107 8	0.006 6	−0.006 6	0.323 4
0.7	0.3	0.7	(0.565 5, 0.434 5, 0, 0)	0.115 8	0.006 6	−0.006 6	0.347 4
0.7	0.3	1.0	(0.565 5, 0.434 5, 0, 0)	0.127 8	0.006 6	−0.006 6	0.383 4

显然，该算例中，两种方法的结果存在差异，利用线性加权和法求解虽然较简单，但各参数的改变对投资选择不产生影响，而理想点法求解的结果更符合实际情况中的投资决策，更有利于投资者做出正确的选择。因此，投资者应根据具体情况选择相应的方法。

3.3.3 实际应用

为了进一步验证本章模型的适用性，本节假设投资者要将资产分配至 10 只股票，从万得（Wind）数据库下载这 10 只股票 12 年（2006 年 9 月至 2018 年 9 月）的历史交易数据，以该时间序列数据作为研究的整个历史时期数据，包含日期、日换手率、开盘价、收盘价这四项数据；通过对这些数据的处理，分别得到股票的收益率区间、风险区间以及换手率区间。股票名称分别是：浦发银行（600000），白云机场（600004），东风汽车（600006），首创股份（600008），上海机场（600009），包钢股份（600010），五矿发展（600058），东方航空（600115），上汽集团（600104），广州发展（600098）。每只股票的开盘价、收盘价和换手率都可以从 Wind 数据库中获得，因此我们可以计算出 10 只股票的预期收益、方差及协方差以及换手率的区间范围（如表 3-4 所示），具体的计算思路参见附录 1 至附录 4。

表 3-4　10 只股票及其相应的收益率、风险、换手率区间

证券	期望收益率区间	风险区间	换手率区间
浦发银行	[0.010 9, 0.022 1]	[0.032 4, 0.035 9]	[0.159 5, 0.166 4]
白云机场	[0.015 7, 0.022 4]	[0.019 4, 0.021 5]	[0.184 7, 0.193 3]
东风汽车	[0.010 9, 0.023 6]	[0.036 9, 0.040 8]	[0.299 3, 0.348 0]
首创股份	[0.011 3, 0.027 6]	[0.047 3, 0.052 3]	[0.306 1, 0.344 2]
上海机场	[0.026 9, 0.034 0]	[0.020 5, 0.022 7]	[0.214 0, 0.221 1]
包钢股份	[0.008 0, 0.023 6]	[0.045 5, 0.050 3]	[0.342 4, 0.393 7]
五矿发展	[0.020 5, 0.041 4]	[0.060 8, 0.067 2]	[0.350 8, 0.389 1]
东方航空	[0.022 6, 0.039 0]	[0.047 6, 0.052 6]	[0.328 5, 0.372 4]
上汽集团	[0.035 7, 0.048 0]	[0.035 8, 0.039 6]	[0.107 1, 0.112 2]
广州发展	[0.013 9, 0.024 3]	[0.030 2, 0.033 4]	[0.141 4, 0.149 0]

我们需要估计收益率及换手率的区间。对于区间左右参数的确定，我们提出两种方法：一是主观专家知识判断法，这种方法的基础是专家知识或经

验。虽然是主观的方法，但这些专家的判断本身也是从长期实践中得来的，不是随意设想的，应该有一定的客观基础。二是客观频数统计法，它通过统计收益率及换手率的历史数据构造频数统计图，近似估计出区间数。以下将详细给出主观专家知识判断法的具体步骤。至于客观频数统计法，我们将在本节实例分析中通过一个具体的例子进行说明。

主观专家知识判断法的思想起源于综合评价中确定权重的德尔菲（Delphi）法，具体步骤如下：

第一步，选择专家。这是十分重要的一步，选择的好坏将直接影响到结果的准确性。一般情况下，我们可以选取证券公司研究人员和操盘手以及从事证券市场研究的科研人员 10~30 人。

第二步，将证券上市公司的资料和证券换手率的历史情况以及统一确定换手率的规则发给选定的各位专家，请他们独立地给出收益率及换手率的容许区间，即给出参数值。

第三步，回收结果并计算分布各个参数的均值与标准差。

第四步，将计算结果及补充资料返还给专家，要求所有专家在新的基础上重新调整参数。

第五步，重复上述第三步与第四步，直到各个参数与其均值的离差不超过预先给定的标准为止，即各个专家的意见基本趋于一致，以此时的均值作为参数。

需要注意的是，上述主观专家知识判断法是调查、征集意见、汇总分析、反馈、再调查……这样一个反复的过程，每个专家的信息是他自己的知识、经验、专长以及调查者反馈给他的汇总情况等方面的集中体现。

接下来将以浦发银行（600000.SH）股票为例，以客观频数统计法给出收益率区间以及换手率区间的具体计算过程。

3.3.3.1　收益率区间的确定

以往的股票收益率均在投资结束后才能进行计算，这里为了确定股票的收益率区间，给出了一种新的简单的收益率计算方法，即从所选择的股票 12 年历史交易数据中选取收盘价与开盘价，计算出每只股票的日收益率，计算公式为：

$$r_i = \frac{收盘价 - 开盘价}{开盘价} \qquad (3-8)$$

以自然月为单位，通过对自然月内全部日收益率求均值，计算全部历史时期的月收益率，得到 144 个月收益率，参见附录 1。由附录 1 可以获得月收益率的最大值、最小值以及平均值分别为 0.546 9、−0.457 7 和 0.016 5。首先把月收益率最小值到最大值这个区间段平均分成 20 个小区间段，然后利用客观频数统计法，得到 144 个月收益率的分布情况（如表 3−5 及图 3−1 所示）。

表 3−5　浦发银行（600000. SH）股票区间收益

收益率分组		频数	累积百分比
−0.457 7	−0.406 7	1	0.69%
−0.406 7	−0.355 7	0	0.69%
−0.355 7	−0.304 7	4	3.47%
−0.304 7	−0.253 7	2	4.86%
−0.253 7	−0.202 7	5	8.33%
−0.202 7	−0.151 7	9	14.58%
−0.151 7	−0.100 7	13	23.61%
−0.100 7	−0.049 7	16	34.72%
−0.049 7	0.001 3	26	52.78%
0.001 3	0.052 3	21	67.36%
0.052 3	0.103 3	14	77.08%
0.103 3	0.154 3	9	83.33%
0.154 3	0.205 3	5	86.81%
0.205 3	0.256 3	3	88.89%
0.256 3	0.307 3	5	92.36%
0.307 3	0.358 3	3	94.44%
0.358 3	0.409 3	1	95.14%
0.409 3	0.460 3	1	95.83%
0.460 3	0.511 3	1	96.53%
0.511 3	0.562 3	5	100.00%
其他		0	100.00%

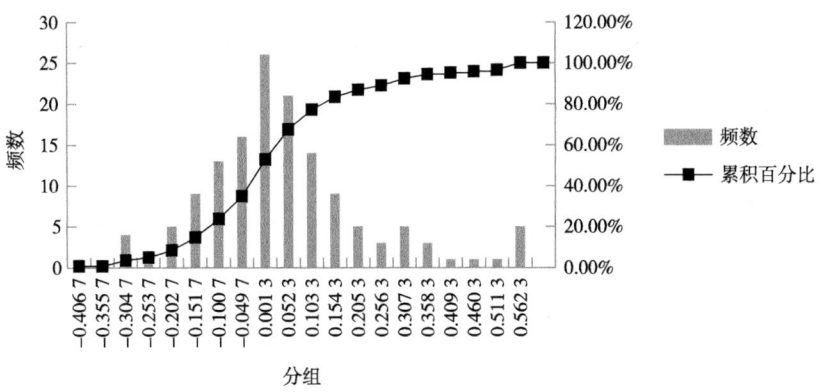

图 3-1 浦发银行月收益率的分布情况

据此就可以估计出股票的预期收益率区间为 [0.010 9, 0.022 1]。通过同样的方法，可以得到其他 9 只股票的期望收益率区间，见附录 2 及表 3-6。

3.3.3.2 换手率区间的确定

通过对所收集数据中的股票日换手率的分析与计算，本书尝试给出一种新的换手率区间的估计方法。与股票收益率区间的确定方法相类似，本书也将采用客观频数统计法来近似估计股票的换手率区间，与之不同的是，这里不再使用月平均值，而是将全部日换手率看作一个整体来处理。首先可以获得全部历史时期内换手率的最大值、最小值以及平均值，分别为 87.35%、1.13% 和 16.29%。考虑到换手率的分布范围较大，这里将换手率最小值到最大值这个区间段平均分成 20 个小区间段，然后利用客观频数统计法，得到换手率的分布情况（见表 3-6 和图 3-2）。

表 3-6 浦发银行（600000.SH）股票区间换手率

换手率分组		频数	累积百分比
1.1336 78	5.453 7	35	24.14%
5.453 678	9.773 7	24	40.69%
9.773 678	14.093 7	24	57.24%
14.093 68	18.413 7	11	64.83%
18.413 68	22.733 7	16	75.86%
22.733 68	27.053 7	9	82.07%

续表

换手率分组		频数	累积百分比
27. 053 68	31. 373 7	5	85. 52%
31. 373 68	35. 693 7	7	90. 34%
35. 693 68	40. 013 7	2	91. 72%
40. 013 68	44. 333 7	4	94. 48%
44. 333 68	48. 653 7	2	95. 86%
48. 653 68	52. 973 7	3	97. 93%
52. 973 68	57. 293 7	0	97. 93%
57. 293 68	61. 613 7	1	98. 62%
61. 613 68	65. 933 7	1	99. 31%
65. 933 68	70. 253 7	0	99. 31%
70. 253 68	74. 573 7	0	99. 31%
74. 573 68	78. 893 7	0	99. 31%
78. 893 68	83. 213 7	0	99. 31%
83. 213 68	87. 533 7	1	100. 00%
其他		0	100. 00%

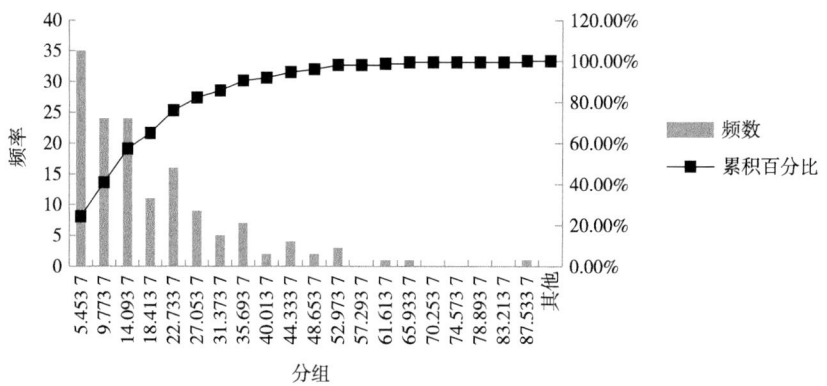

图 3-2　浦发银行换手率的分布情况

由表 3-6 及图 3-2 可知，浦发银行股票的换手率大部分集中在前几个区间段上，再结合该股票近几年换手率均值，可以选取换手率位于 [14.093 68,

18.413 7］区间上的全部换手率的均值作为该股票的预期换手率区间的下界，选取换手率位于［18.413 7，22.733 7］上的全部换手率的均值作为该股票的预期换手率区间的上界。因此，可以得到该股票的期望换手率区间为［0.159 5，0.166 4］。通过类似的方法，可以得到其他 9 只股票的期望收益率区间（见附录 3 及表 3-4）。

3.3.3.3　风险损失区间的确定

本节关于风险损失区间的确定是依据股票的收益率进行预测推导而来的，具体可通过附录 3 的代码求解每只股票的风险损失区间。

方法一：利用理想点法求解模型。

第一步：利用 MATLAB 可得到以下最优解：

得到的理想点为：（［0.035 7，0.048 0］，［-0.067 2，-0.060 8］，［0.350 8，0.393 7］）。对应的 $R(x)$ 的极大点为 $\bar{x}^{(1)} = (0, 0, 0, 0, 0, 0, 0, 0, 1, 0)^{\mathrm{T}}$；$Q(x)$ 的极大点为 $\bar{x}^{(2)} = (0, 0, 0, 0, 0, 0, 1, 0, 0, 0)^{\mathrm{T}}$；$L(x)$ 的极大点为 $\bar{x}^{(3)} = (0, 0, 0, 0, 0, 1, 0, 0, 0, 0)^{\mathrm{T}}$。

第二步：由于 $\bar{x}^{(1)}$、$\bar{x}^{(2)}$、$\bar{x}^{(3)}$ 互不相同，故转第三步。

第三步：求解下列单目标最优化问题：

$$\min_{x \in D}\{(R(x) - R(x)^*)^2 + (Q(x) - Q(x)^*)^2 + (L(x) - L(x)^*)^2\}^{\frac{1}{2}}$$

根据对参数 α_1、α_2、α_3 的取值不同，可得到表 3-7。

表 3-7　理想点法求解的数据

α_1	α_2	α_3	投资比例	$f(x)$	$R(x)$	$-Q(x)$	$L(x)$
0.0	0.8	0.6	(0, 0, 0.681, 0, 0, 0.318 9, 0, 0, 0, 0)	0.118 1	0.010 0	-0.040 5	0.342 8
0.4	0.8	0.6	(0, 0, 0.651 2, 0, 0, 0.348 7, 0, 0, 0, 0)	0.115 2	0.015 4	-0.040 7	0.344 1
0.6	0.8	0.6	(0, 0, 0.640 6, 0, 0, 0.359 4, 0, 0, 0, 0)	0.114 0	0.018 1	-0.040 8	0.344 6
0.8	0.8	0.6	(0, 0, 0.632 9, 0, 0, 0.367 1, 0, 0, 0, 0)	0.113 1	0.020 8	-0.040 9	0.344 9

α_1	α_2	α_3	投资比例	$f(x)$	$R(x)$	$-Q(x)$	$L(x)$
1.0	0.8	0.6	(0, 0, 0.628 1, 0, 0, 0.371 9, 0, 0, 0, 0)	0.112 4	0.023 6	−0.040 9	0.345 1
0.4	0.0	0.6	(0, 0, 0.577 1, 0, 0.000 2, 0.422 4, 0, 0.000 2, 0, 0)	0.107 1	0.015 3	−0.044 8	0.347 4
0.4	0.4	0.6	(0, 0, 0.614 0, 0, 0, 0.386 0, 0, 0, 0, 0)	0.111 1	0.015 3	−0.042 8	0.345 8
0.4	0.6	0.6	(0, 0, 0.632 5, 0, 0, 0.367 5, 0, 0, 0, 0)	0.113 1	0.015 3	−0.041 8	0.344 9
0.4	0.8	0.6	(0, 0, 0.651 2, 0, 0, 0.348 7, 0, 0, 0, 0)	0.115 2	0.015 4	−0.040 7	0.344 1
0.4	1.0	0.6	(0, 0, 0.670 3, 0, 0, 0.329 7, 0, 0, 0, 0)	0.117 2	0.015 4	−0.039 7	0.343 2
0.6	0.4	0.0	(0, 0, 0, 0, 0, 1, 0, 0, 0, 0)	0.124 3	0.017 4	−0.048 4	0.342 4
0.6	0.4	0.4	(0, 0, 0.205 1, 0, 0.000 2, 0.794 5, 0, 0.000 1, 0, 0)	0.113 6	0.017 6	−0.046 5	0.353 8
0.6	0.4	0.6	(0, 0, 0.603 3, 0, 0, 0.396 6, 0, 0, 0, 0)	0.109 9	0.018 1	−0.042 9	0.346 2
0.6	0.4	0.8	(0, 0, 0.990 0, 0, 0.000 1, 0.009 7, 0, 0.000 1, 0, 0)	0.106 3	0.018 5	−0.039 3	0.338 7
0.6	0.4	1.0	(0, 0, 0.899 5, 0, 0.100 5, 0, 0, 0, 0, 0)	0.103 4	0.019 8	−0.037 5	0.335 3

其中，假设目标函数为 $f(x)$。根据表 3-7 可知：固定 α_2、α_3，随着 α_1 的增大，$f(x)$ 逐渐减小，即各目标函数值与理想点的距离逐渐变小。同理，固定 α_1、α_3，随着 α_2 的增大，$f(x)$ 也逐渐增大。固定 α_1、α_2，随着 α_3 的增大，$f(x)$ 逐渐减小。其中 α_3 的改变对 $f(x)$ 的影响偏大。考虑到换手率数值远大于收益和风险，换手率对该函数的影响偏大符合实际情况，反映了该模型具有实际意义。同时，α_1 越大表明投资者越偏好收益，α_2 越大表明投

资者越回避风险，α_3 越大表明投资者越希望市场资金流动快。投资者可根据自己对收益、风险以及换手率的偏好程度，给定 α_1、α_2、α_3 的取值，进而便于投资者正确地投资。

方法二：利用线性加权和法求解模型。

取 $\lambda_1 = \lambda_2 = \lambda_3 = 1/3$，根据对参数 α_1、α_2、α_3 的取值不同，可得到表 3-8。

表 3-8　线性加权和法求解的数据

α_1	α_2	α_3	投资比例	$f(x)$	$R(x)$	$-Q(x)$	$L(x)$
0.0	0.8	0.6	(0, 0, 0, 0, 0, 0, 0, 0, 0.999 8, 0.000 1)	0.036 4	0.035 7	−0.036 6	0.110 2
0.4	0.8	0.6	(0, 0, 0, 0, 0, 0, 0, 0, 0.999 8, 0.000 1)	0.038 1	0.040 6	−0.036 6	0.110 2
0.6	0.8	0.6	(0, 0, 0, 0, 0, 0, 0, 0, 0.999 8, 0.000 1)	0.038 9	0.043 1	−0.036 6	0.110 2
0.8	0.8	0.6	(0, 0, 0, 0, 0, 0, 0, 0, 0.999 8, 0.000 1)	0.039 7	0.045 5	−0.036 6	0.110 2
1.0	0.8	0.6	(0, 0, 0, 0, 0, 0, 0, 0, 0.999 8, 0.000 1)	0.040 5	0.048 0	−0.036 6	0.110 2
0.6	0.0	0.4	(0, 0, 0, 0, 0, 0, 0, 0, 0.999 8, 0.000 1)	0.037 5	0.043 1	−0.039 6	0.109 2
0.6	0.4	0.4	(0, 0, 0, 0, 0, 0, 0, 0, 0.999 8, 0.000 1)	0.038 1	0.043 1	−0.038 1	0.109 2
0.6	0.6	0.4	(0, 0, 0, 0, 0, 0, 0, 0, 0.999 8, 0.000 1)	0.038 3	0.043 1	−0.037 3	0.109 2
0.6	0.8	0.4	(0, 0, 0, 0, 0, 0, 0, 0, 0.999 8, 0.000 1)	0.038 6	0.043 1	−0.036 6	0.109 2
0.6	1.0	0.4	(0, 0, 0, 0, 0, 0, 0, 0, 0.999 8, 0.000 1)	0.038 8	0.043 1	−0.035 8	0.109 2
0.6	0.4	0.0	(0, 0, 0, 0, 0, 0, 0, 0, 0.999 8, 0.000 1)	0.037 4	0.043 1	−0.038 1	0.107 1

α_1	α_2	α_3	投资比例	$f(x)$	$R(x)$	$-Q(x)$	$L(x)$
0.6	0.4	0.4	(0, 0, 0, 0, 0, 0, 0, 0, 0.999 8, 0.000 1)	0.038 1	0.043 1	−0.038 1	0.109 2
0.6	0.4	0.6	(0, 0, 0, 0, 0, 0, 0, 0, 0.999 8, 0.000 1)	0.038 4	0.043 1	−0.038 1	0.110 2
0.6	0.4	0.8	(0, 0, 0, 0, 0, 0, 0, 0, 0.999 8, 0.000 1)	0.038 7	0.043 1	−0.038 1	0.111 2
0.6	0.4	1.0	(0, 0, 0, 0, 0, 0, 0, 0, 0.999 8, 0.000 1)	0.039 1	0.043 1	−0.038 1	0.112 2

显然，在该实际应用中，两种方法的结果存在差异，利用线性加权和法求解虽然较简单，但各参数的改变对投资选择不产生影响，而理想点法求解的结果更符合实际情况中的投资决策，更有利于投资者做出正确的选择。投资者选择相应的方法时可参照具体情况。

3.4　本章小结

本章研究了摩擦市场带模糊流动性约束的投资组合选择问题。基于投资者的风险、收益以及流动性都是不确定的，首先，本章利用区间数对它们的不确定性进行了描述，建立了一种新的多目标区间规划模型。其次，本章利用理想点法和线性加权和法进行求解。其中，基于理想点法求解区间多目标投资组合选择模型生成的投资策略趋于保守，适用于不同风险偏好程度的投资者。而利用线性加权和法求解虽然较简单，但各参数的改变对投资选择不产生影响。最后，本章结合模型进行实际应用，通过实例分析说明了本章模型的可行性，并说明了两种方法各自的优缺点，投资者可根据自己的偏好选择相应的方法。该模型的提出为证券投资者正确投资提出了一种新思路，对投资者具有一定的现实指导意义。对于金融市场的摩擦因素，本章只考虑到了流动性的作用，但在实际的金融市场中还存在着大量其他的摩擦因素，如成比例的交易费用、固定交易费、可变交易费、买卖价差等。这些摩擦因素对投资组合选择都有着直接的影响，因此我们有必要对上述模型进行进一步的改进和完善，使得依赖模型得到的投资策略更加符合现实。此外，本章提出的投资组合选择模型都是静态的投资模型，实际的投资过程往往是动态的，如何将本章的分析推广到多阶段或者更一般的动态情形，也是一个值得深入研究的课题。

第 4 章　改进区间可接受度的 证券投资组合区间 二次规划模型

　　本章针对不确定环境下选择最优投资组合的问题展开研究，基于马科维茨经典的均值-方差模型，首先用区间数来表示证券的收益率、风险损失率和流动性，建立了一种新的含交易成本及流动性约束的证券投资组合区间二次规划模型；其次，为求解该模型，提出了基于改进区间可接受度及可能度的确定性转换方法，通过引入优化水平 α、可接受水平 η 及可能性水平 λ 将不确定二次规划转化为确定型规划；最后，通过数值实验将提出的两种方法分别与传统方法进行比较，结果表明本章所提出的方法与模型具有相对较好的可行性与实用性。

　　马科维茨在其所提出的 M-V 模型中首次采用数理统计方法定量分析了风险和收益的潜在联系，该理论开辟了金融定量分析的时代，并由此衍生出一系列的相关研究。周忠宝等（2015）和张鹏等（2016）虽然考虑了交易量及交易成本，但他们研究的均是确定性条件下的证券投资组合模型。然而，在现实的证券市场中，预期收益、风险损失率以及市场流动性（以换手率刻画）受诸多不确定因素的影响，具有一定的动态性；对此，投资者很难给出精确的数值。因此，在实践中，投资者更容易获得证券收益率、风险损失率及换手率在一定区间内的变化范围，通常以区间数来表示此类问题，也即引伸出所谓的区间规划问题。目前，区间规划问题已成为研究投资组合的热点问题之一。对投资收益、风险及市场流动性等为区间数的投资组合区间规划模型展开研究，不仅可以完善和丰富不确定的优化理论，对其恰当的应用也有助于投资者在实际证券市场中进行更加合理的投资选择。

　　证券投资组合的区间线性规划问题研究虽有不少，但其方法相对简单。例如，莱等（Lai et al.）讨论了目标函数和约束条件为区间数的问题，以区间数来描述收益率在证券市场的不确定性，提出了半绝对偏差度量风险的投资组合模型，并将其转化为线性区间规划模型进行求解。吴等（Wu et al.）提出了收益和风险均为区间数的证券投资组合模型，通过使用区间数和凸分析的方法求得非劣解。总体来说，与线性规划相比，二次规划作为证券投资组合的非线性规划中的一种特例，其求解相对复杂。目前，关于区间二次规划的计算方法有：刘等（Liu et al.）研究了目标函数线性部分及约束条件中含有区间数的二次规划问题的求解。在此基础上，李等（Li et al.）针对弱条件下的区间二次规划问题，进一步提出了一种新的方法来计算上界的最优值，并讨论了新方法和传统方法的关系。徐晓宁等则针对市场上不允许卖空和允许卖空两种情况，提出了基于区间数排序法的区间二次规划模型，但是该模型未考虑交易成本及市场流动性的影响，使得所建立的模型仍不够贴近实际的投资活动，具有一定的局限性。

目前关于证券投资组合区间二次规划的求解方法较少且仍有拓展空间。本章在均值-方差模型的基础上，拟引入交易成本、流动性作为新的约束条件，并采用区间数来更加客观地描述证券的收益率、风险损失率以及流动性，由此建立新的含交易成本的证券投资组合区间二次规划模型；进一步地，为求解此模型，拟提出改进区间数可接受度及可能度的方法，将不确定型模型转化为确定型模型进行求解，以便投资者根据自己的偏好选择相应的投资方案。最后，笔者通过证券实例进行验证，以观察本章所建立的模型是否更符合实际的投资环境和具有可行性。

流动性是研究中最主要的问题之一，但实践中具体描述证券未来的流动性十分困难。在市场流动性的影响因素方面，本章选择以换手率度量流动性，同时将交易成本设计为线性函数来建立模型。另外，我国证券市场目前暂不允许卖空，即投资比例满足非负性。最后，我们假设投资者在 n 种证券之间进行选择。其选择依据是，根据均值-方差模型，投资者将在既定的收益、换手率约束条件下使投资组合的风险最小。

综上，可建立以下含有交易成本的证券组合投资的区间二次规划模型：

$$\min f(x) = X^{\mathrm{T}} V X = \sum_{i=1}^{n} \sum_{j=1}^{n} \tilde{v}_{ij} x_i x_j$$

$$\text{s. t.} \begin{cases} \sum_{i=1}^{n} \tilde{R}_i x_i - \sum_{i=1}^{n} C(x_i) \geqslant \tilde{u}_0 \\ \sum_{i=1}^{n} \tilde{l}_i x_i \geqslant \tilde{l}_0 \\ \sum_{i=1}^{n} x_i = 1 \\ x_i \geqslant 0, \ i = 1, 2, \cdots, n \end{cases} \quad (4\text{-}1)$$

其中，$C(x_i)$、x_i、$\tilde{r}_i$、$\tilde{R}_i = E\tilde{r}_i$ 及 $\tilde{l}_i$ 分别表示第 i 个证券的交易成本、投资比例、收益率、期望收益率及换手率；$V = (\tilde{v}_{ij})_{n \times n}$ 为收益向量 $\tilde{r}_i$ 的协方差矩阵，i，$j=1$，2，$\cdots$，n。约束条件中的 $\tilde{u}_0$ 和 $\tilde{l}_0$ 为预期收益率和换手率。鉴于证券未来的收益率、风险损失率及流动性均不确定，即模型（4-1）中的 $\tilde{r}_i$、$\tilde{v}_{ij}$、$\tilde{l}_i$ 都是不确定的，因此本章将其视为区间数来处理，分别记为：$\tilde{r}_i = [\underline{r}_i$，$\bar{r}_i]$，$\tilde{R}_i = E\tilde{r}_i = [\underline{R}_i$，$\bar{R}_i]$，$\tilde{v}_{ij} = [\underline{v}_{ij}$，$\bar{v}_{ij}]$，$\tilde{l}_i = [\underline{l}_i$，$\bar{l}_i]$。求解出模型（4-1）中 $f(x)$ 的最小值对应的 $\boldsymbol{x} = (x_1$，x_2，$\cdots$，$x_n)^{\mathrm{T}}$，即可得到该投资组合方案下的较小风险。

4.1　含交易成本的区间二次规划模型构造及其求解

4.1.1　基于 α 优化水平目标函数的转换

定义 4.1：若 $X = (x_1$，x_2，$\cdots$，$x_n)^{\mathrm{T}}$ 满足模型（4-1）中的所有约束条件，则称 X 为模型（4-1）的可行解。由所有可行解构成的集合则称为模型（4-1）的可行域，记为 S。

定义 4.2：设 $x^* \in S$，若不存在另外一个可行解 $\hat{X} \in S$，使得 $f(\hat{X}) < f(x^*)$，则称可行解 x^* 是模型（4-1）的满意解。

定义 4.3：对于 $f(x) = [\underline{f}(x)$，$\bar{f}(x)]$，也可以用 $f(x) = \langle m(f(x))$，$w(f(x))\rangle$ 来表示，其中 $m(f(x))$，$w(f(x))$ 分别称为区间数 $f(x)$ 的中点和半径。

为求得含有交易成本的证券组合投资区间二次规划模型的满意解，本章在可行域确定前提下，基于多目标区间规划理论，可将模型（4-1）中的目标函数 $\min f(x) = X^{\mathrm{T}} V X = \sum_{i=1}^{n} \sum_{j=1}^{n} \tilde{v}_{ij} x_i x_j$ 转化为如模型（4-2）所示的双目标的二次规划问题。

$$\min f(x) = \langle m(f(x)), \ w(f(x)) \rangle$$

$$\text{s. t.} \begin{cases} \sum_{i=1}^{n} \tilde{R}_i x_i - \sum_{i=1}^{n} C(x_i) \geqslant \tilde{u}_0 \\ \sum_{i=1}^{n} \tilde{l}_i x_i \geqslant \tilde{l}_0 \\ \sum_{i=1}^{n} x_i = 1 \\ x_i \geqslant 0, \ i = 1, \ 2, \ \cdots, \ n \end{cases} \quad (4-2)$$

其中，$m(f(x)) = \dfrac{1}{2} \sum_{i=1}^{n} \sum_{j=1}^{n} (\underline{v}_{ij} + \bar{v}_{ij}) x_i x_j$，$w(f(x)) = \dfrac{1}{2} \sum_{i=1}^{n} \sum_{j=1}^{n} (\bar{v}_{ij} - \underline{v}_{ij}) x_i x_j$。

为求解双目标规划模型（4-2），本章通过引入目标函数的优化水平参数 α 将模型（4-2）中的双目标函数转化为带有参数的单目标二次规划模型（4-3）：

$$\min f(x) = (1 - \alpha) m(f(x)) + \alpha w(f(x))$$

$$\text{s. t.} \begin{cases} \sum_{i=1}^{n} \tilde{R}_i x_i - \sum_{i=1}^{n} C(x_i) \geqslant \tilde{u}_0 \\ \sum_{i=1}^{n} \tilde{l}_i x_i \geqslant \tilde{l}_0 \\ \sum_{i=1}^{n} x_i = 1 \\ x_i \geqslant 0, \ i = 1, \ 2, \ \cdots, \ n \end{cases} \quad (4-3)$$

其中，目标优化参数为 α（$0 \leqslant \alpha \leqslant 1$），并将 $m(f(x)) = \dfrac{1}{2} \sum_{i=1}^{n} \sum_{j=1}^{n} (\underline{v}_{ij} + \bar{v}_{ij}) x_i x_j$、$w(f(x)) = \dfrac{1}{2} \sum_{i=1}^{n} \sum_{j=1}^{n} (\bar{v}_{ij} - \underline{v}_{ij}) x_i x_j$ 代入模型（4-3）可得模型（4-4）：

$$\min f(x) = \dfrac{1}{2} \Big[\sum_{i=1}^{n} \sum_{j=1}^{n} ((1 - 2\alpha) \underline{v}_{ij} + \bar{v}_{ij}) x_i x_j \Big]$$

$$\text{s. t.} \begin{cases} \sum_{i=1}^{n} \tilde{R}_i x_i - \sum_{i=1}^{n} C(x_i) \geqslant \tilde{u}_0 \\ \sum_{i=1}^{n} \tilde{l}_i x_i \geqslant \tilde{l}_0 \\ \sum_{i=1}^{n} x_i = 1 \\ x_i \geqslant 0, \ i = 1, \ 2, \ \cdots, \ n \end{cases} \quad (4-4)$$

由模型（4-4）可知，α 越小，则目标函数 $f(x)=(1-\alpha)m(f(x))+\alpha w$ $(f(x))$ 给予的中点 $m(f(x))$ 权重就越大，半径 $w(f(x))$ 权重越小，也就意味着证券投资组合风险程度 $\tilde{v}_{ij}$ 越大；反之，α 越大，则投资证券风险的中点 m $(f(x))$ 权重越小，半径 $w(f(x))$ 权重越大，代表投资组合风险 $\tilde{v}_{ij}$ 越小。因此，参数 α 表示的是投资者对投资组合的风险的喜厌程度，可称 α 为风险偏好系数。

4.1.2 基于改进区间可接受度的不确定约束的转换

定义 4.4：区间数 $A=[\underline{a},\ \bar{a}]$，$B=[\underline{b},\ \bar{b}]$，则称 $\lambda(A\leqslant B)=\dfrac{m(B)-m(A)}{\omega(B)+\omega(A)}$ 为区间数 $A\leqslant B$ 的可接受度。

定义 4.5：区间的序关系 $\leqslant_{MW}$：

$$\begin{cases} A\leqslant_{MW}B \ \text{当且仅当} \ m(A)\leqslant m(B) \ \text{且} \ \omega(A)\geqslant\omega(B) \\ A<_{MW}B \ \text{当且仅当} \ A\leqslant_{MW}B \ \text{和} \ A\neq B \end{cases}$$

定义 4.6：假设投资者购买风险证券 x_i $(i=1,\ 2,\ \cdots,\ n)$ 需支付的交易成本为 $C(x_i)$，费率记为 c_i，则定义线性和 V 型交易成本函数如下：

$$C(x_i)=c_i x_i \ \text{或} \ C(x_i)=c_i|x_i|,\ c_i>0$$

当交易成本设置为线性形式时，即 $x_i\geqslant0$，此时投资资产不允许卖空；当交易成本设置为 V 型交易成本时，即 x_i 存在小于 0 的情况，此时投资资产是允许卖空的（如图4-1所示）。在考虑交易成本时，本章在求解区间二次规划模型上所涉及的定义及定理的推导过程中均将交易成本设置为线性函数 $c_i x_i$，此求解方法可推广至 V 型交易成本的情况。

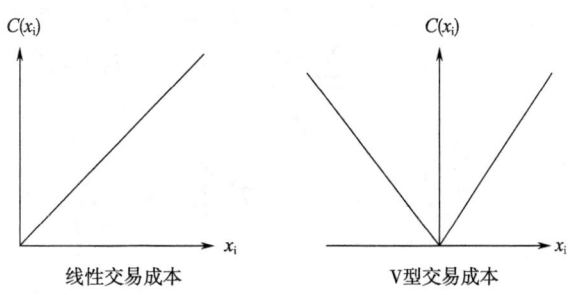

图4-1 两类交易成本示意图

定义 4.7：对于模型的任意解 x_i，称 $\eta = \lambda\left(\sum\limits_{i=1}^{n} \tilde{R}_i x_i - \sum\limits_{i=1}^{n} C(x_i) \geqslant \tilde{u}_0\right)$ 为 x_i 对约束条件 $\sum\limits_{i=1}^{n} \tilde{R}_i x_i - \sum\limits_{i=1}^{n} C(x_i) \geqslant \tilde{u}_0$ 的可接受水平。

定理 4.1：$\lambda\left(\sum\limits_{i=1}^{n} \tilde{R}_i x_i - \sum\limits_{i=1}^{n} c_i x_i \geqslant \tilde{u}_0\right) \geqslant \eta$ 的充要条件是区间数约束条件 $\sum\limits_{i=1}^{n} \tilde{R}_i x_i - \sum\limits_{i=1}^{n} c_i x_i \geqslant \tilde{u}_0 = \sum\limits_{i=1}^{n} (\tilde{R}_i - c_i) x_i \geqslant \tilde{u}_0$ 可转化为含有参数 η 的确定性约束条件：$\sum\limits_{i=1}^{n} (\underline{R}_i + \bar{R}_i - 2c_i) x_i \geqslant \underline{u}_0 + \bar{u}_0$，$\sum\limits_{i=1}^{n} (\bar{R}_i - \underline{R}_i) x_i \leqslant \bar{u}_0 - \underline{u}_0$ 且 $(1 - \eta) \sum\limits_{i=1}^{n} \bar{R}_i x_i + (1 + \eta) \sum\limits_{i=1}^{n} \underline{R}_i x_i - \sum\limits_{i=1}^{n} 2c_i x_i \geqslant (1 + \eta) \bar{u}_0 + (1 - \eta) \underline{u}_0$。其中，$0 \leqslant \eta \leqslant 1$。

证明：①必要性。根据定义 4.5 中的区间的序关系 $\leqslant_{MW}$，易得

$$\sum_{i=1}^{n} \tilde{R}_i x_i - \sum_{i=1}^{n} c_i x_i \geqslant \tilde{u}_0 \Rightarrow \begin{cases} \sum\limits_{i=1}^{n} (\bar{R}_i + \underline{R}_i - 2c_i) x_i \geqslant \underline{u}_0 + \bar{u}_0 \\ \\ \sum\limits_{i=1}^{n} (\bar{R}_i - \underline{R}_i) x_i \leqslant \bar{u}_0 - \underline{u}_0 \end{cases} 。$$

若 $\lambda\left(\sum\limits_{i=1}^{n} \tilde{R}_i x_i - \sum\limits_{i=1}^{n} c_i x_i \geqslant \tilde{u}_0\right) \geqslant \eta$，由定义 4.7 得

$$\lambda\left(\sum_{i=1}^{n} (\tilde{R}_i - c_i) x_i \geqslant \tilde{u}_0\right) = \frac{m\left(\sum\limits_{i=1}^{n} (\tilde{R}_i - c_i) x_i - m(\tilde{u}_0)\right)}{\omega\left(\sum\limits_{i=1}^{n} (\tilde{R}_i - c_i) x_i + \omega(\tilde{u}_0)\right)}$$

$$= \frac{\sum\limits_{i=1}^{n} (\bar{R}_i + \underline{R}_i - 2c_i) x_i - (\underline{u}_0 + \bar{u}_0)}{\sum\limits_{i=1}^{n} (\bar{R}_i - \underline{R}_i) x_i + (\bar{u}_0 - \underline{u}_0)}$$

$$\geqslant \eta$$

经整理可得：$(1 - \eta) \sum\limits_{i=1}^{n} \bar{R}_i x_i + (1 + \eta) \sum\limits_{i=1}^{n} \underline{R}_i x_i - \sum\limits_{i=1}^{n} 2c_i x_i \geqslant (1 + \eta) \bar{u}_0 + (1 - \eta) \underline{u}_0$。

综上证明可得：区间数的约束条件 $\sum\limits_{i=1}^{n} \tilde{R}_i x_i - \sum\limits_{i=1}^{n} c_i x_i \geqslant \tilde{u}_0$ 可转化为含有可

接受水平的确定性约束条件：$\sum\limits_{i=1}^{n}(\underline{R}_i+\bar{R}_i-2c_i)x_i\geqslant\underline{u}_0+\bar{u}_0$，$\sum\limits_{i=1}^{n}(\bar{R}_i-\underline{R}_i)x_i\leqslant$

$\bar{u}_0-\underline{u}_0$ 且 $(1-\eta)\sum\limits_{i=1}^{n}\bar{R}_ix_i+(1+\eta)\sum\limits_{i=1}^{n}\underline{R}_ix_i-\sum\limits_{i=1}^{n}2c_ix_i\geqslant(1+\eta)\bar{u}_0+(1-\eta)\underline{u}_0$。

②充分性。

由于 $\begin{cases}\sum\limits_{i=1}^{n}(\bar{R}_i+\underline{R}_i-2c_i)x_i\geqslant\underline{u}_0+\bar{u}_0\\[3mm]\sum\limits_{i=1}^{n}(\bar{R}_i-\underline{R}_i)x_i\leqslant\bar{u}_0-\underline{u}_0\end{cases}$ 根据定义 4.5 中的区间的序关系 $\leqslant_{\mathrm{MW}}$

可得 $\sum\limits_{i=1}^{n}\tilde{R}_ix_i-\sum\limits_{i=1}^{n}c_ix_i\geqslant\tilde{u}_0$。若 $(1-\eta)\sum\limits_{i=1}^{n}\bar{R}_ix_i+(1+\eta)\sum\limits_{i=1}^{n}\underline{R}_ix_i-\sum\limits_{i=1}^{n}2c_ix_i\geqslant$

$(1+\eta)\bar{u}_0+(1-\eta)\underline{u}_0$ 则 $\eta\Big(\sum\limits_{i=1}^{n}(\bar{R}_i-\underline{R}_i)x_i+(\bar{u}_0-\underline{u}_0)\Big)\leqslant\sum\limits_{i=1}^{n}(\bar{R}_i+\underline{R}_i-2c_i)$

$x_i-(\underline{u}_0+\bar{u}_0)$。

整理得：$\dfrac{\sum\limits_{i=1}^{n}(\bar{R}_i+\underline{R}_i-2c_i)x_i-(\underline{u}_0+\bar{u}_0)}{\sum\limits_{i=1}^{n}(\bar{R}_i-\underline{R}_i)x_i+(\bar{u}_0-\underline{u}_0)}\geqslant\eta$，

综上可得：$\lambda\Big(\sum\limits_{i=1}^{n}\tilde{R}_ix_i-\sum\limits_{i=1}^{n}c_ix_i\geqslant\tilde{u}_0\Big)\geqslant\eta$

证毕。

定理 4.2：$\lambda\Big(\sum\limits_{i=1}^{n}\tilde{l}_ix_i\geqslant\tilde{l}_0\Big)\geqslant\eta$ 的充要条件是区间不等式约束条件

$\sum\limits_{i=1}^{n}\tilde{l}_ix_i\geqslant\tilde{l}_0$ 可转化为含参数 η 的确定性约束条件：$\sum\limits_{i=1}^{n}(\underline{l}_i+\bar{l}_i)x_i\geqslant\underline{l}_0+\bar{l}_0$，

$\sum\limits_{i=1}^{n}(\bar{l}_i-\underline{l}_i)x_i\leqslant\bar{l}_0-\underline{l}_0$，且 $(1-\eta)\sum\limits_{i=1}^{n}\bar{l}_ix_i+(1+\eta)\sum\limits_{i=1}^{n}\underline{l}_ix_i\geqslant(1+\eta)\bar{l}_0+(1-$

$\eta)\underline{l}_0$。其中，$\eta\in[0,1]$。

证明方法同定理 4.1 的证明过程相似，此处省略。

通过引入约束条件可接受水平 η，本章提出定义 4.7 及结合定义 4.5，提出了改进的区间可接受度的不确定约束转换的定理 4.1 和定理 4.2，并给出证明。然后，根据定理 4.1 和定理 4.2，将含有区间数的不确定约束条件的二次规划模型（4-4）转化为确定性的含有交易成本的单目标二次规划模型（4-5）：

$$\min f(x) = \frac{1}{2} \Big[\sum_{i=1}^{n} \sum_{j=1}^{n} \big((1 - 2\alpha) \underline{v}_{ij} + \bar{v}_{ij} \big) x_i x_j \Big]$$

$$\text{s. t.} \begin{cases} \sum_{i=1}^{n} (\underline{R}_i + \bar{R}_i - 2c_i) x_i \geqslant \underline{u}_0 + \bar{u}_0, \quad \sum_{i=1}^{n} (\bar{R}_i - \underline{R}_i) x_i \leqslant \bar{u}_0 - \underline{u}_0 \\[2mm] (1 - \eta) \sum_{i=1}^{n} \bar{R}_i x_i + (1 + \eta) \sum_{i=1}^{n} \underline{R}_i x_i - \sum_{i=1}^{n} 2c_i x_i \geqslant (1 + \eta) \bar{u}_0 + (1 - \eta) \underline{u}_0 \\[2mm] \sum_{i=1}^{n} (\underline{l}_i + \bar{l}_i) x_i \geqslant \underline{l}_0 + \bar{l}_0, \quad \sum_{i=1}^{n} (\bar{l}_i - \underline{l}_i) x_i \leqslant \bar{l}_0 - \underline{l}_0 \\[2mm] (1 - \eta) \sum_{i=1}^{n} \bar{l}_i x_i + (1 + \eta) \sum_{i=1}^{n} \underline{l}_i x_i \geqslant (1 + \eta) \bar{l}_0 + (1 - \eta) \underline{l}_0 \\[2mm] \sum_{i=1}^{n} x_i = 1, \quad x_i \geqslant 0, \quad i = 1, 2, \cdots, n \end{cases}$$

$$(4-5)$$

其中，$0 \leqslant \alpha$，$\eta \leqslant 1$。由本章建立的模型（4-5）可知，给定 α、η 不同取值，投资者可获得不同的投资组合方案。从这个角度来看，本章模型的适用性更强。这说明，对于模型（4-1）的求解，与传统确定型转化方法相比，基于改进的区间可接受的确定型转化方法更具优势。

4.1.3 基于改进区间可能度的不确定约束的转换

定义 4.8：区间数 $A = [\underline{a}, \bar{a}]$，$B = [\underline{b}, \bar{b}]$。记 $\text{len}(A) = \bar{a} - \underline{a}$，$\text{len}(B) = \bar{b} - \underline{b}$，则称 $P(A \leqslant B) = \dfrac{\max(0, \ \text{len}(A) + \text{len}(B) - \max(0, \ \bar{a} - \underline{b}))}{\text{len}(A) + \text{len}(B)}$ 为 $A \leqslant B$ 的可能度。

定义 4.9：区间的序关系 $\leqslant_1$：

$$\begin{cases} \tilde{A} \leqslant_1 \tilde{B} \text{ 当且仅当 } \underline{A} \leqslant \underline{B} \text{ 和 } \bar{A} \leqslant \bar{B} \\[2mm] \tilde{A} <_1 \tilde{B} \text{ 当且仅当 } \underline{A} \leqslant \underline{B} \text{ 和 } \underline{A} \neq \underline{B} \end{cases}$$

定义 4.10：对于模型的任意解 x_i，称 $\lambda = P\Big(\sum_{i=1}^{n} \tilde{R}_i x_i - \sum_{i=1}^{n} C(x_i) \geqslant \tilde{u}_0 \Big)$ 为 x_i 对约束条件 $\sum_{i=1}^{n} \tilde{R}_i x_i - \sum_{i=1}^{n} C(x_i) \geqslant \tilde{u}_0$ 的满意水平。

定理 4.3：$P\left(\sum\limits_{i=1}^{n} \tilde{R}_i x_i - \sum\limits_{i=1}^{n} C(x_i) \leqslant \tilde{u}_0\right) \leqslant \lambda$ 的充要条件是区间不等式约

束条件 $\sum\limits_{i=1}^{n} \tilde{R}_i x_i - \sum\limits_{i=1}^{n} c_i x_i \geqslant \tilde{u}_0 = \sum\limits_{i=1}^{n} (\tilde{R}_i - c_i) x_i \geqslant \tilde{u}_0$ 可转化为含参数 λ 的确定

性约束条件：$\sum\limits_{i=1}^{n} (\underline{R}_i - c_i) x_i \geqslant \underline{u}_0$ 且 $(1-\lambda)\sum\limits_{i=1}^{n} \underline{R}_i x_i - \sum\limits_{i=1}^{n} c_i x_i + \lambda \sum\limits_{i=1}^{n} \bar{R}_i x_i \geqslant (1-$

$\lambda)\bar{u}_0 + \lambda \underline{u}_0$。其中，$0 \leqslant \lambda \leqslant 1$。

证明：（1）必要性。根据定义 4.9 中的区间序关系 $\leqslant_1$，易得 $\sum\limits_{i=1}^{n} \tilde{R}_i x_i -$

$\sum\limits_{i=1}^{n} c_i x_i \geqslant \tilde{u}_0 \Rightarrow \sum\limits_{i=1}^{n} (\underline{R}_i - c_i) x_i \geqslant \underline{u}_0$。若 $P\left(\sum\limits_{i=1}^{n} \tilde{R}_i x_i - \sum\limits_{i=1}^{n} C(x_i) \leqslant \tilde{u}_0\right) \leqslant \lambda$，由定

义 4.8 可得：

$$P\left(\sum\limits_{i=1}^{n} (\tilde{R}_i - c_i) x_i \leqslant \tilde{u}_0\right)$$

$$= \frac{\max\left(0, \ \text{len}\left(\sum\limits_{i=1}^{n} (\tilde{R}_i - c_i) x_i\right) + \text{len}(\tilde{u}_0) - \max\left(0, \ \sum\limits_{i=1}^{n} (\tilde{R}_i - c_i) x_i - \underline{u}_0\right)\right)}{\text{len}\left(\sum\limits_{i=1}^{n} (\tilde{R}_i - c_i) x_i\right) + \text{len}(\tilde{u}_0)}$$

$$\leqslant \lambda。$$

由于 $\sum\limits_{i=1}^{n} \tilde{R}_i x_i - \sum\limits_{i=1}^{n} c_i x_i \geqslant \tilde{u}_0 \Rightarrow \sum\limits_{i=1}^{n} (\underline{R}_i - c_i) x_i \geqslant \underline{u}_0$，所以 $\sum\limits_{i=1}^{n} (\bar{R}_i - c_i)$

$x_i \geqslant \underline{u}_0$。

$$P\left(\sum\limits_{i=1}^{n} (\tilde{R}_i - c_i) x_i \leqslant \tilde{u}_0\right) = \frac{\max\left(0, \ \bar{u}_0 - \sum\limits_{i=1}^{n} (\underline{R}_i - c_i) x_i\right)}{\sum\limits_{i=1}^{n} (\bar{R}_i - \underline{R}_i) x_i + (\bar{u}_0 - \underline{u}_0)}$$

若 $\bar{u}_0 - \sum\limits_{i=1}^{n} \underline{R}_i x_i + \sum\limits_{i=1}^{n} c_i x_i \leqslant 0$，则 $P\left(\sum\limits_{i=1}^{n} \tilde{R}_i x_i - \sum\limits_{i=1}^{n} c_i x_i \leqslant \tilde{u}_0\right) = 0 \leqslant \lambda$；

若 $\bar{u}_0 - \sum\limits_{i=1}^{n} \underline{R}_i x_i + \sum\limits_{i=1}^{n} c_i x_i \geqslant 0$，即 $\sum\limits_{i=1}^{n} \underline{R}_i x_i - \sum\limits_{i=1}^{n} c_i x_i \leqslant \bar{u}_0$，经整理得：$(1-$

$\lambda)\sum\limits_{i=1}^{n} \underline{R}_i x_i - \sum\limits_{i=1}^{n} c_i x_i + \lambda \sum\limits_{i=1}^{n} \bar{R}_i x_i \geqslant (1-\lambda)\bar{u}_0 + \lambda \underline{u}_0$。

综上可得：

$$\sum_{i=1}^{n} (\underline{R}_i - c_i)x_i \geq \underline{u}_0 \text{ 且 } (1-\lambda)\sum_{i=1}^{n} \underline{R}_i x_i - \sum_{i=1}^{n} c_i x_i + \lambda \sum_{i=1}^{n} \bar{R}_i x_i \geq (1-\lambda)\bar{u}_0 + \lambda \underline{u}_0 \text{。}$$

（2）充分性。

若 $(1-\lambda)\sum_{i=1}^{n} \underline{R}_i x_i - \sum_{i=1}^{n} c_i x_i + \lambda \sum_{i=1}^{n} \bar{R}_i x_i \geq (1-\lambda)\bar{u}_0 + \lambda \underline{u}_0$

则 $\lambda\left(\sum_{i=1}^{n}(\bar{R}_i - \underline{R}_i)x_i + (\bar{u}_0 - \underline{u}_0)\right) \geq \bar{u}_0 - \sum_{i=1}^{n} \underline{R}_i x_i + \sum_{i=1}^{n} c_i x_i$。整理得：

$$\frac{(\bar{u}_0 - \underline{u}_0) + \sum_{i=1}^{n}(\bar{R}_i - \underline{R}_i)x_i - \left(\sum_{i=1}^{n}(\bar{R}_i - c_i)x_i - \underline{u}_0\right)}{(\bar{u}_0 - \underline{u}_0) + \sum_{i=1}^{n}(\bar{R}_i - \underline{R}_i)x_i} \leq \lambda,$$

由于 $\sum_{i=1}^{n} \bar{R}_i x_i - \sum_{i=1}^{n} c_i x_i \geq \bar{u}_0 \Rightarrow \sum_{i=1}^{n}(\underline{R}_i - c_i)x_i \geq \underline{u}_0$，所以 $\sum_{i=1}^{n}(\bar{R}_i - c_i)$ $x_i \geq \underline{u}_0$。

综上可得：$\dfrac{\text{len}(\tilde{u}_0) + \text{len}\left(\sum_{i=1}^{n}(\tilde{R}_i - c_i)x_i\right) - \max\left(0, \sum_{i=1}^{n}(\bar{R}_i - c_i)x_i - \underline{u}_0\right)}{\text{len}(\tilde{u}_0) + \text{len}\left(\sum_{i=1}^{n}(\tilde{R}_i - c_i)x_i\right)} \leq \lambda$

即 $P\left(\sum_{i=1}^{n} \tilde{R}_i x_i - \sum_{i=1}^{n} c_i x_i \leq \tilde{u}_0\right) \leq \lambda$。

定理 4.4：$P\left(\sum_{i=1}^{n} \tilde{l}_i x_i \leq \tilde{l}_0\right) \leq \lambda$ 的充要条件是区间不等式约束条件 $\sum_{i=1}^{n} \tilde{l}_i x_i \geq \tilde{l}_0$ 可转化为含参数 λ 的确定性约束条件：$\sum_{i=1}^{n} \underline{l}_i x_i \geq \underline{l}_0$ 且 $(1-\lambda)\sum_{i=1}^{n} \underline{l}_i x_i + \lambda \sum_{i=1}^{n} \bar{l}_i x_i \geq (1-\lambda)\bar{l}_0 + \lambda \underline{l}_0$。其中，$\lambda \in [0, 1]$。

证明方法同定理4.3，此处省略。

通过引入约束条件满足水平 λ，提出定义4.10，结合定义4.9，提出了改进的区间可能度的不确定约束转换的定理4.3和定理4.4，并给出证明。最后将含有区间数的不确定约束条件的二次规划模型（4-4）转化为确定性的含有交易成本的单目标二次规划模型（4-6）：

$$\min f(x) = \frac{1}{2} \Big[\sum_{i=1}^{n} \sum_{j=1}^{n} \big((1-2\alpha)\underline{v}_{ij} + \bar{v}_{ij} \big) x_i x_j \Big]$$

$$\text{s. t.} \begin{cases} \sum_{i=1}^{n} (\underline{R}_i - c_i) x_i \geqslant \underline{u}_0 \\[2mm] (1-\lambda) \sum_{i=1}^{n} \underline{R}_i x_i - \sum_{i=1}^{n} c_i x_i + \lambda \sum_{i=1}^{n} \bar{R}_i x_i \geqslant (1-\lambda)\bar{u}_0 + \lambda \underline{u}_0 \\[2mm] \sum_{i=1}^{n} \underline{l}_i x_i \geqslant \underline{l}_0 \\[2mm] (1-\lambda) \sum_{i=1}^{n} \underline{l}_i x_i + \lambda \sum_{i=1}^{n} \bar{l}_i x_i \geqslant (1-\lambda)\bar{l}_0 + \lambda \underline{l}_0 \\[2mm] \sum_{i=1}^{n} x_i = 1 \\[2mm] x_i \geqslant 0, \ i = 1, 2, \cdots, n \end{cases} \quad (4\text{-}6)$$

其中，$0 \leqslant \alpha, \ \lambda \leqslant 1$。

除此方法外，也可以采用序关系将区间数进行转化的方式（达庆利、刘新旺，1999）将模型（4-1）转化为模型（4-7）：

$$\min f(x) = \sum_{i=1}^{n} \sum_{j=1}^{n} \Big(\underline{v}_{ij}\alpha + \frac{\underline{v}_{ij} + \bar{v}_{ij}}{2}(1-\alpha) \Big) x_i x_j$$

$$\text{s. t.} \begin{cases} \sum_{i=1}^{n} (\underline{R}_i - c_i) x_i \geqslant \underline{u}_0 \\[2mm] \sum_{i=1}^{n} \Big(\frac{\underline{R}_i + \bar{R}_i}{2} - c_i \Big) x_i \geqslant \frac{\underline{u}_0 + \bar{u}_0}{2} \\[2mm] \sum_{i=1}^{n} \underline{l}_i x_i \geqslant \underline{l}_0 \\[2mm] \sum_{i=1}^{n} \frac{\underline{l}_i + \bar{l}_i}{2} x_i \geqslant \frac{\underline{l}_0 + \bar{l}_0}{2} \\[2mm] \sum_{i=1}^{n} x_i = 1 \\[2mm] x_i \geqslant 0, \ i = 1, 2, \cdots, n \end{cases} \quad (4\text{-}7)$$

在模型（4-6）中，若令 $\lambda = 0.5$，$\alpha = 0$，即可得到模型（4-7），即模型

（4-7）为模型（4-6）的一种特殊情况。由此可知，与基于区间序关系转化不等式约束的方法相比，本章所提出的改进区间可能度将含区间数的不等式进行转化的方法更具有一般性，从而在理论层面说明了本章所建模型及求解方法的适用性更强。

4.1.4 含交易成本的区间二次规划的传统解法

目前，关于区间数线性规划的求解方法已有不少。例如，郭均鹏和李汶华（2004）提出了四种区间不等式的相关定义，根据相关定义可将区间线性规划问题转化成确定性的规划问题进行求解。对于模型（4-1），采用郭均鹏和李汶华（2004）的方法，可将其转化成两个确定性的二次规划模型（4-8）和模型（4-9）进行求解。通过求解模型（4-8）和模型（4-9）的最优解，可得含有交易成本的证券组合投资的区间二次规划模型（4-1）的目标函数的上下界，根据上下界来确定投资组合的最小风险区间范围。

$$\min f^L(x) = \sum_{i=1}^{n} \sum_{j=1}^{n} \underline{v}_{ij}. \, x_i x_j$$

$$\text{s. t.} \begin{cases} \sum_{i=1}^{n} \bar{R}_i x_i - \sum_{i=1}^{n} c_i x_i \geqslant \underline{u}_0 \\ \sum_{i=1}^{n} \bar{l}_i x_i \geqslant \underline{l}_0 \\ \sum_{i=1}^{n} x_i = 1 \\ x_i \geqslant 0, \ i = 1, \ 2, \ \cdots, \ n \end{cases} \quad (4\text{-}8)$$

$$\min f^U(x) = \sum_{i=1}^{n} \sum_{j=1}^{n} \bar{v}_{ij}. \, x_i x_j$$

$$\text{s. t.} \begin{cases} \sum_{i=1}^{n} \underline{R}_i x_i - \sum_{i=1}^{n} c_i x_i \geqslant \bar{u}_0 \\ \sum_{i=1}^{n} \underline{l}_i x_i \geqslant \bar{l}_0 \\ \sum_{i=1}^{n} x_i = 1 \\ x_i \geqslant 0, \ i = 1, \ 2, \ \cdots, \ n \end{cases} \quad (4\text{-}9)$$

4.2 数值应用

4.2.1 基于改进的区间可接受度的解法

本节沿用邓雪、赵俊峰、李荣钧（2010）及邓雪（2010）中的数据，假设投资者要将自己持有的资产分配至广州控股、东方集团、上海机场、上汽集团、五矿发展这5只股票。利用5只股票2005年4月至2009年3月的每月收盘价及换手率，可计算出对应的期望收益率、方差及协方差风险区间、换手率区间分别如下：

期望收益率区间：

$\tilde{R}_1 = [-0.029\ 72,\ 0.021\ 96]$，$\tilde{R}_2 = [-0.012\ 24,\ 0.050\ 63]$，$\tilde{R}_3 = [-0.022\ 59,\ 0.018\ 03]$，

$\tilde{R}_4 = [-0.005\ 46,\ 0.044\ 67]$，$\tilde{R}_5 = [0.002\ 82,\ 0.065\ 66]$。

方差及协方差风险区间如下：

$\tilde{v}_{11} = [0.020\ 4,\ 0.028\ 9]$，$\tilde{v}_{12} = \tilde{v}_{21} = [0.025\ 3,\ 0.034\ 1]$，$\tilde{v}_{13} = \tilde{v}_{31} = [0.017\ 4,\ 0.021\ 2]$；

$\tilde{v}_{14} = \tilde{v}_{41} = [0.015\ 8,\ 0.025\ 4]$，$\tilde{v}_{15} = \tilde{v}_{51} = [0.021\ 3,\ 0.025\ 0]$，$\tilde{v}_{22} = [0.047\ 5,\ 0.073\ 7]$；

$\tilde{v}_{23} = \tilde{v}_{32} = [0.022\ 0,\ 0.028\ 8]$，$\tilde{v}_{24} = \tilde{v}_{42} = [0.021\ 3,\ 0.043\ 4]$，$\tilde{v}_{25} = \tilde{v}_{52} = [0.024\ 2,\ 0.045\ 4]$；

$\tilde{v}_{33} = [0.017\ 9,\ 0.026\ 9]$，$\tilde{v}_{34} = \tilde{v}_{43} = [0.012\ 9,\ 0.026\ 1]$，$\tilde{v}_{35} = \tilde{v}_{53} = [0.016\ 4,\ 0.032\ 0]$；

$\tilde{v}_{44} = [0.036\ 2,\ 0.046\ 8]$，$\tilde{v}_{45} = \tilde{v}_{54} = [0.022\ 5,\ 0.043\ 2]$，$\tilde{v}_{55} = [0.041\ 7,\ 0.059\ 0]$。

换手率区间：

$\tilde{l}_1 = [0.272\ 4,\ 0.406\ 7]$，$\tilde{l}_2 = [0.809\ 4,\ 0.973\ 5]$，$\tilde{l}_3 = [0.221\ 1,\ 0.256\ 9]$，$\tilde{l}_4 = [0.276\ 0,\ 0.345\ 2]$，$\tilde{l}_5 = [0.768\ 8,\ 1.206\ 6]$。

从上述股票中选择3只：东方集团、上汽集团、五矿发展。设这3只股票对应的交易成本的比率分别为：$c_1 = c_2 = c_3 = 0.000\ 2$。设投资者期望收益率的可

接受区间为 $\tilde{u}_0 = [0.001\,5,\ 0.002]$。对于收益率，悲观情况下，投资者相应的可接受水平是 0.001 5；乐观情况下，投资者相应的可接受水平是 0.002。流动性（换手率）的相应可接受区间为 $\tilde{l}_0 = [0.40,\ 0.60]$。同理可得出，投资者对市场流动性的最小可接受水平为 0.40；投资者对市场流动性的最大可接受水平为 0.60。

基于以上数据，本节应用 MATLAB 软件，利用模型（4-5），根据不同的目标函数优化水平 α 和约束条件的可接受水平 η，以及设置 α、η 不同的取值，可得到不同的投资组合的方案。由此解得这 3 只股票不同投资比例组合下的风险值（如表 4-1 所示）。

表 4-1　基于不同优化水平及可接受水平的投资组合比例

α	0	0.2	0.5	0.8	1
η	0	0	0	0	0
投资比例	(0.003 2, 0.862 6, 0.232 0)	(0.002 8, 0.862 7, 0.232 4)	(0.002 1, 0.862 8, 0.232 0)	(0.001 5, 0.862 9, 0.233 6)	(0.001 1, 0.862 9, 0.233 9)
风险值	0.046 8	0.039 3	0.027 8	0.016 3	0.008 6
α	0	0.2	0.5	0.8	1
η	0.3	0.3	0.3	0.3	0.3
投资比例	(0, 0.776 1, 0.323 9)	(0, 0.775 6, 0.324 4)	(0, 0.775 6, 0.324 4)	(0, 0.764 2, 0.336 1)	(0, 0.767 8, 0.332 3)
风险值	0.046 8	0.039 3	0.028 1	0.016 9	0.009 4
α	0	0.2	0.5	0.8	1
η	0.5	0.5	0.5	0.5	0.5
投资比例	(0, 0.713 6, 0.388 0)	(0, 0.713 6, 0.388 0)	(0, 0.713 6, 0.388 0)	(0, 0.713 6, 0.388 0)	(0, 0.713 6, 0.388 0)
风险值	0.046 9	0.039 5	0.028 3	0.017 2	0.009 7
α	0	0.2	0.5	0.8	1
η	0.7	0.7	0.7	0.7	0.7
投资比例	(0, 0.639 8, 0.463 5)	(0, 0.639 8, 0.463 5)	(0, 0.639 8, 0.463 5)	(0, 0.639 8, 0.463 5)	(0, 0.639 8, 0.463 5)
风险值	0.047 3	0.039 9	0.028 7	0.017 6	0.010 2

α	0	0.2	0.5	0.8	1
η	1	1	1	1	1
投资比例	(0.552 1, 0.547 2, 0.006 3)	(0.553 8, 0.547 1, 0.004 7)	(0.556 1, 0.546 9, 0.002 5)	(0.557 8, 0.546 6, 0.001 1)	(0.558 6, 0.546 4, 0)
风险值	0.050 9	0.043 2	0.031 7	0.020 2	0.012 4

由表4-1可知：固定 η 值，投资者选择的目标函数优化水平 α 越大，则投资者的投资风险就越小；相反，则越大。固定 α 值，投资者给出的约束条件可接受水平 η 越大，即投资者对于期望收益率以及换手率的可接受度越大，则投资者所要承受的风险越大；相反，则越小。这符合证券投资组合理论中"高收益伴随高风险"的实际情况，也表明该模型具有较好的实际意义。由表4-1可得出，目标函数风险值的范围，即风险区间为 $f(x) = [0.008\ 6, 0.050\ 9]$。

固定 $\eta = 0$，由图4-2可看出，目标函数值即证券投资风险值随优化水平 α 的增加而减小，$\alpha \in [0, 1]$ 时，目标函数值随优化水平 α 呈现单调递减情况。

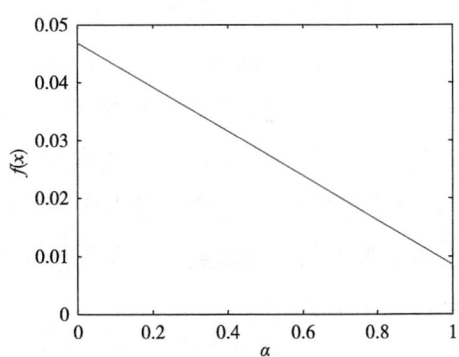

图4-2　证券投资风险值随优化水平 α 的变化

固定 $\alpha = 0.5$，由图4-3可得，总体上目标函数值即证券投资风险值随约束条件可接受水平 η 值的增加而呈上升趋势。当 $\eta \in [0, 0.7]$ 时，随约束条

件可接受水平 η 值的增加，目标函数值逐渐增大，增长趋势较慢；当 $\eta \in$ [0.7, 0.9]，随约束条件可接受水平 η 值的增加，目标函数值快速增大。当 $\eta \in$ [0.9, 1] 时，随约束条件可接受水平 η 值的增加，目标函数值增长趋势逐渐放缓。

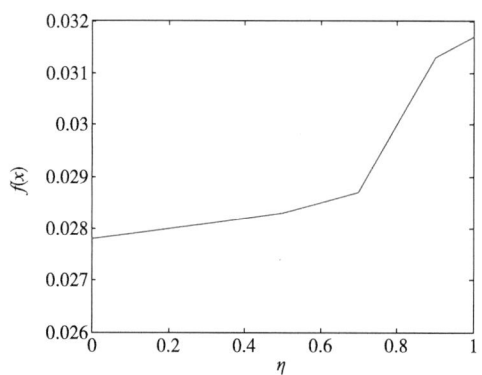

图 4-3　证券投资风险值随可接受水平 η 的变化

4.2.2　基于改进区间可能度的解法

为了进一步验证本章模型的适用性，本节假设投资者要将资产分配至 10 只股票，并选择了上海证券交易所 10 只股票（2006 年 9 月至 2018 年 9 月）：浦发银行（600000），白云机场（600004），东风汽车（600006），首创股份（600008），上海机场（600009），包钢股份（600010），五矿发展（600058），东方航空（600115），上汽集团（600104），广州发展（600098）。每只股票的月开盘价、收盘价和换手率都可以从 Wind 数据库中获得，根据第 3 章的方法，我们可以计算出 10 只股票的预期收益率、方差及协方差以及换手率的区间范围（如表 4-2 至表 4-4 所示）。

表 4-2　10 只股票的预期收益率区间

股票	1	2	3	4	5
$\bar{R}$	[0.010 9, 0.022 1]	[0.015 7, 0.022 4]	[0.010 9, 0.023 6]	[0.011 3, 0.027 6]	[0.026 9, 0.034 0]

股票	6	7	8	9	10
$\tilde{R}$	[0.008 0, 0.023 6]	[0.020 5, 0.041 4]	[0.022 6, 0.039 0]	[0.035 7, 0.048 0]	[0.013 9, 0.024 3]

表4-3 10只股票的方差及协方差风险区间（/10^{-4}）

$\tilde{v}_{ij}$	1	2	3	4	5	6	7	8	9	10
1	324 359	138 153	140 155	189 209	156 172	191 211	217 240	219 242	220 243	182 201
2	138 153	194 215	157 173	148 163	155 171	135 149	186 206	179 197	160 177	147 163
3	140 155	157 173	369 408	199 220	139 154	196 217	318 351	229 253	194 214	198 219
4	189 209	148 163	199 220	473 523	181 200	231 256	242 267	230 254	196 217	224 248
5	156 172	155 171	139 154	181 200	205 227	137 151	182 201	173 192	147 163	152 168
6	191 211	135 149	196 217	231 256	137 151	455 503	327 361	198 219	224 247	216 238
7	217 240	186 206	318 351	242 267	182 201	327 361	608 672	323 357	230 255	238 263
8	219 242	179 197	229 253	230 254	173 192	198 219	323 357	476 526	186 206	212 234
9	220 243	160 177	194 214	196 217	147 163	224 247	230 255	186 206	358 396	172 191
10	182 201	147 163	198 219	224 248	152 168	216 238	238 263	212 234	172 191	302 334

表4-4 10只股票的换手率区间

股票	1	2	3	4	5
$\tilde{l}$	[0.159 5, 0.166 4]	[0.184 7, 0.193 3]	[0.299 3, 0.348 0]	[0.306 1, 0.344 2]	[0.214 0, 0.221 1]
股票	6	7	8	9	10
$\tilde{l}$	[0.342 4, 0.393 7]	[0.350 8, 0.389 1]	[0.328 5, 0.372 4]	[0.107 1, 0.112 2]	[0.141 4, 0.149 0]

设这10只股票对应的交易成本的比率分别为：$c_i = 0.000\ 2$（$i = 1, 2, \cdots, 10$）。设投资者期望收益率的可接受区间为$\tilde{u}_0 = [0.001, 0.002]$，即对于收益率，投资者的最小满意度和最大满意度分别是0.001及0.002。流动性（换手率）的相应可接受区间为$\tilde{l}_0 = [0.05, 0.30]$，即相应的投资者对市场流动性的最小满意度为0.05，投资者对市场流动性的最大满意度为0.3。

根据以上数据以及模型（4-6），应用 MATLAB 软件，根据不同的目标函数优化水平 α 和约束条件的满意水平 λ，通过设置 α、λ 不同的取值进而可得到不同的投资组合方案，解得含交易成本的 10 只股票不同组合下的风险值（如表4-5所示）。

表 4-5　基于不同优化水平及满意水平的投资组合比例

α	0	0.2	0.5	0.8	1
λ	0	0	0	0	0
风险值	0.024 2	0.019 6	0.012 7	0.005 8	0.001 2
α	0	0.2	0.5	0.8	1
λ	0.3	0.3	0.3	0.3	0.3
风险值	0.017 8	0.014 4	0.009 3	0.004 3	0.000 89
α	0	0.2	0.5	0.8	1
λ	0.5	0.5	0.5	0.5	0.5
风险值	0.017 7	0.014 3	0.009 3	0.004 2	0.000 88
α	0	0.2	0.5	0.8	1
λ	0.7	0.7	0.7	0.7	0.7
风险值	0.017 7	0.014 3	0.009 3	0.004 2	0.000 88
α	0	0.2	0.5	0.8	1
λ	1	1	1	1	1
风险值	0.017 7	0.014 3	0.009 3	0.004 2	0.000 88

由表4-5可知：固定 λ 的值，投资者选择的目标函数的优化水平 α 越大，则投资者的投资风险越小；相反，则越大。固定 α 的值，投资者给出的约束条件的满意水平 λ 越大，即投资者对于期望收益率以及换手率的满意度越小，则所要承受的风险越小；相反，则越大。这符合证券投资组合理论中"高收益伴随高风险"的实际情况，说明该模型具有实际意义。由表4-5可得出，目标函数风险值的范围，即风险区间为 $f(x) = [0.000\ 88, 0.024\ 2]$。

固定 $\lambda = 0$，由图4-4可看出，目标函数值即证券投资风险值随优化水平 α 的增加而减小。

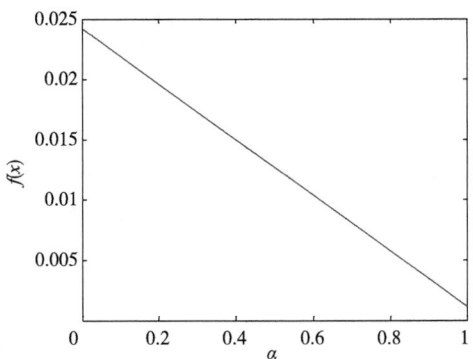

图4-4 证券投资风险值随优化水平 α 的变化

固定 $\alpha=0$，由图4-5可看出，当 $\lambda \in [0, 0.3]$ 时，目标函数值即证券投资风险值随着满意水平 λ 的增加而减小，当 $\lambda \in [0.3, 1]$ 时，证券投资风险值随着满意水平 λ 的增加不再变化，保持稳定状态。

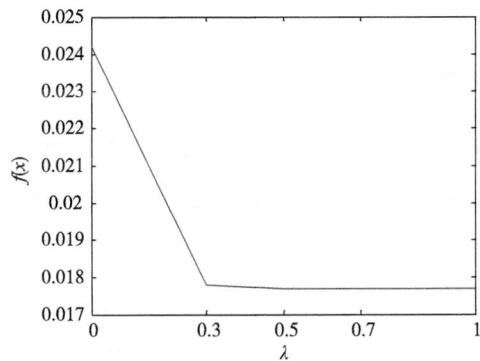

图4-5 证券投资风险值随满意水平 λ 的变化

4.2.3 传统解法

根据本章4.2.1节的数据，可分别求解4.1.4节中的模型（4-8）和模型（4-9）。其中，所求最优解分别表示为模型（4-1）目标函数的上、下界值，其结果如下：

投资组合目标函数的下界：$x = (0.244\,1, \ 0.462\,7, \ 0.293\,3)$，$f^L(x) = 0.028\,5$，

投资组合目标函数的上界：$x = (0，0.074\ 9，0.925\ 1)$，$f^U(x) = 0.056\ 7$。

从而得到含有交易成本的证券投资组合二次规划模型的解区间为 $f(x) = [0.028\ 5，0.056\ 7]$。

根据 4.2.2 节的数据，分别求解 4.1.4 节中的模型（4-8）和模型（4-9）。其中，所求最优解分别表示为模型（4-1）目标函数的上、下界值，其结果如下：

投资组合目标函数的下界：

$x = (0.100\ 8，0.415\ 7，0.064\ 6，0，0.305\ 3，0.057\ 7，0，0，0，0.055\ 9)$，$f^L(x) = 0.016\ 8$；

投资组合目标函数的上界：

$x = (0，0，0.226\ 0，0.090\ 1，0.209\ 5，0.295\ 2，0，0.179\ 2，0，0)$，$f^U(x) = 0.025\ 4$。

从而得到含有交易成本的证券投资组合二次规划模型的解区间为 $f(x) = [0.016\ 8，0.025\ 4]$。

4.2.4 方法的比较

将基于改进区间可接受度与传统方法所求得的证券投资组合模型的目标函数值分别表示为：$f_1 = [0.008\ 6，0.050\ 9]$，$f_2 = [0.028\ 5，0.056\ 7]$。将其位置关系展示在数轴上，结果如图 4-6 所示。

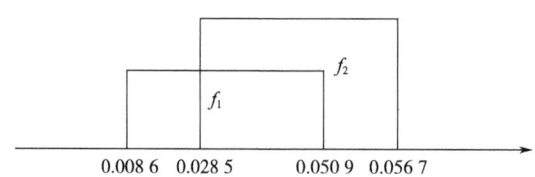

图 4-6 两个区间数的位置关系

由图 4-6 及区间序关系以及区间可能度的定义，可得出 f_1 和 f_2 是相交的却不包含。根据确定性的区间序关系 $\leq_{MW}$ 比较 f_1 和 f_2，由于 $m(f_1) = 0.029\ 8 < m(f_2) = 0.042\ 6$，且 $\omega(f_1) = 0.021\ 2 > \omega(f_2) = 0.014\ 1$，故可得出 f_1 优于 f_2。此外，由达庆利和刘新旺（1999）的区间可能度可得 $P(f_1 < f_2) = 0.682\ 3$，显

然亦可得出 f_1 优于 f_2。

通过区间数确定性序关系的排序方法及区间可能度的比较，我们发现，在求解证券投资组合区间二次规划模型（4-1）时，基于本章改进区间可接受度的求解方法明显优于第二种解法。应用本章方法，在实践中有利于投资者依据自己的偏好来选择具体的投资组合方案以更有效率地配置资产。

将基于改进区间可能度及传统方法求得的证券投资组合模型的目标函数值分别表示为：$f_1 = [0.000\,88,\ 0.024\,2]$，$f_2 = [0.016\,8,\ 0.025\,4]$。这两个区间的位置关系如图4-7所示。

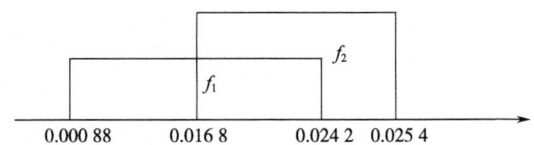

图4-7 两个区间数的位置关系

由图4-7及区间序关系以及本章改进的区间可能度的定义，可得出 f_1 和 f_2 是相交的却不包含。根据马龙华（2001）确定性的区间序关系比较 f_1 和 f_2，$m\ (f_1) = 0.012\,5 < m\ (f_2) = 0.021\,1$，可得出 f_1 优于 f_2。此外，由本章改进的区间可能度可得 $P\ (f_1 < f_2) = 0.768\,2$，显而易见，亦可得出 f_1 优于 f_2。

综上，通过确定性区间序关系与改进的区间可能度的比较，对于本章构建模型（4-1）的求解，采用改进区间可能度的求解方法更优。而且在实际投资过程中，运用本章方法，投资者可依据自己的偏好选择具体的投资组合方案进行预测。

本章基于改进区间可接受度及可能度的模型代码见附录5。

4.3 本章小结

考虑到现实证券市场中有很强的不确定性，本章首先将证券风险、收益以及其相应流动性的不确定性用区间数予以描述，建立了一种新的含交易成本的证券投资组合区间二次规划模型。其次，本章提出了基于 α 优化水平转换目标函数，同时给出了基于改进的区间可接受度及区间可能度、将含有区间数的不确定约束条件转化为确定性含参数两种求解模型的方法。最后，我们结合模型给出了具体证券投资算例，分别采用本章所提出的两种方法以及传统方法对所提出的模型进行求解。数值算例的结果表明，由本章方法所求得目标函数风险值的范围小于传统方法求得的范围。一般来说，在收益一定的情况下，目标函数的风险范围越小，投资组合的风险就越小，投资就越理性。针对数值算例的结果，分别将两种方法与传统方法求解的结果进行比较，结果表明，投资者对于不同的投资方案的选取依赖于个人偏好。本章针对不确定环境下构建模型、提出改进的求解方法以及投资应用作了相关研究，为投资者提供了较为合理的投资方向。但是，稍有遗憾的是本章仅考虑交易成本为线性函数的情况。现实证券市场中存在着不同形式及不同复杂程度的交易成本，而各种不同形式的交易成本又极有可能影响证券投资组合的选择。因此，在不同形式、不同交易成本下，关于含交易成本的区间二次规划模型的求解仍有广阔的研究与拓展空间。这也正是本章未来进一步研究的主要方向。

第5章 基于证券投资组合广义区间二次规划的数值解及实际应用

随着证券市场的成熟发展，近十年来，证券投资组合选择理论的研究越来越受到重视。马科维茨提出证券投资组合的第一个定量化的均值-方差模型，其将预期收益和方差视为精确数，并寻求两个目标之间的平衡：极大化预期收益的同时极小化证券投资组合的风险。自 20 世纪 50 年代以来，投资组合的定量方法在理论和应用方面都得到了极大的发展。众多学者在马科维茨提出的确定性投资组合模型——均值-方差模型的基础上进一步扩展，在这些扩展的投资组合选择模型中，目标函数和约束函数的系数均为精确数。然而受市场摩擦因素（如交易成本、市场流动性、投资比例限制等）的影响，证券市场具有很强的不确定性，进而导致其预期收益、风险损失率和流动性具有动态性。此外，不确定性增加了投资组合的风险。通常用两种方法来解决这种问题：①模糊规划；②区间规划。实际上，解决投资组合问题中的不确定性的方法是假设数据没有精确定义，但可以在特定的区间范围内变化。因此，区间规划适用于处理不精确的输入数据。现有文献表明，区间规划已经成为不确定组合研究的热门方法，可为投资者决策提供合理化的建议。

目前，投资组合选择的区间规划主要基于线性形式，与非线性规划相比相对简单。区间线性规划的模型和估计方法已得到大量研究，且被广泛应用于证券投资组合中。基于区间序关系，莱等（Lai et al.）和路应金等均通过区间数将协方差和预期收益分别量化，提出了区间规划证券投资组合模型，两者的不同之处在于后者引入风险偏好系数。在求解多目标和多期区间投资组合优化模型时，吉奥夫等（Giove et al.）提出了基于遗憾函数的 min-max 后悔方法，刘等（Liu et al.）设计了一种改进的粒子群优化算法，两者都用于求解区间投资组合模型的线性目标函数。巴塔查里亚等（Bhattacharyya et al.）提出了三种含区间数的均值-方差-偏度模型，通过乐观、悲观以及加权组合方式定义未来金融市场，以此来扩展经典均值-方差组合选择模型。受邓等（Deng et al.）的启发和激励，吴等（Wu et al.）提出了区间投资组合模型，其中预期收益和风险可以在估计的区间内变化。换言之，投资组合选择的区间线性规划模型的求解方法已被广泛探索。然而，据我们所知，用目标函数的系数及其约束为区间数来求投资组合的区间二次规划模型的方法很少。

从理论上讲，鲁棒优化也是处理参数不确定性模型的有效工具，在自然科学、工程科学和经济管理领域得到了广泛的关注。与区间优化相比，鲁棒优化理论考虑了所有可能值的最坏情况，其优化结果比区间理论更为保守。因此，采用鲁棒优化理论进行投资组合的决策将有利于对证券需求高或投资策略保守的投资者。然而，当使用该理论分析问题时，如果不确定参数的数量增加，场景中元素的数量将呈指数增长趋势，这使得所建立的优化模型难以求解。现有文献表明，区间二次规划投资组合模型更适合用区间优化方法来求目标函数的最优解。

为求解区间二次规划问题，刘和王（Liu and Wang）提出了一种求解约束条件含区间数的区间二次规划算法。随后，李和田（Li and Tian）扩展了刘和王（Liu and Wang）的方法，并提出了一种新的算法来求解目标函数系数及约束条件含区间数的一般区间二次规划问题上界。江等（Jiang et al.）通过区间分析方法将不确定的非线性规划问题转化为确定性的双层目标优化问题进行求解。李等（Li et al.）建立了一种简单有效的检验零对偶间隙的方法，讨论了两种模式的最优值之间的关系，以估计区间二次规划基本问题的最优值。然而，对于使用区间二次规划求解证券投资组合问题的研究却很少。徐等（Xu et al.）提出了一种投资组合的区间二次规划模型，利用区间数的可接受性和可能性程度将其转化为确定性模型进行求解。基于区间序关系，库默等（Kuamr et al.）提出了一种求解广义区间二次规划模型的可接受最优可行解的确定方法，并应用于证券投资组合的选择。

然而，证券市场的各种不确定性使投资者难以准确估计证券的收益率和风险。相反，投资者更有可能获得这些不确定参数的变化范围，即区间数。因此，研究投资组合的风险对于具有区间数的投资组合模型更有意义。虽然徐等（Xu et al.）和库默等（Kuamr et al.）研究了证券投资的区间二次规划模型，但他们没有考虑交易成本和市场流动性的影响，因此其提出的模型的结果不够充分优化。为了建立一个更为现实和优化的投资组合选择模型，本章基于马科维茨的经典均值-方差模型，针对不确定环境下的投资组合问题，将线性交易成本及市场流动性（换手率）引入模型的约束条件中，建立了一种以证券的收益率、风险损失率以及换手率为区间数形式的广义区间二次规划模型；为了求解该模型，提出了一种基于拉格朗日对偶算法的新方法。基于对偶方法，当求解一般区间二次规划的上界时，可以获得更准确的值。最后，本章通过两个实例说明了该方法的有效性，结果表明，该方法比常用的投资组合选择方法更具有可行性与实用性。

5.1 含流动性的证券投资组合的广义区间二次规划模型

刘等（Liu et al.）表明忽略交易成本往往导致无效的投资组合，因此本章引入了交易成本的概念。假设投资者购买风险证券 x_i（$i=1, 2, \cdots, n$）需支付的交易成本为 $C_i(x_i)$，费率记为 c_i，且购买金额不超过给定的值 u_i，则交易费用按 u_i 计算，则定义交易成本函数如下：

$$C_i(x_i) = \begin{cases} 0, \ x_i = 0 \\ c_i u_i, \ 0 < x_i \leqslant u_i \\ c_i x_i, \ x_i > u_i \end{cases} \qquad (5\text{-}1)$$

本章将线性交易成本和流动性（使用换手率来衡量市场流动性）作为约束条件，并使用区间数来描述证券的回报率、风险损失率和流动性。假设投资者在 n 种证券之间进行选择，由于选择的是线性交易成本，因此投资比例需满足大于等于零的情况。故在均值-方差模型的基础上，将区间形式组合的风险作为需求的目标函数，并在满足区间形式的收益、市场流动性以及投资比例之和为 1 的约束条件下建立含区间收益及流动性证券组合投资的广义区间二次规划模型（5-2）：

$$\min f(x) = \boldsymbol{x}^{\mathrm{T}} \boldsymbol{V} \boldsymbol{x} = \sum_{i=1}^{n} \sum_{j=1}^{n} \tilde{v}_{ij} x_i x_j$$

$$\text{s. t.} \begin{cases} \displaystyle\sum_{i=1}^{n} \tilde{R}_i x_i - \sum_{i=1}^{n} C(x_i) \geqslant \bar{u}_0 \\ \displaystyle\sum_{i=1}^{n} \tilde{l}_i x_i \geqslant \tilde{l}_0 \\ \displaystyle\sum_{i=1}^{n} x_i = 1 \\ x_i \geqslant 0, \ i = 1, 2, \cdots, n \end{cases} \qquad (5\text{-}2)$$

其中，$C(x_i)$、x_i、$\tilde{r}_i$、$\tilde{R}_i = E\tilde{r}_i$ 及 $\tilde{l}_i$ 分别表示第 i 个证券的交易成本、投资比例、收益率、期望收益率及换手率；$V = (\tilde{v}_{ij})_{n \times n}$ 是对称半正定的，表示的是收益向量 $\tilde{r}_i$ 的协方差矩阵，$i, j = 1, 2, \cdots, n$。且约束条件中的 $\tilde{u}_0$ 和 $\tilde{l}_0$ 为预期收益率和换手率。由于市场不稳定导致的证券未来的收益率、风险损失率及流动性均为不确定的，即模型（5-2）中的 $\tilde{r}_i$、$\tilde{v}_{ij}$、$\tilde{l}_i$ 都是不确定的，所以本章采用不确定数中的区间数来描述这种不确定的情况，分别可表示为：$\tilde{r}_i = [\underline{r}_i, \bar{r}_i]$，$\tilde{R}_i = E\tilde{r}_i = [\underline{R}_i, \bar{R}_i]$，$\tilde{v}_{ij} = [\underline{v}_{ij}, \bar{v}_{ij}]$。求解出模型（5-1）中的 $x = (x_1, x_2, \cdots, x_n)^T$，即可得到一种含有交易成本的证券投资组合方案。

为了求解区间二次规划问题，大多数研究首先考虑如何将其转换为确定性模型并设计算法。姚等（Yao et al.）运用动态规划方法和拉格朗日对偶理论，研究了随机利率下的多周期均值-方差组合选择问题。然而，他们只考虑了多期均值-方差组合选择中的预期收益和风险，并没有考虑交易成本和市场流动性的影响，这使得结果不是最优的。本章重点研究拉格朗日对偶算法求解投资组合选择的广义区间二次规划模型。该方法在求解模型上界时可以获得更准确的值，有助于投资者在不确定的市场环境中选择更合理的投资计划。

为了验证拉格朗日对偶算法的有效性，本章还采用了传统的投资组合选择方法来求解广义区间二次规划模型。5.2 节提出了一种基于拉格朗日对偶算法的新方法，传统方法见 4.1.4 节。最后，本章通过实验对这两种方法进行了比较。

5.2　证券投资组合的广义区间二次规划模型的求解

本章所构建的模型（5-2），其目标函数为不确定数，且约束条件的系数也为不确定数，明显可见不同的 $\tilde{v}_{ij}$、$\tilde{R}_i$、$\tilde{u}_0$、$\tilde{l}_i$、$\tilde{l}_0$ 的取值使得目标函数值投资风险值不同。记：$s = (\tilde{v}_{ij}, \tilde{R}_i, \tilde{u}_0, \tilde{l}_i, \tilde{l}_0)$，其中 $\underline{v}_{ij} \leq \tilde{v}_{ij} \leq \bar{v}_{ij}$，$\underline{R}_i \leq \tilde{R}_i \leq \bar{R}_i$，$\underline{u}_0 \leq \tilde{u}_0 \leq \bar{u}_0$，$\underline{l}_i \leq \tilde{l}_i \leq \bar{l}_i$，$\underline{l}_0 \leq \tilde{l}_0 \leq \bar{l}_0$，$1 \leq i, j \leq n$。恰当的 $\tilde{v}_{ij}$、$\tilde{R}_i$、$\tilde{u}_0$、$\tilde{l}_i$、$\tilde{l}_0$

的取值使得目标函数值 $f(x) = \sum\limits_{i=1}^{n} \sum\limits_{j=1}^{n} \tilde{v}_{ij} x_i x_j$ 分别可得最小值及最大值，投资者可根据目标函数的取值范围获得证券投资组合的风险范围并做出理想的投资。刘和王（Liu and Wang）、李和田（Li and Tian）讨论了目标函数一次项系数和约束函数均为区间数的广义区间非线性规划问题，通过将原问题转化为一对双层规划问题，利用拉格朗日对偶算法和变量替换方法求解目标函数值的上下界，得到区间值。本章采用该方法，将模型（5-2）分别转化为证券投资组合的双层数学规划模型（5-3）和模型（5-4）来求解模型（5-2）的最小目标值和最大目标值，即先求得模型上下界，再准确定义组合风险的取值范围。

$$f(x) = \min_{v_{ij},\ \tilde{R}_i,\ \tilde{u}_0,\ \tilde{l}_i,\ \tilde{l}_0 \in S} \min_{x} \sum_{i=1}^{n} \sum_{j=1}^{n} \tilde{v}_{ij} x_i x_j$$

$$\text{s. t.} \begin{cases} \sum\limits_{i=1}^{n} \tilde{R}_i x_i - \sum\limits_{i=1}^{n} c_i x_i \geqslant \tilde{u}_0 \\[2mm] \sum\limits_{i=1}^{n} \tilde{l}_i x_i \geqslant \tilde{l}_0 \\[2mm] \sum\limits_{i=1}^{n} x_i = 1 \\[2mm] x_i \geqslant 0,\ i = 1,\ 2,\ \cdots,\ n \end{cases} \tag{5-3}$$

$$\bar{f}(x) = \max_{v_{ij},\ \tilde{R}_i,\ \tilde{u}_0,\ \tilde{l}_i,\ \tilde{l}_0 \in S} \min_{x} \sum_{i=1}^{n} \sum_{j=1}^{n} \tilde{v}_{ij} x_i x_j$$

$$\text{s. t.} \begin{cases} \sum\limits_{i=1}^{n} \tilde{R}_i x_i - \sum\limits_{i=1}^{n} c_i x_i \geqslant \tilde{u}_0 \\[2mm] \sum\limits_{i=1}^{n} \tilde{l}_i x_i \geqslant \tilde{l}_0 \\[2mm] \sum\limits_{i=1}^{n} x_i = 1 \\[2mm] x_i \geqslant 0,\ i = 1,\ 2,\ \cdots,\ n \end{cases} \tag{5-4}$$

模型（5-2）的目标函数区间值由其上下界给出。首先讨论下界，即求解模型（5-3），由于模型（5-3）中内外层规划均求极小值，根据约束条件

$\underline{R}_i - c_i \leqslant \tilde{R}_i - c_i \leqslant \bar{R}_i - c_i$、$\underline{u}_0 \leqslant \tilde{u}_0 \leqslant \bar{u}_0$、$\underline{l}_i \leqslant \tilde{l}_i \leqslant \bar{l}_i$、$\underline{l}_0 \leqslant \tilde{l}_0 \leqslant \bar{l}_0$、$1 \leqslant i$，$j \leqslant n$，对于任意 x_i，$x_j \geqslant 0$（$j = 1$，2，…，n），可得 $\underline{v}_{ij} x_i x_j \leqslant \tilde{v}_{ij} x_i x_j \leqslant \bar{v}_{ij} x_i x_j$，为了求解目标函数的最小值，必须使得 $\tilde{v}_{ij}$（$1 \leqslant i$，$j \leqslant n$）达到下限，因此可将模型（5-3）的目标函数转化为 $\underline{f}(x) = \min\limits_{x} \sum\limits_{i=1}^{n} \sum\limits_{j=1}^{n} \underline{v}_{ij} x_i x_j$，根据不等式最大可行域的定义可将上述约束条件下的不等式

$$\begin{cases} \sum\limits_{i=1}^{n} \tilde{R}_i x_i - \sum\limits_{i=1}^{n} c_i x_i \geqslant \tilde{u}_0 \\ \sum\limits_{i=1}^{n} \tilde{l}_i x_i \geqslant \tilde{l}_0 \end{cases}$$ 转化为 $$\begin{cases} \sum\limits_{i=1}^{n} (\bar{R}_i - c_i) x_i \geqslant \underline{u}_0 \\ \sum\limits_{i=1}^{n} \bar{l}_i x_i \geqslant \underline{l}_0 \end{cases}$$ 作

为求解目标函数最小值的约束条件，故模型（5-3）可以等价转化为传统证券投资组合的二次规划模型（5-5）进行求解：

$$\underline{f}(x) = \min\limits_{x} \sum\limits_{i=1}^{n} \sum\limits_{j=1}^{n} \underline{v}_{ij} x_i x_j$$

$$\text{s. t.} \begin{cases} \sum\limits_{i=1}^{n} (\bar{R}_i - c_i) x_i \geqslant \underline{u}_0 \\ \sum\limits_{i=1}^{n} \bar{l}_i x_i \geqslant \underline{l}_0 \\ \sum\limits_{i=1}^{n} x_i = 1 \\ x_i \geqslant 0, \ i = 1, \ 2, \ \cdots, \ n \end{cases} \tag{5-5}$$

其次，考虑上界即求解模型（5-4），注意到对于任意 $x_j \geqslant 0$（$j = 1$，2，…，n），有：

$$\sum\limits_{i=1}^{n} \sum\limits_{j=1}^{n} \tilde{v}_{ij} x_i x_j \leqslant \sum\limits_{i=1}^{n} \sum\limits_{j=1}^{n} \bar{v}_{ij} x_i x_j \tag{5-6}$$

所以可得

$$\min\limits_{x} \sum\limits_{i=1}^{n} \sum\limits_{j=1}^{n} \tilde{v}_{ij} x_i x_j \leqslant \min\limits_{x} \sum\limits_{i=1}^{n} \sum\limits_{j=1}^{n} \bar{v}_{ij} x_i x_j \tag{5-7}$$

因此

$$\max\limits_{\tilde{v}_{ij}, \ \tilde{R}_i, \ \tilde{u}_0, \ \tilde{l}_i, \ \tilde{l}_0 \in S} \min\limits_{x} \sum\limits_{i=1}^{n} \sum\limits_{j=1}^{n} \tilde{v}_{ij} x_i x_j \leqslant \max\limits_{\tilde{v}_{ij}, \ \tilde{R}_i, \ \tilde{u}_0, \ \tilde{l}_i, \ \tilde{l}_0 \in S} \min\limits_{x} \sum\limits_{i=1}^{n} \sum\limits_{j=1}^{n} \bar{v}_{ij} x_i x_j$$

$$\tag{5-8}$$

此外，$\bar{v}_{ij} \in \tilde{v}_{ij}$ （$1 \leqslant i, j \leqslant n$），故有：

$$\max_{\substack{\bar{v}_{ij}, \bar{R}_i, \bar{u}_0, \bar{l}_i, \bar{l}_0 \in S}} \min_x \sum_{i=1}^n \sum_{j=1}^n \bar{v}_{ij} x_i x_j \leqslant \max_{\substack{\bar{v}_{ij}, \bar{R}_i, \bar{u}_0, \bar{l}_i, \bar{l}_0 \in S}} \min_x \sum_{i=1}^n \sum_{j=1}^n \tilde{v}_{ij} x_i x_j$$

$$(5-9)$$

由式（5-8）和式（5-9）可将模型（5-4）的目标函数 $\tilde{f}(x) =$

$\max\limits_{\substack{\tilde{v}_{ij}, \bar{R}_i, \bar{u}_0, \bar{l}_i, \bar{l}_0 \in S}} \min\limits_x \sum\limits_{i=1}^n \sum\limits_{j=1}^n \tilde{v}_{ij} x_i x_j$ 转化为 $\bar{f}(x) = \max\limits_{\substack{\bar{v}_{ij}, \bar{R}_i, \bar{u}_0, \bar{l}_i, \bar{l}_0 \in S}} \min\limits_x \sum\limits_{i=1}^n \sum\limits_{j=1}^n \bar{v}_{ij} x_i x_j$，

因此，可将模型（5-4）转化为模型（5-10）：

$$\bar{f}(x) = \max_{\substack{\bar{v}_{ij}, \bar{R}_i, \bar{u}_0, \bar{l}_i, \bar{l}_0 \in S}} \min_x \sum_{i=1}^n \sum_{j=1}^n \bar{v}_{ij} x_i x_j$$

$$\text{s. t.} \begin{cases} \sum\limits_{i=1}^n \bar{R}_i x_i - \sum\limits_{i=1}^n c_i x_i \geqslant \bar{u}_0 \\ \sum\limits_{i=1}^n \bar{l}_i x_i \geqslant \bar{l}_0 \\ \sum\limits_{i=1}^n x_i = 1 \\ x_i \geqslant 0, \ i = 1, 2, \cdots, n \end{cases} \quad (5-10)$$

由于 $\bar{v}_{ij}$ 为实数，记 $S_1 = (\bar{R}_i, \bar{u}_0, \bar{l}_i, \bar{l}_0)$，其中 $\underline{R}_i \leqslant \bar{R}_i \leqslant \bar{R}_i$，$\underline{u}_0 \leqslant \bar{u}_0 \leqslant \bar{u}_0$，$\underline{l}_i \leqslant \bar{l}_i \leqslant \bar{l}_i$，$\underline{l}_0 \leqslant \bar{l}_0 \leqslant \bar{l}_0$，$1 \leqslant i, j \leqslant n$。因此，可采用变量替换：$\bar{t}_i = [\underline{R}_i - c_i, \bar{R}_i - c_i]$，将模型（5-10）转化为模型（5-11）进行求解：

$$\bar{f}(x) = \max_{\substack{\bar{R}_i, \bar{u}_0, \bar{l}_i, \bar{l}_0 \in S_1}} \min_x \sum_{i=1}^n \sum_{j=1}^n \bar{v}_{ij} x_i x_j$$

$$\text{s. t.} \begin{cases} \sum\limits_{i=1}^n \bar{t}_i x_i \geqslant \bar{u}_0 \\ \sum\limits_{i=1}^n \bar{l}_i x_i \geqslant \bar{l}_0 \\ \sum\limits_{i=1}^n x_i = 1 \\ x_i \geqslant 0, \ i = 1, 2, \cdots, n \end{cases} \quad (5-11)$$

上述模型存在内外层规划的最优化方向相反情况（既有最大值又有最小

值），为克服这类问题，通常采用拉格朗日对偶算法，将模型（5-11）简化并进行求解。

$$\theta(\lambda, \delta) = \inf\left\{\sum_{i=1}^{n}\sum_{j=1}^{n}\bar{v}_{ij}x_ix_j - \lambda_1\left(\sum_{i=1}^{n}\bar{t}_ix_i - \bar{u}_0\right) - \lambda_2\left(\sum_{i=1}^{n}\bar{l}_ix_i - \bar{l}_0\right) - \sum_{i=1}^{n}\delta_ix_i\right\}$$

$$(5-12)$$

针对任意的 λ、δ，由于模型中 $V = (\bar{v}_{ij})_{n\times n}$ 对称正定性质使得 $\theta(\lambda, \delta)$ 是凸函数，因此上述需满足充要条件（5-13）时才可获得最小值：

$$2\sum_{j=1}^{n}\bar{v}_{ij}x_j - \lambda_1\bar{t}_i - \lambda_2\bar{l}_i - \delta_i = 0 \qquad (5-13)$$

因此，模型（5-11）的内部规划对偶形式将为模型（5-14）：

$$\bar{f}(x) = \max_{x, \lambda, \delta}\sum_{i=1}^{n}\sum_{j=1}^{n}\bar{v}_{ij}x_ix_j - \lambda_1\left(\sum_{i=1}^{n}\bar{t}_ix_i - \bar{u}_0\right) - \lambda_2\left(\sum_{i=1}^{n}\bar{l}_ix_i - \bar{l}_0\right) - \sum_{i=1}^{n}\delta_ix_i$$

$$\text{s. t.}\begin{cases} 2\sum_{j=1}^{n}\bar{v}_{ij}x_j - \lambda_1\bar{t}_i - \lambda_2\bar{l}_i - \delta_i = 0 \\ \sum_{i=1}^{n}x_i = 1 \\ \lambda_1, \lambda_2 \geqslant 0, \\ \delta_i \geqslant 0, \ i = 1, 2, \cdots, n \end{cases} \qquad (5-14)$$

由式（5-13）可得 $2\sum_{i=1}^{n}\sum_{j=1}^{n}\bar{v}_{ij}x_ix_j - \lambda_1\sum_{i=1}^{n}\bar{t}_ix_i - \lambda_2\sum_{i=1}^{n}\bar{l}_ix_i - \sum_{i=1}^{n}\delta_ix_i = 0$，再将其代入模型（5-14），从而可以转化为模型（5-15）：

$$\bar{f}(x) = \max_{x, \lambda, \delta}\left(-\sum_{i=1}^{n}\sum_{j=1}^{n}\bar{v}_{ij}x_ix_j + \lambda_1\bar{u}_0 + \lambda_2\bar{l}_0\right)$$

$$\text{s. t.}\begin{cases} 2\sum_{j=1}^{n}\bar{v}_{ij}x_j - \lambda_1\bar{t}_i - \lambda_2\bar{l}_i - \delta_i = 0 \\ \sum_{i=1}^{n}x_i = 1 \\ \lambda_1, \lambda_2 \geqslant 0, \\ \delta_i \geqslant 0, \ i = 1, 2, \cdots, n \end{cases} \qquad (5-15)$$

为求解模型（5-15），采用变量替换方法：$r_{1i} = \lambda_1\bar{t}_i$，$r_{2i} = \lambda_2\bar{t}_i$，则可将模型（5-15）进一步地变换为模型（5-16）：

$$\bar{f}(x) = \max_{x,\lambda,\delta} \left(- \sum_{i=1}^{n} \sum_{j=1}^{n} \bar{v}_{ij} x_i x_j + \lambda_1 \bar{u}_0 + \lambda_2 \bar{l}_0 \right)$$

$$\text{s. t.} \begin{cases} 2 \sum_{j=1}^{n} \bar{v}_{ij} x_j - r_{1i} - r_{2i} - \delta_i = 0 \\[2mm] \underline{t}_i \lambda_1 \leqslant r_{1i} \leqslant \bar{t}_i \lambda_1 \\[2mm] \underline{l}_i \lambda_2 \leqslant r_{2i} \leqslant \bar{l}_i \lambda_2 \\[2mm] \sum_{i=1}^{n} x_i = 1 \\[2mm] \lambda_1, \lambda_2 \geqslant 0, \\[2mm] \delta_i \geqslant 0, \ i = 1, 2, \cdots, n \end{cases} \tag{5-16}$$

最后，通过求解模型（5-5）和模型（5-16）即可求得含区间流动性的证券组合投资的广义区间二次规划模型（5-2）目标函数投资风险的最小值和最大值，给出证券投资组合的投资风险区间。

5.3　数值投资应用

5.3.1　投资应用1

本节引用邓雪、赵俊峰、李荣钧（2010）中的数据，假设投资者将资产分配至 3 只股票，分别为：广州控股、上海机场、五矿发展。样本数据的选取时间区间为 2005 年 4 月至 2009 年 3 月，根据这个时间段内的每月收盘价、开盘价以及换手率，可计算这 3 只股票未来的期望收益率区间、方差及协方差风险区间以及换手率区间分别如下：

期望收益率区间：

$\bar{R}_1 = [-0.029\,72, 0.021\,96]$，$\bar{R}_2 = [-0.022\,59, 0.018\,03]$，$\bar{R}_3 = [0.002\,82, 0.065\,66]$

方差及协方差风险区间：

$\tilde{v}_{11} = [0.020\,4, 0.028\,9]$，$\tilde{v}_{12} = \tilde{v}_{21} = [0.017\,4, 0.021\,2]$，$\tilde{v}_{13} = \tilde{v}_{31} = [0.021\,3, 0.025]$；

$\tilde{v}_{22} = [0.017\,9,\ 0.026\,9]$，$\tilde{v}_{23} = \tilde{v}_{32} = [0.016\,4,\ 0.032\,0]$，$\tilde{v}_{33} = [0.041\,7,$
$0.059\,0]$

换手率区间：

$\tilde{l}_1 = [0.272\,4,\ 0.406\,7]$，$\tilde{l}_2 = [0.221\,1,\ 0.256\,9]$，$\tilde{l}_3 = [0.768\,8,$
$1.206\,6]$

设这 3 只股票对应的交易成本的比率分别设为：$c_1 = 0.000\,15$，$c_2 = 0.000\,25$，$c_3 = 0.000\,2$。投资者期望收益率的可接受区间为 $\tilde{u}_0 = [0.001,\ 0.002\,5]$，这意味着在悲观及乐观情况下，投资者对收益率的可接受水平分别为 0.001 和 0.002 5。流动性（换手率）的相应可接受区间为 $\tilde{l}_0 = [0.40,\ 0.60]$，即在悲观及乐观情况下投资者对流动性的可接受水平分别为 0.4 和 0.6。

5.3.1.1 基于证券投资组合的广义区间二次规划的数值解

由以上数据及模型（5-5）和模型（5-16）可得模型（5-17）和模型（5-18）：

$$\underline{f}(x) = \min(0.020\,4x_1^2 + 0.034\,8x_1x_2 + 0.042\,6x_1x_3 + 0.017\,9x_2^2$$
$$+ 0.0328x_2x_3 + 0.041\,7x_3^2)$$

$$\text{s.t.} \begin{cases} 0.021\,96x_1 + 0.018\,03x_2 + 0.065\,66x_3 - \\ (0.000\,15x_1 + 0.000\,25x_2 + 0.000\,2x_3) \geqslant 0.001 \\ 0.406x_1 + 0.256\,9x_2 + 1.206\,6x_3 \geqslant 0.40 \\ \sum_{i=1}^{n} x_i = 1 \\ x_i \geqslant 0,\ i = 1,\ 2,\ 3 \end{cases} \quad (5\text{-}17)$$

$$\bar{f}(x) = \max - (0.028\,9x_1^2 + 0.042\,4x_1x_2 + 0.05x_1x_3 + 0.026\,9x_2^2 + 0.064x_2x_3$$
$$+ 0.059x_3^2) + 0.002\,5\lambda_1 + 0.6\lambda_2$$

$$\text{s.t.} \begin{cases} 2(0.028\,9x_1 + 0.021\,2x_2 + 0.025x_3) - r_{11} - r_{21} - \delta_1 = 0 \\ 2(0.021\,2x_1 + 0.026\,9x_2 + 0.032x_3) - r_{12} - r_{22} - \delta_2 = 0 \\ 2(0.025x_1 + 0.032x_2 + 0.059x_3) - r_{13} - r_{23} - \delta_3 = 0 \\ -0.029\,87\lambda_1 \leqslant r_{11} \leqslant 0.021\,81\lambda_1 \end{cases}$$

$$\text{s. t.} \begin{cases} -0.022\,84\lambda_1 \leqslant r_{12} \leqslant 0.017\,78\lambda_1 \\ 0.002\,62\lambda_1 \leqslant r_{13} \leqslant 0.065\,46\lambda_1 \\ 0.272\,4\lambda_2 \leqslant r_{21} \leqslant 0.406\lambda_2 \\ 0.221\,1\lambda_2 \leqslant r_{22} \leqslant 0.256\,9\lambda_2 \\ 0.768\,8\lambda_2 \leqslant r_{23} \leqslant 1.206\,6\lambda_2 \\ \displaystyle\sum_{i=1}^{n} x_i = 1 \\ \lambda_1,\ \lambda_2 \geqslant 0 \\ x_i,\ \delta_i \geqslant 0,\ i = 1,\ 2,\ 3 \end{cases} \tag{5-18}$$

应用 MATLAB 软件编程求解模型（5-17）和模型（5-18），可得到证券投资组合的最小风险区间及投资比例，解得 3 只股票投资组合的广义区间二次规划模型的投资比例和组合风险上下界，结果如下：

目标函数的下界：$\boldsymbol{x} = (0.034\,4,\ 0.820\,3,\ 0.145\,3)$，$\underline{f}(\boldsymbol{x}) = 0.018\,1$；

目标函数的上界：$\boldsymbol{x} = (0.018\,8,\ 0.036\,5,\ 0.944\,7)$，$\bar{f}(\boldsymbol{x}) = 0.053\,7$。

从而得到采用广义区间二次规划数值解法的风险值区间为 $f(\boldsymbol{x}) = [0.018\,1,\ 0.053\,7]$。

5.3.1.2　另一区间二次规划的传统解法

根据 5.3.1 节的数据，分别求解 4.1.4 节中的模型（4-8）和模型（4-9）。其中采用基于区间数的序关系转化模型的最优解也由下限和上限构成，所得结果如下：

目标函数的下界：$\boldsymbol{x} = (0.034\,4,\ 0.820\,3,\ 0.145\,3)$，$f^L(\boldsymbol{x}) = 0.018\,1$；

目标函数的上界：$\boldsymbol{x} = (0,\ 0.004\,7,\ 0.995\,3)$，$f^U(\boldsymbol{x}) = 0.058\,7$。

从而得到含区间流动性的证券投资组合广义区间二次规划模型目标值为 $f(\boldsymbol{x}) = [0.018\,1,\ 0.058\,7]$。

5.3.1.3　两种解法的比较

分别将上述两类方法的结果记为：$f_1 = [0.018\,1,\ 0.053\,7]$，$f_2 = [0.018\,1,\ 0.058\,7]$。将其位置关系展示在数轴上，结果如图 5-1 所示。

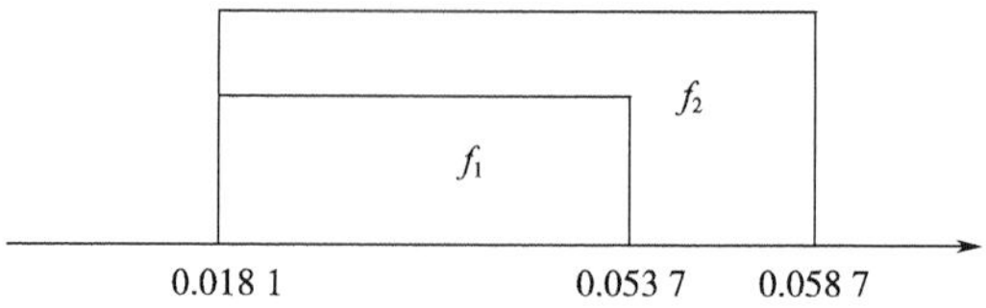

图 5-1 投资应用 1 两类方法求得结果的位置关系

根据图 5-1 和区间序来判别区间数的大小关系，可得出 $f_1 \subset f_2$。根据马龙华（2001）确定性的区间序关系（3）比较 f_1 和 f_2，m（f_1）= 0.035 9 < m（f_2）= 0.038 4，可得出 f_1 优于 f_2。此外，由区间可能度定义可得 P（f_1 < f_2）= 0.532 8，明显亦可得出 f_1 优于 f_2。综上，对于上述 3 只股票的数据，与传统方法相比较，本章所提的拉格朗日对偶算法相对而言具有一定优势。

5.3.2 投资应用 2

为更进一步验证本章广义区间二次规划模型的适用性及基于拉格朗日对偶方法求解的更优性，我们选择了上海证券交易所 2006 年 9 月至 2018 年 9 月的 15 只股票，分别为：浦发银行（600000），白云机场（600004），东风汽车（600006），中国国贸（600007），首创股份（600008），上海机场（600009），包钢股份（600010），华能国际（600011），皖通高速（600012），华夏银行（600015），民生银行（600016），五矿发展（600058），东方航空（600115），上汽集团（600104），广州发展（600098）。每只股票的月开盘价、收盘价和换手率都可以从 Wind 数据库中获得，依据第 3 章收益率、换手率及风险区间的求解方法，本节可以计算得到 15 只股票对应的预期收益率区间、换手率区间、方差及协方差风险区间（如表 5-1、表 5-2 和表 5-3 所示）。

表 5-1 15 只股票的预期收益率区间

股票	1	2	3	4	5
$\tilde{R}$	［0.010 9, 0.022 1］	［0.015 7, 0.022 4］	［0.010 9, 0.023 6］	［0.017 4, 0.025 9］	［0.011 3, 0.027 6］
股票	6	7	8	9	10
$\tilde{R}$	［0.026 9, 0.034 0］	［0.008 0, 0.023 6］	［0.012 8, 0.020 5］	［0.009 7, 0.020 4］	［0.019 4, 0.030 0］

续表

股票	11	12	13	14	15
$\tilde{R}$	[0.011 8, 0.022 4]	[0.020 5, 0.041 4]	[0.022 6, 0.039 0]	[0.035 7, 0.048 0]	[0.013 9, 0.024 3]

表 5-2 15 只股票的换手率区间

股票	1	2	3	4	5
$\tilde{l}$	[0.159 5, 0.166 4]	[0.184 7, 0.193 3]	[0.299 3, 0.348 0]	[0.169 1, 0.195 7]	[0.306 1, 0.344 2]
股票	6	7	8	9	10
$\tilde{l}$	[0.214 0, 0.221 1]	[0.342 4, 0.393 7]	[0.103 5, 0.115 5]	[0.173 4, 0.186 7]	[0.244 3, 0.273 5]
股票	11	12	13	14	15
$\tilde{l}$	[0.166 1, 0.174 6]	[0.350 8, 0.389 1]	[0.328 5, 0.372 4]	[0.107 1, 0.112 2]	[0.141 4, 0.149 0]

假设投资者对上述 15 只股票进行投资需支付的交易成本表示为 $c_i = 0.000\ 2$ $(i=1, 2, \cdots, 15)$，并设投资者期望收益率及流动性（换手率）的满意区间分别为 $\tilde{u}_0 = [0.001\ 5, 0.002]$ 和 $\tilde{l}_0 = [0.05, 0.35]$。

根据 5.3.2 节的数据，应用 MATLAB 软件编程求解模型（5-5）和模型（5-16）及模型（5-17）和模型（5-18），可得到分配至 15 只股票的广义区间二次规划模型的投资比例及风险值的上下限，结果如下：

方法 1：

投资应用 2 目标值下限：

$x = (0, 0.290\ 0, 0, 0.159\ 5, 0, 0.091\ 2, 0, 0.272\ 3, 0.077\ 2, 0, 0.109\ 9, 0, 0, 0, 0)$, $\underline{f}(x) = 0.014\ 7$

投资应用 2 目标值上限：

$x = (0, 0, 0.210\ 9, 0, 0.088\ 5, 0.224\ 3, 0.278\ 4, 0, 0, 0, 0, 0.032\ 5, 0.165\ 4, 0, 0)$, $\bar{f}(x) = 0.033\ 9$。从而得到采用广义区间二次规划数值解法的风险值区间为 $f(x) = [0.014\ 7, 0.033\ 9]$。

表 5-3　15 只股票的方差及协方差风险区间（$/10^{-4}$）

$\bar{v}_{ij}$	1	2	3	4	5	6	7	8	9	10	11	12	13	14	15
1	324 359	138 153	140 155	151 167	189 209	156 172	191 211	131 144	145 161	256 283	256 283	217 240	219 242	220 243	182 201
2	138 153	194 215	157 173	136 150	148 163	155 171	135 149	112 124	152 168	145 160	119 131	186 206	179 197	160 177	147 163
3	140 155	157 173	369 408	169 186	199 220	139 154	196 217	156 172	196 216	159 175	119 132	318 351	229 253	194 214	198 219
4	151 167	136 150	169 186	248 274	158 175	142 157	170 188	113 125	106 117	155 172	151 167	188 208	172 190	173 191	166 183
5	189 209	148 163	199 220	158 175	473 523	181 200	231 256	200 221	145 161	207 229	167 185	242 267	230 254	196 217	224 248
6	156 172	155 171	139 154	142 157	181 200	205 227	137 151	130 143	132 146	144 159	141 156	182 201	173 192	147 163	152 168
7	191 211	135 149	196 217	170 188	231 256	137 151	455 503	161 178	165 183	224 247	186 205	327 361	198 219	224 247	216 238
8	131 144	112 124	156 172	113 125	200 221	130 143	161 178	226 249	135 149	164 181	120 132	206 228	194 215	125 138	183 202
9	145 161	152 168	196 216	106 117	145 161	132 146	165 183	135 149	312 345	162 180	123 136	215 237	175 193	130 144	182 202
10	256 283	145 160	159 175	155 172	207 229	144 159	224 247	164 181	162 180	307 339	244 269	231 256	205 226	208 230	201 222
11	256 283	119 131	119 132	151 167	167 185	141 156	186 205	120 132	123 136	244 269	308 340	159 175	154 171	200 221	173 191
12	217 240	186 206	318 351	188 208	242 267	182 201	327 361	206 228	215 237	231 256	159 175	608 672	323 357	230 255	238 263
13	219 242	179 197	229 253	172 190	230 254	173 192	198 219	194 215	175 193	205 226	154 171	323 357	476 526	186 206	212 234
14	220 243	160 177	194 214	173 191	196 217	147 163	224 247	125 138	130 144	208 230	200 221	230 255	186 206	358 396	172 191
15	182 201	147 163	198 219	166 183	224 248	152 168	216 238	183 202	182 202	201 222	173 191	238 263	212 234	172 191	302 334

方法2：

投资应用2目标值下限：

$x = (0,\ 0.290\ 0,\ 0,\ 0.159\ 5,\ 0,\ 0.091\ 2,\ 0,\ 0.272\ 3,\ 0.077\ 2,\ 0,$
$0.109\ 9,\ 0,\ 0,\ 0,\ 0),\ f^{L}(x) = 0.014\ 7$

投资应用2目标值上限：

$x = (0,\ 0,\ 0,\ 0,\ 0,\ 0,\ 0.095\ 2,\ 0,\ 0,\ 0,\ 0,\ 0.904\ 8,\ 0,\ 0,\ 0),$
$f^{U}(x) = 0.061\ 7$

从而得到含区间流动性的广义证券投资组合二次规划模型的结果为 $f(x) = [0.014\ 7,\ 0.061\ 7]$。

将两种方法求得的证券投资组合模型的目标函数值分别表示为：$f_1 = [0.014\ 7,\ 0.033\ 9]$，$f_2 = [0.014\ 7,\ 0.061\ 7]$。将其位置关系展示在数轴上，结果如图 5-2 所示。

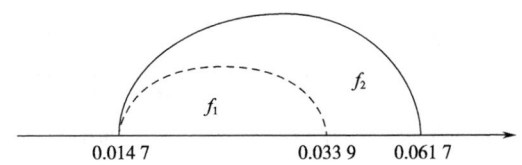

图 5-2　投资应用 2 两类方法求得结果的位置关系

由图 5-2 所示的结果以及区间序关系，可得出 $f_1 \subset f_2$。根据马龙华（2001）确定性的区间序关系（3）比较 f_1 和 f_2，$m(f_1) = 0.024\ 3 < m(f_2) = 0.038\ 2$，可得出 f_1 优于 f_2。此外，由区间数的可接受度定义可得 $P(f_1 < f_2) = 0.709\ 7$，亦可得出与 f_2 相比 f_1 较优的结论。

综上，与传统方法求解结果相比，采用本章所提的拉格朗日对偶算法仍具有一定优势，说明本章所建模型及提出的方法具有更广泛的适用性，不会随着证券数量的增加而降低其实用性，也不会随着证券数量的增加而不可行。

本章基于广义区间二次规划数值解代码见附录6。

5.4　本章小结

　　首先，本章利用区间数方法描述了证券风险、收益和相应流动性的不确定性，并且建立了一种新的证券投资组合的广义区间二次规划模型；其次，基于拉格朗日对偶理论提出了一种新的有效数值方法来求解模型。为了显示所提出的拉格朗日对偶算法的有效性，本章给出了两个投资应用的实例，实际应用的结果亦表明，与传统方法相比，基于拉格朗日对偶算法求解可得到较小的目标函数区间范围，这意味着较小的区间目标值对应较小的投资组合风险。这为证券投资者提供了新的投资理念。在实际证券市场中，各种形式的交易成本可能会影响投资组合的选择。但是，本章仅将交易成本视为线性函数。对于不同形式的交易成本，解决证券投资组合的二次规划模型仍有相当大的研究空间。另外，实际的投资过程是动态的，如何将本章的分析推广到多阶段或更一般的动态情形，也是一个值得研究的课题。与此同时，我们可以展望：将区间数方法与模糊方法有效结合起来处理投资组合选择问题中的不确定性是一个好的方法，由此可以构造出一系列更有实践意义的新模型。

第6章 证券投资组合模糊二次规划模型

自马科维茨提出投资组合模型以来，投资组合问题成为国内外众多学者关注的焦点。许多学者在 M-V 模型的基础上研究了随机环境下的投资组合模型，并取得了显著成果。以上模型有效的前提是无摩擦因素的市场，且均假定资产的收益率为随机变量，并在概率论基础上进行建模。然而，现实的金融市场因受社会、经济、文化及心理等非随机因素的影响，长期处于一个模糊不确定的环境中，使得证券各项指标通常具有模糊性，不能用随机事件来描述，导致模型的建立极为困难，从而影响最终的投资决策。

为研究更加符合实际市场的投资组合模型，自扎德提出了模糊集合思想后，许多学者基于该理论开始深入研究不确定环境下的投资组合问题，以不同方法拓展了马科维茨的经典组合模型，为证券投资组合理论及应用的研究开启了一个新的方向，并取得了丰富的研究成果，为投资者提供了正确的投资决策。在考虑金融市场风险及背景风险对投资组合选择的影响方面，刘勇军等、黄等（Huang et al.）、宋慧慧等在已有均值-方差框架下，建立具有背景风险或流动性约束的不确定均值-半方差/方差模型，并与无背景风险的不确定组合模型进行了比较，分析了背景风险如何影响个人投资的选择。此外，邓雄、李佳、江璐瑶等将非金融风险中的背景风险考虑到投资组合模型中，从可信度、最大满意度等方面研究模糊投资组合模型。鉴于经典均值方差模型假定前提极为苛刻，张保帅等、韦等（Wei et al.）及邓等（Deng et al.）在改进模型、设计算法以及约束条件灵敏度分析方面做了相关研究，以期帮助投资者根据自己的偏好选择合适的模型进行决策。在多目标、多阶段模糊投资组合模型上亦有学者从不同视角作了大量的研究。在考虑现实中不同类型交易费用及流动性的约束情况下，刘等（Liu et al.）、张等（Zhang et al.）、陈思豆等、宋燕玲等、郭等（Guo et al.）在模糊环境下，通过考虑投资比例、不同类型交易成本、基数约束、投资阈值约束以及流动性约束等条件，发现投资者进行差异化的决策对组合会产生不同影响。

虽然以上投资组合模型考虑了模糊投资环境中影响投资决策的一些因素，然而现实金融市场具有高度复杂性，将导致资产收益在极大水平下具有模糊及不确定性。因此真实的投资实践中，资产收益的模糊性、不确定性、投资的交易成本、市场流动性等是投资成功不容忽视的重要因素。阿诺特和瓦格纳（Arnott and Wagner）在研究中忽略交易成本将导致投资组合策略无效这一事实，纵使交易成本相较于交易总额来说数量通常较小，但它是投资过程中重点考虑的影响因素之一。此外，流动性是证券市场中度量证券优劣的一个重要指标，同样能够影响投资者的决策，现有研究普遍以换手率刻画证券流动性。一般而言，换手率的高低意味着股票交易频繁与否、变现能力的强弱，即股票流动性的好坏。由此可见，交易成本和市场流动性是影响投资决策的重要因素。王建建等、王等（Wang et al.）针对不确定环境下投资组合问题，将线性交易成本及市场流动性（换手率）纳入约束条件中，建立了一种新的含交易成本及流动性约束的证券投资组合区间二次规划模型。

综合来看，已有不少研究关注模糊环境下投资组合的交易成本及流动性约束的情况，但在模糊环境下同时考虑交易成本及证券流动性两个重要现实因素的投资组合问题并不多。王建建等的研究虽然同时涉及交易成本及流动性的情况，但是研究对象是区间数形式的证券，可见对于用模糊数刻画收益和流动性并且含交易成本的组合优化模型的研究并未成熟。因此，本章在对预设期望收益率、换手率水平以及各风险资产的投资比例约束下，纳入交易成本、流动性作为新的约束条件，建立以风险最小为目标的含交易成本及模糊流动性约束的投资组合优化模型。此外，为求解该模糊二次规划模型，本章尝试利用 γ-截集将模糊二次规划转化为区间规划，随后基于改进的区间可能度的确定性转换方法将模型转化为含参数的确定性二次规划来求解。最后，通过数值计算与分析，本章对构建的模型与设置流动性与交易成本是否存在的三种模型进行比较研究，利用 MATLAB 软件计算模型最优可行解，结果表明：考虑交易成本和流动性的投资组合模型在现实的金融市场中具有适用性，而且投资者可得到模糊环境下不同参数对应的风险值，从而可根据风险值对现有投资组合进行调整，更加符合实际中预测的收益率以及客观事实。

6.1 预备知识

6.1.1 模糊数的相关理论

定义 6.1（模糊数）：设 $A \in F(R)$ 是正规凸模糊集，即对任意 $\gamma \in [0, 1]$，$A(t)$ 是 A 的隶属函数，$A_\gamma = \{t \in R \mid A(t) \geqslant \gamma\}$，其中 $\gamma \geqslant 0$ 为 A 的 γ-水平截集，设 A 的水平集 $A_\gamma = [a_1(\gamma), a_2(\gamma)]$ 为一闭区间，则称 A 为模糊实数，简称模糊数。以 $\tilde{R}$ 记作模糊数全体。

定义 6.2（上下可能性均值）：$M^*(\tilde{A}) = 2\int_0^1 \gamma a_2(\gamma)\mathrm{d}\gamma =$

$$\dfrac{\int_0^1 \mathrm{Pos}[A \geqslant a_2(\gamma)] a_2(\gamma)\mathrm{d}\gamma}{\int_0^1 \mathrm{Pos}[A \geqslant a_2(\gamma)]\mathrm{d}\gamma}$$ 为上可能性均值，$M_*(\tilde{A}) = 2\int_0^1 \gamma a_1(\gamma)\mathrm{d}\gamma =$

$$\dfrac{\int_0^1 \mathrm{Pos}[A \leqslant a_1(\gamma)] a_1(\gamma)\mathrm{d}\gamma}{\int_0^1 \mathrm{Pos}[A \leqslant a_1(\gamma)]\mathrm{d}\gamma}$$ 为下可能性均值。

设模糊数 $A \in F$ 的水平集为 $A_\gamma = [a_1(\gamma), a_2(\gamma)]$（$\gamma \in [0, 1]$），模糊数 $B \in F$ 的 $B_\gamma = [b_1(\gamma), b_2(\gamma)]$（$\gamma \in [0, 1]$），分别给出上、下可能性方差及协方差的相关定义如下：

定义 6.3（上下可能性方差）：

$$\mathrm{Var}^*(\tilde{A}) = 2\int_0^1 \gamma(a_2(\gamma) - M^*(\tilde{A}))^2\mathrm{d}\gamma$$

$$= \dfrac{\mathrm{Pos}[A \geqslant a_2(\gamma)][M^*(\tilde{A}) - a_2(\gamma)]\mathrm{d}\gamma}{\mathrm{Pos}[A \geqslant a_2(\gamma)]\mathrm{d}\gamma}$$

为上可能性方差，

$$\mathrm{Var}_*(\tilde{A}) = 2\int_0^1 \gamma(a_1(\gamma) - M_*(\tilde{A}))^2\mathrm{d}\gamma$$

$$= \dfrac{\mathrm{Pos}[A \leqslant a_1(\gamma)][M_*(\tilde{A}) - a_1(\gamma)]\mathrm{d}\gamma}{\mathrm{Pos}[A \leqslant a_1(\gamma)]\mathrm{d}\gamma}$$

为下可能性方差。其中 $\mathrm{Pos}[A \geqslant a_2(\gamma)] = \prod(a_2(\gamma), \infty) = \sup\limits_{\mu \geqslant a_2(\gamma)} A(\mu) = \gamma$，

$\mathrm{Pos}[A \leqslant a_1(\gamma)] = \prod(-\infty, a_1(\gamma)) = \sup\limits_{\mu \leqslant a_1(\gamma)} A(\mu) = \gamma$。

定义 6.4（上下可能性协方差）：$\mathrm{Cov}^*(A, B) = 2\int_0^1 \gamma(a_2(\gamma) - M^*(\tilde{A}))(b_2(\gamma) -$

$M^*(B))\mathrm{d}\gamma$ 为上可能性协方差，$\mathrm{Cov}_*(A, B) = 2\int_0^1 \gamma(a_1(\gamma) - M_*(A))(b_1(\gamma) -$

$M_*(B))\mathrm{d}\gamma$ 为下可能性协方差。

6.1.2 模糊数的相关运算

设 A 和 B 是两个模糊数，λ 是实数，则 $\mathrm{Var}^*(A + B) = \mathrm{Var}^* A + \mathrm{Var}^* B + 2$ $\mathrm{Cov}^*(A + B)$，$\mathrm{Var}_*(A + B) = \mathrm{Var}_* A + \mathrm{Var}_* B + 2\mathrm{Cov}_*(A + B)$，$\mathrm{Var}^*(\lambda A) =$
$\begin{cases} \lambda^2 \mathrm{Var}^*(A) & \lambda \geqslant 0 \\ \lambda^2 \mathrm{Var}_*(A) & \lambda < 0 \end{cases}$，$\mathrm{Var}_*(\lambda A) = \begin{cases} \lambda^2 \mathrm{Var}_*(A) & \lambda \geqslant 0 \\ \lambda^2 \mathrm{Var}^*(A) & \lambda < 0 \end{cases}$。

设 Ω、F、P 为完备概率空间，ξ_1、ξ_2 为概率空间上平方可积的模糊随机变量，λ_1、$\lambda_2 \in R$，则有以下三个结论成立：

第一，$\mathrm{Var}(\lambda_1\xi_1 + \mu) = \lambda_1^2\mathrm{Var}\xi_1$。

第二，$\mathrm{Var}(\xi_1 + \xi_2) = \mathrm{Var}\xi_1 + \mathrm{Var}\xi_2 + 2\mathrm{Cov}(\xi_1 + \xi_2)$。

第三，$\mathrm{Cov}(\lambda_1\xi_1 + \mu, \lambda_2\xi_2 + \nu) = \lambda_1\lambda_2\mathrm{Cov}(\xi_1 + \xi_2)$，$\mu$ 和 ν 均为模糊数，且 λ_1、$\lambda_2 \geqslant 0$。

6.2 模型建立及求解

经典的投资组合模型是在收益率及风险损失率等为精确数下进行投资决策的。但现实金融市场中，这种情况几乎不存在。因此，本章提出含有模糊数的证券投资组合的模糊决策模型，以便有效地处理证券市场中不确定情况下的投资决策。在实际的投资应用中，交易成本及流动性对证券市场影响很大，而且证券未来的流动性难以确定，因此证券的交易成本和流动性不容忽视。针对证券市场上市场流动性、收益率存在的模糊性质，在 M-V 模型的基础上，本节构建了模糊环境在既定收益与流动性双约束的条件下使得投资组

合风险最小的模型（6-1）：

$$\min f(x) = x^{\mathrm{T}} V x = \sum_{i=1}^{n} \sum_{j=1}^{n} \tilde{v}_{ij} x_i x_j$$

$$\text{s. t.} \begin{cases} \sum_{i=1}^{n} \tilde{r}_i x_i - \sum_{i=1}^{n} k_i x_i \geqslant \bar{u}_0 \\ \sum_{i=1}^{n} \tilde{l}_i x_i \geqslant \tilde{l}_0 \\ \sum_{i=1}^{n} x_i = 1 \\ x_i \geqslant 0, \ i = 1, \ 2, \ \cdots, \ n \end{cases} \quad (6\text{-}1)$$

其中：k_i、x_i、$\tilde{r}_i$ 及 $\tilde{l}_i$ 分别表示第 i 个证券的交易成本、投资比例、收益率及换手率；$V = (\tilde{v}_{ij})_{n \times n}$ 是对称半正定的，表示的是收益向量 $\tilde{r}_i$ 的协方差矩阵，$i, j = 1, 2, \cdots, n$。且约束条件中的 $\bar{u}_0$ 和 $\tilde{l}_0$ 为预期收益率和换手率。考虑到证券市场中未来的收益率是随时变化的，而且过去的收益率和风险只能作为未来预期收益率和风险的参考，因此证券未来的收益率、风险损失率及流动性的变化是不确定的，具有模糊性，即模型（6-1）中 $\tilde{r}_i$、$\tilde{v}_{ij}$、$\tilde{l}_i$ 都是不确定的，故本章将其记作一个模糊数来处理。求解出模型（6-1）中的 $x = (x_1, x_2, \cdots, x_n)^{\mathrm{T}}$，即可得到证券投资组合方案。

由于模糊数学起步较晚，因此对于模糊证券投资组合的研究也相对较晚。继贝尔曼（Bellman）和扎德（Zadeh）之后很多学者开始初步建立并解决了一些模糊环境下的证券投资组合问题。阿默（Ammar）考虑了多目标二次规划问题中具有随机模糊系数的情况，并讨论了其有效解。在此基础上，本章首先考虑 γ-截集，将所提出的证券投资组合的模糊二次规划模型（6-1）转化为区间规划模型，然后通过引入优化水平 α 和满意水平 λ 将模糊模型（6-1）转化为含参数的确定性二次规划来求解。

6.2.1　模糊目标函数的转换

对于投资者而言，在证券投资组合中，投资者希望得到最大收益并承担最小的投资风险，然而实际情况并不能满足这种需求，因为高收益伴随着高风险，投资者需要依据自己的风险偏好来降低风险以期获得高收益。因此，本章设置风险偏好系数 α，不仅增加了模型的柔性，而且可以在模型中考虑不同的风险偏好对投资决策的影响。首先给出加权可能性方差及协方差的相关定义。

定义 6.5（加权可能性方差）：基于 γ-截集的模糊变量 $\tilde{A}$ 的加权可能性方差定义为 $\mathrm{Var}^w(\tilde{A}) = \alpha\mathrm{Var}^*(\tilde{A}) + (1-\alpha)\mathrm{Var}_*(\tilde{A})$。

定义 6.6（加权可能性协方差）：设 $\tilde{A}$, $\tilde{B} \in F(R)$ 均为模糊变量，由此可定义 $\tilde{A}$、$\tilde{B}$ 的 γ-截集为 $A_\gamma = [\underline{A}_\gamma, \bar{A}_\gamma]$ 和 $B_\gamma = [\underline{B}_\gamma, \bar{B}_\gamma]$，则基于 γ-截集的模糊变量 $\tilde{A}$、$\tilde{B}$ 的加权可能性协方差为 $\mathrm{Cov}^w(\tilde{A}, \tilde{B}) = \alpha\mathrm{Cov}^*(\tilde{A}, \tilde{B}) + (1-\alpha)\mathrm{Cov}_*(\tilde{A}, \tilde{B})$。

在上述定义中，$\alpha \in [0, 1]$ 被表示为投资者对风险的喜厌程度，由于 α 在 0 和 1 之间，随着 α 的增大，投资者对于交易中风险的偏好会越来越大。当 $\alpha = 1$，达到最大值时，说明投资者对于风险态度为喜好；当 $\alpha = 0$，达到最小值时，表示投资者对于风险态度为规避。通常 α 又叫作风险偏好系数。

为求解模型（6-1），本章选取证券收益率 $\tilde{r}_i$ 为三角模糊数，$\tilde{l}_i$ 为梯形模糊数，并记为：$\tilde{r}_i = (a_i, b_i, c_i)$，$\tilde{u}_0 = (a_0, b_0, c_0)$，$i = 1, 2, \cdots, n$，其中 a_i 为 $\tilde{r}_i$ 的中心值，b_i 为 $\tilde{r}_i$ 的左宽度，c_i 为 $\tilde{r}_i$ 的右宽度；$\tilde{l}_i = (d_i, e_i, f_i, g_i)$，$\tilde{l}_0 = (d_0, e_0, f_0, g_0)$，$i = 1, 2, \cdots, n$，其中 d_i、e_i 为 $\tilde{l}_i$ 的左右端点值，f_i、g_i 分别表示 $\tilde{l}_i$ 的左、右宽度。

根据模糊数的 γ-截集可得：$\tilde{r}_{i\gamma} = [a_i - (1-\gamma)b_i, a_i + (1-\gamma)c_i]$，$\tilde{l}_{i\gamma} = [d_i - (1-\gamma)f_i, e_i + (1-\gamma)g_i]$，则由定义 6.2 可得：第 i 个证券的期望收益率与换手率区间分别为 $M(\tilde{r}_i) = \left[a_i - \frac{1}{3}b_i, a_i + \frac{1}{3}c_i\right]$，$M_0 = \left[a_0 - \frac{1}{3}b_0, a_0 + \frac{1}{3}c_0\right]$ 和 $L(\tilde{r}_i) = \left[d_i - \frac{1}{3}f_i, e_i + \frac{1}{3}g_i\right]$，$L_0 = \left[d_0 - \frac{1}{3}f_0, e_0 + \frac{1}{3}g_0\right]$，其中，$i = 1, 2, \cdots, n$。根据定义 6.3 至定义 6.6，可得：

$$\mathrm{Var}_*(\tilde{r}_i) = 2\int_0^1 [\gamma(M_*(\tilde{r}_i) - \underline{r}_{i\gamma})^2]\mathrm{d}\gamma = \frac{1}{18}b_i^2$$

$$\text{Var}^*(\tilde{r}_i) = 2\int_0^1 \big[\gamma(M^*(\tilde{r}_i) - \bar{r}_{i\gamma})\big]^2 \mathrm{d}\gamma = \frac{1}{18}c_i^2$$

$$\text{Var}^w(\tilde{r}_i) = \alpha\text{Var}^*(\tilde{r}_i) + (1-\alpha)\text{Var}_*(\tilde{r}_i) = \frac{1}{18}(\alpha c_i^2 + (1-\alpha)b_i^2)$$

$$\text{Cov}_*(\tilde{r}_i, \tilde{r}_j) = 2\int_0^1 \gamma(M_*(\tilde{r}_i) - \underline{r}_{i\gamma})(M_*(\tilde{r}_j) - \underline{r}_{j\gamma})\mathrm{d}\gamma = \frac{1}{18}b_ib_j$$

$$\text{Cov}^*(\tilde{r}_i, \tilde{r}_j) = 2\int_0^1 \gamma(M^*(\tilde{r}_i) - \bar{r}_{i\gamma})(M^*(\tilde{r}_j) - \bar{r}_{j\gamma})\mathrm{d}\gamma = \frac{1}{18}c_ic_j$$

$$\text{Cov}^w(\tilde{r}_i, \tilde{r}_j) = \alpha\text{Cov}^*(\tilde{r}_i, \tilde{r}_j) + (1-\alpha)\text{Cov}_*(\tilde{r}_i, \tilde{r}_j) = \frac{1}{18}(\alpha c_ic_j + (1-\alpha)b_ib_j)$$

因此，可将模型（6-1）转化为模型（6-2）进行求解：

$$\min f(x) = \sum_{i=1}^n x_i^2\text{Var}^w(\tilde{r}_i) + 2\sum_{i>j=1}^n x_ix_j\text{Cov}^w(\tilde{r}_i, \tilde{r}_j)$$

$$\text{s.t.}\begin{cases}\sum_{i=1}^n \big[M_*(\tilde{r}_i) - k_i, M^*(\tilde{r}_i) - k_i\big]x_i \geq \big[M_*(\tilde{u}_0), M^*(\tilde{u}_0)\big] \\ \sum_{i=1}^n \big[L_*(\tilde{r}_i), L^*(\tilde{r}_i)\big]x_i \geq \big[L_*(\tilde{u}_0), L^*(\tilde{u}_0)\big] \\ \sum_{i=1}^n x_i = 1 \\ x_i \geq 0, \ i = 1, 2, \cdots, n\end{cases}$$

$$(6-2)$$

6.2.2　模糊约束条件的转换

定义 6.7：设区间数 $A = [\underline{a}, \bar{a}]$ 和 $B = [\underline{b}, \bar{b}]$，并记 $\text{len}(A) = \bar{a} - \underline{a}$，$\text{len}(B) = \bar{b} - \underline{b}$，则称 $P(A \leq B) = \dfrac{\max(0, \text{len}(A) + \text{len}(B) - \max(0, \bar{a} - \underline{b}))}{\text{len}(A) + \text{len}(B)}$ 为区间数 $A \leq B$ 的可能度。

定义 6.8：区间的序关系 $\leq_1$：

$$\begin{cases} \tilde{A} \leqslant_1 \tilde{B} \text{ 当且仅当} \underline{A} \leqslant \underline{B} \text{ 和} \bar{A} \leqslant \bar{B} \\ \tilde{A} <_1 \tilde{B} \text{ 当且仅当} \underline{A} \leqslant \underline{B} \text{ 和} \underline{A} \neq \underline{B} \end{cases}$$

定义 6.9：对于模型的任意解 x_i，称 $\lambda = P\left(\sum_{i=1}^n (M(\tilde{r}_i) - k_i)x_i \geqslant M_0\right)$ 为 x_i 对约束条件 $\sum_{i=1}^n (M(\tilde{r}_i) - k_i)x_i \geqslant M_0$ 的满意水平。

定理 6.1：$P\left(\sum_{i=1}^n (M(\tilde{r}_i) - k_i)x_i \leqslant M_0\right) \leqslant \lambda$ 成立的充要条件是模糊约束条件 $\sum_{i=1}^n (M(\tilde{r}_i) - k_i)x_i \geqslant M_0$ 可转化为两个等价约束条件，即 $\sum_{i=1}^n \left(a_i - \frac{1}{3}b_i - k_i\right)x_i \geqslant a_0 - \frac{1}{3}b_0$ 且 $\lambda \sum_{i=1}^n c_i x_i + 3\sum_{i=1}^n (a_i - k_i)x_i - (1-\lambda)\sum_{i=1}^n b_i x_i \geqslant 3a_0 + (1-\lambda)c_0 - \lambda b_0$，其中，$0 \leqslant \lambda \leqslant 1$。

证明：（1）必要性。根据定义 6.8 中的区间序关系 $\leqslant_1$，由

$$\sum_{i=1}^n (M(\tilde{r}_i) - k_i)x_i \geqslant M_0 \Rightarrow \sum_{i=1}^n \left(a_i - \frac{1}{3}b_i - k_i\right)x_i \geqslant a_0 - \frac{1}{3}b_0$$

若 $P\left(\sum_{i=1}^n (M(\tilde{r}_i) - k_i)x_i \leqslant M_0\right) \leqslant \lambda$，根据定义 6.7 可得

$$P\left(\sum_{i=1}^n (M(\tilde{r}_i) - k_i)x_i \leqslant M_0\right)$$

$$= \frac{\max\left(0, \text{len}\left(\sum_{i=1}^n (M(\tilde{r}_i) - k_i)x_i\right) + \text{len}(M_0) - \max\left(0, \sum_{i=1}^n \left(a_i + \frac{1}{3}c_i - k_i\right)x_i - a_0 + \frac{1}{3}b_0\right)\right)}{\text{len}\left(\sum_{i=1}^n (M(\tilde{r}_i) - k_i)x_i\right) + \text{len}(M_0)}$$

$$\leqslant \lambda_0$$

由于 $\sum_{i=1}^n \left(a_i - \frac{1}{3}b_i - k_i\right)x_i \geqslant a_0 - \frac{1}{3}b_0$，故

$$\sum_{i=1}^n \left(a_i + \frac{1}{3}c_i - k_i\right)x_i \geqslant \sum_{i=1}^n \left(a_i - \frac{1}{3}b_i - k_i\right)x_i \geqslant a_0 - \frac{1}{3}b_0$$

则

$$P\Big(\sum_{i=1}^{n}(M(\tilde{r}_i)-k_i)x_i \leqslant M_0\Big)$$

$$= \frac{\max\Big(0,\ \mathrm{len}\big(\sum_{i=1}^{n}(M(\tilde{r}_i)-k_i)x_i\big)+\mathrm{len}(M_0)-\dfrac{\max\Big(0,\ \sum_{i=1}^{n}\big(a_i+\frac{1}{3}c_i-k_i\big)x_i-a_0+\frac{1}{3}b_0\Big)}{\mathrm{len}\big(\sum_{i=1}^{n}(M(\tilde{r}_i)-k_i)x_i\big)+\mathrm{len}(M_0)}}{}$$

$$= \frac{\max\Big(0,\ \sum_{i=1}^{n}(b_i-3a_i+3k_i)x_i+c_0+3a_0\Big)}{\sum_{i=1}^{n}(c_i+b_i)x_i+b_0+c_0}$$

$$\leqslant \lambda_{\circ}$$

若 $\sum_{i=1}^{n}(b_i-3a_i+3k_i)x_i+c_0+3a_0 \leqslant 0$，则 $P\Big(\sum_{i=1}^{n}(M(\tilde{r}_i)-k_i)x_i \leqslant M_0\Big)=0$，不等式显然成立；

若 $\sum_{i=1}^{n}(b_i-3a_i+3k_i)x_i+c_0+3a_0 \geqslant 0$，整理可得

$$\lambda\sum_{i=1}^{n}c_ix_i-(1-\lambda)\sum_{i=1}^{n}b_ix_i+3\sum_{i=1}^{n}(a_i-k_i)x_i \geqslant 3a_0+(1-\lambda)c_0-\lambda b_{0\circ}$$

（2）充分性。若 $\lambda\sum_{i=1}^{n}c_ix_i-(1-\lambda)\sum_{i=1}^{n}b_ix_i+3\sum_{i=1}^{n}(a_i-k_i)x_i \geqslant 3a_0+(1-\lambda)c_0-\lambda b_0$，整理可得：

$$\lambda \geqslant \frac{a_0+\frac{1}{3}c_0-\sum_{i=1}^{n}\big(a_i+\frac{1}{3}b_i-k_i\big)x_i}{\frac{1}{3}\big[\sum_{i=1}^{n}(b_i+c_i)x_i+b_0+c_0\big]}$$

$$\geqslant \frac{\frac{1}{3}\big[\sum_{i=1}^{n}(b_i+c_i)x_i+b_0+c_0\big]-\big[\sum_{i=1}^{n}\big(a_i+\frac{1}{3}c_i-k_i\big)x_i-a_0+\frac{1}{3}b_0\big]}{\frac{1}{3}\big[\sum_{i=1}^{n}(b_i+c_i)x_i+b_0+c_0\big]}$$

即
$$\frac{\text{len}\left(\sum_{i=1}^{n}(M(\tilde{r}_i) - k_i)x_i\right) + \text{len}(M_0) - \left(\sum_{i=1}^{n}\left(a_i + \frac{1}{3}c_i - k_i\right)x_i - a_0 + \frac{1}{3}b_0\right)}{\text{len}\left(\sum_{i=1}^{n}(M(\tilde{r}_i) - k_i)x_i\right) + \text{len}(M_0)} \leq \lambda,$$

由于 $\sum_{i=1}^{n}\left(a_i - \frac{1}{3}b_i - k_i\right)x_i \geq a_0 - \frac{1}{3}b_0$，故 $\sum_{i=1}^{n}\left(a_i + \frac{1}{3}c_i - k_i\right)x_i \geq$

$\sum_{i=1}^{n}\left(a_i - \frac{1}{3}b_i - k_i\right)x_i \geq a_0 - \frac{1}{3}b_0$，进而

$$\frac{\text{len}\left(\sum_{i=1}^{n}(M(\tilde{r}_i) - k_i)x_i\right) + \text{len}(M_0) - \max\left(0, \sum_{i=1}^{n}\left(a_i + \frac{1}{3}c_i - k_i\right)x_i - a_0 + \frac{1}{3}b_0\right)}{\text{len}\left(\sum_{i=1}^{n}(M(\tilde{r}_i) - k_i)x_i\right) + \text{len}(M_0)}$$

$\leq \lambda$，即证 $P\left(\sum_{i=1}^{n}(M(\tilde{r}_i) - k_i)x_i \leq M_0\right) \leq \lambda$。

证毕。

定理 6.2：$P\left(\sum_{i=1}^{n}L(\tilde{r}_i)x_i \leq L_0\right) \leq \lambda$ 的充要条件是模糊约束条件

$\sum_{i=1}^{n}L(\tilde{r}_i)x_i \geq L_0$ 可转化为两个等价约束条件，即 $\sum_{i=1}^{n}\left(d_i - \frac{1}{3}f_i\right)x_i \geq d_0 - \frac{1}{3}f_0$

且 $(1-\lambda)\sum_{i=1}^{n}(3d_i - f_i)x_i + \lambda\sum_{i=1}^{n}(3e_i + g_i)x_i \geq (1-\lambda)(3e_0 + g_0) + \lambda(3d_0 -$

$f_0)$，其中，$0 \leq \lambda \leq 1$。

证明方法同定理6.1的过程相似，此处省略。

通过引入满意水平 λ 以及根据模糊约束条件转换的定理6.1和定理6.2，可以将本章构建的模糊环境下的模型（6-2）转化为确定性的含参数的单目标二次规划模型（6-3）：

$$\min f(x) = \sum_{i=1}^{n}\frac{1}{18}(\alpha c_i^2 + (1-\alpha)b_i^2)x_i^2$$

$$+ \sum_{i>j=1}^{n}\frac{1}{9}(\alpha c_i c_j + (1-\alpha)b_i b_j)x_i x_j$$

$$
\text{s. t.}\begin{cases}
\displaystyle\sum_{i=1}^{n}\left(a_i - \frac{1}{3}b_i - k_i\right)x_i \geqslant a_0 - \frac{1}{3}b_0 \\[3mm]
\displaystyle 3\sum_{i=1}^{n}(a_i - k_i)x_i - (1-\lambda)\sum_{i=1}^{n}b_i x_i + \lambda\sum_{i=1}^{n}c_i x_i \geqslant 3a_0 + (1-\lambda)c_0 - \lambda b_0 \\[3mm]
\displaystyle\sum_{i=1}^{n}\left(d_i - \frac{1}{3}f_i\right)x_i \geqslant d_0 - \frac{1}{3}f_0 \\[3mm]
\displaystyle (1-\lambda)\sum_{i=1}^{n}(3d_i - f_i)x_i + \lambda\sum_{i=1}^{n}(3e_i + g_i)x_i \geqslant (1-\lambda)(3e_0 + g_0) + \lambda(3d_0 - f_0) \\[3mm]
\displaystyle\sum_{i=1}^{n}x_i = 1,\ x_i \geqslant 0,\ i = 1, 2, \cdots, n
\end{cases}
\tag{6-3}
$$

由此可知：本章引入优化水平 α 和满意水平 λ，有助于投资者做出合理的投资决策，从而在不增加额外成本的情况下更好地分配资产。此外，投资者在不同的参数情况下将模型（6-1）转化为带参数的一般二次规划模型（6-3），可运用一般的二次规划方法求出最优解。

此外，陈国华（2009）提出了投资组合模型（6-4）：

$$
\max f(x) = \sum_{j=0}^{n}E(r_j)x_j
$$

$$
\text{s. t.}\begin{cases}
\displaystyle\sum_{j=0}^{n}\sigma_j x_j < M \\[3mm]
\displaystyle\sum_{j=0}^{n}x_j = 1 \\[3mm]
0 \leqslant x_j \leqslant \mu_j,\ j = 0, 1, 2, \cdots, n
\end{cases}
\tag{6-4}
$$

将模型（6-4）模糊化后，得到模型（6-5）：

$$
\max f(x) = \sum_{j=0}^{n}\tilde{r}_j x_j
$$

$$
\text{s. t.}\begin{cases}
\displaystyle\sum_{j=0}^{n}\tilde{\sigma}_j x_j < \tilde{M} \\[3mm]
\displaystyle\sum_{j=0}^{n}x_j = 1 \\[3mm]
0 \leqslant x_j \leqslant \mu_j,\ j = 0, 1, 2, \cdots, n
\end{cases}
\tag{6-5}
$$

其中，$\tilde{r}_j = (r_j^m, r_j^p, r_j^o)$，$\tilde{\sigma}_j = (\sigma_j^m, \sigma_j^p, \sigma_j^o)$，$\tilde{M} = (M^m, M^p, M^o)$。针对以上模型，本章利用 6.2 节中的转化方法，将模型（6-5）转化为模型（6-6）：

$$\max f(x) = \sum_{j=0}^{n} \left[r_j^m - \frac{1}{3} r_j^p, \ r_j^m + \frac{1}{3} r_j^o \right] x_j$$

$$\text{s. t.} \begin{cases} \sum_{j=0}^{n} \left[\sigma_j^m - \frac{1}{3} \sigma_j^p, \ \sigma_j^m + \frac{1}{3} \sigma_j^0 \right] x_j \leqslant \left[M^m - \frac{1}{3} M^p, \ M^m + \frac{1}{3} M^o \right] \\ \sum_{j=0}^{n} x_j = 1 \\ 0 \leqslant x_j \leqslant \mu_j, \ j = 0, 1, 2, \cdots, n \end{cases} \tag{6-6}$$

进行求解。

最后，利用 6.2 节的解法，可将模型最终转化为模型（6-7）：

$$\max f(x) = \sum_{j=0}^{n} r_j^m x_j - \frac{1}{3} \lambda \sum_{j=0}^{n} r_j^p + \frac{1}{3} (1 - \lambda) \sum_{j=0}^{n} r_j^o x_j$$

$$\text{s. t.} \begin{cases} \sum_{j=0}^{n} \left(\sigma_j^m + \frac{1}{3} \sigma_j^0 \right) x_j \leqslant M^m + \frac{1}{3} M^o \\ (1 - \lambda_1) M^p - \lambda_1 M^o - 3M^m \leqslant - (1 - \lambda_1) \sum_{j=0}^{n} \sigma_j^0 x_j \\ + \lambda_1 \sum_{j=0}^{n} \sigma_j^p x_j - 3 \sum_{j=0}^{n} \sigma_j^m x_j \\ \sum_{j=0}^{n} x_j = 10 \leqslant x_j \leqslant \mu_j, \ j = 0, 1, 2, \cdots, n \end{cases} \tag{6-7}$$

其中，$0 \leqslant \lambda$，$\lambda_1 \leqslant 1$。

6.3 数值算例

为了验证本章建立的模型在实际投资问题中的效果，本节基于投资 4 种风险证券相关数据，分两个实验进行。首先，通过数值实验一计算投资 4 种风险证券组合的风险区间，以证明本章模型的适用性；通过参数设置方法解决投资者偏好风险水平的问题，使得投资更具有灵活性。其次，将本模型的求解结果分别与考虑流动性与交易成本的结果进行对比与分析，再次验证了考虑交易成本及市场流动性两类因素对投资决策的重要影响，更加符合实际的决策。最后，引用线性投资组合算例，并将本章中模糊规划问题的解法与原算法得出的结果进行比较，证明本章所提出的模型及其解法的可行性。本章模糊二次规划代码见附录7。

数值实验一：假如一名投资者在证券市场选择4种风险证券 p_i（$i=1$，2，3，4）进行投资，基于专家知识、历史经验及对市场的感觉，经过分析与评估资产，给定4种证券的模糊收益率及流动性（以换手率刻画流动性）的相关数据（如表6-1所示），并给定4种证券的预期收益率及换手率为 $\tilde{r}_0 =$ (0.28, 0.1, 0.2)，$\tilde{l}_0 =$ (0.04, 0.08, 0.02, 0.01)，线性交易成本的比率为 $k_i =$ (0.01, 0.02, 0.045, 0.065)。

表6-1 证券的模糊收益率及换手率

证券	1	2	3	4
$\tilde{r}_i$	(0.15, 0.1, 0.2)	(0.25, 0.2, 0.4)	(0.36, 0.1, 0.3)	(0.5, 0.15, 0.3)
$\tilde{l}_i$	(0.06, 0.09, 0.015, 0.01)	(0.075, 0.081, 0.001, 0.002)	(0.084, 0.087, 0.001, 0.001)	(0.036, 0.042, 0.003, 0.001)

根据以上数据及含参数的确定性模型（6-3），应用 MATLAB 软件，通过设置参数 α、λ 不同的取值可得到模糊环境下不同的投资组合的方案，表6-2、表6-3展示了上述4种模糊证券的投资组合所求得的分配比例及风险值。

表6-2 基于不同优化水平 α 及满意水平 λ 的投资组合比例

λ	0	0.2	0.4	0.6	1
α	0	0	0	0	0
投资比例	(0, 0, 0.078 51, 0.326 1)	(0, 0, 0.828 1, 0.171 9)	(0.061 5, 0, 0.938 5, 0)	(0.086 5, 0, 0.913 4, 0)	(0.104 7, 0, 0.895 3, 0)
风险值	0.000 9	0.000 66	0.000 56	0.000 56	0.000 56

续表

λ	0	0.2	0.4	0.6	1
α	0.3	0.3	0.3	0.3	0.3
投资比例	(0, 0, 0.078 51, 0.326 1)	(0.027 4, 0, 0.754 2, 0.218 5)	(0.354 8, 0, 0.295 4, 0.349 8)	(0.497 0, 0, 0, 0.503 0)	(0.495 5, 0, 0.004 0, 0.500 5)
风险值	0.002 5	0.002 0	0.001 7	0.001 7	0.001 7
λ	0	0.2	0.4	0.6	1
α	0.5	0.5	0.5	0.5	0.5
投资比例	(0, 0, 0.078 51, 0.326 1)	(0.027 4, 0, 0.754 2, 0.218 5)	(0.355 2, 0, 0.294 3, 0.350 5)	(0.497 0, 0, 0, 0.503 0)	(0.497 0, 0, 0, 0.503 0)
风险值	0.003 5	0.002 8	0.002 3	0.002 2	0.002 2
λ	0	0.2	0.4	0.6	1
α	0.7	0.7	0.7	0.7	0.7
投资比例	(0, 0, 0.078 51, 0.326 1)	(0.027 4, 0, 0.754 2, 0.218 5)	(0.355 1, 0, 0.294 3, 0.350 5)	(0.497 0, 0, 0, 0.503 0)	(0.497 0, 0, 0, 0.503 0)
风险值	0.004 6	0.003 6	0.003 0	0.002 7	0.002 7
λ	0	0.2	0.4	0.6	1
α	1	1	1	1	1
投资比例	(0, 0, 0.078 51, 0.326 1)	(0.027 4, 0, 0.754 2, 0.218 5)	(0.355 1, 0, 0.294 3, 0.350 5)	(0.497 0, 0, 0, 0.503 0)	(0.497 0, 0, 0, 0.503 0)
风险值	0.006 2	0.004 9	0.003 9	0.003 5	0.003 5

表 6-3　基于不同优化水平 α 及满意水平 λ 的投资组合比例

λ	0	0.3	0.5	0.7	1
α	0	0	0	0	0
投资比例	(0, 0, 0.078 51, 0.326 1)	(0.000 3, 0, 0.999 7, 0)	(0.0741, 0, 0.925 9, 0)	(0.095 7, 0, 0.904 3, 0)	(0.104 7, 0, 0.895 3, 0)
风险值	0.000 9	0.000 67	0.000 56	0.000 56	0.000 56

续表

λ	0	0.3	0.5	0.7	1
α	0.2	0.2	0.2	0.2	0.2
投资比例	(0, 0, 0.785 1, 0.326 1)	(0.027 5, 0, 0.971 6, 0.000 8)	(0.200 2, 0, 0.799 5, 0.000 3)	(0.2, 0, 0.8, 0)	(0.2, 0, 0.8, 0)
风险值	0.002 0	0.001 4	0.001 3	0.001 3	0.001 3
λ	0	0.3	0.5	0.7	1
α	0.4	0.4	0.4	0.4	0.4
投资比例	(0, 0, 0.078 51, 0.326 1)	(0.187 2, 0, 0.539 2, 0.273 6)	(0.474 7, 0, 0.060 1, 0.465 2)	(0.497 0, 0, 0.000 1, 0.502 9)	(0.496 8, 0, 0.000 4, 0.502 7)
风险值	0.003 0	0.002 6	0.002 3	0.001 9	0.001 9
λ	0	0.3	0.5	0.7	1
α	0.6	0.6	0.6	0.6	0.6
投资比例	(0, 0, 0.078 51, 0.326 1)	(0.187 2, 0, 0.539 2, 0.273 6)	(0.474 7, 0, 0.060 1, 0.465)	(0.497 0, 0, 0, 0.503 0)	(0.497 0, 0, 0, 0.503 0)
风险值	0.004 1	0.002 9	0.002 5	0.002 4	0.002 4
λ	0	0.3	0.5	0.7	1
α	0.8	0.8	0.8	0.8	0.8
投资比例	(0, 0, 0.078 51, 0.326 1)	(0.187 2, 0, 0.539 2, 0.273 6)	(0.474 7, 0, 0.060 1, 0.465 2)	(0.497 0, 0, 0, 0.503 0)	(0.497 0, 0, 0, 0.503 0)
风险值	0.005 1	0.003 7	0.002 5	0.003 0	0.003 0
λ	0	0.3	0.5	0.7	1
α	1	1	1	1	1
投资比例	(0, 0, 0.078 51, 0.326 1)	(0.187 2, 0, 0.5392, 0.273 5)	(0.474 7, 0, 0.060 1, 0.465 2)	(0.497 0, 0, 0, 0.503 0)	(0.497 0, 0, 0, 0.503 0)
风险值	0.006 2	0.004 4	0.003 5	0.003 5	0.003 5

根据表 6-2 和表 6-3 可得：在模糊环境下采用 γ-截集方法转化模型求解，对于投资者而言，当 α 的值固定时，投资者选择的模糊流动性的满意水平 λ 的值越大，表明投资者对于期望收益率以及换手率的满意度越小，意味着投资者所要承受的风险越小；相反，则越大。当 λ 的值固定时，投资者选择的目标函数的优化水平 α 的值越大，意味着投资者爱好风险，则投资者的投资风险越大；相反，则越小。这亦符合证券投资组合理论中"高收益伴随高风险"的实际情况，说明本章所建立的模型具有实用性，更加符合实际的金融市场。投资者对于这 4 种风险证券的组合目标函数风险的取值范围，即风险区间为 $f(x) = [0.00056, 0.0062]$。

数值实验二：在模糊环境下，将交易成本及流动性约束的影响因素纳入本章所建立的投资组合的二次规划模型。为验证本章所构建的模型是否更加切合实际的证券投资组合的活动，本实验通过对投资组合模糊二次规划模型设置交易成本及流动性因素存在与否对数值实验一的 4 种证券数据进行模拟实验，得到了如表 6-4 所示的 3 种结果。

表 6-4　交易成本及流动性存在与否的所得组合风险情况

风险值	$\lambda = 0$	$\lambda = 0.3$	$\lambda = 0.5$	$\lambda = 1$
条件 1：交易成本及流动性都不存在				
$\alpha = 0$	0.00064	0.00056	0.00056	0.00056
$\alpha = 0.3$	0.0019	0.0016	0.0015	0.0015
$\alpha = 0.5$	0.0025	0.0021	0.0020	0.0020
$\alpha = 0.7$	0.0031	0.0027	0.0025	0.0025
$\alpha = 1$	0.0040	0.0034	0.0032	0.0032
风险值	$\lambda = 0$	$\lambda = 0.3$	$\lambda = 0.5$	$\lambda = 1$
条件 2：无交易成本但有流动性存在				
$\alpha = 0$	0.00064	0.00056	0.00056	0.00056
$\alpha = 0.3$	0.0020	0.0016	0.0015	0.0015
$\alpha = 0.5$	0.0030	0.0023	0.0020	0.0020
$\alpha = 0.7$	0.0039	0.0029	0.0025	0.0025
$\alpha = 1$	0.0053	0.0039	0.0032	0.0032

续表

风险值	$\lambda = 0$	$\lambda = 0.3$	$\lambda = 0.5$	$\lambda = 1$
条件3：有交易成本但流动性不存在				
$\alpha = 0$	0.000 96	0.000 56	0.000 56	0.000 56
$\alpha = 0.3$	0.002 2	0.001 8	0.001 7	0.001 7
$\alpha = 0.5$	0.002 8	0.002 4	0.002 2	0.002 2
$\alpha = 0.7$	0.003 5	0.002 9	0.002 7	0.002 7
$\alpha = 1$	0.004 6	0.003 8	0.003 5	0.003 5

由表 6-4 可得：在分别考虑和不考虑交易成本及流动性的情况下，通过设置目标函数优化水平 α 和约束条件的满意水平 λ，可得到 3 种模糊环境下证券投资组合的目标函数风险值的范围，即风险区间依次为 $[0.000\ 56, 0.004\ 0]$、$[0.000\ 56, 0.005\ 3]$、$[0.000\ 56, 0.004\ 6]$。

在模糊环境下，通过求解 3 种不同的证券投资组合模型，将最优解目标函数风险值分别记作：$f_1(x) = [0.000\ 56, 0.004\ 0]$，$f_2(x) = [0.000\ 56, 0.005\ 3]$，$f_3(x) = [0.000\ 56, 0.004\ 6]$。而由本章模型求得的目标函数风险区间记为：$f_{本节}(x) = [0.000\ 56, 0.006\ 2]$。将这 4 种目标函数区间值以数轴形式画出，结果如图 6-1 所示。

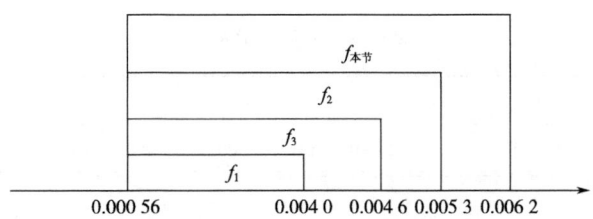

图 6-1　四类不同约束下所得目标值的位置关系

根据图 6-1 及达庆利、刘新旺（1999）和岳伟、贺兴时（2007）提及的区间数排序方法来比较上述四个结果，可得：$m(f_1) = 0.002\ 28 < m(f_3) = 0.002\ 58 < m(f_2) = 0.002\ 93 < m(f_{本节}) = 0.003\ 38$。此外，$P(f_1 < f_{本节}) = 0.621\ 1$，$P(f_2 < f_{本节}) = 0.543\ 4$，$P(f_3 < f_{本节}) = 0.582\ 6$。比较的结果说明本章所建立的

模糊投资组合的投资风险大于其他 3 种情况的投资组合的风险，这是与实际投资活动相符合的，从而验证了本章模型具有符合市场交易的理论。

通过比较交易成本及流动性约束条件是否存在的证券投资组合模糊二次规划模型，由输出结果可以得出投资者获得的投资组合的风险范围发生变化，从而影响了投资策略。此外，条件 1 不考虑交易成本及流动性，使得投资者低估了投资组合的风险。在条件 2 中，投资者如果仅考虑流动性而不考虑交易成本，同等收益下考虑流动性约束的模糊投资组合模型的风险一定会小于流动性约束不存在的组合模型，因此不利于投资者做出合理的决策。在条件 3 中，投资者若仅考虑交易成本而忽略流动性的影响，将导致投资者减少交易频次，企图节约交易成本以便提高投资收益率，但是交易频次的减少大大降低了投资的风险，使得投资者也低估了投资组合的风险；这与实际情况相符。

依据上述实验结果，在投资组合的活动中，若只考虑证券的收益及风险，不考虑交易成本及流动性的影响，将会低估最终的投资组合的风险，使得投资组合的方案偏差过大，从而不利于投资者合理投资。因此，本章所建立的同时考虑交易成本及市场流动性影响因素的证券投资组合的模糊二次规划模型符合实际的投资活动，有利于投资者选择合理的组合方案。

陈国华（2009）博士论文中的算例的模糊收益率如表 6-5 所示，利用本章的方法可求出其方差平均值（见表 6-6）。

表 6-5　各股票收益率

股票	0	1	2
$\bar{r}_j$	0.005	(−0.006 0, −0.007, −0.005)	(0.007, 000 6, 0.008)
股票	3	4	5
$\bar{r}_j$	(0.012 5, 0.012, 0.014)	(0.005 7, 0.005, 0.006 5)	(0.007, 0.005, 0.008 5)
股票	6	7	8
$\bar{r}_j$	(0.000 2, 0.000 1, 0.000 4)	(0.006 8, 0.005, 0.008)	(0.005 1, 0.004, 0.006)
股票	9		
$\bar{r}_j$	(0.025 1, 0.02, 0.04)		

表 6-6　各股票的模糊方差的平均值

股票	0	1	2	3
$\bar{r}_j$	0	(0.037, 0.03, 0.04)	(0.06, 0.05, 0.08)	(0.056, 0.05, 0.064)
股票	4	5	6	7
$\bar{r}_j$	(0.055, 0.045, 0.07)	(0.040, 0.035, 0.54)	(0.052, 0.04, 0.065)	(0.049, 0.04, 0.06)
股票	8	9		
$\bar{r}_j$	(0.035, 0.03, 0.05)	(0.04, 0.02, 0.054)		

此处令 $\lambda = \lambda_1 = 0.5$，将数据分别代入模型 (6-7)，利用 linprog 对模型进行求解，得到目标函数值为 0.099，结果优于原文献中的目标函数值 0.096。另外，本章提出的模糊规划问题解法较为简洁，具有一定的实用性。

6.4 本章小结

现实中的投资决策活动受到多种因素的影响，使得金融市场不确定性强。鉴于此，本章首先采用模糊数来描述证券风险、收益以及其相应流动性，建立了同时考虑交易成本及模糊流动性约束的投资组合优化模型。其次，由于本章所建立的模型含有模糊数，不利于计算，因此，本章采用模糊数 γ-截集的定义，实现了模型由模糊规划向区间规划的转化，并提出了基于改进的区间可能度确定性转换方法求解模型。最后，本章通过含模糊数的证券数值实验一验证了模型的适用性，且模型求解中引入了参数，使得投资者可以根据自己的风险偏好以及模糊流动性约束的满意水平得到模糊环境下投资组合的风险值以及投资比例，使得投资过程更具有灵活性，从而更好地满足投资者的需要。此外，本章数值实验二通过设置 3 种条件下的模糊组合模型，与本章模型的求解结果进行比较，结果再次验证了本章模型更加符合现实中证券市场的投资活动，且本章针对模糊二次规划的求解方法使得投资者亦可根据自己的偏好来选择适合自己的组合方案。

该模型及其求解方法的提出不仅为投资者在模糊环境下进行合理投资提供了一种新的投资思路，更为广大学者提供了可研究的方向。本章仅考虑一个阶段的单一目标的投资组合情况，但关于模糊证券投资组合的研究仍有广阔的拓展空间，模糊环境下考虑多种现实因素的多阶段多目标的投资组合模型值得更深入的探讨。

第 7 章　基于区间 DEA 的
投资组合的效率
评价及实际应用

近十年来，我国证券市场迅速发展，产生了种类众多的金融衍生品。如何在众多证券中选择有效的证券进行投资组合，成为投资者密切关注的问题。为此，迫切需要学者从证券的实际市场出发，结合投资者的个人偏好及需求，建立一类合理有效的投资理论模型，以便准确有效地对投资组合作出效率评价，进而为投资者提供科学合理的决策参考。

传统的均值-方差（M-V）模型与资本资产定价模型（CAPM）能够对投资组合进行评价并指导投资者选择合理有效的投资组合，但这两个定量化的模型存在以下不足之处：首先，两者均需在理想的假设条件下才能实现，使得假设过于严格化；其次，这两个模型均未考虑证券市场中多种摩擦因素的影响，将使得依据模型做出的投资决策无效；最后，这两个模型仅考虑了单一的风险指标，并未考虑其他形式的风险度量，使得模型的建立不太合理，具有一定的偏差。

随着对投资组合效率评价的进一步深入研究，很多研究者开始采用数据包络分析法，建立了大量基于DEA的投资组合的效率评价模型。目前，基于DEA的投资组合效率评价的研究大多基于投入与产出指标为精确数且不考虑市场摩擦因素的影响。然而，交易成本、流动性等诸多摩擦因素的限制使得证券市场具有不确定性，投资者通常很难获得精确的收益及风险指标，从而很难获取真实的前沿面，这为投资组合的效率评价带来一定的困难。为解决此类问题的出现，本书前几章虽已对不确定环境下投资组合模型作出了相关的研究及应用，但是并未考虑投资组合模型是否有效。因此，本章基于区间DEA效率评价方法，针对不确定环境下证券的区间收益率、风险损失率，运用区间DEA方法提出了区间DEA的投资组合效率评价模型，实现了对不确定环境下含有区间数的投资组合模型的效率评估。最后，本章通过两组投资应用的实例分别验证了采用DEA和区间DEA方法来评价投资组合有效性具有很大的优势。

7.1 证券投资组合效率评价模型

投资组合优化通常涉及最大化投资组合的预期回报，同时最小化其风险。

然而，当在决策环境中考虑这两个相互冲突的目标时，需要一种有效的方法来评估有效前沿。数据包络分析（DEA）是一种广泛使用的方法，用于评估投资组合的相对表现。

在本章中，我们评价投资组合的效率问题，首先从投资组合前沿面的定义出发提出了均值-方差框架下的 DEA 前沿的评估方法，通过不同的导向和效率来反映投资者的偏好。这种方法不仅为投资者提供了再平衡策略，而且更接近投资组合的有效前沿。本章具体将从均值-方差框架下的投资组合效率测度开始，首先介绍证券投资组合的前沿面的相关知识。

7.1.1 证券投资组合的可能集与前沿面

假设投资者在 n 种证券之间进行选择，其中 x_i、r_i 及 $R_i = Er_i$ 分别表示第 i 个证券的投资比例、收益率及期望收益率；σ_i^2 表示第 i 个证券的方差，令 $Q = (\sigma_{ij})_{n \times n}$ 为正定矩阵，表示收益向量 r 的协方差矩阵且 i，$j = 1$，2，$\cdots$，n。对于任意的证券投资组合，分别用期望收益 $R(x) = \sum_{i=1}^{n} R_i x_i$ 和标准差 $\sigma(x) = \sqrt{\sum_{i=1}^{n} \sum_{j=1}^{n} x_i \sigma_{ij} x_j}$ 来表示投资组合的收益与风险。通常投资比例标准化，其组合的风险为预期投入，而组合的期望收益作为期望产出，依据马科维茨最早提出的 M-V 最优化模型计算可得投资组合的前沿面。

定义 7.1 （投资组合前沿面定义）：基于马科维茨的定义，设投资组合的可能集为 $\Psi = \{(\sigma, R) \mid R(x) = R, \sigma(x) = \sigma, x \in \Omega, i = 1, 2, \cdots, n\}$，若某一投资组合 $(\sigma^*, R^*) \in \Psi$ 满足对任意的 $(\sigma, R) \in \Psi$，当 $R^* \leq R$，必有 $\sigma^* \leq \sigma$ 成立，那么点 (σ^*, R^*) 即为有效点，由这一类的全部有效点组合形成的曲面即可定义为投资组合的真实前沿面。

7.1.2 均值-方差下证券投资组合的效率测度

关于证券投资组合的效率测度问题，可通过如图 7-1 所示的情况来定义并表示。图 7-1 中横坐标、纵坐标分别表示潜在的投资风险（用收益率标准差来刻画）和预期收益率，曲线 ABC 为证券投资组合的前沿面，$D(R, \sigma)$

表示某一投资组合，而 A（R_1，σ_1）、B（R_2，σ_2）、C（R_3，σ_3）为投资组合前沿面上的点，从而可定义投资组合的效率测度如下：

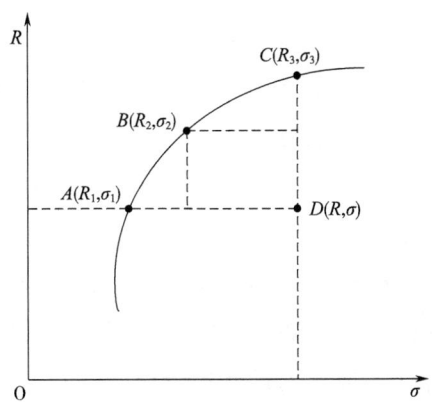

图 7-1　均值-方差下证券投资组合的效率测度图

$$PE_V = \frac{\sigma_1}{\sigma} \text{（由风险来表示投资组合的效率）}$$

$$PE_R = \frac{R}{R_3} \text{（由期望收益来表示投资组合的效率）}$$

$$PE_{RV} = \frac{1 - \dfrac{\sigma - \sigma_2}{\sigma}}{1 + \dfrac{R_2 - R}{R}} \text{（由风险和期望收益的松弛量来表示投资组合的效率）}$$

图 7-1 所示的是在无风险资产不存在的情况下对于投资组合效率测度设计的定义，其是依据 M-V 的有效前沿所提出的。定义较为简单，也容易理解，但在含大量金融产品的证券市场中计算时相对困难。然而，真实的金融证券市场中存在许多摩擦与限制，这通常使得投资者难以获取真实有效的投资组合前沿面，使得投资组合前沿面的求解相对困难，即便可以计算出也需要耗时耗力，其工作量相当大，从而导致投资组合的效率不适用于实际的证券市场，也使得研究者在评价投资组合的效率时存在一定的困难。因此，可通过 DEA 的非参数评价方法来解决上述问题，从而通过 DEA 线性模型产生的前沿面逼近真实的前沿面，以此进行效率的估计。

7.1.3　基于 DEA 的证券投资组合的效率评价模型

现实证券市场中存在各种摩擦因素与限制，因此在用均值-方差前沿面来评价投资组合的效率时存在一定的难度，从而无法获取真实有效的效率值。为了解决这个问题，已有不少国内外研究学者通过采用 DEA 方法来对证券投资组合进行效率估计。当前广泛运用的前沿面评价方法主要有传统 DEA 评价和分散 DEA 两类评价法。

DEA 方法是多元化模型的分段线性逼近，已被许多研究作为投资组合评估中的非参数前沿评估方法。默西等（Murthi et al.）于 1997 年首次提出采用 DEA 方法来评估证券投资组合的绩效，并定义了 DEA 模型组合效率指数 DEPI 来评估具有各种交易成本的证券投资组合。随后，研究者逐渐将 DEA 方法应用于证券投资组合绩效评估的各个领域。1998 年，麦克马伦和斯特朗（Mcmullen and Strong）基于 DEPI 指标，通过 DEA 方法评估了美国 135 只股票基金三个不同时段的相对效率。莫雷等（Morey et al.）使用 DEA 进行多视角投资组合分析，基于 DEA 方法在二次约束限制下建立了分散化 DEA 模型分析评价投资组合的绩效。巴索和富纳里（Basso and Funari）提出了一个新的指标 IDEA-1，同时考虑到多输入多输出结构，构建了新的绩效评价指标 IDEA-2，对意大利基金市场上的 47 只基金的表现进行效率评价。亚罗和纳（Joro and Na）提出基于均值-方差-偏度的非线性 DEA 模型来评估投资组合绩效。兰勃和缇（Lamb and Tee）提出了具有任意数量的风险和收益指标的多样化一致的 DEA 风险模型，并进一步研究了多样化的风险度量和随机优势之间的关系，然而他们忽视了存在风险为负值的情况。为解决此问题，布兰达（Branda）提出了基于定向距离测量的多样化 DEA 模型，定义了新的效率测度，并用其测量美国股票市场上具有代表性的 48 个行业组合的效率。在另一项研究中，布兰达（Branda）针对非负输入和输出的情况，在已有研究的基础上引入了具有可变规模收益的输入-输出导向模型。梅赫拉瓦特等（Mehlawat et al.）考虑 5 个目标函数（收益最大化、偏度、效率、风险和峰度最小化）的多目标投资组合选择模型，并使用 DEA 评估 6 个标准得到相应的效率值。

综上所述，尽管通过分散化 DEA 模型评价投资组合的研究已有很多，结果亦表明其对组合的效率评价可有效地逼近真实前沿面，但存在计算量大、模型复杂等问题，这些问题极大地限制了其适用性。与分散化 DEA 模型相比，传统 DEA 模型在评估投资组合效率时相对有优势，可用于处理大规模的效率评价问题，极大地降低计算的复杂度。例如，罗洪浪等人考虑以证券的收益表示产出，以管理费用、标准差以及交易成本表示投入，通过传统 DEA 模型并进行基金的评价。姚凤阁和陈柳钦针对我国基金市场不同地区发展的差异，通过 DEA 研究了不同区域基金的发展能力。为克服由方差测度风险所带来的偏差性，陈和林（Chen and Lin）以一种新的风险测度来衡量，建立起基于 VaR 和 CVaR 测度风险的方法，以此为投入指标进行传统效率的评价。库奥斯马宁（Kuosmanen）考虑了随机占优理论，与 DEA 相结合提出了一类新的效率评价模型进行基金的评价。赵秀娟和汪寿阳通过传统 DEA 模型分别对我国证券市场上选取的不同数量和类型的证券进行评价，其结果显示有不少证券是无效的，而且不具有显著的可持续性和规模效应。刘等（Liu et al.）在均值–方差真实投资组合前沿面为凹函数的前提下，构建了一般情况下基于 DEA 的投资组合效率评价模型。周忠宝等基于 DEA 方法构建了含交易成本约束的投资组合效率评价模型。

相比于传统的投资组合效率评估方法，基于 DEA 方法无论采用分散化还是传统 DEA 模型来评价证券投资组合，都具有一定的优势：首先，不需要过于严格的假设条件，构建模型相对简单；其次，可以考虑市场摩擦因素的影响，并将影响因素纳入评价模型中，使得评价相对合理；最后，采用 DEA 方法进行逼近容易避免经典均值–方差模型在影响因素限制下较难获取真实前沿面的问题。然而，基于 DEA 的投资组合效率评价的研究大多基于投入与产出指标为精确数且不考虑市场摩擦因素影响而展开。

假设投资者在 n 种证券之间进行选择，则可以采用 MATLAB 软件随机产生 m 个不同的 x_i，且满足和为 1 的投资组合。可假设这 m 个投资组合的期望收益和风险分别标记为 $R^l = \sum_{i=1}^{n} R_i x_i^l$ 和 $\sigma^l = \sqrt{\sum_{i=1}^{n}\sum_{j=1}^{n} x_i^l \sigma_{ij} x_j^l}$，$l = 1, 2, \cdots, m$。设 $p(x)$ 是 $x \in \Omega$ 的概率密度函数，当以下条件满足时：$\forall x^0 \in \Omega$，$\exists \xi_{x^0} > 0$，s.t. $\forall 0 < \xi < \xi_{x^0}$，$x^0$ 在 $\cup(x^0, \xi) \subseteq \Omega$ 上有 $\int_{\cup_\Omega(x^0, \xi)} p(x)dx > 0$ 成立，令 k

$(x) = (\sigma(x), R(x))$，则 $(\sigma(x), R(x))$ 概率测度 f 便可定义为：$f(B) = \int_{k^-(B)} p(x) dx$，$\forall B \in \mathfrak{I}$，其中 $\mathfrak{I}$ 是 R^2 上的 Borel 集全体，$k^-(B) = \{x \mid (\sigma(x), R(x)) \in B\}$。下面给出基于 DEA 方法不同模型评价证券投资组合的收敛性相关定理。

定理 7.1（BCC 模型收敛性定理）：在 $x_i \geqslant 0$ 时，证券投资组合的模型是不允许卖空的，在此情况下令 $R = h(\sigma)$ 为投资组合的前沿面，$R = h_m^*(\sigma)$ 为随机生成的 m 个不同比例样本下的 BCC 模型的前沿面，则当 $m \to +\infty$ 时，$R = h_m^*(\sigma)$ 依概率收敛于 $h(\sigma)$。

证明：在任给的前沿面上取一点 $A_0 = (\sigma_0, h(\sigma_0))$，$\exists x^0 \in \Omega$，s.t. $(\sigma(x^0), R(x^0)) = (\sigma_0, h(\sigma_0))$，因为 $k(x) = (\sigma(x), R(x))$ 连续，$\forall \varepsilon > 0$，$k^-(E(A_0, \varepsilon)) \subseteq \sum_{n-1}$ 是一个开集，此处 $E(A_0, \varepsilon)$ 是一个圆盘，A_0 是圆心，ε 是半径，$x^0 \in k^-(E(A_0, \varepsilon))$，则有：$\exists \xi_0^\varepsilon > 0$，s.t. $\cup(x^0, \xi_0^\varepsilon) \in k^-(E(A_0, \varepsilon))$。因此 $f(E(A_0, \varepsilon)) = \int_{k^-(E(A_0, \varepsilon))} p(x) dx \geqslant \int_{\cup(x^0, \xi_0^\varepsilon)} p(x) dx > 0$，令集合 T 表示所有的投资组合的样本点不在 $E(A_0, \varepsilon)$ 中，从而有 $p(T) = (1 - f(E(A_0, \varepsilon)))^m$，继而依据投资组合的前沿面定义、凸性特点以及 BCC 模型前沿面的包络性可得：

$$\text{Prob}\{|h(\sigma_0) - h_m^*(\sigma_0)| > \varepsilon\} = \text{Prob}\{(h(\sigma_0) - h_m^*(\sigma_0)) > \varepsilon\}$$
$$\leqslant p(T)$$
$$= (1 - f(E(A_0, \varepsilon)))^m \to 0, \quad m \to +\infty$$

因为 $A_0 = (\sigma_0, h(\sigma_0))$ 是任意取的，具有随机性，所以可得 $h_m^*(\sigma)$ 依概率收敛于 $h(\sigma)$。

图 7-2 为在不允许卖空情况下 BCC 模型收敛性定理示意图。

根据定理 7.1 及其证明结论，可得出推论 7.1 和推论 7.2 成立。

推论 7.1（FG 模型收敛性定理）：证券投资组合的模型在有风险资产以及 $x_i \geqslant 0$ 时不允许卖空同时成立的情况下，依旧可令 $R = h(\sigma)$ 为这类情况下投资组合的前沿面，$R = h_m^*(\sigma)$ 亦为随机生成的 m 个不同比例样本下的 FG 模型的前沿面，则当 $m \to +\infty$ 时，$R = h_m^*(\sigma)$ 依概率收敛于 $h(\sigma)$。图 7-3

直观形象地给出了 FG 模型收敛性的示意图。

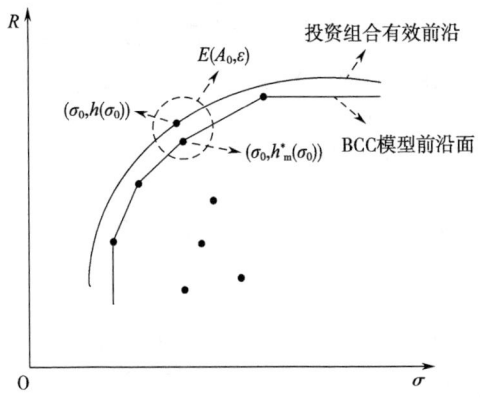

图 7-2　BCC 模型收敛性定理示意图

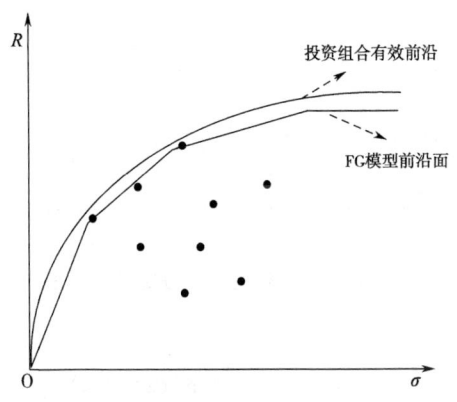

图 7-3　FG 模型收敛性定理示意图

推论 7.2（CCR 模型收敛性定理）：证券投资组合的模型在有无风险资产且允许卖空（x_i 有可能出现小于 0）同时成立的情况下，依旧可令 $R = h(\sigma)$ 为投资组合的前沿面，$R = h_m^*(\sigma)$ 亦为随机生成的 m 个不同比例样本下 CCR 模型的前沿面，则当 $m \to +\infty$ 时，$R = h_m^*(\sigma)$ 依概率收敛于 $h(\sigma)$。图 7-4 直观形象地给出了 CCR 模型收敛于投资组合前沿面的示意图。

根据定理 7.1、推论 7.1 和推论 7.2 可得出，当随机生成的投资组合的样本容量 m 充分大时，DEA 各个模型的前沿面会越来越靠近投资组合真实的前沿面，也就是说可以用 DEA 的各个效率评价模型来近似地估计投资组合的效率值。采用此方法，其优点是不需要明确计算出投资组合的真实前沿面的解析表达式，从而可以采用非参数的方法来处理各种摩擦因素下投资组合的较为复杂的情况。并且 DEA 的模型为线性规划，计算也相对简单。如图 7-5 所示，以 BCC 模型为例，当衡量收益的测度时，我们可以用 $\overline{PE}_R = \dfrac{R}{R_2}$ （由期望收益来表示投资组合的效率）近似地估计 $PE_R = \dfrac{R}{R_1}$。

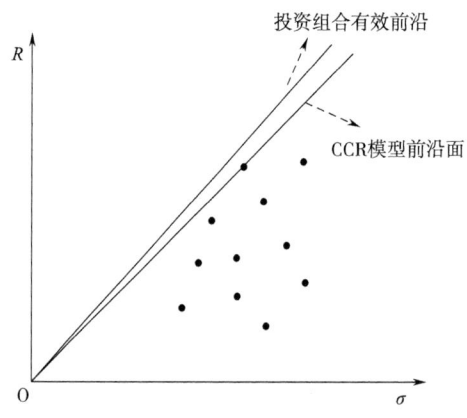

图 7-4　CCR 模型收敛性定理示意图

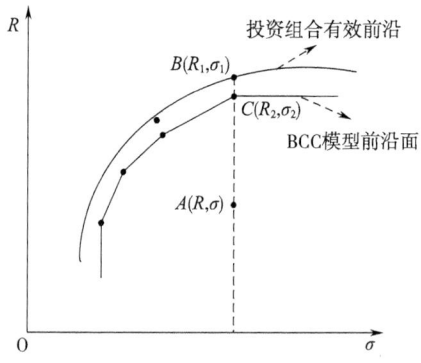

图 7-5　BCC 模型下投资组合的效率估计示意图

因此，在均值–方差框架下根据上述效率的定义，可以得到相应的证券投资组合的效率估计模型。

7.1.3.1　CCR模型下的证券投资组合的效率估计模型

当存在无风险资产且可以用无风险利率借贷时，投入导向下的 $\overline{PE}_R$ 测度下效率估计模型形式如下：

$$\min\theta$$

$$\text{s. t.} \begin{cases} \sum_{j=1}^{n} \lambda_j \sigma_j \leqslant \theta \sigma_{j_0} \\ \sum_{j=1}^{n} \lambda_j R_j \geqslant R_{j_0} \\ \lambda_j \geqslant 0, \ j = 1, \ 2, \ \cdots, \ n \end{cases} \tag{7-1}$$

产出导向下的 $\overline{PE}_\sigma$ 测度下效率估计模型形式如下：

$$\max\varphi$$

$$\text{s. t.} \begin{cases} \sum_{j=1}^{n} \lambda_j \sigma_j \leqslant \sigma_{j_0} \\ \sum_{j=1}^{n} \lambda_j R_j \geqslant \varphi R_{j_0} \\ \lambda_j \geqslant 0, \ j = 1, \ 2, \ \cdots, \ n \end{cases} \tag{7-2}$$

7.1.3.2　BCC模型下的证券投资组合的效率估计模型

投入导向下的 $\overline{PE}_R$ 测度下效率估计模型形式如下：

$$\min\theta$$

$$\text{s. t.} \begin{cases} \sum_{j=1}^{n} \lambda_j \sigma_j \leqslant \theta \sigma_{j_0} \\ \sum_{j=1}^{n} \lambda_j R_j \geqslant R_{j_0} \\ \sum_{j=1}^{n} \lambda_j = 1, \ \lambda_j \geqslant 0, \ j = 1, \ 2, \ \cdots, \ n \end{cases} \tag{7-3}$$

产出导向下的 $\overline{PE}_\sigma$ 测度下效率估计模型可表示为如下形式：

$$\max \varphi$$

$$\text{s. t.} \begin{cases} \sum_{j=1}^{n} \lambda_j \sigma_j \leqslant \sigma_{j_0} \\ \sum_{j=1}^{n} \lambda_j R_j \geqslant \varphi R_{j_0} \\ \sum_{j=1}^{n} \lambda_j = 1, \ \lambda_j \geqslant 0, \ j = 1, \ 2, \ \cdots, \ n \end{cases} \tag{7-4}$$

模型（7-1）和模型（7-3）在预期的收益存在负值时是不能直接用于估计投资组合的效率的，但是投资组合的标准差是正的，故可以用模型（7-2）和模型（7-4）来计算相应的效率值。

7.1.3.3 无导向下，$\overline{PE}_{R\sigma}$ 测度下效率估计模型

$$\min \rho = \left(1 - \frac{s^-}{\sigma_{j_0}} \right) \Big/ \left(1 + \frac{s^+}{R_{j_0}} \right)$$

$$\text{s. t.} \begin{cases} \sum_{j=1}^{n} \lambda_j \sigma_j + s^- = \sigma_{j_0} \\ \sum_{j=1}^{n} \lambda_j R_j - s^+ = R_{j_0} \\ \sum_{j=1}^{n} \lambda_j = 1, \ \lambda_j \geqslant 0, \ j = 1, \ 2, \ \cdots, \ n \\ s^-, \ s^+ \geqslant 0 \end{cases} \tag{7-5}$$

模型（7-5）是非径向的 DEA 模型，根据表 2-2 的结果可知，SBM 可处理的数据满足投入为非负而产出为自由的情况，因此可采用它来评价产出收益为负值的情形。

设证券市场上存在 q 种有效风险证券，其收益及风险为 E_i （R_i, σ_i），$i = 1$, 2, $\cdots$, q，为了寻求这几个有效证券的最优投资组合，本章假设由这 q 种证券可随机组成 k 个组合方式，并将这 k 个组合分别记为 $P_1 \big(\sum_{i=1}^{q} x_{i1} R_i, \ \sum_{i=1}^{q} x_{i1} \sigma_i \big)$，$P_2 \big(\sum_{i=1}^{q} x_{i2} R_i, \ \sum_{i=1}^{q} x_{i2} \sigma_i \big)$，$\cdots$，$P_k \big(\sum_{i=1}^{q} x_{ik} R_i, \ \sum_{i=1}^{q} x_{ik} \sigma_i \big)$，且满足 $\sum_{i=1}^{q} x_{ij} = 1$，$j = 1$, 2, $\cdots$, k，$i = 1$, 2, $\cdots$, q，则根据模型（7-1）和模型（7-3）可建立

以下基于投入导向的 DEA 评价模型（7-6）和模型（7-7）来评价 P_j（$j=1$，2，$\cdots$，k）的有效性。

$$\min\theta$$

$$\text{s. t.}\begin{cases} \sum_{j=1}^{k}\lambda_j\sum_{i=1}^{q}x_{ij}\sigma_i \leqslant \theta\sum_{i=1}^{q}x_{ij0}\sigma_i \\ \sum_{j=1}^{k}\lambda_j\sum_{i=1}^{q}x_{ij}R_i \geqslant \sum_{i=1}^{q}x_{ij0}R_i \\ \lambda_j \geqslant 0,\ j=1,\ 2,\ \cdots,\ n \end{cases} \quad (7\text{-}6)$$

$$\min\theta$$

$$\text{s. t.}\begin{cases} \sum_{j=1}^{k}\lambda_j\sum_{i=1}^{q}x_{ij}\sigma_i \leqslant \theta\sum_{i=1}^{q}x_{ij0}\sigma_i \\ \sum_{j=1}^{k}\lambda_j\sum_{i=1}^{q}x_{ij}R_i \geqslant \sum_{i=1}^{q}x_{ij0}R_i \\ \sum_{j=1}^{k}\lambda_j = 1 \\ \lambda_j \geqslant 0,\ j=1,\ 2,\ \cdots,\ k \end{cases} \quad (7\text{-}7)$$

因此可以采用模型（7-6）和模型（7-7）来对上述有效证券组成的 k 个组合进行效率评价，并通过投资比例系数 $\sum_{i=1}^{q}x_{ij}=1$，$j=1$，2，$\cdots$，k，$i=1$，2，$\cdots$，q 的变化进行分析，从而可得不同投资比例下最优的投资组合方案。

上述模型均用于求解单一阶段的投资组合的效率值问题，为了研究不同时段的有效投资组合问题并进行效率的评价，我们给出以下模型。

设证券市场上存在 q 种有效风险证券，在 t（$t=1$，2，$\cdots$，T）个时段的收益及风险为 E_1（R_{11}，R_{21}，$\cdots$，R_{q1}，σ_{11}，σ_{21}，$\cdots$，σ_{q1}），E_2（R_{12}，R_{22}，$\cdots$，R_{q2}，σ_{12}，σ_{22}，$\cdots$，σ_{q2}），$\cdots$，E_T（R_{1T}，R_{2T}，$\cdots$，R_{qT}，σ_{1T}，σ_{2T}，$\cdots$，σ_{qT}）。为了从这些有效证券在不同时段的最优投资组合中选取更为有效的投资组合，首先本章需要根据模型（7-6）和模型（7-7）寻找在每一个时段内的最优投资组合；其次，令这 q 种证券在 t（$t=1$，2，$\cdots$，T）个时段的 T 个组合分别记为 $T_1\left(\sum_{i=1}^{q}x_{i1}R_{i1},\ \sum_{i=1}^{q}x_{i1}\sigma_{i1}\right)$，$T_2\left(\sum_{i=1}^{q}x_{i2}R_{i2},\ \sum_{i=1}^{q}x_{i2}\sigma_{i2}\right)$，$\cdots$，

$T_T\left(\sum\limits_{i=1}^{q} x_{iT}R_{iT}, \sum\limits_{i=1}^{q} x_{iT}\sigma_{iT}\right)$，且满足 $\sum\limits_{i=1}^{q} x_{ij} = 1$，$j = 1$，$2$，$\cdots$，$T$，$i = 1$，$2$，$\cdots$，$q$，则根据模型（7-6）和模型（7-7）可建立以下基于投入导向的 DEA 评价模型（7-8）和模型（7-9）来评价这 t（$t = 1$，2，$\cdots$，T）个时段的 T 个最优组合的有效性。

$$\min\theta$$

$$\text{s. t.} \begin{cases} \sum\limits_{j=1}^{T} \lambda_j \sum\limits_{i=1}^{q} x_{ij}\sigma_i \leqslant \theta \sum\limits_{i=1}^{q} x_{ij0}\sigma_i \\ \sum\limits_{j=1}^{T} \lambda_j \sum\limits_{i=1}^{q} x_{ij}R_i \geqslant \sum\limits_{i=1}^{q} x_{ij0}R_i \\ \lambda_j \geqslant 0, \quad j = 1, 2, \cdots, T \end{cases} \tag{7-8}$$

$$\min\theta$$

$$\text{s. t.} \begin{cases} \sum\limits_{j=1}^{T} \lambda_j \sum\limits_{i=1}^{q} x_{ij}\sigma_i \leqslant \theta \sum\limits_{i=1}^{q} x_{ij0}\sigma_i \\ \sum\limits_{j=1}^{T} \lambda_j \sum\limits_{i=1}^{q} x_{ij}R_i \geqslant \sum\limits_{i=1}^{q} x_{ij0}R_i \\ \sum\limits_{j=1}^{T} \lambda_j = 1 \\ \lambda_j \geqslant 0, \quad j = 1, 2, \cdots, T \end{cases} \tag{7-9}$$

因此，可采用模型（7-8）和模型（7-9）来对 T 个时段最优组合的有效性进行不同模式下的评价，通过对不同时段投资组合的效率评估可掌握证券变化的一定规律，有利于投资者对长期、短期的各类风险证券的投资选择做出理论性的指导。

以上所构建的 DEA 评价投资组合的模型均建立在 M-V 基础下，当然可将上述模型推广到存在市场摩擦因素影响的一般形式。在基于 DEA 的证券投资组合的效率评价模型的基础上，由于摩擦因素的存在导致证券市场具有不确定性，本章采用区间数来描述这类不确定性收益及风险指标，进而可建立区间 DEA 投资组合的效率估计模型。

7.2 基于区间DEA的投资组合效率评价模型

在区间 DEA 效率评价模型方面，以下学者做了相关的研究：德斯波蒂斯和斯米尔丽斯（Despotis and Smirlis）给出了一种不同于库珀等（Cooper et al.）提出的求解含有不精确数据的 DEA 模型方法——区间效率法，该方法根据被评价决策单元、参考单元的区间指标数据的最大值与最小值的不同组合关系，分别计算出各被评价单元的最大效率值与最小效率值，从而组成一个效率区间，再以此区间效率分析各决策单元的相对有效性。随着区间效率法的提出，恩他宁等（Entani et al.）首先从乐观和悲观的角度分别评价确定型的 DEA 模型，从而得到一个区间效率值。后来，阿施斯（Azizi）详细分析了此文献的缺陷，提出一种新的方法，弥补了该缺点，文中最后用可接受度的概念来对区间效率值进行排序。同样为了避免上述缺陷，王等（Wang et al.）对输入输出数据为区间数或模糊数的情形进行了效率评估。考（Kao）基于 CCR 模型，构建了一对双层数学规划模型，它们的目标函数值分别表示效率值的上界和下界。李志亮等则在 CCR 模型的基础上建立 FC2R 模型。郭均鹏和吴育华将一种改进的 DEA 模型——超效率模型拓展到区间投入产出情形中，得到区间超效率模型。贾汉沙洛等（Jahanshahloo et al.）将 FDH 模型拓展为区间 FDH 模型，并将其转化为两个确定型的线性规划模型进行求解，得到区间效率值的上下界。斯米尔丽斯等（Smirlis et al.）提出了一种求解输入输出指标中含有缺失值的 DEA 方法。塔罗等（Toloo et al.）提出了一种新的区间 DEA 方法，用来求解整体利润效率。贾汉沙洛等（Jahanshahloo et al.）将广义 DEA 模型拓展为广义区间 DEA 模型（interval generalized DEA 模型，简称 IGDEA 模型），并对 IGDEA 模型与其他区间模型的关系进行了分析与讨论。

DEA 方法是评价多输入、多输出同类部门间相对有效性的一种重要方法。它被逐渐应用于各种行业评价，如交通、医药、电信、银行、保险、证券、财政、体育产业等。从整体来看，尽管 DEA 方法的应用已经十分广泛，但是其中有关区间 DEA 模型的应用研究却相对较少。区间 DEA 方法首先被应用于电话公司的效率评价中，随后在金融领域、项目投资评价、服务业、教育业等领域的效率评价中得到了一定的应用。本节将建立基于区间 DEA 的投资组合模型，以下为模型构建过程：

假设投资者在不确定环境下对 n 种证券进行选择，第 i 个证券的收益率为 r_i^I；$x_i \in \Omega$ 表示第 i 个证券所占的比例，其中 Ω 为凸集，为投资比例的集合；$R_i^I = Er_i^I$ 表示第 i 个证券的期望收益率区间；σ_i^2 表示第 i 个证券的方差，令 $Q = ((\sigma_{ij})^I)_{n \times n}$ 为收益向量 r_i^I 的区间形式的协方差矩阵，且为正定矩阵，其中 i，$j = 1, 2, \cdots, n$。对于任意投资组合用期望收益区间 $R^I(x) = \sum_{i=1}^{n} R_i^I x_i$ 来表示投资组合的收益范围，并用区间形式的标准差 $\sigma^I(x) = \sqrt{\sum_{i=1}^{n} \sum_{j=1}^{n} x_i \sigma_{ij}^I x_j}$ 表示组合的风险。依据 DEA 各个模型下的效率估计形式可建立不确定环境下基于区间 DEA 各个模型下的投资组合的效率估计模型。

7.2.1　区间 CCR 模型下的效率估计模型

$$\min \theta$$

$$\text{s. t.} \begin{cases} \sum_{j=1}^{n} \lambda_j \sigma_j^I \leqslant \theta \sigma_0^I \\ \sum_{j=1}^{n} \lambda_j R_j^I \geqslant R_0^I \\ \lambda_j \geqslant 0, \ j = 1, 2, \cdots, n \end{cases} \tag{7-10}$$

根据区间 DEA 模型（2-14）的求解方法，可将模型（7-10）转化为模型（7-11）和模型（7-12）进行求解。

$$\min \theta^I$$

$$\text{s. t.} \begin{cases} \sum_{j=1, \ \neq j_0}^{n} \lambda_j \sigma_j^l + \lambda_{j_0} \sigma_{j_0}^u \leqslant \theta \sigma_{j_0}^u \\ \sum_{j=1, \ \neq j_0}^{n} \lambda_j R_j^u + \lambda_{j_0} R_{j_0}^l \geqslant R_{j_0}^l \\ \lambda_j \geqslant 0, \ j \in N_n \end{cases} \tag{7-11}$$

$$\min\theta^u$$

$$\text{s. t.} \begin{cases} \sum_{j=1,\ \neq j_0}^{n} \lambda_j \sigma_j^u + \lambda_{j_0} \sigma_{j_0}^l \leqslant \theta \sigma_{j_0}^l \\ \sum_{j=1,\ \neq j_0}^{n} \lambda_j R_j^l + \lambda_{j_0} R_{j_0}^u \geqslant R_{j_0}^u \\ \lambda_j \geqslant 0,\ j \in N_n \end{cases} \qquad (7-12)$$

7.2.2　区间 BCC 模型下的效率估计模型

$$\min\theta$$

$$\text{s. t.} \begin{cases} \sum_{j=1}^{n} \lambda_j \sigma_j^l \leqslant \theta \sigma_0^l \\ \sum_{j=1}^{n} \lambda_j R_j^l \geqslant R_0^l \\ \sum_{j=1}^{n} \lambda_j = 1,\ \lambda_j \geqslant 0,\ j = 1,\ 2,\ \cdots n \end{cases} \qquad (7-13)$$

类似模型（7-10）的处理方法，可将模型（7-13）转化为模型（7-14）和模型（7-15）进行求解。

$$\min\theta^l$$

$$\text{s. t.} \begin{cases} \sum_{j=1,\ \neq j_0}^{n} \lambda_j \sigma_j^l + \lambda_{j_0} \sigma_{j_0}^u \leqslant \theta \sigma_{j_0}^u \\ \sum_{j=1,\ \neq j_0}^{n} \lambda_j R_j^u + \lambda_{j_0} R_{j_0}^l \geqslant R_{j_0}^l \\ \sum_{j=1}^{n} \lambda_j = 1,\ \lambda_j \geqslant 0,\ j \in N_n \end{cases} \qquad (7-14)$$

$$\min\theta^u$$

$$\text{s. t.} \begin{cases} \sum_{j=1,\ \neq j_0}^{n} \lambda_j \sigma_j^u + \lambda_{j_0} \sigma_{j_0}^l \leqslant \theta \sigma_{j_0}^l \\ \sum_{j=1,\ \neq j_0}^{n} \lambda_j R_j^l + \lambda_{j_0} R_{j_0}^u \geqslant R_{j_0}^u \\ \sum_{j=1}^{n} \lambda_j = 1,\ \lambda_j \geqslant 0,\ j \in N_n \end{cases} \qquad (7-15)$$

7.2.3 无导向下，$\overline{PE}_{R\sigma}$ 测度下效率估计模型

$$\min\rho = \left(1 - \frac{s^-}{\sigma_{j_0}^I}\right) \bigg/ \left(1 + \frac{s^+}{R_{j_0}^I}\right)$$

$$\text{s. t.} \begin{cases} \sum_{j=1}^{n} \lambda_j \sigma_j^I + s^- = \sigma_{j_0}^I \\ \sum_{j=1}^{n} \lambda_j R_j^I - s^+ = R_{j_0}^I \\ \sum_{j=1}^{n} \lambda_j = 1, \ \lambda_j \geqslant 0, \ j = 1, \ 2, \ \cdots, \ n \\ s^-, \ s^+ \geqslant 0 \end{cases} \qquad (7-16)$$

7.3 实例分析

7.3.1 投资应用 1

为了验证基于 DEA 评价投资组合模型的适用性，我们选择了上海证券交易所 21 只股票（2006 年 3 月至 2019 年 3 月），分别为：浦发银行（600000），白云机场（600004），东风汽车（600006），中国国贸（600007），首创股份（600008），上海机场（600009），包钢股份（600010），华能国际（600011），皖通高速（600012）华夏银行（600015），民生银行（600016），宝钢股份（600019），中原高速（600020），上海电力（600021），山东钢铁（600022），中远海能（600026），华电国际（600027），中国石化（600028），南方航空（600029），中信证券（600030），三一重工（600031）。每只股票的月开盘价、收盘价和换手率都可以从 Wind 数据库中获得，因此我们可以计算这 21 只股票分别在 8 个不同时间段（1 个月、3 个月、6 个月、12 个月、24 个月、36 个月、48 个月以及 72 个月）的预期收益率和方差风险（如表 7-1、表 7-2 所示）。

表 7-1　21 只股票各个时段的预期收益

序号	1 个月	3 个月	6 个月	12 个月	24 个月	36 个月	48 个月	72 个月
1	0.006 982	0.028 419	0.072 021	0.084 311	−0.070 521	−0.036 671	−0.175 879	−0.273 294
2	0.009 170	0.033 929	0.077 244	0.153 865	0.088 987	0.189 496	0.109 493	0.178 904
3	0.011 836	0.044 556	0.080 335	0.202 293	0.141 518	0.483 957	0.112 495	0.066 292
4	0.013 160	0.036 477	0.072 057	0.115 075	0.076 992	0.116 888	0.117 344	0.125 818
5	0.008 618	0.028 484	0.079 916	0.213 047	0.138 154	0.132 783	0.071 485	−0.227 551
6	0.013 225	0.048 782	0.098 953	0.191 219	0.256 893	0.431 292	0.608 633	1.366 373
7	0.008 075	0.033 640	0.068 023	0.064 126	−0.049 854	−0.067 634	−0.115 331	0.002 422
8	0.007 648	0.022 665	0.050 496	0.102 261	0.037 790	0.050 324	0.087 265	0.070 295
9	0.007 089	0.023 264	0.050 106	0.115 150	0.243 039	0.363 551	0.009 982	0.090 997
10	0.009 694	0.029 468	0.067 224	0.112 912	0.036 716	0.073 915	0.086 288	0.057 275
11	0.008 396	0.028 103	0.076 973	0.053 324	0.008 002	−0.102 492	0.062 047	−0.250 202
12	0.011 366	0.037 755	0.081 610	0.115 652	0.006 870	−0.018 084	−0.079 284	−0.053 046
13	0.005 773	0.019 862	0.066 457	0.089 985	0.037 274	0.234 013	−0.065 325	0.035 426
14	0.013 351	0.041 823	0.104 248	0.180 034	0.171 972	0.430 258	0.273 919	0.352 184
15	0.004 775	0.020 276	0.053 507	0.029 187	−0.191 914	−0.243 332	−0.385 227	−0.498 974
16	0.008 935	0.028 176	0.089 319	0.160 155	−0.031 629	0.045 429	−0.212 212	−0.297 397
17	0.012 076	0.038 814	0.074 633	0.211 941	0.126 307	0.229 695	0.298 221	0.248 694
18	0.007 770	0.023 319	0.047 836	0.100 867	−0.086 441	−0.057 252	−0.177 632	−0.255 730
19	0.020 760	0.082 379	0.213 082	0.589 891	0.310 118	0.273 372	0.399 338	0.327 100
20	0.021 931	0.081 649	0.136 152	0.233 215	0.071 025	−0.035 850	0.208 236	−0.156 850
21	0.015 405	0.049 422	0.075 999	0.067 349	−0.101 830	−0.170 346	−0.343 940	−0.441 944

表 7-2　21 只股票各个时段的风险

序号	1 个月	3 个月	6 个月	12 个月	24 个月	36 个月	48 个月	72 个月
1	0.115 392	0.251 552	0.394 934	0.586 685	0.344 557	0.588 666	0.343 088	0.261 197
2	0.094 390	0.198 498	0.375 394	0.602 613	0.306 699	0.577 561	0.150 420	0.238 586
3	0.135 205	0.296 999	0.437 529	0.744 541	0.554 443	1.179 096	0.411 698	0.137 721

序号	1个月	3个月	6个月	12个月	24个月	36个月	48个月	72个月
4	0.114 820	0.187 025	0.303 941	0.457 029	0.281 885	0.377 970	0.317 720	0.011 806
5	0.152 354	0.269 035	0.427 625	0.893 090	0.819 243	0.822 465	0.658 599	0.012 449
6	0.101 373	0.186 992	0.315 694	0.449 877	0.440 353	0.704 188	0.864 212	1.707 463
7	0.142 781	0.281 950	0.434 775	0.576 285	0.386 705	0.448 454	0.408 979	0.728 348
8	0.115 410	0.205 964	0.278 194	0.493 338	0.181 455	0.195 424	0.346 201	0.036 682
9	0.116 976	0.213 272	0.305 877	0.509 323	0.815 894	1.219 903	0.031 306	0.401 577
10	0.116 891	0.228 348	0.314 991	0.569 498	0.293 449	0.431 678	0.429 784	0.343 266
11	0.110 241	0.237 611	0.396 938	0.432 714	0.436 193	0.253 109	0.856 288	0.020 790
12	0.120 719	0.252 068	0.360 849	0.554 652	0.333 011	0.294 205	0.160 697	0.382 289
13	0.115 753	0.211 218	0.363 644	0.486 126	0.427 975	1.064 501	0.177 671	0.539 681
14	0.132 121	0.248 286	0.467 974	0.553 384	0.429 410	1.103 305	0.541 812	0.393 506
15	0.145 225	0.304 152	0.428 385	0.626 685	0.302 157	0.422 536	0.205 390	0.215 869
16	0.130 045	0.246 392	0.474 594	0.871 492	0.512 771	0.727 356	0.232 462	0.254 294
17	0.135 503	0.257 525	0.418 251	0.758 583	0.362 717	0.549 355	0.680 414	0.043 110
18	0.112 270	0.188 505	0.309 982	0.624 104	0.125 135	0.422 025	0.049 082	0.014 502
19	0.164 782	0.391 614	0.707 527	1.721 837	0.882 222	0.661 186	0.832 654	0.371 110
20	0.171 427	0.379 015	0.541 735	0.896 317	0.716 285	0.409 591	1.149 807	0.355 203
21	0.155 296	0.310 723	0.458 080	0.656 340	0.447 824	0.423 060	0.167 787	0.229 480

我们采用基于 DEA 的证券投资组合模型（7-7）求得 VRS 模式下 21 只股票在各个时段的效率值（如表 7-3 所示），应用中所涉及的讨论方法与马立杰（2007）类似，其计算过程参见附录中的结果。由表 7-3 可知，这 21 只股票中，在 8 个不同时段上若存在两个及两个以上时段的证券效率值为 1，则说明其在所有证券中为相对有效。因此，表 7-3 结果表明 2、6、8、19、20 这 5 只股票分别有两个及两个以上时段的效率值为 1，即 2、6、8、19、20 这 5 只股票较为有效。此外，根据 1 个月时段的收益与风险值，在随机生成 10、50 及 500 组不同投资比例的样本量时，由基于 DEA 的证券投资组合模型（7-7）

可求出相对效率值，根据效率值，可作出基于 DEA 有效投资组合所得前沿面逼近真实前沿面的情况（如图 7-6 至图 7-8 所示）。

表 7-3　基于 DEA 模型求得的 21 只股票各个时段的效率值

序号	1 个月	3 个月	6 个月	12 个月	24 个月	36 个月	48 个月	72 个月
1	0. 817 998	0. 743 351	0. 746 583	0. 744 131	0. 384 123	0. 331 978	0. 091 247	0. 045 199
2	1	0. 942 032	0. 796 211	0. 738 829	0. 788 889	0. 660 157	1	0. 106 168
3	0. 732 091	0. 629 603	0. 688 607	0. 651 684	0. 548 34	1	0. 375 796	0. 085 723
4	0. 881 908	0. 999 823	0. 970 187	0. 963 614	0. 808 05	0. 752 22	0. 508 778	1
5	0. 619 545	0. 695 045	0. 703 797	0. 581 708	0. 366 251	0. 371 499	0. 159 316	0. 948 369
6	1	1	1	1	1	1	1	1
7	0. 661 083	0. 663 209	0. 671 054	0. 753 202	0. 366 486	0. 435 774	0. 076 547	0. 016 209
8	0. 817 868	0. 907 884	1	0. 889 461	1	1	0. 357 637	0. 321 845
9	0. 806 919	0. 876 774	0. 909 497	0. 864 695	0. 519 655	0. 503 091	1	0. 029 399
10	0. 815 223	0. 818 89	0. 924 277	0. 772 84	0. 616 695	0. 525 691	0. 285 361	0. 034 393
11	0. 856 216	0. 786 967	0. 752 469	1	0. 385 039	0. 772 096	0. 109 342	0. 567 851
12	0. 813 226	0. 741 829	0. 837 67	0. 794 141	0. 502 8	0. 664 246	0. 194 813	0. 030 882
13	0. 815 446	0. 885 301	0. 798 985	0. 899 515	0. 423 439	0. 414 026	0. 176 202	0. 021 875
14	0. 774 958	0. 753 131	0. 713 441	0. 810 441	0. 791 803	0. 637 001	0. 711 607	0. 501 183
15	0. 649 956	0. 614 797	0. 654 842	0. 690 481	0. 414 139	0. 462 504	0. 152 422	0. 054 69
16	0. 725 829	0. 758 918	0. 649 478	0. 511 778	0. 292 498	0. 268 678	0. 134 671	0. 046 426
17	0. 733 521	0. 726 111	0. 709 796	0. 680 2	0. 788 63	0. 791 773	0. 617 726	1
18	0. 840 743	0. 991 973	0. 897 454	0. 702 818	1	0. 463 063	0. 637 825	0. 814 104
19	0. 983 155	1	1	1	1	0. 746 074	0. 678 446	0. 430 778
20	1	1	0. 818 491	0. 651 402	0. 308 155	0. 477 121	0. 253 632	0. 033 237
21	0. 765 75	0. 613 816	0. 650 388	0. 661 943	0. 279 429	0. 461 93	0. 186 582	0. 051 446

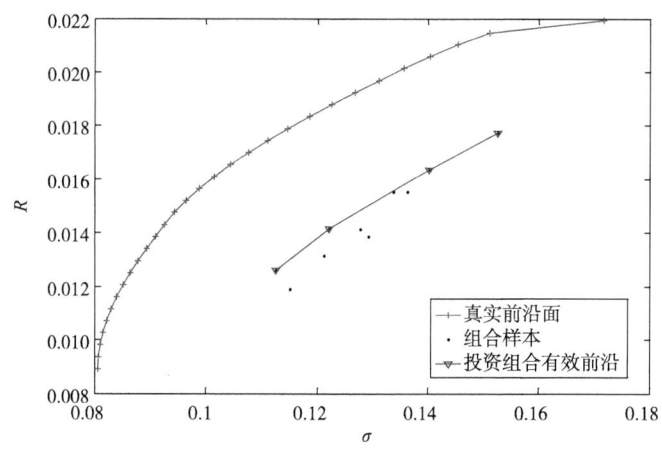

图 7-6　基于 DEA 模型的 10 个投资组合收敛性真实前沿面的示意图

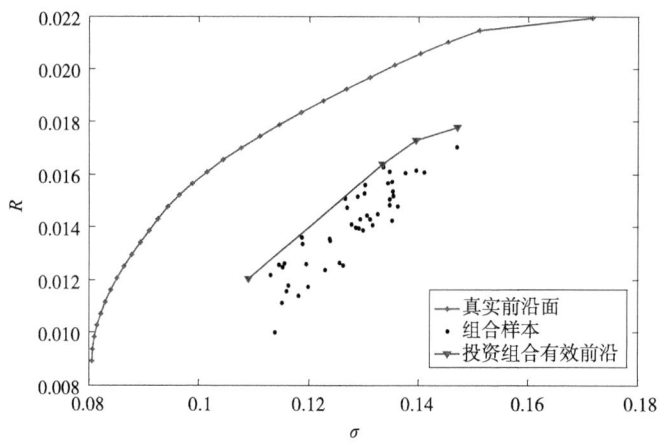

图 7-7　基于 DEA 模型的 50 个投资组合收敛性真实前沿面的示意图

　　由图 7-6 至图 7-8 可直观形象地得出，当随机生成的投资组合的样本量个数越来越多时，其基于 DEA 证券投资组合的有效前沿面越来越接近真实前沿面，这与基于 DEA 的投资组合效率评价的收敛性定理相符合。

　　接下来，我们选取相对有效的 2、6、8、19、20 这 5 只股票，分别考虑上述 8 个不同时间段内由这 5 只股票随机产生的 10 种组合，然后根据模型 (7-7) 从每一时间段的 10 种有效组合中计算选取最有效的一组组合。表 7-4 展示了这 5 只股票 10 种组合在 1 个月的效率值，同理可求得这 5 只股票 10 种

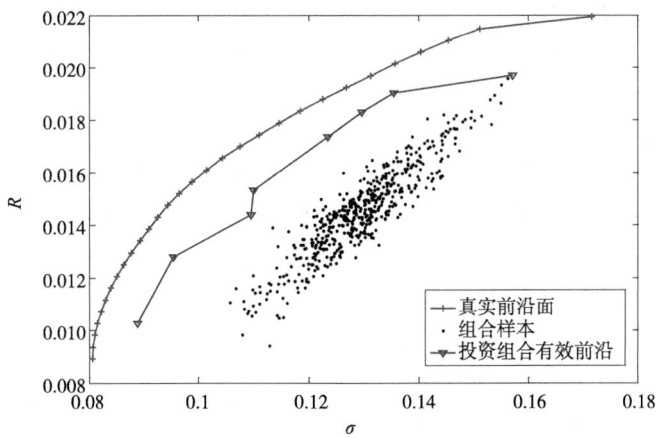

图 7-8　基于 DEA 模型的 500 个投资组合收敛性真实前沿面的示意图

组合在 3 个月、6 个月、12 个月、24 个月、36 个月、48 个月、72 个的月效率值（如表 7-5 所示），最后汇总可得 5 只股票各个时段的最优证券投资组合（如表 7-6 所示）。

表 7-4　基于 DEA 模型求得的 5 只股票 10 种组合在 1 个月的效率值

10 种组合	投资比例					风险	收益	DEA 值	排序
DMU	x1	x2	x3	x4	x5	可能性风险	可能性收益	效率值	Rank
1	0. 145 857	0. 359 168	0. 346 167	0. 085 927	0. 062 881	0. 115 067	0. 011 898	0. 885 426	10
2	0. 191 122	0. 368 060	0. 130 537	0. 224 449	0. 085 832	0. 122 116	0. 014 160	0. 992 983	4
3	0. 242 165	0. 082 228	0. 163 091	0. 225 341	0. 287 175	0. 136 378	0. 015 532	0. 975 233	5
4	0. 467 506	0. 266 683	0. 067 558	0. 072 758	0. 125 495	0. 112 462	0. 012 593	0. 958 896	6
5	0. 272 777	0. 082 504	0. 264 200	0. 079 013	0. 301 506	0. 129 309	0. 013 866	0. 918 229	9
6	0. 185 471	0. 104 184	0. 133 060	0. 326 468	0. 250 816	0. 140 217	0. 016 374	1	1
7	0. 108 716	0. 256 851	0. 180 935	0. 169 947	0. 283 551	0. 133 794	0. 015 524	0. 993 595	3
8	0. 104 129	0. 275 843	0. 274 579	0. 138 594	0. 206 854	0. 127 779	0. 014 117	0. 946 03	7
9	0. 031 955	0. 022 728	0. 223 609	0. 328 239	0. 393 470	0. 152 666	0. 017 747	0. 995 458	2
10	0. 085 625	0. 374 930	0. 309 391	0. 007 845	0. 222 209	0. 121 182	0. 013 146	0. 928 94	8

表7-5 基于DEA模型求得的5只股票10种组合在其他各个月的效率值

DMU	1个月 风险	收益	DEA值 效率值	排序	3个月 风险	收益	DEA值 效率值	排序
1	0.115 067	0.011 898	0.885 426	10	0.224 895	0.042 528	0.908 323 4	9
2	0.122 116	0.014 160	0.992 983	4	0.254 076	0.052 896	1	1
3	0.136 378	0.015 532	0.975 233	5	0.294 126	0.057 935	0.946 125 2	8
4	0.112 462	0.012 593	0.958 896	6	0.232 639	0.046 643	0.963 040 5	4
5	0.129 309	0.013 866	0.918 229	9	0.269 207	0.050 394	0.899 161 9	10
6	0.140 217	0.016 374	1	1	0.306 615	0.061 764	0.967 571 5	3
7	0.133 794	0.015 524	0.993 595	3	0.280 899	0.057 471	0.982 744 5	2
8	0.127 779	0.014 117	0.946 03	7	0.261 479	0.051 519	0.946 396 6	7
9	0.152 666	0.017 747	0.995 458	2	0.334 322	0.066 428	0.954 385 2	5
10	0.121 182	0.013 146	0.928 94	8	0.238 121	0.046 997	0.948 006 5	6

DMU	6个月 风险	收益	DEA值 效率值	排序	12个月 风险	收益	DEA值 效率值	排序
1	0.359 303	0.091 158	0.929 190 8	7	0.624 568	0.191 873 837	0.935 385 87	3
2	0.429 557	0.117 288	1	1	0.808 55	0.265 553 86	1	1
3	0.477 245	0.122 193	0.937 724 18	6	0.908 783	0.269 562 328	0.903 136 17	8
4	0.397 947	0.098 502	0.906 546 53	9	0.672 789	0.202 023 089	0.914 274 14	6
5	0.421 184	0.100 462	0.873 574 46	10	0.738 128	0.201 689 297	0.831 966 26	10
6	0.506 392	0.135 068	0.976 865 69	2	1.011 216	0.313 140 978	0.942 866 95	2
7	0.446 084	0.117 769	0.966 902 92	4	0.817 1	0.250 723 594	0.934 274 79	4
8	0.412 677	0.106 9	0.948 712 6 8	5	0.746 348	0.226 843 799	0.925 422 26	5
9	0.526 772	0.139 522	0.970 038 51	3	1.057 644	0.317 517 528	0.914 076 74	7
10	0.362 506	0.091 264	0.922 042 48	8	0.585 583	0.172 957 261	0.899 300 68	9

DMU	24个月 风险	收益	DEA值 效率值	排序	36个月 风险	收益	DEA值 效率值	排序
1	0.386 556	0.149 442	1	1	0.487 381 7	0.221 202	1	1
2	0.503 874	0.192 194	0.986 636 7	2	0.578 636 7	0.259 808	0.989 298 911	2
3	0.544 575	0.139 115	0.660 779 4	8	0.496 257 5	0.140 868	0.625 438 502	8

续表

DMU	24个月 风险	收益	DEA值 效率值	排序	36个月 风险	收益	DEA值 效率值	排序
4	0.427 156	0.144 141	0.872 849 1	3	0.570 518 8	0.222 4	0.858 903 41	4
5	0.453 603	0.101 37	0.578 060 4	10	0.443 011 1	0.111 36	0.553 853 698	9
6	0.594 579	0.167 355	0.728 060 2	7	0.525 077 1	0.167 031	0.700 898 626	7
7	0.532 314	0.155 338	0.754 828 2	6	0.507 527 1	0.176 778	0.767 448 157	6
8	0.473 665	0.148 177	0.809 184 4	5	0.484 407 5	0.182 991	0.832 336 439	5
9	0.631 8	0.146 871	0.601 307	9	0.456 348 1	0.102 736	0.496 029 187	10
10	0.413 589	0.133 844	0.837 079 9	4	0.470 139 1	0.187 678	0.879 564 419	3

DMU	48个月 风险	收益	DEA值 效率值	排序	72个月 风险	收益	DEA值 效率值	排序
1	0.596 029	0.312 188	0.975 478 8	2	0.714 987	0.559 429 505	1	1
2	0.677 601	0.363 836	1	1	0.792 619	0.606 230 354	0.977 521 1	2
3	0.681 778	0.240 582	0.657 185 9	8	0.389 793	0.195 808 53	0.642 023 6	8
4	0.529 059	0.274 584	0.966 584 4	3	0.640 947	0.456 891 385	0.911 053 1	3
5	0.616 263	0.197 475	0.596 779 9	9	0.352 063	0.158 658 01	0.575 963 1	9
6	0.724 226	0.277 929	0.714 708 2	7	0.437 268	0.252 336 354	0.737 539 1	7
7	0.768 503	0.310 933	0.753 511 7	6	0.634 926	0.394 237 514	0.793 574 9	6
8	0.702 352	0.301 67	0.799 918 7	5	0.630 816	0.427 724 1	0.866 590 4	5
9	0.827 586	0.249 858	0.562 275 2	10	0.316 208	0.098 141 605	0.396 673 5	10
10	0.706 04	0.313 974	0.828 196	4	0.753 798	0.517 074 142	0.876 700 1	4

表7-6 5只股票各个时段的最优证券投资组合

证券	1个月	3个月	6个月	12个月	24个月	36个月	48个月	72个月
2	0.001 701	0.006 485	0.014 763	0.029 407	0.012 979	0.027 639	0.020 926	0.026 094
	0.017 507	0.037 937	0.071 746	0.115 172	0.044 734	0.084 241	0.028 749	0.034 799
6	0.001 378	0.017 955	0.036 421	0.070 380	0.092 268	0.154 906	0.224 014	0.490 758
	0.010 561	0.068 824	0.116 194	0.165 582	0.158 161	0.252 922	0.318 082	0.613 267
8	0.001 018	0.002 959	0.006 592	0.013 349	0.013 082	0.017 420	0.011 391	0.024 334
	0.015 356	0.026 886	0.036 315	0.064 399	0.062 814	0.067 649	0.045 192	0.012 698

续表

证券	1个月	3个月	6个月	12个月	24个月	36个月	48个月	72个月
19	0.006 777	0.018 490	0.047 826	0.132 401	0.026 648	0.023 490	0.089 631	0.028 107
	0.053 796	0.087 897	0.158 804	0.386 465	0.075 807	0.056 814	0.186 889	0.031 888
20	0.005 501	0.007 008	0.011 686	0.020 017	0.004 466	−0.002 254	0.017 873	−0.009 863
	0.042 997	0.032 531	0.046 498	0.076 932	0.045 041	0.025 755	0.098 690	0.022 335
最优	0.016 374	0.052 896	0.117 288	0.265 554	0.149 443	0.221 202	0.363 836	0.559 430
组合	0.140 217	0.254 076	0.429 557	0.808 550	0.386 556	0.487 382	0.677 601	0.714 988
DEA 值	1	0.704 008	0.575 067	0.499 597	0.727 079	0.732 5	0.749 661	1

注：表中每只股票对应的两行数据分别表示其期望收益和风险。

在表 7-6 中，每一列表示的是每一只股票分别在 8 个不同时间段由 5 只股票投资组合达到最优时所得的预期收益和风险值。表 7-6 倒数第二行的结果表明 5 只股票的组合分别在 8 个不同时间段上的最优投资组合的预期收益率与风险值。根据最优组合的期望收益与风险值，采用 DEA 模型（7-9）来评价这 8 个不同时段上的最优投资组合，进而可得到最后一行所示的效率值。根据效率值我们可得出以下结论：1 个月和 72 个月的效率值达到最高值 1，而在另外 6 个时段下效率值均小于 1，这说明上述的几个有效最优证券投资组合比较适合短期以及长期的投资计划，这样的投资方能使得投资者在较小的风险下极大化自己的收益。

7.3.2　投资应用 2

为了验证本章所提出的区间 DEA 效率估计模型，我们选择了上海证券交易所 21 只股票（2006 年 3 月至 2019 年 3 月），分别为：浦发银行（600000），白云机场（600004），东风汽车（600006），中国国贸（600007），首创股份（600008），上海机场（600009），包钢股份（600010），华能国际（600011），皖通高速（600012），华夏银行（600015），民生银行（600016），宝钢股份（600019），中原高速（600020），上海电力（600021），山东钢铁（600022），中远海能（600026），华电国际（600027），中国石化（600028），南方航空

（600029），中信证券（600030），三一重工（600031）。每只股票的月开盘价、收盘价和换手率都可以从 Wind 数据库中获得，因此我们可以计算出 21 只股票的预期收益率和方差风险的区间范围。采用基于区间 DEA 证券投资组合的效率估计模型（7-10）至模型（7-15）可得出如表 7-7 所示的 21 只股票在不同模式下的区间效率值及其分类。

表 7-7　基于区间 DEA 模型求得的 21 只股票的区间效率值及其分类

| 证券 j | 投入 X $[\sigma_i, \sigma_u]$ | | 产出 Y $[R_i, R_u]$ | | 不同模式下的区间效率值 | | | | 分类 |
| | | | | | CRS | | VRS | | |
					θ_j^L	θ_j^u	θ_j^L	θ_j^u	
1	0.113 492	0.117 658	0.004 899	0.009 064	0.437 314	0.870 462	0.791 672	0.866 587	E^-
2	0.093 147	0.095 934	0.007 777	0.010 564	0.607 647	1	1	1	E^{++}
3	0.132 560	0.138 279	0.008 977	0.014 696	0.255 1	0.658 017	0.673 606	1	E^+
4	0.112 941	0.117 065	0.011 097	0.015 222	0.526 215	1	0.802 913	1	E^+
5	0.148 965	0.156 227	0.004 987	0.012 249	0.530 438	1	0.596 22	0.746 646	E^-
6	0.099 927	0.103 142	0.011 617	0.014 832	0.393 916	0.969 848	0.946 488	1	E^+
7	0.139 819	0.146 197	0.004 887	0.011 264	1.42E-14	0.215 555	0.637 124	0.732 939	E^-
8	0.113 510	0.117 677	0.005 564	0.009 731	0.631 266	1	0.791 536	0.877 473	E^-
9	0.115 022	0.119 303	0.004 949	0.009 230	0.227 029	0.584 36	0.780 752	0.857 758	E^-
10	0.114 940	0.119 215	0.007 557	0.011 831	0.243 516	0.696 713	0.781 327	0.921 203	E^-
11	0.108 515	0.112 317	0.006 494	0.010 297	0.365 452	0.898 998	0.829 307	0.927 635	E^-
12	0.118 631	0.123 191	0.009 086	0.013 645	0.463 564	0.956 637	0.756 111	1	E^+
13	0.113 841	0.118 033	0.003 677	0.007 869	0.418 765	0.980 535	0.789 15	0.844 217	E^-
14	0.129 600	0.135 061	0.010 620	0.016 081	0.420 082	0.905 118	0.690 321	1	E^+
15	0.142 157	0.148 756	0.001 476	0.008 074	0.248 638	0.759 151	0.626 166	0.678 764	E^-
16	0.127 606	0.132 897	0.006 289	0.011 580	0.397 537	0.968 521	0.700 887	0.807 733	E^-
17	0.132 846	0.138 590	0.009 203	0.014 948	0.576 683	1	0.672 094	1	E^+
18	0.110 477	0.114 420	0.005 799	0.009 742	0.527 375	1	0.814 067	0.901 743	E^-
19	0.160 796	0.169 291	0.016 513	0.025 007	0.372 557	0.950 588	0.647 275	1	E^+
20	0.167 103	0.176 297	0.017 334	0.026 528	0.446 384	0.977 348	0.651 696	1	E^+
21	0.151 771	0.159 316	0.011 633	0.019 178	0.818 169	1	0.151 771	0.191 78	E^-

根据收益及风险的区间数据，采用基于区间 DEA 模型的效率估计模型（7-10）、模型（7-13）进行求解，可得出 21 只股票不同模式下的区间效率值；根据区间效率值的分类结果，进而得出 2、4、6、12、14、19、20 这 7 只股票相对有效。故可假定投资者在不确定环境下针对上述 7 只股票进行投资，分别随机生成 20 组和 30 组不同比例的投资组合样本，采用 7.2 节中基于区间 DEA 模型的证券投资组合的效率估计模型（7-10）分别对 20 组和 30 组不同的证券投资组合进行效率估计，估计结果如表 7-8 和表 7-9 所示。

表 7-8　基于区间 DEA 模型求得的 7 只股票的 20 个随机组合区间效率值及其分类

组合	投资比例							风险	收益	效率值	
	x1	x2	x3	x4	x5	x6	x7	可能性风险	可能性收益	θ_j^L	θ_j^u
1	0.238	0.135	0.129	0.057	0.121	0.154	0.167	0.125 3	0.130 7	0.012 1	0.017 5	0.634 4	0.960 0
2	0.090	0.084	0.225	0.009	0.202	0.208	0.182	0.131 4	0.137 3	0.013 1	0.019 0	0.652 9	0.960 6
3	0.042	0.112	0.143	0.290	0.058	0.308	0.046	0.130 1	0.135 8	0.012 4	0.018 1	0.625 5	0.960 3
4	0.137	0.104	0.163	0.150	0.189	0.187	0.070	0.124 8	0.130 1	0.011 8	0.017 1	0.621 7	0.959 8
5	0.197	0.056	0.009	0.209	0.141	0.135	0.254	0.132 7	0.138 7	0.012 3	0.018 3	0.607 7	0.960 4
6	0.157	0.159	0.221	0.207	0.148	0.047	0.062	0.116 2	0.120 7	0.010 8	0.015 4	0.616 7	0.959 1
7	0.235	0.008	0.130	0.045	0.260	0.189	0.133	0.127 2	0.133 2	0.012	0.017 6	0.620 7	0.960 0
8	0.242	0.031	0.351	0.022	0.037	0.268	0.050	0.119 8	0.124 8	0.012 2	0.017 1	0.669 7	0.959 7
9	0.176	0.175	0.155	0.032	0.142	0.111	0.209	0.126 6	0.132 1	0.012 4	0.017 9	0.642 6	0.960 1
10	0.192	0.237	0.134	0.128	0.244	0.025	0.039	0.115 5	0.119 9	0.010 5	0.015 0	0.603 0	0.954 6
11	0.054	0.123	0.261	0.252	0.019	0.125	0.165	0.125 2	0.130 5	0.012 2	0.017 6	0.644 2	0.960 0
12	0.122	0.192	0.183	0.085	0.126	0.005	0.287	0.126 5	0.132 0	0.012 4	0.017 9	0.643 6	0.960 1
13	0.064	0.040	0.142	0.075	0.187	0.129	0.363	0.139 2	0.145 8	0.013 7	0.020 3	0.650 3	0.947 9
14	0.236	0.014	0.190	0.069	0.109	0.141	0.242	0.127 8	0.133 5	0.012 5	0.018 1	0.642 4	0.960 2
15	0.097	0.228	0.070	0.163	0.155	0.125	0.162	0.128 4	0.134 0	0.012	0.017 5	0.620 1	0.960 1
16	0.244	0.065	0.047	0.365	0.063	0.012	0.205	0.122 3	0.127 4	0.010 9	0.016 0	0.587 0	0.959 4
17	0.238	0.180	0.051	0.099	0.124	0.265	0.042	0.125 2	0.130 5	0.011 8	0.017 1	0.619 3	0.959 8
18	0.276	0.208	0.121	0.062	0.138	0.156	0.039	0.118 1	0.122 8	0.011 1	0.015 9	0.622 5	0.973 7
19	0.200	0.077	0.131	0.198	0.086	0.099	0.210	0.125 9	0.131 3	0.011 9	0.017 3	0.622 2	0.959 9
20	0.069	0.215	0.256	0.190	0.090	0.152	0.028	0.119 6	0.124 4	0.011 6	0.016 4	0.638 6	1.000 0

表 7-9 基于区间 DEA 模型求得的 7 只股票的 30 个随机组合的区间效率值及其分类

组合	投资比例							风险		收益		效率值	
	x1	x2	x3	x4	x5	x6	x7	可能性风险		可能性收益		θ_j^L	θ_j^u
1	0.058	0.162	0.309	0.134	0.028	0.207	0.102	0.145 367	0.152 498	0.016 041	0.023 172	0.642 2	0.988 2
2	0.068	0.361	0.251	0.094	0.052	0.104	0.070	0.137 034	0.143 510	0.014 689	0.021 165	0.635 4	0.975 3
3	0.087	0.256	0.144	0.067	0.118	0.180	0.148	0.137 028	0.143 521	0.014 575	0.021 068	0.624 5	0.975 9
4	0.193	0.273	0.121	0.237	0.050	0.018	0.108	0.134 898	0.141 080	0.015 314	0.021 497	0.592 4	0.975 0
5	0.166	0.076	0.197	0.123	0.069	0.188	0.182	0.135 372	0.141 608	0.015 397	0.021 633	0.623 6	0.975 9
6	0.196	0.059	0.066	0.180	0.162	0.114	0.223	0.132 401	0.138 519	0.013 742	0.019 860	0.592 1	0.975 9
7	0.117	0.244	0.120	0.124	0.189	0.095	0.111	0.143 823	0.150 769	0.016 078	0.023 023	0.601 3	0.975 5
8	0.033	0.191	0.142	0.163	0.200	0.055	0.215	0.136 313	0.142 657	0.014 928	0.021 272	0.605 9	0.975 9
9	0.269	0.087	0.215	0.101	0.081	0.051	0.197	0.140 642	0.147 360	0.015 322	0.022 041	0.616 5	0.969 6
10	0.153	0.237	0.076	0.050	0.123	0.136	0.224	0.140 447	0.147 211	0.015 450	0.022 214	0.617 1	0.976 0
11	0.060	0.024	0.287	0.013	0.062	0.318	0.236	0.138 756	0.145 338	0.014 771	0.021 352	0.675 6	0.976 6
12	0.138	0.206	0.202	0.128	0.070	0.030	0.226	0.142 250	0.149 103	0.015 971	0.022 824	0.622 4	1.000 0
13	0.331	0.322	0.218	0.031	0.025	0.062	0.011	0.137 465	0.143 959	0.014 745	0.021 238	0.621 6	0.974 5
14	0.179	0.036	0.157	0.195	0.139	0.093	0.202	0.135 341	0.141 642	0.014 749	0.021 049	0.600 1	0.975 7
15	0.099	0.104	0.256	0.164	0.085	0.239	0.053	0.127 842	0.133 438	0.014 355	0.019 950	0.623 2	0.975 7
16	0.254	0.061	0.023	0.020	0.212	0.225	0.204	0.132 183	0.138 172	0.015 073	0.021 062	0.602 2	0.976 2
17	0.175	0.221	0.107	0.181	0.097	0.217	0.000	0.134 935	0.141 200	0.014 441	0.020 706	0.597 4	0.975 4
18	0.274	0.159	0.097	0.156	0.084	0.044	0.186	0.145 989	0.153 225	0.016 131	0.023 366	0.596 2	0.975 4
19	0.186	0.216	0.095	0.068	0.094	0.089	0.252	0.140 175	0.146 866	0.015 550	0.022 240	0.617 1	0.975 9
20	0.159	0.061	0.127	0.161	0.178	0.189	0.125	0.139 671	0.146 387	0.014 567	0.021 284	0.599 1	0.975 8
21	0.021	0.067	0.266	0.127	0.203	0.240	0.076	0.136 854	0.143 226	0.015 329	0.021 700	0.622 3	0.862 6
22	0.249	0.103	0.003	0.345	0.010	0.177	0.113	0.134 719	0.141 005	0.014 549	0.020 835	0.574 3	0.969 3
23	0.048	0.156	0.216	0.002	0.176	0.189	0.214	0.144 767	0.151 888	0.016 238	0.023 359	0.637 6	0.976 3
24	0.196	0.024	0.104	0.165	0.128	0.192	0.190	0.135 105	0.141 359	0.014 717	0.020 970	0.602 1	0.976 0
25	0.337	0.023	0.153	0.112	0.047	0.047	0.281	0.135 267	0.141 563	0.014 219	0.020 515	0.611 2	0.975 6
26	0.134	0.241	0.253	0.105	0.095	0.058	0.114	0.140 942	0.147 684	0.015 336	0.022 078	0.624 7	0.975 3
27	0.107	0.185	0.175	0.105	0.054	0.169	0.205	0.133 681	0.139 803	0.014 576	0.020 698	0.629 5	1.000 0

续表

组合	投资比例							风险		收益		效率值	
	x1	x2	x3	x4	x5	x6	x7	可能性风险		可能性收益		θ_j^L	θ_j^u
28	0.076	0.161	0.104	0.103	0.187	0.192	0.177	0.138 053	0.144 550	0.014 810	0.021 307	0.611 4	0.976 2
29	0.230	0.146	0.162	0.184	0.029	0.072	0.179	0.147 850	0.155 219	0.016 534	0.023 902	0.608 7	0.975 4
30	0.095	0.240	0.083	0.012	0.093	0.174	0.303	0.139 228	0.145 832	0.015 358	0.021 961	0.632 6	0.976 5

由表 7-8 和表 7-9 所示的结果可知，在不确定环境下，采用区间 DEA 对不同比例证券投资组合模型进行效率估计时，可得出相应的区间效率值，根据区间效率值的结果，投资者可按照相应的投资者比例选取相对有效的投资组合进行决策，这更有利于投资者合理分配自己的相关资产。而仿真的结果表明，无论在相对有效的证券中随机生成多少组证券投资组合，都可以采用区间 DEA 模型估计出相对有效的组合，在此种情况下，投资者总能根据数值实验的结果做出最优的投资组合策略。此外，在相对有效的投资组合中，投资者可获取这一组投资组合的预期收益及相对风险的区间范围，根据投资组合的效率值及其收益风险区间范围，投资者可使得自己的财富收益最大化，风险相对极小化。

7.3.3 投资应用 3

为了进一步验证基于 DEA 评价投资组合模型的适用性，我们选择了上海证券交易所 23 只股票（2006 年 3 月至 2019 年 3 月），分别为：白云机场（600004），上海机场（600009），华能国际（600011），南方航空（600029），中信证券（600030），三一重工（600031），福建高速（600033），招商银行（600036），黄山旅游（600054），古越龙山（600059），海信电器（600060），华润双鹤（600062），南京高科（600064），宇通客车（600066），冠城大通（600067），葛洲坝（600068），人福医药（600079），东风科技（600081），海泰发展（600082），同仁堂（600085），易见股份（600093），哈高科（600095），广州发展（600098）。每只股票的月开盘价、收盘价和换手率都可以从 Wind 数据库中获得，因此我们可以计算这 23 只股票分别在 8 个不同时间段（1 个月、3 个月、6 个月、12 个月、24 个月、36 个月、48 个月以及 72 个月）的预期收益和风险（如表 7-10、表 7-11 所示），具体的原始数据及计算过程参见附录 8、附录 11 和附录 12。同时，可基于 DEA 模型求得 23 只股票在 8 个时间段的效率值（如表 7-12 所示）。

表 7-10　23 只股票各个时段的预期收益

序号	1 个月	3 个月	6 个月	12 个月	24 个月	36 个月	48 个月	72 个月
1	0.009 17	0.033 929	0.077 244	0.153 865	0.088 987	0.189 496	0.109 493	0.178 904
2	0.013 225	0.048 782	0.098 953	0.191 219	0.256 893	0.431 292	0.608 633	1.366 373
3	0.007 648	0.022 665	0.050 496	0.102 261	0.037 79	0.050 324	0.087 265	0.070 295
4	0.020 76	0.082 379	0.213 082	0.589 891	0.310 118	0.273 372	0.399 338	0.327 1
5	0.021 931	0.081 649	0.136 152	0.233 215	0.071 025	-0.035 85	0.208 236	-0.156 85
6	0.015 405	0.049 422	0.075 999	0.067 349	-0.101 83	-0.170 35	-0.343 94	-0.441 94
7	0.001 194	0.007 676	0.005 264	0.034 588	-0.035 02	0.060 509	-0.149 93	-0.115 02
8	0.014 65	0.052 266	0.111 424	0.158 637	0.094 892	0.143 554	0.199 026	0.336 596
9	0.006 066	0.026 248	0.031 269	0.110 857	0.011 033	0.149 709	0.014 547	-0.069 56
10	0.009 245	0.033 381	0.040 225	0.007 042	-0.039 27	-0.167 28	-0.257 14	-0.361 58
11	0.013 319	0.048 681	0.103 1	0.256 959	0.134 608	0.694 335	0.179 904	0.212 999
12	0.011 786	0.035 942	0.078 858	0.239 731	0.275 639	0.392 297	0.674 114	0.746 091
13	0.014 886	0.046 594	0.121 967	0.263 02	0.057 134	0.337 203	0.111 424	0.016 799
14	0.011 411	0.033 796	0.078 47	0.159 058	0.097 772	0.049 459	0.063 101	0.191 839
15	0.011 347	0.038 584	0.112 787	0.209 864	0.019 16	0.039 127	-0.136 57	-0.264 05
16	0.015 199	0.044 388	0.140 541	0.294 059	0.291 67	0.534 853	0.627 818	0.380 577
17	0.018 265	0.054 489	0.077 904	0.225 275	0.706 44	0.488 689	1.204 209	1.608 375
18	0.022 305	0.065 235	0.089 118	0.230 547	0.477 474	0.701 099	0.656 157	0.420 516
19	0.015 346	0.042 632	0.046 202	0.070 52	-0.035 21	-0.042 31	-0.107 08	-0.196 6
20	0.013 534	0.046 014	0.083 856	0.185 307	0.259 194	0.297 82	0.291 899	0.290 231
21	0.023 972	0.078 576	0.154 518	0.256 529	0.398 643	0.962 098	0.753 547	0.975 141
22	0.016 607	0.052 061	0.079 624	0.216 493	0.439 667	0.365 126	0.606 14	0.271 373
23	0.009 678	0.032 778	0.074 022	0.117 038	0.072 858	0.106 972	0.050 137	0.033 63

表 7-11　23 只股票各个时段的风险

序号	1 个月	3 个月	6 个月	12 个月	24 个月	36 个月	48 个月	72 个月
1	0.094 39	0.198 498	0.375 394	0.602 613	0.306 699	0.577 561	0.150 42	0.275 495
2	0.101 373	0.186 992	0.315 694	0.449 877	0.440 353	0.704 188	0.864 212	1.971 608
3	0.115 41	0.205 964	0.278 194	0.493 338	0.181 455	0.195 424	0.346 201	0.042 356
4	0.164 782	0.391 614	0.707 527	1.721 837	0.882 222	0.661 186	0.832 654	0.428 521
5	0.171 427	0.379 015	0.541 735	0.896 317	0.716 285	0.409 591	1.149 807	0.410 153
6	0.155 296	0.310 723	0.458 08	0.656 34	0.447 824	0.423 06	0.167 787	0.264 98
7	0.102 388	0.185 393	0.287 574	0.429 131	0.366 316	0.639 673	0.176 72	0.515 992
8	0.107 705	0.219 356	0.373 007	0.536 832	0.214 457	0.262 245	0.337 445	0.572 883
9	0.102 936	0.192 751	0.268 632	0.621 785	0.282 225	0.669 083	0.436 623	0.213 4
10	0.136 804	0.250 404	0.316 65	0.359 535	0.500 412	0.262 428	0.080 769	0.069 839
11	0.144 738	0.293 868	0.442 324	0.972 497	0.439 486	1.571 011	0.484 19	0.409 276
12	0.112 131	0.194 977	0.364 727	1.001 753	0.897 566	1.054 674	1.581 282	1.401 22
13	0.145 543	0.270 17	0.556 318	0.986 488	0.393 259	1.078 275	0.557 276	0.426 437
14	0.116 815	0.222 642	0.353 46	0.650 193	0.610 964	0.400 604	0.476 791	0.833 233
15	0.157 674	0.293 392	0.640 582	0.939 246	0.591 659	0.671 997	0.335 383	0.195 003
16	0.152 805	0.287 547	0.661 602	1.095 421	0.736 964	1.229 29	1.375 261	0.264 881
17	0.139 245	0.253 782	0.341 433	0.770 614	2.051 67	0.980 103	2.344 761	2.511 308
18	0.174 441	0.309 448	0.362 852	0.671 366	1.213 69	1.328 186	1.343 159	0.355 888
19	0.159 988	0.290 635	0.324 329	0.492 234	0.301 55	0.407 468	0.312 455	0.189 691
20	0.129 199	0.253 569	0.363 926	0.553 429	0.778 636	0.779 368	0.601 891	0.292 115
21	0.152 281	0.311 97	0.538 941	0.747 736	0.684 747	1.493 965	1.011 321	0.641 627
22	0.167 989	0.328 25	0.442 384	0.708 717	1.183 652	0.872	1.576 898	0.689 206
23	0.119 657	0.220 78	0.378 828	0.533 94	0.413 219	0.474 15	0.362 394	0.331 316

　　根据表 7-12 的效率值，我们选取相对有效的 2、4、8、17、21 这 5 只股票，分别考虑上述 8 个不同时间段内由这 5 只股票随机产生的 10 种组合，然后根据模型（7-7）从每一时间段的 10 种有效组合中计算选取最有效的一组组合。表 7-13 展示了这 5 只股票 10 种组合在 1 个月的效率值，同理可求得

这 5 只股票 10 种组合在 3 个月、6 个月、12 个月、24 个月、36 个月、48 个月、72 个月的效率值（如表 7-14 所示），最后汇总可得这 5 只股票各个时段的最优证券投资组合（如表 7-15 所示）。

表 7-12 基于 DEA 模型求得的 23 只股票各个时段的效率值

序号	1 个月	3 个月	6 个月	12 个月	24 个月	36 个月	48 个月	72 个月
1	1	0.658 485	0.663 935	0.643 542	0.552 568	0.536 666	1	0.423 628
2	1	1	1	1	1	0.986 378	0.945 829	0.958 464
3	0.470 32	0.425 184	1	0.499 218	1	1	0.340 935	1
4	0.866 013	1	1	1	0.699 867	0.668 929	0.644 215	0.500 636
5	0.914 856	0.998 429	0.826 204	0.704 263	0.175 048	0.114 472	0.260 181	0.166 979
6	0.642 636	0.631 356	0.541 204	0.263 152	0.219 043	0.288 177	0.424 426	0.342 506
7	0.088 764	1	0.084 066	0.232 248	0.127 884	0.153 43	0.349 464	0.113 269
8	1	0.925 094	0.963 486	0.726 112	1	1	0.797 988	0.386 295
9	0.446 793	0.523 34	1	0.452 29	0.076 886	0.361 686	0.044 953	0.148 738
10	0.445 84	0.522 394	0.405 368	1	0.106 061	0.349 787	1	0.433 056
11	0.594 75	0.655 539	0.759 003	0.723 778	0.525 255	0.721 689	0.500 859	0.341 174
12	0.756 718	0.709 103	0.696 411	0.658 249	0.617 243	0.585 373	0.712 461	0.605 395
13	0.659 761	0.679 094	0.721 53	0.731 81	0.256 069	0.491 658	0.269 226	0.025 836
14	0.689 295	0.589 997	0.714 088	0.626 201	0.274 758	0.210 015	0.178 425	0.184 454
15	0.473 325	0.520 376	0.582 628	0.609 002	0.055 593	0.094 088	0.262 126	0.318 563
16	0.634 046	0.610 105	0.703 745	0.747 189	0.710 695	0.680 296	0.716 24	0.936 72
17	0.859 717	0.842 125	0.731 834	0.772 156	1	0.787 435	1	1
18	0.930 457	0.836 611	0.790 829	0.884 538	0.922 214	0.822 955	0.757 951	0.773 433
19	0.640 178	0.580 102	0.455 329	0.344 847	0.154 58	0.130 307	0.240 699	0.286 61
20	0.706 946	0.711 697	0.742 079	0.828 461	0.617 446	0.611 276	0.652 66	0.648 695
21	1	1	0.942 311	0.901 437	1	1	1	1
22	0.692 752	0.656 061	0.586 101	0.794 914	0.860 431	0.665 356	0.641 626	0.273 767
23	0.564 318	0.576 701	0.630 82	0.537 94	0.306 856	0.376 165	0.187 028	0.066 383

表 7-13 基于 DEA 模型求得的 5 只股票 10 种组合在 1 个月的效率值

10 种组合	投资比例					收益	风险	DEA 值	排序
DMU	x1	x2	x3	x4	x5	可能性收益	可能性风险	效率值	Rank
1	0. 199 727	0. 136 587	0. 243 559	0. 143 297	0. 276 831	0. 018 299	0. 131 096	1	1
2	0. 272 802	0. 149 148	0. 130 323	0. 198 984	0. 248 744	0. 018 211	0. 131 854	0. 989 472 2	4
3	0. 230 582	0. 175 09	0. 220 23	0. 219 797	0. 154 3	0. 017 624	0. 130 049	0. 970 899 1	8
4	0. 182 352	0. 141 211	0. 293 142	0. 114 658	0. 268 638	0. 018 172	0. 130 201	0. 999 887 1	2
5	0. 269 753	0. 204 001	0. 245 291	0. 163 296	0. 117 659	0. 017 199	0. 128 036	0. 962 382 9	9
6	0. 206 884	0. 256 125	0. 146 227	0. 139 518	0. 251 246	0. 018 767	0. 136 614	0. 984 154 6	5
7	0. 121 8	0. 268 559	0. 333 828	0. 174 381	0. 101 432	0. 017 693	0. 132 284	0. 958 239 2	10
8	0. 242 373	0. 166 95	0. 217 82	0. 216 829	0. 156 028	0. 017 563	0. 129 493	0. 971 683	7
9	0. 241 134	0. 234 262	0. 205 549	0. 117 017	0. 202 038	0. 018 044	0. 132 246	0. 977 520 4	6
10	0. 208 08	0. 139 61	0. 205 818	0. 195 186	0. 251 307	0. 018 255	0. 131 714	0. 992 924	3

表 7-14 基于 DEA 模型求得的 5 只股票 10 种组合在其他各个时间段的效率值

	1 个月		DEA 值	排序	3 个月		DEA 值	排序
DMU	收益	风险	效率值		收益	风险	效率值	
1	0. 018 299	0. 131 096	1	1	0. 063 285	0. 266 992	0. 999 810 4	2
2	0. 018 211	0. 131 854	0. 989 472 2	4	0. 062 794	0. 266 106	0. 995 347 5	3
3	0. 017 624	0. 130 049	0. 970 899 1	8	0. 061 284	0. 263 911	0. 979 487 7	9
4	0. 018 172	0. 130 201	0. 999 887 1	2	0. 063 206	0. 266 606	1	1
5	0. 017 199	0. 128 036	0. 962 382 9	9	0. 060 928	0. 262 285	0. 979 843 3	8
6	0. 018 767	0. 136 614	0. 984 154 6	5	0. 066 179	0. 284 852	0. 979 965 2	7
7	0. 017 693	0. 132 284	0. 958 239 2	10	0. 062 985	0. 277 073	0. 958 864 9	10
8	0. 017 563	0. 129 493	0. 971 683	7	0. 061 036	0. 262 185	0. 981 956 6	6
9	0. 018 044	0. 132 246	0. 977 520 4	6	0. 064 056	0. 274 645	0. 983 787 2	5
10	0. 018 255	0. 131 714	0. 992 924	3	0. 062 791	0. 266 664	0. 993 219 4	4

续表

DMU	6个月 收益	风险	DEA值 效率值	排序	12个月 收益	风险	DEA值 效率值	排序
1	0.129 945	0.448 662	0.987 965 4	6	0.260 697	0.773 206	0.986 52	5
2	0.127 233	0.442 257	0.981 360 7	7	0.269 456	0.788 831	0.999 468 8	2
3	0.125 63	0.437 027	0.980 587 3	9	0.271 41	0.808 191	0.982 600 1	9
4	0.131 239	0.450 75	0.993 180 3	4	0.259 414	0.771 773	0.983 489 4	8
5	0.128 395	0.440 157	0.995 045 5	2	0.277 802	0.818 108	0.993 551 1	4
6	0.141 032	0.484 114	0.993 736 4	3	0.309 725	0.907 957	0.998 104 7	3
7	0.135 732	0.467 19	0.991 039 8	5	0.299 972	0.906 644	0.968 077 1	10
8	0.124 829	0.434 008	0.981 114 5	8	0.268 255	0.797 19	0.984 579 9	6
9	0.137 016	0.467 383	1	1	0.295 096	0.863 433	1	1
10	0.127 309	0.443 321	0.979 584 7	10	0.263 232	0.782 81	0.983 892 7	7

DMU	24个月 收益	风险	DEA值 效率值	排序	36个月 收益	风险	DEA值 效率值	排序
1	0.328 366	0.744 24	0.988 707 5	2	0.494 81	0.848 848	0.999 414 4	2
2	0.368 431	0.858 235	0.961 995 6	4	0.513 695	0.891 534	0.987 882 9	3
3	0.351 216	0.859 844	0.915 330 1	9	0.434 792	0.781 838	0.953 460 7	8
4	0.306 543	0.686 934	1	1	0.473 819	0.812 364	1	1
5	0.318 101	0.766 961	0.929 425 7	7	0.400 323	0.724 991	0.946 707 5	9
6	0.345 17	0.806 705	0.958 830 2	5	0.490 14	0.865 474	0.970 966 6	5
7	0.309 877	0.789 384	0.879 680 4	10	0.356 676	0.673 33	0.908 204 6	10
8	0.350 084	0.852 431	0.920 313 8	8	0.437 519	0.783 799	0.957 038 1	7
9	0.317 306	0.735 361	0.966 942 1	3	0.449 112	0.795 125	0.968 405 5	6
10	0.354 349	0.831 473	0.955 006 3	6	0.494 621	0.859 556	0.986 589 1	4

DMU	48个月 收益	风险	DEA值 效率值	排序	72个月 收益	风险	DEA值 效率值	排序
1	0.605 743	0.984 485	0.993 872 3	2	0.899 984	1.129 328	0.994 052 5	2
2	0.678 592	1.122 053	0.976 892 1	3	1.028 002	1.335 741	0.959 989 4	6
3	0.635 046	1.090 796	0.940 399 9	9	0.950 443	1.306 795	0.907 221 1	8
4	0.566 222	0.914 614	1	1	0.840 393	1.048 28	1	1

DMU	48 个月 收益	风险	DEA 值 效率值	排序	72 个月 收益	风险	DEA 值 效率值	排序
5	0.579 769	0.987 639	0.948 217 2	7	0.895 251	1.245 369	0.896 688 7	9
6	0.614 634	1.022 625	0.970 848	6	0.885 076	1.112 998	0.991 929 4	3
7	0.534 243	0.952 989	0.905 528 1	10	0.746 016	1.049 476	0.886 687 6	10
8	0.636 22	1.088 183	0.944 401		0.959 991	1.318 828	0.907 974 6	7
9	0.574 379	0.951 513	0.975 068	4	0.860 516	1.117 062	0.960 896	5
10	0.647 774	1.077 34	0.971 230 5	5	0.958 249	1.239 403	0.964 407 8	4

表 7-15　5 只股票各个时段的最优证券投资组合

证券	1 个月	3 个月	6 个月	12 个月	24 个月	36 个月	48 个月	72 个月
2	0.002 641	0.008 896	0.023 861	0.046 11	0.046 845	0.078 647	0.110 985	0.249 16
	0.020 247	0.034 098	0.076 125	0.108 481	0.080 299	0.128 41	0.157 59	0.359 526
4	0.002 836	0.011 633	0.049 917	0.138 189	0.043 792	0.038 603	0.056 391	0.046 19
	0.022 507	0.055 3	0.165 747	0.403 361	0.124 58	0.093 367	0.117 58	0.060 512
8	0.003 568	0.015 321	0.022 903	0.032 608	0.027 817	0.042 082	0.058 343	0.098 67
	0.026 232	0.064 302	0.076 671	0.110 345	0.062 866	0.076 875	0.098 919	0.167 936
17	0.002 617	0.006 248	0.009 116	0.026 361	0.080 999	0.056 032	0.138 072	0.184 413
	0.019 953	0.029 098	0.039 953	0.090 175	0.235 24	0.112 377	0.268 845	0.287 941
21	0.006 636	0.021 108	0.031 219	0.051 829	0.107 091	0.258 456	0.202 431	0.261 96
	0.042 156	0.083 807	0.108 887	0.151 071	0.183 949	0.401 335	0.271 679	0.172 365
最优组合	0.018 299	0.063 206	0.137 016	0.295 096	0.306 543	0.473 819	0.566 222	0.840 393
	0.131 096	0.266 606	0.467 383	0.863 433	0.686 934	0.812 364	0.914 614	1.048 28
DEA 值	0.174 109	0.295 722	0.365 673	0.426 314	0.556 637	0.727 541	0.772 225	1
排序	8	7	6	5	4	3	2	1

注：表中每只股票对应的两行数据分别表示其期望收益和风险。

在表 7-15 中，每一列表示的是在 8 个时间段内由 5 只股票组成的投资组合分别达到最优时所得的预期收益和风险值。根据最优组合的期望收益与风险值，采用 DEA 模型（7-9）来评价这 8 个不同时段的最优投资组合，进而可得到最后两行所示的效率值及其排序。根据效率值我们可得出以下结论：72 个月的组合效率值达到最高值为 1，而在另外 7 个时段下效率值均小于 1，这说明上述几个有效最优证券投资组合比较适合长期的投资计划，这样的投资方能使得投资者在较小的风险下极大化自己的收益。

7.3.4　投资应用 4

为了再次验证本章所提出的区间 DEA 效率估计模型，我们选择了上海证券交易所 23 只股票（2006 年 3 月至 2019 年 3 月），分别为：白云机场（600004），上海机场（600009），华能国际（600011），南方航空（600029），中信证券（600030），三一重工（600031），福建高速（600033），招商银行（600036），黄山旅游（600054），古越龙山（600059），海信电器（600060），华润双鹤（600062），南京高科（600064），宇通客车（600066），冠城大通（600067），葛洲坝（600068），人福医药（600079），东风科技（600081），海泰发展（600082），同仁堂（600085），易见股份（600093），哈高科（600095），广州发展（600098）。每只股票的月开盘价、收盘价和换手率都可以从 Wind 数据库中获得，因此我们可以计算出 23 只股票的预期收益率和方差风险的区间范围。采用于基于区间 DEA 证券投资组合的效率估计模型（7-10）至模型（7-15）可得出如表 7-16 所示的 23 只股票在不同模式下的区间效率值及其分类，详细的计算过程参见附录 12。

表 7-16　基于区间 DEA 模型求得的 23 只股票的区间效率值及其分类

证券 j	投入 X $[\sigma_l, \sigma_u]$		产出 Y $[R_l, R_u]$		不同模式下的区间效率值				分类
					CRS		VRS		
					θ_j^L	θ_j^u	θ_j^L	θ_j^u	
1	0.093 147	0.095 934	0.007 777	0.010 564	0.437 314	0.870 462	1	1	E^+
2	0.099 927	0.103 142	0.011 617	0.014 832	0.607 647	1	0.925 4391	1	E^+
3	0.113 51	0.117 677	0.005 564	0.009 731	0.255 1	0.658 017	0.791 536 1	0.877 472 8	E^-
4	0.160 796	0.169 291	0.016 513	0.025 007	0.526 215	1	0.627 598	1	E^+
5	0.167 103	0.176 297	0.017 334	0.026 528	0.530 438	1	0.620 580 1	1	E^+

证券 j	投入 X $[\sigma_l, \sigma_u]$		产出 Y $[R_l, R_u]$		不同模式下的区间效率值				分类
					CRS		VRS		
					θ_j^L	θ_j^u	θ_j^L	θ_j^u	
6	0.151 771	0.159 316	0.011 633	0.019 178	0.393 916	0.969 848	0.595 318 4	0.767 598 1	E^-
7	0.100 911	0.104 191	−0.000 45	0.002 834	1.42E−14	0.215 555	0.893 993 2	0.950 670 5	E^-
8	0.106 062	0.109 691	0.012 835	0.016 464	0.631 266	1	0.882 058 3	1	E^+
9	0.101 442	0.104 757	0.004 408	0.007 723	0.227 029	0.584 36	0.889 159	0.945 692	E^-
10	0.134 094	0.139 949	0.006 317	0.012 172	0.243 516	0.696 713	0.791 426 3	0.665 567 8	E^-
11	0.141 691	0.148 245	0.010 042	0.016 596	0.365 452	0.898 998	0.628 322	0.938 373	E^-
12	0.110 342	0.114 276	0.009 819	0.013 753	0.463 564	0.956 637	0.815 094 2	1	E^+
13	0.142 461	0.149 089	0.011 573	0.018 2	0.418 765	0.980 535	0.635 517	1	E^+
14	0.114 866	0.119 135	0.009 277	0.013 546	0.420 082	0.905 118	0.781 851	0.993 217	E^-
15	0.154 036	0.161 814	0.007 458	0.015 235	0.248 638	0.759 151	0.575 635	0.808 518	E^-
16	0.149 396	0.156 7	0.011 547	0.018 852	0.397 537	0.968 521	0.604 386	0.983 392	E^-
17	0.136 434	0.142 5	0.015 232	0.021 298	0.576 683	1	1	1	E^{++}
18	0.169 959	0.179 479	0.017 545	0.027 065	0.527 375	1	0.614 100 2	1	E^+
19	0.156 238	0.164 246	0.011 342	0.019 35	0.372 557	0.950 588	0.574 641 4	0.960 059 5	E^-
20	0.126 794	0.132 016	0.010 923	0.016 146	0.446 384	0.977 348	0.709 890 9	1	E^+
21	0.148 895	0.156 15	0.020 345	0.027 599	0.818 169	1	0.829 011 8	1	E^+
22	0.163 842	0.172 671	0.012 192	0.021 021	0.380 932	0.984 744	0.554 423 1	1	E^-
23	0.117 608	0.122 087	0.007 438	0.011 917	0.328 677	0.777 748	0.890 716 6	0.762 943 2	E^-

　　根据收益及风险的区间数据，采用基于区间 DEA 模型的效率估计模型（7-10）、模型（7-13）进行求解，可得出 23 只股票在不同模式下的区间效率值；根据区间效率值的分类结果，可得出 1、2、4、5、8、17、18、21 这 8 只股票相对有效。故可假定投资者在不确定环境下针对上述 8 只股票进行投资，分别随机生成 30 组和 50 组不同比例的投资组合样本，采用 7.2 节中基于区间 DEA 模型的证券投资组合的效率估计模型（7-10）分别对 30 组和 50 组不同的证券投资组合进行效率估计，估计结果如表 7-17 和表 7-18 所示。

表7-17 基于区间DEA模型求得的8只股票30个随机组合的区间效率值及其分类

组合	投资比例								风险		收益		效率值	
	x1	x2	x3	x4	x5	x6	x7	x8	可能性风险		可能性收益		θ_j^L	θ_j^u
1	0.064	0.277	0.102	0.062	0.084	0.169	0.023	0.218	0.128 866	0.134 507	0.014 98	0.020 621	0.678 177	0.874 89
2	0.153	0.160	0.145	0.089	0.128	0.075	0.045	0.206	0.130 415	0.136 241	0.014 736	0.020 562	0.658 616	0.863 76
3	0.080	0.099	0.122	0.139	0.142	0.165	0.124	0.128	0.138 056	0.144 545	0.015 33	0.021 819	0.645 802	0.814 14
4	0.041	0.186	0.099	0.191	0.114	0.031	0.182	0.157	0.140 728	0.147 504	0.015 733	0.022 508	0.649 496	0.797 81
5	0.187	0.058	0.033	0.191	0.216	0.086	0.131	0.098	0.131 93	0.137 938	0.014 355	0.020 362	0.633 725	0.853 14
6	0.038	0.307	0.096	0.179	0.111	0.039	0.227	0.002	0.135 704	0.142 083	0.014 61	0.020 988	0.626 145	0.828 25
7	0.075	0.315	0.237	0.028	0.022	0.252	0.001	0.068	0.128 534	0.134 151	0.014 193	0.019 809	0.644 235	0.877 22
8	0.055	0.141	0.161	0.132	0.094	0.152	0.118	0.148	0.139 849	0.146 493	0.015 606	0.022 249	0.648 691	0.803 31
9	0.200	0.093	0.040	0.156	0.164	0.074	0.189	0.085	0.132 533	0.138 616	0.014 26	0.020 342	0.626 428	0.848 97
10	0.017	0.090	0.246	0.118	0.055	0.160	0.205	0.109	0.148 575	0.155 998	0.016 242	0.023 665	0.633 995	0.754 37
11	0.170	0.151	0.162	0.163	0.004	0.079	0.121	0.151	0.138 285	0.144 851	0.015 006	0.021 571	0.630 839	0.812 42
12	0.040	0.104	0.089	0.071	0.174	0.147	0.083	0.292	0.136 416	0.142 704	0.016 093	0.022 382	0.686 71	0.824 64
13	0.250	0.056	0.042	0.118	0.066	0.069	0.256	0.144	0.136 579	0.143 03	0.014 639	0.021 09	0.623 234	0.822 76
14	0.189	0.073	0.052	0.162	0.031	0.131	0.153	0.210	0.138 647	0.145 222	0.015 32	0.021 895	0.642 385	0.810 34
15	0.198	0.037	0.190	0.102	0.091	0.225	0.115	0.042	0.135 887	0.142 204	0.014 341	0.020 658	0.614 108	0.827 54

续表

组合	投资比例								风险		收益		效率值	
	x1	x2	x3	x4	x5	x6	x7	x8	可能性风险	风险	可能性收益	收益	θ_j'	θ_j''
16	0.104	0.015	0.028	0.049	0.190	0.223	0.234	0.157	0.137 628	0.144 066	0.015 432	0.021 869	0.652 268	0.816 85
17	0.005	0.122	0.069	0.160	0.183	0.087	0.204	0.170	0.141 754	0.148 585	0.016 081	0.022 912	0.659 042	0.792 00
18	0.140	0.175	0.218	0.040	0.096	0.092	0.214	0.024	0.135 091	0.141 389	0.014 308	0.020 605	0.616 204	0.832 31
19	0.126	0.071	0.097	0.122	0.143	0.144	0.154	0.143	0.137 065	0.143 483	0.015 158	0.021 577	0.643 32	0.820 16
20	0.094	0.169	0.091	0.144	0.042	0.038	0.208	0.214	0.141 198	0.148 016	0.015 816	0.022 634	0.650 666	0.795 05
21	0.178	0.057	0.175	0.100	0.162	0.052	0.178	0.098	0.136 253	0.142 648	0.014 66	0.021 055	0.625 808	0.824 97
22	0.100	0.056	0.129	0.198	0.091	0.181	0.146	0.099	0.142 657	0.149 57	0.015 493	0.022 405	0.630 757	0.786 79
23	0.119	0.120	0.051	0.118	0.075	0.248	0.097	0.172	0.134 865	0.141 048	0.015 146	0.021 328	0.653 873	0.834 33
24	0.129	0.356	0.082	0.009	0.168	0.057	0.011	0.187	0.117 68	0.122 383	0.013 679	0.018 382	0.680 631	1.000 00
25	0.282	0.059	0.038	0.044	0.051	0.174	0.165	0.187	0.130 669	0.136 541	0.014 274	0.020 146	0.636 576	0.861 86
26	0.116	0.109	0.208	0.101	0.151	0.093	0.119	0.104	0.136 317	0.142 681	0.014 898	0.021 262	0.635 821	0.824 77
27	0.054	0.058	0.008	0.171	0.195	0.201	0.015	0.298	0.135 698	0.141 906	0.016 077	0.022 284	0.690 515	0.829 28
28	0.142	0.129	0.157	0.086	0.047	0.136	0.178	0.124	0.138 144	0.144 677	0.015 023	0.021 555	0.632 301	0.813 40
29	0.189	0.194	0.171	0.146	0.034	0.004	0.154	0.108	0.135 319	0.141 664	0.014 48	0.020 825	0.622 425	0.830 69
30	0.238	0.030	0.143	0.063	0.046	0.240	0.032	0.208	0.132 754	0.138 747	0.014 695	0.020 687	0.644 916	0.848 16

表7-18 基于区间 DEA 模型求得的 8 只股票 50 个随机组合的区间效率值及其分类

组合	投资比例								风险		收益		效率值	
	x1	x2	x3	x4	x5	x6	x7	x8	可能性风险		可能性收益		θ_j^l	θ_j^u
1	0.078	0.024	0.082	0.198	0.083	0.214	0.173	0.148	0.145 367	0.152 498	0.016 041	0.023 172	0.647 328	0.773 26
2	0.220	0.081	0.097	0.168	0.059	0.076	0.171	0.128	0.137 034	0.143 51	0.014 689	0.021 165	0.629 895	0.821 68
3	0.206	0.077	0.130	0.185	0.112	0.026	0.170	0.093	0.137 028	0.143 521	0.014 575	0.021 068	0.624 948	0.821 63
4	0.121	0.041	0.062	0.106	0.177	0.195	0.098	0.200	0.134 898	0.141 08	0.015 314	0.021 497	0.668 014	0.835 84
5	0.050	0.141	0.109	0.078	0.171	0.154	0.128	0.167	0.135 372	0.141 608	0.015 397	0.021 633	0.669 134	0.832 73
6	0.312	0.088	0.063	0.090	0.049	0.055	0.267	0.075	0.132 401	0.138 519	0.013 742	0.019 86	0.610 525	0.851 29
7	0.016	0.049	0.225	0.074	0.127	0.241	0.128	0.139	0.143 823	0.150 769	0.016 078	0.023 023	0.656 234	0.782 13
8	0.055	0.092	0.125	0.113	0.230	0.177	0.166	0.041	0.136 313	0.142 657	0.014 928	0.021 272	0.643 963	0.826 60
9	0.044	0.106	0.005	0.169	0.116	0.294	0.231	0.036	0.140 642	0.147 36	0.015 322	0.022 041	0.639 868	0.800 22
10	0.093	0.176	0.138	0.052	0.060	0.051	0.284	0.147	0.140 447	0.147 211	0.015 45	0.022 214	0.645 858	0.801 03
11	0.205	0.047	0.204	0.167	0.035	0.163	0.077	0.103	0.138 756	0.145 338	0.014 771	0.021 352	0.625 411	0.811 35
12	0.050	0.176	0.203	0.037	0.008	0.148	0.182	0.197	0.142 25	0.149 103	0.015 971	0.022 824	0.659 172	0.790 87
13	0.159	0.115	0.102	0.213	0.076	0.125	0.131	0.080	0.137 465	0.143 959	0.014 745	0.021 238	0.630 291	0.819 12
14	0.174	0.089	0.159	0.088	0.128	0.068	0.159	0.134	0.135 341	0.141 642	0.014 749	0.021 049	0.640 777	0.832 52
15	0.220	0.063	0.237	0.006	0.199	0.039	0.019	0.217	0.127 842	0.133 438	0.014 355	0.019 95	0.662 006	0.883 71
16	0.168	0.161	0.044	0.021	0.065	0.107	0.177	0.258	0.132 183	0.138 172	0.015 073	0.021 062	0.671 316	0.853 43
17	0.214	0.123	0.201	0.181	0.032	0.092	0.040	0.117	0.134 935	0.141 2	0.014 441	0.020 706	0.629 379	0.835 13

续表

组合	投资比例								风险		收益		效率值	
	x1	x2	x3	x4	x5	x6	x7	x8	可能性风险		可能性收益		θ_j^L	θ_j^m
18	0.007	0.202	0.165	0.137	0.034	0.071	0.250	0.134	0.145 989	0.153 225	0.016 131	0.023 366	0.647 858	0.769 59
19	0.093	0.053	0.060	0.173	0.152	0.155	0.173	0.142	0.140 175	0.146 866	0.015 55	0.022 24	0.651 557	0.802 91
20	0.199	0.003	0.105	0.262	0.143	0.105	0.162	0.021	0.139 671	0.146 387	0.014 567	0.021 284	0.612 379	0.805 54
21	0.093	0.165	0.122	0.032	0.043	0.207	0.169	0.170	0.136 854	0.143 226	0.015 329	0.021 7	0.658 639	0.823 32
22	0.132	0.166	0.100	0.170	0.159	0.013	0.190	0.070	0.134 719	0.141 005	0.014 549	0.020 835	0.634 966	0.836 29
23	0.025	0.201	0.132	0.142	0.026	0.054	0.226	0.194	0.144 767	0.151 888	0.016 238	0.023 359	0.657 879	0.776 36
24	0.178	0.131	0.153	0.179	0.039	0.140	0.042	0.139	0.135 105	0.141 359	0.014 717	0.020 97	0.640 67	0.834 19
25	0.198	0.121	0.235	0.210	0.053	0.116	0.021	0.047	0.135 267	0.141 563	0.014 219	0.020 515	0.618 113	0.832 99
26	0.146	0.082	0.206	0.186	0.002	0.192	0.040	0.146	0.140 942	0.147 684	0.015 336	0.022 078	0.639 036	0.798 46
27	0.303	0.003	0.132	0.138	0.022	0.150	0.027	0.224	0.133 681	0.139 803	0.014 576	0.020 698	0.641 63	0.843 47
28	0.087	0.119	0.124	0.125	0.099	0.261	0.170	0.016	0.138 053	0.144 55	0.014 81	0.021 307	0.630 521	0.815 78
29	0.038	0.080	0.106	0.188	0.060	0.122	0.209	0.196	0.147 85	0.155 219	0.016 534	0.023 902	0.655 5	0.759 70
30	0.102	0.138	0.171	0.176	0.053	0.139	0.074	0.148	0.139 228	0.145 832	0.015 358	0.021 961	0.648 07	0.808 61
31	0.009	0.038	0.108	0.125	0.125	0.145	0.310	0.140	0.149 46	0.156 974	0.016 561	0.024 074	0.649 227	0.751 21
32	0.221	0.150	0.051	0.234	0.142	0.035	0.081	0.087	0.129 236	0.135 037	0.013 885	0.019 686	0.632 779	0.873 24
33	0.129	0.157	0.104	0.067	0.171	0.222	0.102	0.048	0.128 511	0.134 16	0.014 046	0.019 695	0.644 304	0.878 96
34	0.198	0.048	0.212	0.174	0.086	0.010	0.074	0.198	0.138 91	0.145 527	0.015 192	0.021 809	0.642 427	0.810 30

续表

组合	投资比例								风险 可能性风险		收益 可能性收益		效率值 θ_j^L	θ_j^U
	x1	x2	x3	x4	x5	x6	x7	x8						
35	0.084	0.156	0.271	0.104	0.061	0.186	0.073	0.065	0.138 295	0.144 805	0.014 962	0.021 472	0.635 867	0.814 34
36	0.063	0.131	0.075	0.166	0.097	0.175	0.122	0.170	0.139 118	0.145 694	0.015 655	0.022 231	0.661 257	0.809 37
37	0.012	0.145	0.298	0.101	0.113	0.167	0.101	0.063	0.141 718	0.148 52	0.015 498	0.022 299	0.642 141	0.793 97
38	0.151	0.153	0.007	0.139	0.156	0.017	0.209	0.168	0.133 097	0.139 224	0.014 82	0.020 947	0.655 07	0.846 98
39	0.137	0.220	0.015	0.071	0.064	0.212	0.052	0.229	0.127 689	0.133 234	0.014 723	0.020 268	0.680 016	0.885 06
40	0.200	0.112	0.074	0.199	0.128	0.090	0.149	0.050	0.133 331	0.139 487	0.014 143	0.020 298	0.623 972	0.845 39
41	0.168	0.095	0.153	0.113	0.117	0.183	0.045	0.126	0.132 412	0.138 402	0.014 541	0.020 53	0.646 543	0.852 01
42	0.056	0.197	0.188	0.175	0.120	0.065	0.053	0.144	0.136 661	0.143 046	0.015 279	0.021 663	0.657 31	0.824 35
43	0.149	0.110	0.098	0.181	0.084	0.146	0.080	0.150	0.135 881	0.142 198	0.014 978	0.021 294	0.648 19	0.829 27
44	0.102	0.088	0.223	0.013	0.122	0.203	0.112	0.137	0.136 364	0.142 677	0.015 128	0.021 441	0.652 512	0.826 48
45	0.187	0.050	0.100	0.179	0.076	0.259	0.093	0.055	0.135 951	0.142 267	0.014 477	0.020 793	0.626 213	0.828 86
46	0.012	0.181	0.166	0.145	0.128	0.008	0.134	0.225	0.141 212	0.147 999	0.016 16	0.022 947	0.675 438	0.796 77
47	0.171	0.081	0.167	0.188	0.167	0.067	0.136	0.023	0.135 664	0.142 021	0.014 301	0.020 658	0.619 688	0.830 30
48	0.335	0.231	0.111	0.038	0.091	0.056	0.076	0.062	0.117 92	0.122 732	0.012 396	0.017 207	0.621 541	1.000 00
49	0.079	0.190	0.030	0.140	0.018	0.151	0.156	0.237	0.138 738	0.145 29	0.015 818	0.022 37	0.669 985	0.811 62
50	0.100	0.143	0.213	0.157	0.141	0.009	0.130	0.107	0.138 334	0.144 908	0.015 088	0.021 662	0.640 737	0.813 76

由表 7-17 和表 7-18 的结果可知，在不确定环境下，采用区间 DEA 对不同比例证券投资组合模型进行效率估计时，可得出相应的区间效率值，根据区间效率值的结果，投资者可按照相应的投资者比例选取相对有效的投资组合进行决策，这更有利于投资者合理分配自己的相关资产。而仿真的结果表明，无论在相对有效的证券中随机生成多少组证券投资组合，都可以采用区间 DEA 模型估计出相对有效的组合，在此种情况下，投资者总能根据数值实验的结果做出最优的投资组合策略。此外，在相对有效的投资组合中，投资者可获取这一组投资组合的预期收益及相对风险的区间范围，根据投资组合的效率值及其收益风险区间范围，投资者可使得自己的财富收益最大化，风险相对极小化。

7.4 本章小结

本章给出了基于数据包络分析（DEA）来评价不同时段的投资组合，基于 DEA 的评价方法研究了有效风险证券的最优组合证券及不同时段的最优投资组合中更为有效的投资组合，并通过投资应用 1 与投资应用 3 给出相应的应用进行验证。应用的结果表明：首先，基于 DEA 的效率评价模型可获得证券不同时段的效率值；其次，当随机投资组合的数量越来越多时，其基于 DEA 评价的有效前沿面越来越逼近真实前沿面。基于 DEA 评价不同时段的最优投资组合，有利于指导投资者做出短期与长期的相对合理的投资决策。

此外，在投资组合的效率估计模型的基础上，针对证券市场的不稳定导致证券收益及风险的不确定的问题，本章采用区间数描述证券的收益及风险，通过采用区间 DEA 模型与证券投资组合相结合的方法，研究了不确定环境下证券投资组合的效率估计模型。最后通过对从证券市场选取的 21 种和 23 种证券进行实验表明，采用区间 DEA 模型对证券的投资组合的效率进行估计，可得出相对有效的区间范围，从而可以此种方法对未来不确定环境下的证券投资组合的效率值进行估计，给出相对有效的效率区间，并从中获取相对有效的收益及风险区间范围，帮助投资者做出合理的投资决策。

第8章　基于 DEA 的模糊
投资组合的效率
评价及实际应用

　　自马科维茨提出投资组合模型以来，投资组合问题吸引了国内外众多学者的研究，并取得可观的成果。但传统的投资组合方案很大程度上依赖证券收益及风险为精确数的情况。然而，证券市场受到社会、经济、文化和心理等因素的影响，使得预期收益、风险损失率及证券市场流动性（以换手率刻画流动性）具有很强的不确定性，一般可分为随机不确定性和模糊不确定性两种。虽然基于假定已知概率分布的随机不确定的投资组合的研究已取得丰富的成果，但是，在模糊环境下决策者往往在获得精确收益概率分布函数时具有一定难度，因此很难使用概率分布来解决问题。自扎德提出模糊集理论以来，许多研究者开始逐渐意识到模糊环境下的投资组合问题的重要性，并且以不同方式拓展了马科维茨的均值-方差模型，为投资者提供了正确的投资决策。因此，研究模糊环境下的证券投资组合模型已成为学者们关注的焦点领域之一。

　　传统的模糊投资组合问题的研究大多通过建立基于不同测度的模糊风险，引入交易成本、交易量限制及流动性等不同约束条件的模型进行求解及应用，从而为投资者提供模糊环境下合理的决策指导。前面已经梳理了国内外关于模糊投资组合模型的相关研究，而且将证券的收益率和流动性分别用三角模糊数和梯形模糊数来描述，将线性交易成本引入模型，建立了一种新的含交易成本及流动性约束的投资组合风险最小化的模糊二次规划模型，并通过算例进行了验证。如何构建科学合理的模型用来评价模糊环境下投资组合是否有效，将作为本章继续研究的一个重要问题。

　　现有的关于投资组合效率评价的研究都是以 CAPM 为基础而建立的，主要分为"特雷诺指数"、"夏普比率"以及"詹森指数"。虽然这些经典的效率评价方法已得到广泛的应用，但是仍存在以下问题：首先，这些方法均在 CAPM 的基础上建立，且需在理想的假设条件下才能实现，使得假设过于严格化；其次，这些方法并未考虑到证券市场多种摩擦因素的影响，使得投资者做出的投资决策是无效的；最后，这些方法仅考虑了单一的风险指标，并未考虑其他形式的风险度量，使得评价结果不太合理，具有一定的偏差。

　　为了解决上述问题以及对投资组合效率评价进行深入研究，很多研究者开始采用数据包络分析方法。该方法在分析多投入、多产出时具有原理简单、适用性较强的优点，因此在证券投资组合、教育、金融、公共交通、物流、管理等众多领域的应用拓展极其迅速。

为了实现 DEA 在评估证券投资组合绩效和获得相对排名方面的作用，国内外学者已做了大量相应的研究工作。亚罗和纳（Joro and Na）通过添加新维度——偏度来扩展均值-方差模型，提出基于均值-方差-偏度的非线性DEA 模型来评估投资组合绩效，实证结果表明基于该模型的投资组合效率比传统组合效率更理想。里姆等（Lim et al.）在 M-V 框架下开发了一种在投资组合选择中使用 DEA 交叉效率评估的新方法，将其应用于韩国股票市场的股票投资组合的绩效进行评价。2014 年，丁等（Ding et al.）采用 DEA 方法研究了均值-方差框架下存在保证金的情况，验证了在投资组合样本规模较大时，DEA 可作为评价投资组合效率的有效工具。刘等（Liu et al.）在均值-方差真实投资组合前沿面为凹函数的前提下，通过理论及实证表明了 DEA模型在评估投资组合的效率时具有收敛性。在里姆等（Lim et al.）研究的基础上，马沙耶基和奥拉尼（Mashayekhi and Omrani）基于马科维茨均值-方差和 DEA-MV 交叉效率模型，建立了模糊多目标模型。崔玉泉等根据市场上的风险证券的预期收益率、风险损失率等指标，利用 DEA 方法给出了有效证券的判定，并进一步研究了不同时段的有效证券的最优投资组合。周忠宝等采用 DEA 评价一般情形下含交易成本的投资组合的效率，并通过应用模拟构造模型的前沿面来逼近真实的前沿面。在此基础上，周忠宝等拓展了单一阶段的投资组合优化模型，进一步考虑交易成本的多阶段投资组合评价问题，利用 DEA 模型的前沿面来逼近真实前沿面并估计多阶段投资组合的效率。刘德彬等同样研究了动态环境下多阶段投资组合效率评价问题，并在不同导向、不同测度视角下建立了动态投资组合效率评价模型。肖和录基于 DEA 的评价方法改进了投资组合的标杆问题，为投资者提供更理想的策略。

相比于传统的投资组合效率评估方法，上述基于 DEA 方法构建的投资组合效率评价显然具有一定的优势：首先，不需要过于严格的假设条件，构建模型简单；其次，可以考虑市场摩擦因素的影响，并将影响因素纳入评价模型中，使得评价相对合理；最后，采用 DEA 方法进行逼近容易避免经典均值-方差模型在影响因素限制下较难获取真实前沿面的问题。然而，基于 DEA 的投资组合效率评价的研究大多基于投入与产出指标为精确数且不考虑市场摩擦因素的影响。证券市场的多摩擦因素（交易成本及流动性的限制）的影响使得投资者很难获得精确的收益率，从而难以获得投资组合的真实有效前沿，为投资组合的效率评价带来一定的难度。为此，本章针对不确定环境下证券的模糊收益率，引入了交易成本、交易量限制等约束条件，运用 DEA 方法，建立了基于 DEA 的模糊投资组合效率评价模型的一般形式，以便针对含摩擦因素的模糊投资组合进行效率的评估。最后，本章通过两组实验验证了对模糊收益率的证券在线性交易成本和投资比例限制下效率评价的研究。

8.1　模糊证券投资组合效率定义

图 8-1 中，横坐标与纵坐标分别表示的是证券投资组合的风险及收益，曲线 ABC 代表的是证券投资组合的有效真实的前沿面，$D(R_d, \sigma_d)$ 表示某一待评价的证券投资组合，而 $A(R_a, \sigma_a)$、$B(R_b, \sigma_b)$、$C(R_c, \sigma_c)$ 为投资组合前沿面上的点，由此可定义关于证券投资组合的两种维度（收益导向和风险导向）下的效率值如下：

$$PE_V = \frac{\sigma_a}{\sigma_d}\text{（由风险来表示投资组合的效率）}$$

$$PE_R = \frac{R_d}{R_c}\text{（由期望收益来表示投资组合的效率）}$$

值得说明的是，图 8-1 所示的定义证券投资组合的效率与第 7 章涉及的效率测度类似。且本章所定义的效率不仅适用于以方差度量投资组合的风险的模型，同样适用于其他风险度量的投资组合模型。但是这类投资组合的效率定义使得投资者在市场多种摩擦因素的影响下不容易取得投资组合的有效前沿面，特别是在不确定环境下更不易获得，因此为避免此类问题的出现，本章采用 DEA 的方法来评价含摩擦因素的模糊投资组合的效率。

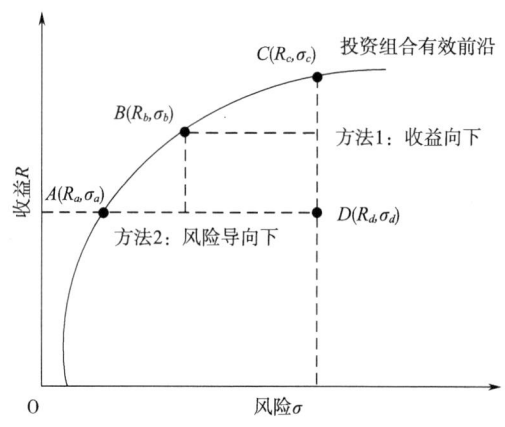

图 8-1　模糊证券投资组合的效率

8.2　模糊投资组合效率评价模型的一般形式

本节主要从三个方面讨论一般情况下模糊投资组合的效率评价模型：第一，关于含交易成本的收益情况的调整；第二，关于交易量的限制；第三，关于风险测度的问题。

8.2.1　含交易成本的模糊证券投资组合收益的调整

目前，在投资活动中投资者通常看重投资收益与风险这两个关键因素。然而，真正的投资实践中，营利性、安全性和流动性是成功投资所需要考虑的三个方面，因此证券的交易成本及流动性不容忽视。阿诺特和瓦格纳（Arnott and Wagner）指出，忽略交易成本将可能产生无效投资组合策略。虽然交易成本相对于交易额来说数值一般比较小，但它是投资管理活动中一个不可忽视的重要因素。

假设投资者在模糊环境下对 n 种证券进行选择，由于模糊环境下证券的收益及风险都是不确定的，本章将其看作模糊数，并假设第 i 个证券的收益率 r_i 为模糊数，记为：$r_i = (a_i, b_i, \alpha_i, \beta_i)$。设 $x_i \in \Omega$ 表示第 i 个证券所占的比例，其中 Ω 为凸集，为投资比例的集合。设投资过程中产生的交易成本为 C

(x_i)，以线性成本和 V 型交易成本为主。当交易成本设置为线性形式时，投资资产不允许卖空，即投资比例满足非负性，满足 $C(x_i) = c_i x_i$，其中 $c_i > 0$，$\Omega = \{(x_1, x_2, \cdots, x_n) \mid \sum_{i=1}^{n} x_i = 1, x_i \geq 0, i = 1, 2, \cdots, n\}$；当交易成本设置为 V 型交易成本时，即投资资产是允许卖空的，满足：$C(x_i) = c_i |x_i|$，其中 $c_i > 0$，$\Omega = \{(x_1, x_2, \cdots, x_n) \mid \sum_{i=1}^{n} x_i = 1\}$。

根据定义 2.7 可知，梯形模糊数 $r_i = (a_i, b_i, \alpha_i, \beta_i)$ 的隶属函数为：

$$r_i(x) = \begin{cases} 1 - \dfrac{a_i - x}{\alpha_i}, & a_i - \alpha_i \leq x \leq a_i \\ 1, & a_i \leq x \leq b_i \\ 1 - \dfrac{x - b_i}{\beta_i}, & b_i \leq x \leq b_i + \beta_i \\ 0, & \text{其他} \end{cases} \qquad (8\text{-}1)$$

其收益率的隶属函数如图 8-2 所示，则由图可定义收益 r_i 的 γ-截集为：$[r_i]^\gamma = [a_i - (1-\gamma)\alpha_i, b_i + (1-\gamma)\beta_i]$，$\gamma \in [0, 1]$，$i = 1, 2, \cdots, n$。根据卡尔森等（Carlsson et al.）所提出的模糊数的可能性均值的定义，可定义模糊收益率 r_i 的可能性均值为：

$$M(r_i) = \int_0^1 \gamma [a_i - (1-\gamma)\alpha_i + b_i + (1-\gamma)\beta_i] d\gamma = \frac{a_i + b_i}{2} + \frac{\beta_i - \alpha_i}{6} \quad (8\text{-}2)$$

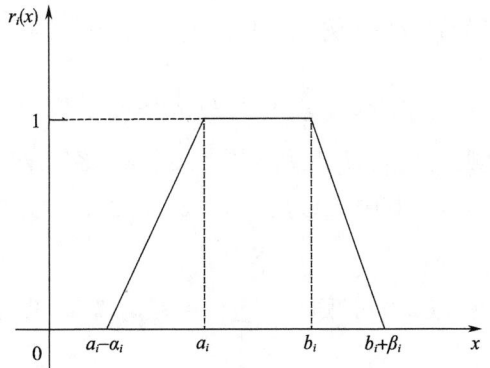

图 8-2　收益率的梯形模糊数

根据式（8-2）以及交易成本的两种不同形式，分别将线性交易成本和 V 型交易成本考虑到投资组合中，由此可定义两种不同交易成本形式下的证券投资组合的预期收益：

$$M(R_c) = M\Big(\sum_{i=1}^n (r_i x_i - C(x_i)) \Big) = \sum_{i=1}^n \Big(\frac{a_i + b_i}{2} + \frac{\beta_i - \alpha_i}{6} \Big) x_i - \sum_{i=1}^n c_i x_i$$

$$(8-3)$$

$$M(R_c) = M\Big(\sum_{i=1}^n (r_i x_i - C(x_i)) \Big) = \sum_{i=1}^n \Big(\frac{a_i + b_i}{2} + \frac{\beta_i - \alpha_i}{6} \Big) x_i - \sum_{i=1}^n c_i |x_i|$$

$$(8-4)$$

8.2.2 不同交易量限制的模糊证券投资组合

在实际的不确定环境下的证券投资中，交易量的限制也是投资者需要考虑的问题。由于投资者手中的资产有限，若想既能实现利益最大化又可以保证投资过程的稳健性和安全性，证券公司和基金公司等金融机构对于投资组合的比例都做了一定的限制，而这类限制不仅优化了投资组合的模型，还在一定程度上影响到投资者的投资策略。除此之外，在实际投资中综合考虑到现实证券市场的各类摩擦因素的存在，通常对于投资的最高和最低比例也具有一定的主观心理程度的限制。下面将从两个方面考虑交易量的限制：投资比例上下界的限制和投资总量的限制。

关于上下界的限制：设 $x_i \in \Omega$，且 $l_i \leq x_i \leq u_i$，$i = 1, 2, \cdots, n$，其中 l_i 表示投资者投资于第 i 个证券的最小比例，u_i 表示投资者投资于第 i 个证券的最大比例，则此时有 $\Omega = \Big\{ (x_1, x_2, \cdots, x_n) \Big| \sum_{i=1}^n x_i = 1, l_i \leq x_i \leq u_i, i = 1, 2, \cdots, n \Big\}$。

关于总量的限制：设 J_0、J_1 是允许资产卖空和买空的两种集合，则有 $x_j \geq 0$ $(j \in J_1)$，$x_j < 0$ $(j \in J_0)$。其中 $J_0 \cup J_1 = \{1, 2, \cdots, n\}$，$J_0 \cap J_1 = \varnothing$。设资产卖空的总比例不超过 k（$k \geq 0$），则有 $\dfrac{\sum\limits_{j \in J_0} |x_j|}{\sum\limits_{j \in J_0 \cup J_1} x_j} \leq k$，$k \geq 0$，由 $\sum\limits_{j \in J_0 \cup J_1} x_j = 1$ 可得

$\sum\limits_{j \in J_0} |x_j| \leq k$。而 $\sum\limits_{j \in J_1} x_j = 1 - \sum\limits_{j \in J_0} x_j \leq 1 + k$，所以 $\sum\limits_{j \in J_0 \cup J_1} |x_j| \leq 1 + 2k$，此时有：

$$\Omega = \left\{ (x_1, \ x_2, \ \cdots, \ x_n) \ \Big| \ \sum_{i=1}^{n} x_i = 1, \ \sum_{i=1}^{n} |x_j| \leqslant 1 + 2k, \ i = 1, \ 2, \ \cdots, \ n \right\}。$$

8.2.3 模糊证券投资组合的不同风险测度

一般来说，投资组合的优化模型是在均值–方差的框架下建立的，且其风险一般由方差进行度量。然而，用来描述投资组合风险的方差一般有一定的偏差，因此很多研究者在不确定环境下，针对模糊收益性质的证券通过不同的测度来定义模糊投资组合的风险。下面主要研究模糊环境下对投资组合的风险进行不同方式的度量，主要有方差、下半方差以及半绝对偏差。根据卡尔森等（Carlsson et al.）、张等（Zhang et al.）和斯佩兰扎（Speranza）所提出的模糊数的相关定义，定义证券 i 模糊收益率 r_i 的可能性方差、下半方差、半绝对偏差分别如下：

$$\mathrm{Var}(r_i) = \frac{1}{2} \int_0^1 \gamma \big((b_i + (1-\gamma)\beta_i) - (a_i - (1-\gamma)\alpha_i) \big)^2 d\gamma \tag{8-5}$$

$$= \left(\frac{b_i - a_i}{2} + \frac{\alpha_i + \beta_i}{6} \right)^2 + \frac{(\alpha_i + \beta_i)^2}{72}$$

$$\mathrm{Var}^-(r_i) = \left(\frac{b_i - a_i}{2} + \frac{\alpha_i + \beta_i}{6} \right)^2 + \frac{\alpha_i^2}{18} \tag{8-6}$$

$$\mathrm{Sad}(r_i) = \left(\frac{b_i - a_i}{2} + \frac{\alpha_i + \beta_i}{6} \right) \tag{8-7}$$

根据上述风险测度的定义，可进一步定义模糊环境下证券投资组合的风险分别如下：

$$\mathrm{Var}(r_c) = \left[\sum_{i=1}^{n} \left(\frac{b_i - a_i}{2} + \frac{\alpha_i + \beta_i}{6} \right) x_i \right]^2 + \frac{1}{72} \left[\sum_{i=1}^{n} (\alpha_i + \beta_i) x_i \right]^2 \tag{8-8}$$

$$\mathrm{Var}^-(r_c) = \left[\sum_{i=1}^{n} \left(\frac{b_i - a_i}{2} + \frac{\alpha_i + \beta_i}{6} \right) x_i \right]^2 + \frac{1}{18} \left(\sum_{i=1}^{n} \alpha_i x_i \right)^2 \tag{8-9}$$

$$\mathrm{Sad}(r_c) = \sum_{i=1}^{n} \left(\frac{b_i - a_i}{2} + \frac{\alpha_i + \beta_i}{6} \right) x_i \tag{8-10}$$

根据含交易成本收益的调整、交易量以及不同模糊风险度量的限制，本章可建立存在市场摩擦因素（如交易成本、投资比例等）约束下的效率评价模型，在建立效率评价模型之前，首先建立在市场摩擦因素影响下基于 M-V 的模糊证券投资组合模型。针对模糊环境下的 2 种不同的收益以及 3 种不同的风险测度，可建立以下 5 种模糊证券投资组合模型。

$$\min\left[\sum_{i=1}^{n}\left(\frac{b_i - a_i}{2} + \frac{\alpha_i + \beta_i}{6}\right)x_i\right]^2 + \frac{1}{72}\left[\sum_{i=1}^{n}(\alpha_i + \beta_i)x_i\right]^2$$

$$\text{s. t.}\begin{cases} \sum_{i=1}^{n}\left(\frac{a_i + b_i}{2} + \frac{\beta_i - \alpha_i}{6}\right)x_i - \sum_{i=1}^{n}c_i x_i \geq u_0 \\ \sum_{i=1}^{n}x_i = 1 \\ l_i \leq x_i \leq u_i(i = 1, 2, \cdots, n) \end{cases} \qquad (8-11)$$

$$\min\left[\sum_{i=1}^{n}\left(\frac{b_i - a_i}{2} + \frac{\alpha_i + \beta_i}{6}\right)x_i\right]^2 + \frac{1}{72}\left[\sum_{i=1}^{n}(\alpha_i + \beta_i)x_i\right]^2$$

$$\text{s. t.}\begin{cases} \sum_{i=1}^{n}\left(\frac{a_i + b_i}{2} + \frac{\beta_i - \alpha_i}{6}\right)x_i - \sum_{i=1}^{n}c_i|x_i| \geq u_0 \\ \sum_{i=1}^{n}x_i = 1(i = 1, 2, \cdots, n) \end{cases} \qquad (8-12)$$

$$\min\left[\sum_{i=1}^{n}\left(\frac{b_i - a_i}{2} + \frac{\alpha_i + \beta_i}{6}\right)x_i\right]^2 + \frac{1}{18}\left(\sum_{i=1}^{n}\alpha_i x_i\right)^2$$

$$\text{s. t.}\begin{cases} \sum_{i=1}^{n}\left(\frac{a_i + b_i}{2} + \frac{\beta_i - \alpha_i}{6}\right)x_i - \sum_{i=1}^{n}c_i x_i \geq u_0 \\ \sum_{i=1}^{n}x_i = 1 \\ l_i \leq x_i \leq u_i(i = 1, 2, \cdots, n) \end{cases} \qquad (8-13)$$

$$\min\left[\sum_{i=1}^{n}\left(\frac{b_i - a_i}{2} + \frac{\alpha_i + \beta_i}{6}\right)x_i\right]^2 + \frac{1}{18}\left(\sum_{i=1}^{n}\alpha_i x_i\right)^2$$

$$\text{s. t.}\begin{cases} \sum_{i=1}^{n}\left(\frac{a_i + b_i}{2} + \frac{\beta_i - \alpha_i}{6}\right)x_i - \sum_{i=1}^{n}c_i|x_i| \geq u_0 \\ \sum_{i=1}^{n}x_i = 1(i = 1, 2, \cdots, n) \end{cases} \qquad (8-14)$$

$$\min \sum_{i=1}^{n} \left(\frac{b_i - a_i}{2} + \frac{\alpha_i + \beta_i}{6} \right) x_i$$

$$\text{s. t.} \begin{cases} \sum_{i=1}^{n} \left(\frac{a_i + b_i}{2} + \frac{\beta_i - \alpha_i}{6} \right) x_i - \sum_{i=1}^{n} c_i x_i \geqslant u_0 \\ \sum_{i=1}^{n} x_i = 1 \\ l_i \leqslant x_i \leqslant u_i (i = 1, 2, \cdots, n) \end{cases} \quad (8\text{-}15)$$

在均值-方差模型的基础上，根据班克（Banker）于 1984 年提出的规模可变的 BCC 模型建立证券投资组合的效率评价模型，由于 BCC 模型分为投入和产出两个导向，因此我们可将组合的预期收益看作输出变量，将投资的风险看作输入变量。根据理性假设，投资者均希望在风险水平保持稳定的情况下尽可能极大化自己的收益。因此，在模糊环境下，为了直观形象地对模糊投资组合进行效率评价，将投资组合的收益看作产出，将投资组合的风险看作投入，这时的效率评价的思想与均值方差模型的思想相一致，即在给定风险（输入）的条件下，获得最大化的收益（极大产出）。

现假设投资市场上有 M 个待评价的模糊投资证券组合，根据 DEA 的决策单元的定义，这 M 个待评价的模糊证券投资组合可看作 M 个决策单元。则 x_{ij} 表示风险证券 i 在第 j 个投资决策单元中的投资比例，其中 $i = 1, 2, \cdots, n$，$j = 1, 2, \cdots, M$。DMU_0 为待评价的目标决策单元，本章将其视为待评估的投资组合，而 x_{i0} 表示风险证券 i 在待评估投资组合单元中的投资比例。设 θ_0 为待评估投资组合单元的效率值，λ_i 表示权重。因此可根据上述 5 种模型分别建立风险导向及收益导向下的模糊证券投资组合效率评价模型：

$$\min \theta = \theta_0$$

$$\text{s. t.} \begin{cases} \sum_{j=1}^{M} \lambda_j \left(\left[\sum_{i=1}^{n} \left(\frac{b_i - a_i}{2} + \frac{\alpha_i + \beta_i}{6} \right) x_{ij} \right]^2 + \frac{1}{72} \left[\sum_{i=1}^{n} (\alpha_i + \beta_i) x_{ij} \right]^2 \right) \leqslant \\ \theta_0 \left(\left[\sum_{i=1}^{n} \left(\frac{b_i - a_i}{2} + \frac{\alpha_i + \beta_i}{6} \right) x_{i0} \right]^2 + \frac{1}{72} \left[\sum_{i=1}^{n} (\alpha_i + \beta_i) x_{i0} \right]^2 \right) \\ \sum_{j=1}^{M} \lambda_j \left(\sum_{i=1}^{n} \left(\frac{a_i + b_i}{2} + \frac{\beta_i - \alpha_i}{6} \right) x_{ij} - \sum_{i=1}^{n} c_i x_{ij} \right) \geqslant \end{cases}$$

$$\text{s. t.} \begin{cases} \left(\sum_{i=1}^{n} \left(\frac{a_i + b_i}{2} + \frac{\beta_i - \alpha_i}{6} \right) x_{i0} - \sum_{i=1}^{n} c_i x_{i0} \right) \\ \sum_{j=1}^{M} \lambda_j = 1, \ \lambda_j \geqslant 0 (i = 1, 2, \cdots, n, j = 1, 2, \cdots, M) \end{cases} \quad (8-16)$$

$$\max \varphi = \varphi_0$$

$$\text{s. t.} \begin{cases} \sum_{j=1}^{M} \lambda_j \left(\left[\sum_{i=1}^{n} \left(\frac{b_i - a_i}{2} + \frac{\alpha_i + \beta_i}{6} \right) x_{ij} \right]^2 + \frac{1}{72} \left[\sum_{i=1}^{n} (\alpha_i + \beta_i) x_{ij} \right]^2 \right) \leqslant \\ \left(\left[\sum_{i=1}^{n} \left(\frac{b_i - a_i}{2} + \frac{\alpha_i + \beta_i}{6} \right) x_{i0} \right]^2 + \frac{1}{72} \left[\sum_{i=1}^{n} (\alpha_i + \beta_i) x_{i0} \right]^2 \right) \\ \sum_{j=1}^{M} \lambda_j \left(\sum_{i=1}^{n} \left(\frac{a_i + b_i}{2} + \frac{\beta_i - \alpha_i}{6} \right) x_{ij} - \sum_{i=1}^{n} c_i x_{ij} \right) \geqslant \\ \varphi_0 \left(\sum_{i=1}^{n} \left(\frac{a_i + b_i}{2} + \frac{\beta_i - \alpha_i}{6} \right) x_{i0} - \sum_{i=1}^{n} c_i x_{i0} \right) \\ \sum_{j=1}^{M} \lambda_j = 1, \ \lambda_j \geqslant 0 (i = 1, 2, \cdots, n, j = 1, 2, \cdots, M) \end{cases}$$

$$(8-17)$$

其中，θ_0、φ_0 分别代表风险导向及收益导向下的模糊证券投资组合的效率值。当 $\theta_0 \in [0, 1]$ 时，其值越大越接近 1，表明待评估资产组合的效率越高。其所表示的经济含义是：在不改变待评估投资组合预期收益的情况下，与有效投资组合标杆相比，其组合的风险能够减小的范围。当 $\theta_0 = 1$ 时，表明这个投资组合是有效的，也就意味着这一组模糊证券投资组合中其效率最高。也就是在本组的模糊投资组合下，效率为 1 的投资组合更应该被投资者重点关注，然后根据这个结果和自身偏好来合理地分配投资比例。同理，$\varphi_0 \geqslant 1$ 表示的是评估的投资组合单元在稳定输入即风险不再扩大的情况下，其产出（收益）可以改进的范围，该值增大就代表其效率降低。为了更准确清晰地表示模糊环境下证券投资组合的效率值，一般采用 φ 的倒数来表示。因此，在这两种导向下的效率值 θ_0、φ_0 均属于 [0, 1]。类似于模型（8-16）和模型（8-17）的构建方法，我们可以构建其他收益导向、风险导向且含交易成本的模糊证券投资组合的效率评价模型。

$$\min \theta = \theta_0$$

$$\text{s. t.} \begin{cases} \sum\limits_{j=1}^{M} \lambda_j \left(\left[\sum\limits_{i=1}^{n} \left(\dfrac{b_i - a_i}{2} + \dfrac{\alpha_i + \beta_i}{6} \right) x_{ij} \right]^2 + \dfrac{1}{72} \left[\sum\limits_{i=1}^{n} (\alpha_i + \beta_i) x_{ij} \right]^2 \right) \leqslant \\ \theta_0 \left(\left[\sum\limits_{i=1}^{n} \left(\dfrac{b_i - a_i}{2} + \dfrac{\alpha_i + \beta_i}{6} \right) x_{i0} \right]^2 + \dfrac{1}{72} \left[\sum\limits_{i=1}^{n} (\alpha_i + \beta_i) x_{i0} \right]^2 \right) \\ \sum\limits_{j=1}^{M} \lambda_j \left(\sum\limits_{i=1}^{n} \left(\dfrac{a_i + b_i}{2} + \dfrac{\beta_i - \alpha_i}{6} \right) x_{ij} - \sum\limits_{i=1}^{n} c_i |x_{ij}| \right) \geqslant \\ \left(\sum\limits_{i=1}^{n} \left(\dfrac{a_i + b_i}{2} + \dfrac{\beta_i - \alpha_i}{6} \right) x_{i0} - \sum\limits_{i=1}^{n} c_i |x_{i0}| \right) \\ \sum\limits_{j=1}^{M} \lambda_j = 1, \ \lambda_j \geqslant 0 (i = 1, 2, \cdots, n, \ j = 1, 2, \cdots, M) \end{cases} \quad (8\text{-}18)$$

$$\max \varphi = \varphi_0$$

$$\text{s. t.} \begin{cases} \sum\limits_{j=1}^{M} \lambda_j \left(\left[\sum\limits_{i=1}^{n} \left(\dfrac{b_i - a_i}{2} + \dfrac{\alpha_i + \beta_i}{6} \right) x_{ij} \right]^2 + \dfrac{1}{72} \left[\sum\limits_{i=1}^{n} (\alpha_i + \beta_i) x_{ij} \right]^2 \right) \leqslant \\ \left(\left[\sum\limits_{i=1}^{n} \left(\dfrac{b_i - a_i}{2} + \dfrac{\alpha_i + \beta_i}{6} \right) x_{i0} \right]^2 + \dfrac{1}{72} \left[\sum\limits_{i=1}^{n} (\alpha_i + \beta_i) x_{i0} \right]^2 \right) \\ \sum\limits_{j=1}^{M} \lambda_j \left(\sum\limits_{i=1}^{n} \left(\dfrac{a_i + b_i}{2} + \dfrac{\beta_i - \alpha_i}{6} \right) x_{ij} - \sum\limits_{i=1}^{n} c_i |x_{ij}| \right) \geqslant \\ \varphi_0 \left(\sum\limits_{i=1}^{n} \left(\dfrac{a_i + b_i}{2} + \dfrac{\beta_i - \alpha_i}{6} \right) x_{i0} - \sum\limits_{i=1}^{n} c_i |x_{i0}| \right) \\ \sum\limits_{j=1}^{M} \lambda_j = 1, \ \lambda_j \geqslant 0 (i = 1, 2, \cdots, n, \ j = 1, 2, \cdots, M) \end{cases} \quad (8\text{-}19)$$

$$\min \theta = \theta_0$$

$$\text{s. t.} \begin{cases} \sum\limits_{j=1}^{M} \lambda_j \left(\left[\sum\limits_{i=1}^{n} \left(\dfrac{b_i - a_i}{2} + \dfrac{\alpha_i + \beta_i}{6} \right) x_{ij} \right]^2 + \dfrac{1}{18} \left(\sum\limits_{i=1}^{n} \alpha_i x_{ij} \right)^2 \right) \leqslant \\ \theta_0 \left(\left[\sum\limits_{i=1}^{n} \left(\dfrac{b_i - a_i}{2} + \dfrac{\alpha_i + \beta_i}{6} \right) x_{i0} \right]^2 + \dfrac{1}{18} \left(\sum\limits_{i=1}^{n} \alpha_i x_{i0} \right)^2 \right) \\ \sum\limits_{j=1}^{M} \lambda_j \left(\sum\limits_{i=1}^{n} \left(\dfrac{a_i + b_i}{2} + \dfrac{\beta_i - \alpha_i}{6} \right) x_{ij} - \sum\limits_{i=1}^{n} c_i x_{ij} \right) \geqslant \\ \left(\sum\limits_{i=1}^{n} \left(\dfrac{a_i + b_i}{2} + \dfrac{\beta_i - \alpha_i}{6} \right) x_{i0} - \sum\limits_{i=1}^{n} c_i x_{i0} \right) \\ \sum\limits_{j=1}^{M} \lambda_j = 1, \ \lambda_j \geqslant 0 (i = 1, 2, \cdots, n, \ j = 1, 2, \cdots, M) \end{cases} \quad (8\text{-}20)$$

$$\max \varphi = \varphi_0$$

$$\text{s.t.} \begin{cases} \sum_{j=1}^{M} \lambda_j \left(\left[\sum_{i=1}^{n} \left(\dfrac{b_i - a_i}{2} + \dfrac{\alpha_i + \beta_i}{6} \right) x_{ij} \right]^2 + \dfrac{1}{18} \left(\sum_{i=1}^{n} \alpha_i x_{ij} \right)^2 \right) \leqslant \\ \left(\left[\sum_{i=1}^{n} \left(\dfrac{b_i - a_i}{2} + \dfrac{\alpha_i + \beta_i}{6} \right) x_{i0} \right]^2 + \dfrac{1}{18} \left(\sum_{i=1}^{n} \alpha_i x_{i0} \right)^2 \right) \\ \sum_{j=1}^{M} \lambda_j \left(\sum_{i=1}^{n} \left(\dfrac{a_i + b_i}{2} + \dfrac{\beta_i - \alpha_i}{6} \right) x_{ij} - \sum_{i=1}^{n} c_i x_{ij} \right) \geqslant \\ \varphi_0 \left(\sum_{i=1}^{n} \left(\dfrac{a_i + b_i}{2} + \dfrac{\beta_i - \alpha_i}{6} \right) x_{i0} - \sum_{i=1}^{n} c_i x_{i0} \right) \\ \sum_{j=1}^{M} \lambda_j = 1, \ \lambda_j \geqslant 0 (i = 1, 2, \cdots, n, j = 1, 2, \cdots, M) \end{cases}$$

(8-21)

$$\min \theta = \theta_0$$

$$\text{s.t.} \begin{cases} \sum_{j=1}^{M} \lambda_j \left(\left[\sum_{i=1}^{n} \left(\dfrac{b_i - a_i}{2} + \dfrac{\alpha_i + \beta_i}{6} \right) x_{ij} \right]^2 + \dfrac{1}{18} \left(\sum_{i=1}^{n} \alpha_i x_{ij} \right)^2 \right) \leqslant \\ \theta_0 \left[\sum_{i=1}^{n} \left(\dfrac{b_i - a_i}{2} + \dfrac{\alpha_i + \beta_i}{6} \right) x_{i0} \right]^2 + \dfrac{1}{18} \left(\sum_{i=1}^{n} \alpha_i x_{i0} \right)^2 \\ \sum_{j=1}^{M} \lambda_j \left(\sum_{i=1}^{n} \left(\dfrac{a_i + b_i}{2} + \dfrac{\beta_i - \alpha_i}{6} \right) x_{ij} - \sum_{i=1}^{n} c_i |x_{ij}| \right) \geqslant \\ \left(\sum_{i=1}^{n} \left(\dfrac{a_i + b_i}{2} + \dfrac{\beta_i - \alpha_i}{6} \right) x_{i0} - \sum_{i=1}^{n} c_i |x_{i0}| \right) \\ \sum_{j=1}^{M} \lambda_j = 1, \ \lambda_j \geqslant 0 (i = 1, 2, \cdots, n, j = 1, 2, \cdots, M) \end{cases}$$

(8-22)

$$\max \varphi = \varphi_0$$

$$\text{s.t.} \begin{cases} \sum_{j=1}^{M} \lambda_j \left(\left[\sum_{i=1}^{n} \left(\dfrac{b_i - a_i}{2} + \dfrac{\alpha_i + \beta_i}{6} \right) x_{ij} \right]^2 + \dfrac{1}{18} \left(\sum_{i=1}^{n} \alpha_i x_{ij} \right)^2 \right) \leqslant \\ \left(\left[\sum_{i=1}^{n} \left(\dfrac{b_i - a_i}{2} + \dfrac{\alpha_i + \beta_i}{6} \right) x_{i0} \right]^2 + \dfrac{1}{18} \left(\sum_{i=1}^{n} \alpha_i x_{i0} \right)^2 \right) \\ \sum_{j=1}^{M} \lambda_j \left(\sum_{i=1}^{n} \left(\dfrac{a_i + b_i}{2} + \dfrac{\beta_i - \alpha_i}{6} \right) x_{ij} - \sum_{i=1}^{n} c_i |x_{ij}| \right) \geqslant \\ \varphi_0 \left(\sum_{i=1}^{n} \left(\dfrac{a_i + b_i}{2} + \dfrac{\beta_i - \alpha_i}{6} \right) x_{i0} - \sum_{i=1}^{n} c_i |x_{i0}| \right) \\ \sum_{j=1}^{M} \lambda_j = 1, \ \lambda_j \geqslant 0 (i = 1, 2, \cdots, n, j = 1, 2, \cdots, M) \end{cases}$$

(8-23)

$\min\theta = \theta_0$

$$
\text{s. t.}
\begin{cases}
\displaystyle\sum_{j=1}^{M} \lambda_j \left(\sum_{i=1}^{n} \left(\frac{b_i - a_i}{2} + \frac{\alpha_i + \beta_i}{6} \right) x_{ij} \right) \leqslant \theta_0 \sum_{i=1}^{n} \left(\frac{b_i - a_i}{2} + \frac{\alpha_i + \beta_i}{6} \right) x_{i0} \\[3mm]
\displaystyle\sum_{j=1}^{M} \lambda_j \left(\sum_{i=1}^{n} \left(\frac{a_i + b_i}{2} + \frac{\beta_i - \alpha_i}{6} \right) x_{ij} - \sum_{i=1}^{n} c_i x_{ij} \right) \geqslant \\[3mm]
\displaystyle\left(\sum_{i=1}^{n} \left(\frac{a_i + b_i}{2} + \frac{\beta_i - \alpha_i}{6} \right) x_{i0} - \sum_{i=1}^{n} c_i x_{i0} \right) \\[3mm]
\displaystyle\sum_{j=1}^{M} \lambda_j = 1, \ \lambda_j \geqslant 0 (i = 1, 2, \cdots, n, j = 1, 2, \cdots, M)
\end{cases}
\tag{8-24}
$$

$\max\varphi = \varphi_0$

$$
\text{s. t.}
\begin{cases}
\displaystyle\sum_{j=1}^{M} \lambda_j \left(\sum_{i=1}^{n} \left(\frac{b_i - a_i}{2} + \frac{\alpha_i + \beta_i}{6} \right) x_{ij} \right) \leqslant \sum_{i=1}^{n} \left(\frac{b_i - a_i}{2} + \frac{\alpha_i + \beta_i}{6} \right) x_{i0} \\[3mm]
\displaystyle\sum_{j=1}^{M} \lambda_j \left(\sum_{i=1}^{n} \left(\frac{a_i + b_i}{2} + \frac{\beta_i - \alpha_i}{6} \right) x_{ij} - \sum_{i=1}^{n} c_i x_{ij} \right) \geqslant \\[3mm]
\displaystyle\varphi_0 \left(\sum_{i=1}^{n} \left(\frac{a_i + b_i}{2} + \frac{\beta_i - \alpha_i}{6} \right) x_{i0} - \sum_{i=1}^{n} c_i x_{i0} \right) \\[3mm]
\displaystyle\sum_{j=1}^{M} \lambda_j = 1, \ \lambda_j \geqslant 0 (i = 1, 2, \cdots, n, j = 1, 2, \cdots, M)
\end{cases}
\tag{8-25}
$$

值得说明的是，模型（8-16）至模型（8-25）分别代表的是模糊环境下三种不同风险测度（方差、下半方差、半绝对偏差）下含交易成本（线性交易成本和 V 型交易成本）的风险导向和收益导向的模糊证券投资组合的效率评价模型。

8.3　实证分析

实验 1：采用本章构建的模糊投资组合效率评价模型进行实证分析。本实验沿用盖宇希和陈（Chen）的数据，假设投资者投资于 5 只股票，且这 5 只股票的模糊收益率如表 8-1 所示。

表 8-1 5 只股票的模糊收益率

股票	a_i	b_i	α_i	β_i
$\tilde{r}_1$	0.022	0.026	0.020	0.030
$\tilde{r}_2$	0.053	0.060	0.050	0.054
$\tilde{r}_3$	0.078	0.085	0.072	0.094
$\tilde{r}_4$	0.120	0.164	0.008	0.176
$\tilde{r}_5$	0.006	0.086	0.072	0.090

本节所做的实验均采用 MATLAB R2014a 软件进行实验分析。首先考虑线性交易成本下的模糊投资组合的效率评价模型。当交易成本设置为线性形式时，即 $c_i = 0.0002$，$i = 1，2，3，4，5$，且满足 $\sum_{i=1}^{5} x_i = 1$，$x_i \geq 0$，$i = 1，2，\cdots$，5。然后，随机生成 30 组投资组合样本的投资比例，根据式（8-3）求出含线性交易成本的可能性收益，并根据式（8-8）至式（8-10）求出不同定义的风险测度下的投资组合的风险及收益值（如表 8-2 所示）。

表 8-2 5 种模糊证券的 30 个随机组合的收益风险分布表

DMU	投资比例					风险			收益
组合	x1	x2	x3	x4	x5	可能性方差	可能性半方差	半绝对偏差	可能性均值
1	0.0242	0.3538	0.2291	0.3008	0.0920	0.0016	0.0015	0.0368	0.0958
2	0.1988	0.2571	0.3501	0.1627	0.0313	0.0011	0.0010	0.0290	0.0786
3	0.0228	0.2498	0.3160	0.2743	0.1371	0.0018	0.0016	0.0389	0.0949
4	0.3505	0.1926	0.3531	0.0272	0.0766	0.0009	0.0008	0.0252	0.0583
5	0.2655	0.3132	0.2681	0.1012	0.0520	0.0009	0.0008	0.0264	0.0671
6	0.3457	0.3200	0.1104	0.0920	0.1309	0.0009	0.0008	0.0273	0.0586
7	0.2693	0.2669	0.1853	0.1856	0.0929	0.0011	0.0010	0.0301	0.0739
8	0.2454	0.2795	0.1550	0.1566	0.1635	0.0013	0.0012	0.0324	0.0699
9	0.0794	0.1922	0.2572	0.2586	0.2126	0.0020	0.0018	0.0407	0.0891
10	0.1866	0.4939	0.0944	0.0884	0.1367	0.0010	0.0010	0.0290	0.0626
11	0.0620	0.2490	0.0312	0.3500	0.3077	0.0024	0.0022	0.0459	0.0929

DMU	投资比例					风险			收益
组合	x1	x2	x3	x4	x5	可能性方差	可能性半方差	半绝对偏差	可能性均值
12	0.264 4	0.140 7	0.187 0	0.254 2	0.153 8	0.001 5	0.001 3	0.035 2	0.081 3
13	0.108 8	0.376 3	0.014 0	0.125 8	0.375 1	0.001 9	0.001 8	0.041 2	0.065 1
14	0.197 7	0.167 4	0.065 5	0.496 0	0.073 4	0.001 8	0.001 5	0.038 6	0.107 9
15	0.113 4	0.306 6	0.170 7	0.210 2	0.199 2	0.001 7	0.001 5	0.037 3	0.080 3
16	0.330 2	0.013 9	0.249 6	0.015 2	0.391 1	0.001 7	0.001 6	0.038 5	0.052 1
17	0.115 2	0.286 8	0.083 4	0.197 0	0.317 6	0.002 0	0.001 8	0.041 4	0.075 3
18	0.034 1	0.038 5	0.014 7	0.485 9	0.426 8	0.003 5	0.003 2	0.055 8	0.107 6
19	0.068 4	0.477 5	0.370 5	0.042 1	0.041 5	0.001 0	0.000 9	0.027 2	0.069 6
20	0.090 7	0.526 3	0.061 6	0.158 7	0.162 6	0.001 3	0.001 2	0.033 1	0.072 4
21	0.034 4	0.281 8	0.229 2	0.240 9	0.213 6	0.001 9	0.001 8	0.040 4	0.087 7
22	0.291 7	0.184 4	0.373 9	0.066 4	0.083 5	0.001 0	0.000 9	0.027 6	0.065 1
23	0.007 8	0.378 8	0.381 2	0.048 7	0.183 6	0.001 5	0.001 4	0.034 7	0.071 4
24	0.244 4	0.108 0	0.280 8	0.207 7	0.159 2	0.001 5	0.001 3	0.035 1	0.079 3
25	0.087 5	0.246 8	0.294 1	0.238 5	0.133 2	0.001 6	0.001 5	0.036 7	0.088 3
26	0.318 1	0.086 6	0.180 8	0.323 7	0.090 8	0.001 4	0.001 2	0.033 9	0.087 8
27	0.117 0	0.434 0	0.032 1	0.140 1	0.276 8	0.001 5	0.001 5	0.037 2	0.067 7
28	0.072 9	0.227 9	0.286 1	0.179 8	0.233 3	0.001 9	0.001 7	0.039 5	0.081 1
29	0.352 4	0.103 3	0.266 0	0.049 8	0.228 4	0.001 2	0.001 2	0.032 0	0.057 1
30	0.262 9	0.288 9	0.156 3	0.087 1	0.204 7	0.001 2	0.001 1	0.031 9	0.061 2

首先，根据收益导向下的模糊证券投资组合的模型（8-11），由投资组合的效率定义及前沿面的定义，求解模型（8-11）、模型（8-13）和模型（8-15）的真实前沿面，并求得30组投资组合样本到前沿面的相对距离以收益导向为主的效率值 PE_r 和排序。其次，依据模糊证券投资组合的效率评价模型（8-16）、模型（8-20）和模型（8-24）对30组样本进行效率评价的研究，求得模糊环境下含线性交易成本的 DEA 效率值及其排序（如表8-3所示）。最后，将这30组样本的有效 DEA 值为1的组合拟合成数据包络前沿面，与真

实的投资组合前沿面进行对比（如图 8-3 所示）。

表 8-3　5 种模糊证券的 30 个随机组合的效率值和排序分布表

DMU	可能性方差				可能性半方差				半绝对偏差			
组合	PE_r	排序	DEA 值	排序	PE_r	排序	DEA 值	排序	PE_r	排序	DEA 值	排序
1	0.833	3	0.898	10	0.798	3	0.886	10	0.833	5	0.942	8
2	0.854	2	1.000	2	0.786	4	1.000	1	0.883	2	1.000	4
3	0.778	7	0.795	13	0.759	6	0.777	13	0.772	8	0.882	12
4	0.747	10	1.000	4	0.677	14	1.000	4	0.767	11	1.000	3
5	0.799	6	1.000	1	0.780	5	1.000	2	0.834	4	1.000	2
6	0.697	14	0.901	8	0.681	13	0.908	7	0.702	15	0.923	10
7	0.803	5	0.899	9	0.739	8	0.898	8	0.794	7	0.928	9
8	0.666	20	0.744	15	0.647	19	0.734	15	0.692	16	0.835	15
9	0.685	18	0.673	20	0.660	17	0.652	21	0.691	17	0.797	19
10	0.696	15	0.833	11	0.626	20	0.822	11	0.703	14	0.891	11
11	0.640	23	0.586	25	0.619	22	0.562	25	0.636	23	0.734	25
12	0.739	11	0.772	14	0.707	10	0.763	14	0.732	12	0.849	14
13	0.516	29	0.452	30	0.482	29	0.436	30	0.500	29	0.635	30
14	0.885	1	1.000	3	0.899	1	1.000	3	0.885	1	1.000	1
15	0.669	19	0.674	19	0.669	16	0.655	20	0.686	19	0.792	20
16	0.434	30	0.479	29	0.417	30	0.465	29	0.427	30	0.655	29
17	0.579	27	0.517	27	0.558	25	0.497	27	0.575	27	0.682	28
18	0.582	26	0.503	28	0.552	27	0.477	28	0.599	25	0.690	27
19	0.773	8	0.958	5	0.757	7	0.926	6	0.839	3	0.992	5
20	0.690	17	0.744	16	0.670	15	0.726	16	0.690	18	0.835	16
21	0.696	16	0.667	22	0.650	18	0.644	22	0.685	20	0.792	21
22	0.723	12	0.902	7	0.707	10	0.895	5	0.770	9	0.947	6
23	0.649	21	0.646	23	0.605	23	0.615	23	0.655	21	0.789	22
24	0.721	13	0.734	17	0.689	12	0.723	17	0.721	13	0.831	17
25	0.768	9	0.796	12	0.736	9	0.780	12	0.768	10	0.876	13

续表

DMU	可能性方差				可能性半方差				半绝对偏差			
组合	PE_r	排序	DEA 值	排序	PE_r	排序	DEA 值	排序	PE_r	排序	DEA 值	排序
26	0.828	4	0.937	6	0.813	2	0.941	5	0.828	6	0.945	7
27	0.589	25	0.561	26	0.564	24	0.543	26	0.579	26	0.715	26
28	0.643	22	0.610	24	0.624	21	0.587	24	0.649	22	0.754	24
29	0.571	28	0.668	21	0.528	28	0.661	19	0.574	28	0.787	23
30	0.612	24	0.692	18	0.557	26	0.684	18	0.618	24	0.803	18

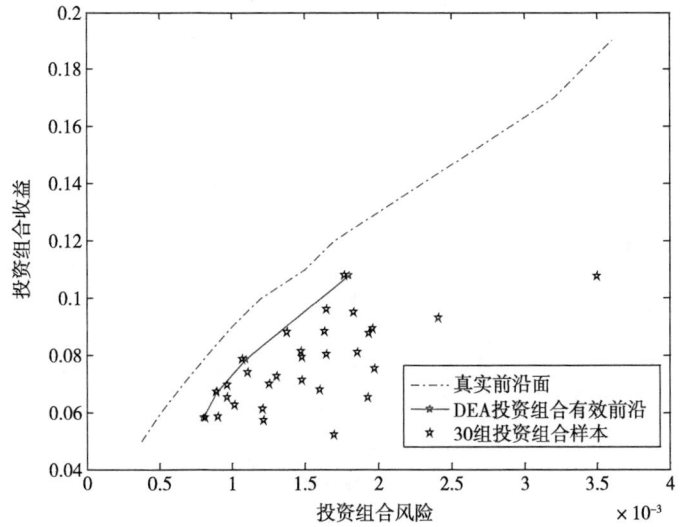

图8-3 线性交易成本下模糊证券投资组合前沿面

根据图8-4及表8-4，可得出采用BCC计算模型（8-16）、模型（8-20）及模型（8-24）所得的数据包络前沿面。随着样本量规模的增加，其BCC模型的前沿面越来越逼近模糊环境下证券投资组合的真实前沿面，且基于不同风险测度下的模型的收益导向的效率值与本章所构建的基于DEA的模糊投资组合评价的效率值相比，随着样本量的增加，相关度也越来越高。因此，可采用本章所提出的模型对模糊环境下的证券投资组合进行效率评价的研究，为投资者提供一定的科学指导。

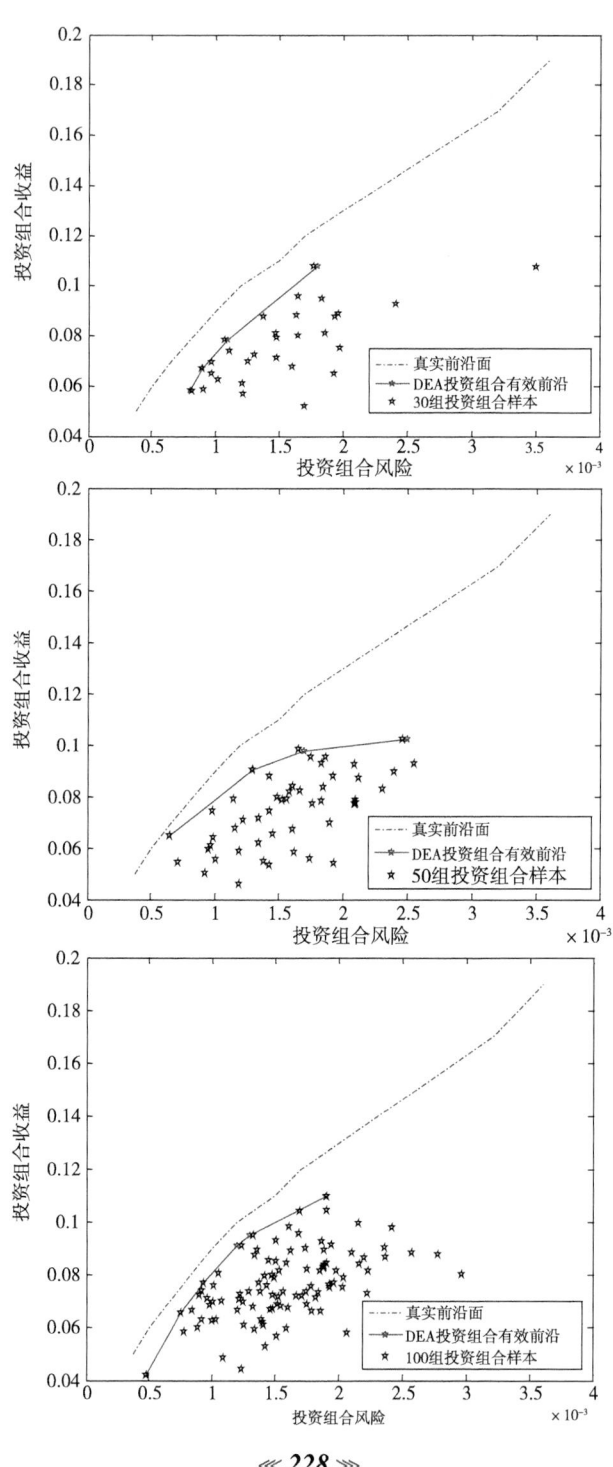

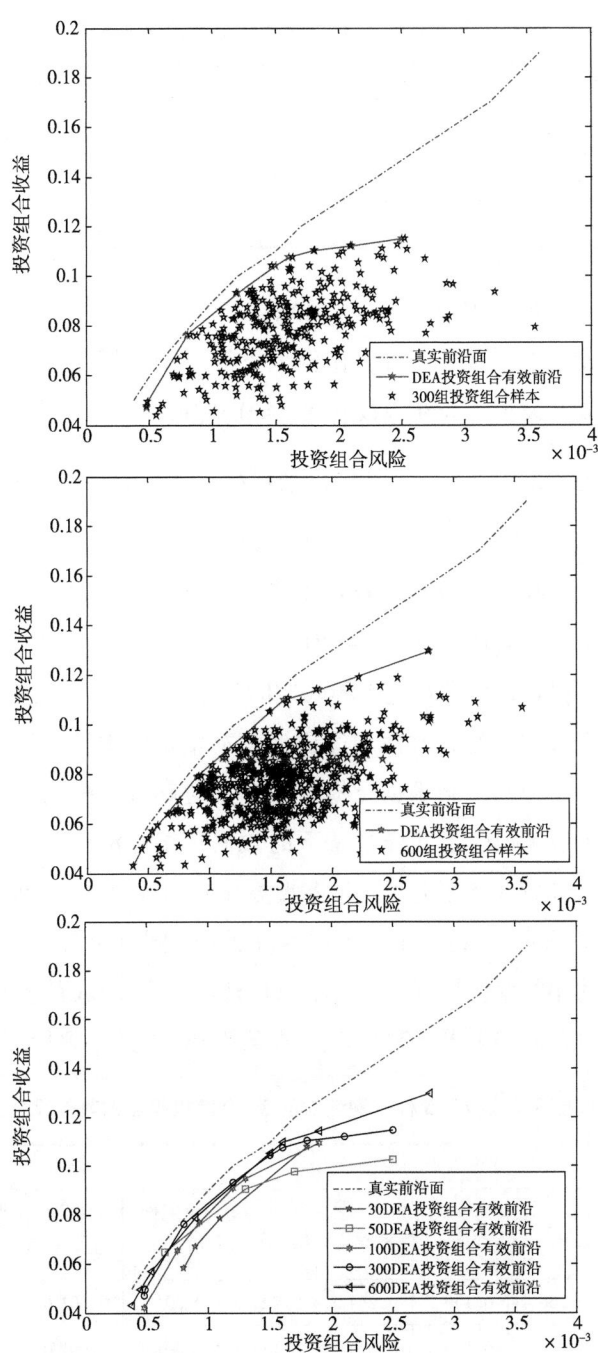

图 8-4　线性交易成本下不同样本量下有效前沿的比较

表8-4 5种模糊证券的不同规模组合的效率相关系数

PE$_r$与DEA相关系数	30组	50组	100组	300组	600组
可能性均值-方差	0.889 5	0.948 2	0.951 9	0.985 2	0.992 7
可能性均值-半方差	0.847 5	0.907 4	0.943 7	0.975 4	0.982 6
可能性均值-半绝对偏差	0.927 7	0.934 6	0.951 2	0.981 3	0.993 5

实验2：本节所做的实验均采用MATLAB R2014a软件进行实验分析，在考虑线性交易成本下同时考虑投资比例上下界限制的模糊投资组合的效率评价模型。交易成本设置为线性函数形式$c_i = 0.000\ 2$，$i = 1$，2，3，4，5，且满足$\sum_{i=1}^{5} x_i = 1$，$0.1 \le x_i \le 0.5$。然后，随机生成30组满足此限制的投资比例的投资组合样本，根据式（8-3）求出含线性交易成本的可能性收益，根据式（8-8）至式（8-10）求出当存在上下界限制时不同定义的风险测度下的投资组合的风险及收益值（如表8-5所示）。

进一步验证投资比例存在上下界限制时，依旧可以采用DEA模型来评价模糊证券投资组合效率的有效性和适用性。本章将样本量的规模逐渐扩大至100组、300组、600组，再根据所提出的模型对其进行模糊投资组合的效率评价，根据效率值来拟合不同样本量下的数据包络前沿面与真实的投资组合前沿面的对比（如图8-5所示），并将收益导向的效率值与DEA进行相关性分析（如表8-6所示），得出了不同样本量下的不同风险测度下的效率相关系数依旧有很高的相关度，故可以采用本章构建的基于DEA的模糊投资组合效率评价模型来对含有上下界限制的证券投资组合进行效率评价。

表8-5 上下界限制下5种模糊证券的30个随机组合的收益风险分布表

DMU 组合	投资比例					风险			收益
	x1	x2	x3	x4	x5	可能性方差	可能性半方差	半绝对偏差	可能性均值
1	0.178 2	0.206 4	0.150 1	0.244 2	0.221 0	0.001 7	0.001 6	0.038 5	0.081 3
2	0.347 2	0.227 3	0.115 0	0.174 3	0.136 2	0.001 1	0.001 0	0.030 2	0.067 8
3	0.138 6	0.180 1	0.202 9	0.184 7	0.293 8	0.001 9	0.001 8	0.040 9	0.076 7

续表

DMU	投资比例					风险			收益
组合	x1	x2	x3	x4	x5	可能性方差	可能性半方差	半绝对偏差	可能性均值
4	0.168 9	0.262 5	0.195 2	0.265 6	0.107 9	0.001 4	0.001 3	0.034 5	0.086 2
5	0.140 8	0.132 2	0.256 0	0.305 2	0.165 8	0.001 8	0.001 6	0.039 4	0.092 8
6	0.136 7	0.312 0	0.232 3	0.129 3	0.189 8	0.001 4	0.001 3	0.034 7	0.072 2
7	0.217 2	0.111 9	0.250 4	0.124 8	0.295 7	0.001 8	0.001 6	0.038 8	0.068 8
8	0.182 0	0.356 1	0.153 8	0.188 5	0.119 6	0.001 2	0.001 1	0.032 0	0.075 8
9	0.200 2	0.226 2	0.193 1	0.163 8	0.216 8	0.001 5	0.001 4	0.035 9	0.072 8
10	0.205 6	0.212 8	0.202 9	0.273 7	0.105 1	0.001 4	0.001 3	0.034 3	0.086 2
11	0.284 5	0.144 2	0.109 5	0.254 2	0.207 6	0.001 6	0.001 4	0.036 7	0.078 1
12	0.170 6	0.219 6	0.245 7	0.144 5	0.219 6	0.001 6	0.001 5	0.036 3	0.073 0
13	0.158 2	0.259 3	0.257 2	0.120 3	0.205 1	0.001 5	0.001 4	0.035 1	0.071 1
14	0.217 5	0.206 7	0.292 7	0.134 6	0.148 5	0.001 3	0.001 2	0.032 7	0.072 3
15	0.187 9	0.212 2	0.187 7	0.229 6	0.182 6	0.001 6	0.001 4	0.036 5	0.080 7
16	0.453 7	0.171 0	0.129 8	0.131 2	0.114 4	0.000 9	0.000 8	0.026 9	0.060 2
17	0.169 6	0.180 9	0.159 5	0.262 6	0.227 4	0.001 8	0.001 7	0.039 6	0.083 9
18	0.181 0	0.158 4	0.226 9	0.244 1	0.189 6	0.001 7	0.001 5	0.037 8	0.083 6
19	0.226 4	0.151 5	0.316 7	0.194 0	0.111 4	0.001 3	0.001 2	0.033 1	0.079 7
20	0.268 9	0.131 9	0.185 3	0.250 9	0.163 0	0.001 5	0.001 3	0.035 4	0.080 7
21	0.234 2	0.153 1	0.221 7	0.226 6	0.164 4	0.001 5	0.001 4	0.035 5	0.080 0
22	0.108 2	0.233 1	0.270 6	0.208 8	0.179 4	0.001 7	0.001 5	0.037 4	0.083 2
23	0.235 6	0.149 4	0.250 1	0.140 9	0.224 0	0.001 5	0.001 4	0.035 8	0.070 6
24	0.170 0	0.278 3	0.264 2	0.164 9	0.122 5	0.001 3	0.001 2	0.032 7	0.076 6
25	0.235 0	0.270 9	0.130 5	0.208 1	0.155 5	0.001 3	0.001 2	0.033 5	0.075 4
26	0.212 9	0.315 8	0.233 3	0.112 7	0.125 3	0.001 1	0.001 0	0.030 4	0.068 5
27	0.151 4	0.230 1	0.247 8	0.239 6	0.131 0	0.001 5	0.001 4	0.035 5	0.085 1
28	0.280 0	0.121 4	0.129 1	0.137 9	0.331 6	0.001 7	0.001 6	0.038 9	0.064 6
29	0.283 1	0.167 0	0.283 0	0.151 0	0.115 9	0.001 2	0.001 1	0.030 9	0.072 1
30	0.226 0	0.166 4	0.242 2	0.194 4	0.171 0	0.001 5	0.001 3	0.035 0	0.077 2

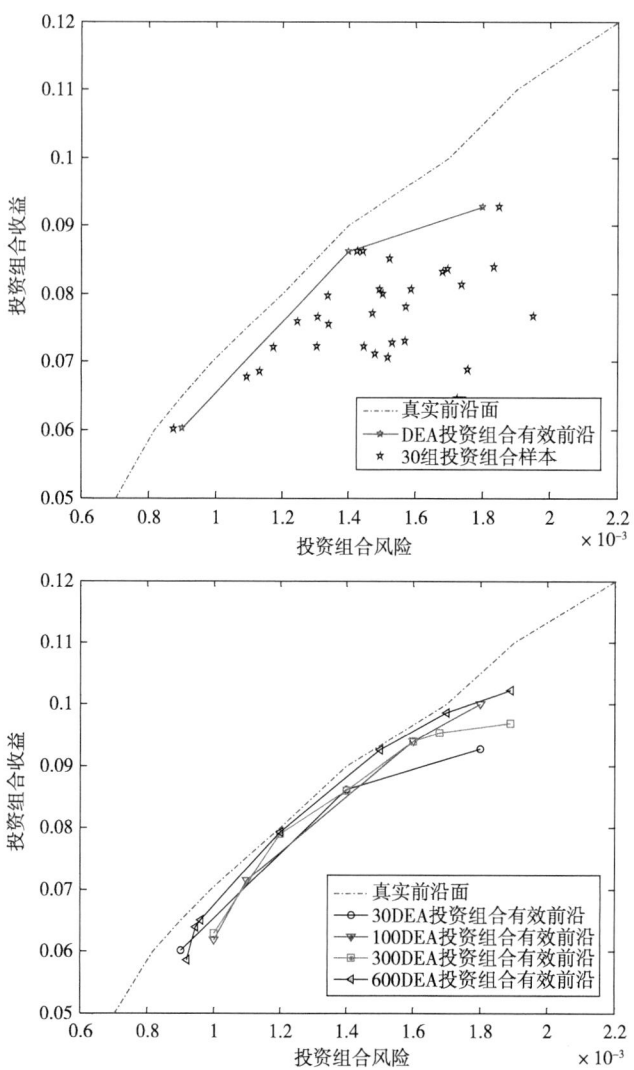

图 8-5　上下界限制下不同样本量下有效前沿的比较

表 8-6　上下界限制下 5 种模糊证券的不同规模组合的效率相关系数

PE$_r$ 与 DEA 相关系数	30 组	100 组	300 组	600 组
可能性均值-方差	0.914 6	0.938 2	0.954 8	0.969 6
可能性均值-半方差	0.910 8	0.932 5	0.957 8	0.969 3
可能性均值-半绝对偏差	0.924 1	0.943 6	0.961 1	0.972 1

由图 8-5 及表 8-6 可知，当存在交易量上下界限制时，即模型中 $l_i = 0.1$，$u_i = 0.5$ 时，通过实验可得出采用 BCC 计算模型（8-6）、模型（8-20）及模型（8-24）所得的数据包络前沿面会随着样本量规模的增加，越来越逼近模糊环境下证券投资组合的真实前沿面，且基于不同风险测度下的模型的收益导向的效率值与 DEA 值相比，随着样本量的增加，相关度也越来越高。因此，可采用本章所提出的模型对模糊环境下的证券投资组合进行效率评价的研究，为投资者提供一定的科学指导。

8.4　本章小结

本章针对不确定环境下的证券的模糊收益率，引入了交易成本、交易量限制等约束条件，建立了基于 DEA 的不同导向模糊投资组合效率评价模型的一般形式，以便对模糊环境下的投资组合进行效率评估。最后，本章通过实证分析验证了本章模型的有效性和实用性，其实证结果表明：在线性交易成本及投资比例上下界约束条件下，随着样本数量的不断增加，可以采用本章构建的基于 DEA 的模糊投资组合效率评价模型来评价模糊环境下的证券投资组合，且效率评价所得的前沿面越来越逼近不确定环境下证券投资组合的真实前沿面，其效率值的相关度也越来越高。

本章仅构建存在摩擦因素（交易成本及投资比例限制）影响的模糊效率评价模型的一般形式，不仅在不确定环境下对具有模糊性的证券组合作出效率评估，更重要的是为证券投资者提供理论层面的参考价值。但稍有遗憾的是，本章在构建模型时虽考虑了 V 型交易成本及总量限制的约束，但在实证分析时由于编程具有一定的复杂度，仅针对线性交易成本及投资比例上下界两种约束条件做了相关的仿真实验。因此，关于另外两种约束条件下的模糊投资组合的效率评价模型的仿真验证仍有研究与拓展空间。

第 9 章　结论及研究展望

迄今为止，在金融界众多杰出学者和专业人士的共同努力下，起源于 20 世纪 50 年代的现代金融理论实现了蓬勃发展。近 70 年来，现代金融学的主要成就包括：20 世纪 50 年代马科维茨提出的投资组合选择理论、莫迪利安尼和米勒（Modigliani and Miller）提出的公司金融 MM 理论、20 世纪 60 年代提出的资本资产定价理论和有效市场理论以及 20 世纪 70 年代提出的期权定价理论和套利定价理论等。近年来，随着信息技术的快速发展及其在金融领域的广泛应用，金融市场的效率得到了极大的提高。然而，金融市场的风险也在不断增长，国际金融界发生了一系列重大事件，如东南亚金融危机、英国巴林银行倒闭、法国里昂信贷银行危机等，这使得金融界迫切需要对金融风险进行准确的量化分析。随着金融市场的不断创新和发展，各种新兴金融衍生品不断地发展起来。金融产品的设计需要大量的数值计算，数学规划方法和控制理论等各种数学方法已在金融领域得到了广泛的应用。近年来，模式识别、神经网络和遗传算法被越来越多地用于处理一些困难和复杂的财务管理问题，模糊数学知识逐渐应用于投资决策分析。

证券投资理论自诞生以来，以其无穷的魅力吸引了国内外众多学者对其进行不懈的探索。证券投资的研究对象是一个非常复杂的金融系统，涉及大量的随机因素和不确定性因素。决策者不同的主观意愿和风险态度也对投资决策产生了很大的影响。事件不确定性有两种形式：随机不确定性和模糊不确定性。投资者在投资决策分析中面临的不确定性也可以分为随机不确定性和模糊不确定性。证券市场中存在许多模糊现象，投资者要想在不确定环境下做出良好的投资决策，需要对证券市场的各种不确定性进行合理判断。为了避免不确定性造成的损失，本书将证券流动性作为一种不确定的模糊现象，建立了具有模糊流动性约束的市场组合选择模型。金融市场的形势瞬息万变，投资者往往很难用清晰的数字表达投资风险、收益率和流动性指标，而且各种因素之间相互制约，因此对于各种影响因素无法用语言来描述或用准确的数据来表示。因此，许多学者将模糊理论引入证券投资理论中，并从不同角度提出了利用模糊信息处理证券投资问题的各种模型和方法。

在新兴的证券市场中，由于种种原因，证券的期望收益率很难被精确地估计出来。区间数可以被看作一类特殊的模糊数，区间方法是处理不确定性问题的一个有力工具。本书利用区间数的方法研究了投资组合选择问题，建立了收益、风险及流动性为区间数的投资组合选择模型。此外，本书还基于模糊决策理论，兼顾投资者对投资组合期望收益的客观要求，提出了证券投资组合的模糊二次规划模型。最后，为了评估投资组合的效率问题，本书基于 DEA 方法，结合市场的不确定性，分别提出了区间 DEA 的投资组合效率评价及模糊环境下含摩擦因素用于评估投资组合效率的一般形式。总之，本书针对证券市场中各种形式的模糊不确定性，结合模糊数学、最优化理论、效率评价理论及概率论知识，建立了一系列投资组合选择模型，试图为投资决策分析建立一种新的研究框架。我们相信这些模型在实践中将会有很大的应用潜力。

关于投资组合，已有的研究大都以精确数量化 M-V 模型的相关指标，其研究相对丰富。然而，当前证券市场受诸多摩擦因素的影响，已具有很强的不确定性，越来越多的学者意识到不确定环境中的投资组合选择问题研究的重要性。本书以证券投资组合为研究对象，其收益与风险受到交易费用、流动性限制、资金限制、税收要求等诸多条件的约束和限制，因此本书通过着重深入探讨增加上述摩擦因素的影响，以此建立较为合理的组合模型，是必要且值得研究的。首先，本书基于马科维茨的均值-方差模型理论，以总体风险损失率度量证券投资组合的风险，采用换手率来度量流动性，建立了基于证券预期收益率、证券损失率、市场流动性均为不确定数（区间数和模糊数）的证券投资组合模型。其次，为求解不确定环境下建立含摩擦因素的投资组合模型，本书深入合理地探求了此类含有不确定数的相关规划方法。最后，本书基于 DEA 方法，结合市场的不确定性，分别提出了两类不确定环境下投资组合效率评价模型：区间 DEA 的投资组合效率评价模型以及含摩擦因素的模糊投资组合效率评价模型的一般形式。本书在分析了现有组合投资理论模型的基础上，以组合投资中的不确定信息为切入点，从两个大的方向对基于模糊不确定信息的组合投资模型进行了探讨，建立了不确定环境下的组合投资模型，研究了模型的求解方法和实际应用，并提出了不确定环境下投资组合的效率评价模型。主要研究结果如下：

第一，从实际出发，基于 M-V 模型，本书深入分析了投资组合模型的收益与风险的关系，并考虑了对投资而言重要的交易成本及流动性的影响因素，建立了考虑收益、风险和流动性的多目标区间规划模型。针对多目标证券投资组合的区间模型的求解，本书采用理想点法和线性加权和法，并与数值算例和实际应用相结合，说明了该模型的可行性。其中，理想点法首先求解各个目标的最佳最优值和最差最优值，并引入优化参数级别，从而将不确定规划问题转化为确定规划问题；线性加权和法则通过直接引入优化参数的水平来求解模型。最后，本书通过数值算例及实际证券组合对两种方法进行了比较。

第二，考虑到现实证券市场中有很强的不确定性，本书首先采用区间数描述市场的摩擦因素流动性，建立了一种新的基于交易成本的证券投资组合区间二次规划模型。其次，本书提出了基于 α 优化水平转换目标函数，同时提出了基于改进的区间可接受度及区间可能度模型求解方法。最后，数值算例的结果表明，使用本书方法所求得目标函数风险值的范围要小于使用传统方法求得的范围。一般来说，在收益一定的情况下，目标函数的风险范围越小，投资组合的风险就越小，投资就越理性。投资者可根据自己的偏好选择相应的方法。该模型的提出为证券投资者提供了一种新的投资思路。结果表明，采用本书所建立的模型得到的结果更优，为投资者提供一定的理论支持，且投资者可依据个人偏好选择合理的投资策略。

第三，在实际投资环境中，首先，考虑到证券市场动态不稳定性，本书利用区间数描述了证券风险、收益和相应流动性的不确定性，建立了一种新的区间流动性约束下证券投资组合的广义区间二次规划模型。其次，本书提出了一种新的基于拉格朗日对偶理论的有效数值方法求解模型。最后，两个投资应用的实例结果亦表明所提出的投资组合选择模型更可行，且基于拉格朗日对偶方法在寻找较小的区间范围方面优于传统方法，这意味着较小的区间目标值对应较小的投资组合风险。这为证券投资者提供了新的投资理念。

第四，在实际的不确定证券市场中，本书首先考虑采用模糊数来描述证券风险、收益及其相应流动性，建立了一种新的含交易成本及流动性的模糊二次规划模型，使得投资者在模糊环境下能够做出合理的投资决策。其次，模糊数 γ -截集定义实现了模型由模糊规划向区间规划的转化求解方法。最后，本书通过针对具有模糊性质的证券投资组合作两组数值实验（考虑流动性与交易成本是否存在）与本书模型进行比较，结果证明采用本书模型得到的结果更优，更加符合实际的证券市场的投资活动。

上述模型都以模糊不确定数为基础，探讨基于不同模糊数的组合投资模型的构建方法，但是模型的建模方法及约束条件不同。基于区间数多目标证券投资组合模型的构建主要以总体风险损失率来度量证券投资组合的相关风险，以换手率刻画流动性，建立了兼顾收益、风险、流动性的多目标区间规划模型并通过理想点法和线性加权和法进行求解，随后用两个实际算例验证该模型的可行性；基于改进区间可接受度及可能度的证券投资组合区间二次规划模型以及基于证券投资组合广义区间二次规划的数值解，针对构建的不确定投资组合模型的目标函数和约束条件含有不确定数的情况，提出了基于改进区间可接受度、可能度确定性转换方法及拉格朗日对偶理论的有效数值方法进行模型的求解；基于证券投资组合模糊二次规划模型，由于所建立的模型含有模糊数，不利于计算，本书通过采用模糊数 γ-截集的定义实现了模型由模糊规划向区间规划的转化方法求解模型，并通过含模糊数的证券数值实验验证了模型的适用性。对于不确定性投资组合模型的建立是否有效，研究者们根据市场现有属性，采用科学合理的方法来建立有效的投资组合的评价体系。有效的投资组合模型不仅可以促进金融市场的稳定发展，还可以为投资者提供更强的自主选择权。因此，本书基于 DEA 证券投资组合评价模型，构建了不确定环境下 DEA 投资组合效率评价模型。

第五，基于 DEA 证券投资组合的效率估计模型，首先，本书针对不确定环境下的证券的区间收益率、风险损失率，运用区间 DEA 方法，提出了区间 DEA 的投资组合效率评价模型。其次，当投资组合的样本容量充分大时，本书验证了采用 DEA 效率评价模型来近似地估计投资组合的效率值。最后，本书通过对从证券市场选取的 21 只股票进行实验表明，采用区间 DEA 模型对证券的投资组合的效率进行估计表明此方法可对未来不确定环境下的证券投资组合的效率值进行估计，给出合理的区间效率值，从而有利于投资者选取相对有效的投资组合，并合理分配自己的相关资产。

第六，针对不确定环境下的证券的模糊收益率，本书引入了交易成本、交易量限制等约束条件，建立了基于 DEA 的模糊投资组合效率评价模型的一般形式，以便对不确定环境下含市场摩擦因素的投资组合模型进行效率的评估。针对具有模糊性的证券，实证分析结果证明了所建模型的适用性。其实证结果表明在线性交易成本及投资比例上下界约束条件下，随着样本数量的不断增加，可采用本书构建的模型来评价模糊环境下证券投资组合的效率，且效率评价所得的前沿面越来越逼近模糊环境下证券投资组合的真实前沿面，其效率值的相关度也越来越高。本模型为证券投资者提供了一种新的效率评价思路。

需要指出的是，本书中提出的投资组合选择模型及效率评价体系都是静态的。然而，实际的投资过程往往是动态的，将本书中的模型推广到多阶段或更一般的动态情形，是一个值得深入研究的课题。另外，笔者发现将各种方法综合起来研究投资组合选择问题具有广阔的前景，例如我们可以将区间数方法与模糊方法有效结合起来处理投资组合选择问题中的不确定性，并建立一系列更有实践意义的新模型。目前利用可能性理论对投资组合选择问题的研究还处于起步阶段，基于可能性理论建立类似于概率论意义下的证券投资组合研究的理论框架，是一个极具挑战意义的课题。基于模糊评价的理论，对上述模型形成的投资策略做出评价也将是我们进一步开展的研究方向。本书就不确定环境下证券投资组合模型及其效率评价的研究存在以下不足之处：

第一，基于本书构建的两种方法求解的区间规划模型，仅考虑了交易成本为线性函数的情况。然而，现实证券市场中存在其他复杂形式的交易成本（V 型、二次型以及分段线型的交易成本），而交易成本形式的不同会影响投资组合的结果。因此，有必要针对其他形式的交易成本展开研究。

第二，本书建立模糊二次规划模型并采用 γ-截集的方法将模糊二次规划转化为区间二次规划进行求解。如何使用直接快速有效的方法求解模糊规划，尤其是在更多不确定因素下选取快速有效的算法，对于模糊证券的投资组合是非常值得研究的。

第三，本书基于区间 DEA 的证券投资组合的效率评价模型仅考虑了收益与风险两个影响因素，而不确定环境下，市场摩擦因素有很多，如各种形式的交易成本、投资比例的限制、市场流动性等因素均可影响投资组合的效率评价。因此，采用区间 DEA 来评价含交易成本、市场流动性及投资比例限制等证券投资组合模型的效率问题是符合证券市场环境的极为有益的课题。

第四，本书所涉及的规划优化模型、求解方法以及不确定的效率评价方法仅考虑了证券投资组合问题的研究，未来可将本书方法拓展至不确定环境下金融领域、项目投资评价、服务业、教育业等的研究。

与其他学科一样，金融学的发展是一个不断改进和完善的过程。传统金融理论主要包括均值−方差模型和投资组合理论（1952）、资本资产定价模型（1964）、有效市场理论（1970）和期权定价理论（1973）。有效市场假设是这些理论的基础，更是传统金融理论的基石。然而，近年来，有效市场理论在解释现实生活中的金融现象时遇到了许多问题，如股权溢价之谜、小盘股效应、封闭式基金之谜等。面对这些金融现象，人们开始质疑有效市场理论和传统金融理论，而行为金融学能够准确地解释这些现象。行为金融学假设投资者并非完全理性，而只是适度理性，这类假设更接近事实。2002 年，普林斯顿大学的丹尼尔·卡尼曼（Daniel Kahneman）和乔治·梅森大学的弗农·史密斯（Vernon Smith）分别获得了诺贝尔经济学奖，因为他们将经济学和心理学理论结合起来探索人们如何决策，这一项研究极大地促进了金融的发展。

模糊集理论是行为金融研究中一种潜在的强大工具。基于模糊集理论的投资组合模型是近几年才开始的一个新的研究方向。虽然没有人将模糊投资组合选择系统地提升到行为金融学的理论水平，但我们相信，随着行为金融理论的发展，模糊投资组合的研究将受到更多的关注。

在短短十几年的时间里，中国的资本市场从无到有，从小到大，不断地发展与完善，逐步与国际资本市场接轨。这种整合也对国内理论研究者和实践工作者提出了更为迫切的要求，需要他们正确认识资本市场，有效规避发展中所面临的各种金融风险。然而，当涉及投资组合选择时，我们还必须面对这样的尴尬：科学机构的研究者发表了大量研究，但这些成果很少被行业采纳。造成这一现象的原因是多方面的：客观上，国内资本市场尚不成熟和完善，许多理论假设在实践中不成立，限制了理论方法的应用空间。主观上，理论研究者与业界投资者之间缺乏足够的沟通，理论研究人员在实践中使用投资组合选择模型时不太理解和接受许多数理工具，一些擅长数学工具理论的研究人员也没有注意到业界的实际需要，局限于理论。因此，双方很难走到一起进行充分合作。根据不同的投资理念，投资者大致可以分为三组：基本分析、技术分析和定量模型。我们认为，要求所有投资者相信定量模型是不现实的，也是不科学的；但是，如果没有基于现代投资组合理论的定量模型来指导投资实践，那么所形成的投资决策也是有缺陷的和不科学的。

20世纪末的亚洲金融危机使中国认识到金融风险管理的重要性。一些量化风险管理方法逐渐被一些金融机构接受，科研机构与金融业之间的交流与合作开始逐渐加强。任何事物的发展都不是一帆风顺的，都会面临许多困难与矛盾，正是这些困难和矛盾使事物不断发展与完善。进入21世纪以来，中国资本市场正经历着一次飞跃式的变革和发展，也面临着前所未有的风险和挑战，这些使得理论研究者和实践工作者需要进一步加强沟通与合作，科学地将理论应用于金融决策的实践当中。从实践中来，到实践中去，坚持这一原则，我们将会取得丰富有效的研究成果，进一步推动中国资本市场的健康发展。

参考文献

［1］阿春香，刘三阳．基于可信性分布的投资组合问题的一种混合智能方法［J］．数学的实践与认识，2007，37（11）：6.

［2］白卫东．基于区间线性规划的投资组合模型研究［D］．郑州：华北水利水电大学，2017.

［3］陈刚．证券投资基金业绩评价的非参数方法［J］．统计与信息论坛，2003，18（2）：64-68.

［4］陈国华，陈收，房勇，等．带有模糊收益率的投资组合选择模型［J］．系统工程理论与实践，2009（7）：8.

［5］陈国华，陈收，房勇，等．基于模糊收益率的组合投资模型［J］．经济数学，2006，23（1）：19-25.

［6］陈国华，廖小莲．基于区间规划的投资组合模型［J］．辽宁工程技术大学学报（自然科学版），2010，29（5）：835-838.

［7］陈国华，袁转军，廖小莲．基于β约束的区间证券投资组合模型［J］．经济数学，2008，25（3）：3.

［8］陈国华．模糊投资组合优化研究［D］．长沙：湖南大学，2009.

［9］陈华友，许义生．含交易费用的证券组合投资的多目标规划模型［J］．运筹与管理，1999，8（3）：4.

［10］陈收．无风险投资对有效边界与有效投资组合的影响［J］．湖南大学学报（自然科学版），1997，24（2）：7.

［11］陈思豆，黄卓铨，杨兴雨．考虑限制性卖空的多期模糊投资组合优化模型［J］．广东工业大学学报，2021，38（2）.

［12］陈志明，陈丹彤．考虑信用风险的债券投资组合优化模型［J］．征信，2019（6）：7.

［13］陈志平，林瑞跃．基于DEA模型的基金业绩评估的主要方法［J］．系统工程学报，2005，20（1）：12.

［14］成央金，余双，罗晓琴，等．带固定交易费用的模糊投资组合［J］．吉首大学学报（自然科学版），2013（5）：6.

［15］程巧华，张博侃．模糊数在投资组合中的应用［J］．苏州科技学院学报（自然科学版），2006，23（3）：21-26.

［16］崇曦农，李宏．多目标证券投资组合决策模型［J］．南开经济研究，2000（4）：69-71.

［17］崔玉泉，马立杰，孙玉军．DEA方法在投资组合中的应用［J］．山东大学学报（理学版），2011，46（2）：82-88.

［18］达庆利，刘新旺．区间数线性规划及其满意解［J］．系统工程理论与实践，1999，19（4）：3-7.

［19］邓超，袁倩．基于动态DEA模型的证券投资基金绩效评价［J］．系统工程，2007，25（1）：7.

［20］邓雄，刘燕丽．考虑背景风险的高阶矩三角模糊随机投资组合模型［J］．模糊系统与数学，2020，34（1）：15.

［21］邓雪，赵俊峰，李荣钧．基于区间不等式满意指数的投资组合选择模型［J］．统计与决策，2010（22）：145-147.

［22］邓雪．投资组合优化模型研究［D］．广州：华南理工大学，2010.

［23］丁文桓，冯英浚，康宇虹．基于DEA的投资基金业绩评估［J］．数量经济技术经济研究，2002，19（3）：98-101.

［24］董铁牛，杨乃定，姜继娇，等．基于极效率DEA的开放式基金业绩评价［J］．管理评论，2007，19（11）：7.

［25］杜子平，何辉，张勇，等．中国开放式基金全要素生产率实证分析［J］．科技管理研究，2011，31（10）：43-45.

［26］范宇，边馥萍．基于对策DEA的投资基金业绩评估［J］．管理科学学报，2005，8（3）：41-49.

［27］房勇，汪寿阳．基于模糊决策的投资组合优化［J］．系统科学与数学，2009（11）：10.

［28］房勇，汪寿阳．模糊投资组合优化：理论与方法［M］．北京：高等教育出版社，2005.

[29] 付云鹏，马树才，宋琪．基于截集的加权可能性均值-方差模型的应用 [J]．统计与决策，2013（8）：4．

[30] 付云鹏，马树才．存在无风险资产和投资比例限制的加权可能性模型及应用研究 [J]．商业研究，2014（12）：7．

[31] 盖宇希．模糊投资组合效率评价研究 [D]．北京：首都经济贸易大学，2018．

[32] 郭存芝，郑垂勇．一种证券组合投资的模糊多目标规划方法 [J]．系统工程理论与实践，2001，21（1）：5．

[33] 郭均鹏，李汶华．区间线性规划的标准型及其最优值区间 [J]．管理科学学报，2004，7（3）：59-63．

[34] 郭均鹏，吴育华．超效率 DEA 模型的区间扩展 [J]．中国管理科学，2005，13（2）：40-43．

[35] 韩泽县，刘斌．基于数据包络分析（DEA）的封闭式基金相对业绩评价 [J]．管理评论，2003，15（12）：17-21．

[36] 何树红，乐晓梅，毛娟芳．带交易费用的证券组合投资的模糊多目标优化模型 [J]．云南民族大学学报（自然科学版），2007，16（1）：25-28．

[37] 洪君．开放式证券投资基金绩效的评价 [J]．统计与决策，2004（7）：45-46．

[38] 洪雁，邵全，吴祈宗．模糊机会约束规划下的投资组合模型研究 [J]．数量经济技术经济研究，2005（9）．

[39] 侯胜杰，关忠诚，董雪璠．基于熵和 CVaR 的多目标投资组合模型及实证研究 [J]．系统科学与数学，2021，41（3）：13．

[40] 胡毓达，徐明．证券投资的两类多目标决策模型 [J]．贵州大学学报（自然科学版），1997，14（2）：4．

[41] 黄小原，赵光华，庄新田．企业投融资组合的模糊模型与优化 [J]．控制与决策，2004，19（7）：4．

[42] 江璐瑶，邓雪．基于收益权重的均值-熵投资组合模型的研究 [J]．运筹与管理，2020，29（11）：5．

[43] 李爱忠，彭月兰，任若恩，等．不确定环境下的跳扩散连续时间资

产配置策略 [J]. 系统工程理论与实践, 2017, 37 (12)：3118-3126.

[44] 李贺. 证券投资组合理论与方法研究 [D]. 南京：河海大学, 2004.

[45] 李佳, 徐维军, 张卫国. 含有背景风险的双目标投资组合模型研究 [J]. 运筹与管理, 2017, 26 (4)：6.

[46] 李建新, 胡刚. 风险厌恶型的证券投资数学模型 [J]. 数量经济技术经济研究, 2005, 22 (3)：10.

[47] 李建新, 胡刚. 基于模糊数分析的时机捕捉型的证券投资模型 [J]. 模糊系统与数学, 2006 (4)：145-154.

[48] 李婷, 张卫国, 徐维军. 考虑背景风险因素的模糊投资组合选择模型 [J]. 系统工程, 2012, 30 (12)：6.

[49] 李汶华, 于珊珊, 郭均鹏. 基于区间分析的投资组合 VaR 计算新方法 [J]. 数理统计与管理, 2013, 32 (3)：7.

[50] 李志亮, 陈世权, 吴今培. 基于模糊数变换的 DEA 模型与应用 [J]. 模糊系统与数学, 2004, 18 (4)：64-71.

[51] 林军. 一种基于区间数的证券组合投资模型与求解 [J]. 数学的实践与认识, 2007, 37 (23)：1-7.

[52] 刘宝碇, 彭锦. 不确定理论教程 [M]. 北京：清华大学出版社, 2005.

[53] 刘德彬, 马超群, 周忠宝, 等. 均值-方差下动态投资组合效率评价模型 [J]. 系统工程, 2016 (7)：41-46.

[54] 刘德彬. 投资组合效率评价方法及其应用研究 [D]. 长沙：湖南大学, 2015.

[55] 刘国平, 曾强. 多目标最优化的粒子群算法 [J]. 杭州师范学院学报, 2005, 4 (1).

[56] 刘家和. 考虑参数不确定性和投资者行为特征的投资组合问题研究 [D]. 沈阳：东北大学, 2016.

[57] 刘艳春, 高闯. 风险资产组合的均值-WCVaR 模糊投资组合优化模型 [J]. 中国管理科学, 2006 (1).

［58］刘洋．模糊环境下的投资规划研究［D］.沈阳：东北大学，2010.

［59］刘勇军，周敏娜，张卫国．考虑背景风险的均值–半方差投资组合优化模型［J］.系统工程理论与实践，2020，40（9）：10.

［60］刘志睿．不确定环境下的投资组合决策模型研究［D］.武汉：华中师范大学，2008.

［61］陆志鹏，王洁方，刘思峰，等．区间 DEA 模型求解算法及其在项目投资效率评价中的应用［J］.中国管理科学，2009，17（4）：165-169.

［62］路应金，唐小我，周宗放．证券组合投资的区间数线性规划方法［J］.系统工程学报，2004，19（1）：33-37.

［63］吕昌会，何湘藩，黄德斌，等．证券投资决策的模糊多目标规划方法［J］.系统工程理论方法应用，1998（2）：14-18.

［64］罗洪浪，王浣尘，田中甲．双风险度量下封闭式基金业绩的数据包络分析［J］.系统工程，2003，21（5）：94-100.

［65］马立杰．DEA 理论及应用研究［D］.济南：山东大学，2007.

［66］马龙华．不确定系统的鲁棒优化方法及应用研究［D］.杭州：浙江大学，2001.

［67］门明．高级投资分析［M］.北京：对外经济贸易大学出版社，2002.

［68］钱建豪．基于 DEA 模型的我国开放式基金绩效评价体系及其实证研究［J］.当代财经，2005（12）.

［69］乔峰，黄培清，顾锋．可能性投资组合模型［J］.上海交通大学学报，2005，39（10）：160-161.

［70］任大源，徐玖平，黄南京，等．含交易成本和机会成本的极小极大多期投资组合选择模型［J］.系统工程理论与实践，2012，32（1）：11-19.

［71］邵全．模糊机会约束规划下的投资组合模型［J］.数理统计与管理，2007，26（3）：6.

［72］盛昭瀚，朱乔，吴广谋．EDA 理论、方法与应用［M］.北京：科学出版社，1996.

［73］宋慧慧，龙宪军，何光，等．考虑背景风险和流动性的模糊投资组合模型［J］.应用数学和力学，2021（2）.

［74］宋健，邓雪．基于PSO-AFSA混合算法的模糊投资组合问题的研究［J］．运筹与管理，2018，27（9）：8．

［75］宋燕玲，周荣喜，蔡小龙，等．带有模糊流动性约束的均值-方差-偏度-正弦熵投资组合优化模型［J］．北京化工大学学报（自然科学版），2018，45（1）：6．

［76］隋云云，马树才，付云鹏．基于效用最大化的区间值投资组合模型及其应用简［J］．统计与信息论坛，2018，33（2）：7．

［77］孙冲，侯为波．基于区间数的证券投资组合模糊优化模型［J］．淮北师范大学学报（自然科学版），2015（3）：1-4．

［78］孙江洁．区间证券多目标投资组合的β模型［J］．大学数学，2013，29（2）：4．

［79］孙靖，熊岩，张恒，等．多期证券投资组合问题的区间多目标规划求解方法［J］．控制与决策，2020（3）：6．

［80］孙艳红．允许卖空条件下证券投资组合的区间数线性规划问题［J］．湖北民族学院学报（自然科学版），2014，32（3）：3．

［81］孙玉华，徐秀梅．基于区间数的多目标证券投资组合问题［J］．济南大学学报（自然科学版），2014，28（3）：5．

［82］屠新曙．证券的收益和风险度量方法与证券组合的优化模型研究［D］．天津：天津大学，2002．

［83］王灿杰，邓雪．基于可信性理论的均值-熵-偏度投资组合模型及其算法求解［J］．运筹与管理，2019（2）：7．

［84］王建建，何枫，吴子轩，等．改进区间可接受度的证券投资组合区间二次规划模型［J］．中国管理科学，2018，26（9）：11-18．

［85］王庆，李政．证券市场的模糊投资组合模型［J］．江苏工业学院学报（社会科学版），2007，8（3）：48-50．

［86］王双．基于区间数的风险投资［J］．时代金融，2012（6）：2．

［87］王晓琴，高岳林．带有交易成本的均值-方差-下半方差投资组合模型［J］．工程数学学报，2020，37（2）：10．

［88］魏建华．证券市场概论［M］．6版．北京：中国人民大学出版社，

2015.

　[89] 吴江, 黄登仕. 区间数排序方法研究综述 [J]. 系统工程, 2004, 22 (8): 1-4.

　[90] 吴晓求. 证券市场概论 [M]. 北京: 中国人民大学出版社, 2001.

　[91] 解可新, 韩立兴, 林友联. 最优化方法 [M]. 天津: 天津大学出版社, 1997.

　[92] 肖冬荣, 黄静. 基于均值、方差和偏度的投资组合模糊优化模型 [J]. 统计与决策, 2006 (14): 2.

　[93] 肖和录. 基于 DEA 的投资组合绩效评价与策略优化研究 [D]. 长沙: 湖南大学, 2017.

　[94] 谢文君, 张鹏. 具有熵约束的均值-半绝对偏差区间投资组合优化 [J]. 财会通讯 (中), 2018 (8): 6.

　[95] 徐凤敏, 景奎, 梁循. 一类稀疏投资组合双层参数估计模型及其应用 [J]. 中国管理科学, 2019 (9): 11.

　[96] 徐玖平, 王玉华, 王荫清, 等. 项目投资组合的风险度及其最优决策 [J]. 经济数学, 1997 (2): 10.

　[97] 徐美萍, 张波. 基于 DEA 的基金绩效评价研究 [J]. 数学的实践与认识, 2009, 39 (11): 27-32.

　[98] 徐维军, 徐寅峰, 王迅, 等. 收益率为模糊数的加权证券组合选择模型 [J]. 系统工程学报, 2005, 20 (1): 6.

　[99] 徐晓宁, 何枫, 陈荣, 等. 允许卖空条件下证券投资组合的区间二次规划问题 [J]. 系统工程理论与实践, 2013, 33 (10): 2533-2538.

　[100] 徐晓宁, 何枫. 不允许卖空下证券投资组合的区间二次规划问题 [J]. 中国管理科学, 2012, 20 (3): 37-62.

　[101] 徐晓宁. 区间 DEA 理论拓展研究及其应用 [D]. 北京: 北京科技大学, 2015.

　[102] 亚历山大, 夏普. 证券投资原理 [M]. 成都: 西南财经大学出版社, 1996.

　[103] 严斌, 董进全. 理想点法在证券投资组合中的应用 [J]. 内蒙古

工业大学学报（自然科学版），2006，25（2）：5.

[104] 严维真，宁玉富，郭长友. 具有模糊收益率的贷款组合优化决策 [J]. 系统工程学报，2008，23（2）：6.

[105] 姚凤阁，陈柳钦. 基于 DEA 模型的投资基金市场发展能力评价 [J]. 中国软科学，2004（6）：59-62.

[106] 姚天祥，刘思峰. 基于预测收益率的模糊投资组合优化模型 [J]. 统计与决策，2007（19）：2.

[107] 叶晓玲. 证券投资分析 [D]. 重庆：重庆建筑大学，1997.

[108] 叶永刚，郑康彬. 金融工程概论 [M]. 武汉：武汉大学出版社，2009.

[109] 殷佳玲. 参数不确定情形下的投资组合效率评价研究 [D]. 长沙：湖南大学，2016.

[110] 岳伟，贺兴时，刘宣会. 模糊数在证券投资组合选择模型中的运用 [J]. 统计与决策，2007（16）：3.

[111] 岳伟，贺兴时. 区间规划在证券投资组合问题中的运用 [J]. 价值工程，2007，26（9）：4.

[112] 岳伟，贺兴时. 区间数在证券投资组合中的运用 [J]. 渭南师范学院学报，2007，22（2）：6.

[113] 曾建华，汪寿阳. 一个基于模糊决策理论的投资组合模型 [J]. 系统工程理论与实践，2003，23（1）：99-104.

[114] 曾永泉，张鹏. 具有熵约束的多阶段均值-半绝对偏差投资组合优化 [J]. 中国管理科学，2021，29（9）：8.

[115] 张保帅，姜婷，周孝华，等. 投资组合优化的新方法：Mean-CoVaR 模型 [J]. 统计与决策，2019（11）：4.

[116] 张鹏，龚荷珊. 可调整的均值-半方差可信性投资组合绩效评价 [J]. 模糊系统与数学，2018，32（1）：14.

[117] 张鹏，舒燕菲. 可信性均值-绝对偏差投资组合优化 [J]. 模糊系统与数学，2016，30（6）：9.

[118] 张鹏，张卫国，张逸菲. 具有最小交易量限制的多阶段均值-半方

差投资组合优化 [J]. 中国管理科学, 2016, 24 (7): 11-17.

[119] 张意楠. 基于因子波动率模型的模糊投资组合的应用研究 [D]. 广州: 华南理工大学, 2017.

[120] 赵秀娟, 汪寿阳. 中国证券投资基金运行效率的一个实证分析 [J]. 系统工程理论与实践, 2007, 27 (3): 1-11.

[121] 赵秀娟, 张洪水, 黎建强, 等. 一个基于非对称 Laplace 分布和 DEA 的证券投资基金评价方法 [J]. 系统工程理论与实践, 2007, 27 (10): 10.

[122] 赵秀娟, 张洪水. Malmquist 指数在中国证券投资基金业评价中的应用 [J]. 系统工程理论与实践, 2010, 30 (4): 646-653.

[123] 赵秀娟, 张洪水. 基于特征的 PCPC 基金评价模型及其实证分析 [J]. 系统工程理论与实践, 2009, 29 (1): 9.

[124] 赵旭, 吴冲锋. 证券投资基金业绩与持续性评价的实证研究: 基于 DEA 模型与 R/S 模型的评价 [J]. 管理科学, 2004, 17 (4): 58-64.

[125] 赵玉梅, 陈华友. 证券组合投资的多目标区间数线性规划模型 [J]. 运筹与管理, 2006, 15 (2): 4.

[126] 赵玉梅, 孙西超, 桂云. 含交易费用的证券组合投资的区间数线性规划模型 [J]. 合肥学院学报 (自然科学版), 2010, 20 (3): 19-21.

[127] 支燕, 邓忠奇. 考虑负收益约束的中国证券投资基金效率: 基于 SBM 方向距离函数的实证 [J]. 金融经济学研究, 2014 (1): 120-128.

[128] 周忠宝, 刘佩, 喻怀宁, 等. 考虑交易成本的多阶段投资组合评价方法研究 [J]. 中国管理科学, 2015, 23 (5): 1-6.

[129] 周忠宝, 罗咪, 肖和录, 等. 基于网络 IndexDEA 的多阶段投资组合效率评价研究 [J]. 湖南商学院学报, 2016, 23 (2): 98-103.

[130] 周忠宝, 肖和录, 任甜甜, 等. 全链接分散化多阶段投资组合评价研究 [J]. 管理科学学报, 2017, 20 (6): 12.

[131] 周忠定, 丁慧, 马超群, 等. 考虑交易成本的投资组合效率估计方法 [J]. 中国管理科学, 2015, 23 (1): 25-33.

[132] 朱俊林, 付英姿, 陈异. 证券投资组合模型及其应用 [J]. 计算

机技术与发展，2013，23（12）：4.

[133] 庄新路，庄新田，黄小原. 基于 VAR 风险指标的投资组合模糊优化 [J]. 数学的实践与认识，2003，33（3）：6.

[134] 庄新田，黄小原，卢新. 证券组合的模糊优化 [J]. 东北大学学报（自然科学版），2001，22（2）：4.

[135] AKTHER S, FUKUYAMA H, WEBER W L. Estimating two-stage network slacks-based inefficiency：an application to Bangladesh banking [J]. Omega，2013，41（1）：88-96.

[136] AMMAR E E. On fuzzy random multiobjective quadratic programming [J]. European journal of operational research，2009，193（2）：329-341.

[137] ANDERSEN P, PETERSEN N C. A procedure for ranking efficient units in data envelopment analysis [J]. Management science，1993，39（10）：1261-1264.

[138] ARNOTT R D, WAGNER W H. The measurement and control of trading costs [J]. Financial analysts journal，1990，46（6）：73-80.

[139] AVKIRAN N K, MCCRYSTAL A. Sensitivity analysis of network DEA：NSBM versus NRAM [J]. Applied mathematics & computation，2012，218（22）：11226-11239.

[140] AZIZI H. The interval efficiency based on the optimistic and pessimistic points of view [J]. Applied mathematical modelling，2011，35（5）：2384-2393.

[141] BABALOS V, CAPORALE G M, PHILIPPAS N. Efficiency evaluation of Greek equity funds [J]. Research in international business and finance，2012，26（2）：317-333.

[142] BAEZA-SAMPERE I, COLL V, MZALI B, et al. A fuzzy data envelopment analysis model for evaluating the efficiency of socially responsible and conventional mutual funds [J]. Journal of risk，2016，19（1）.

[143] BALLING M, WILLIAM F. Sharpe：portfolio theory and capital markets [M]. New York：McGraw-Hill，1970.

［144］ BANKER R, CHEN J Y S, KLUMPES P. A trade-level DEA model to evaluate relative performance of investment fund managers ［J］. European journal of operational research, 2016, 255 （3）: 903-910.

［145］ BANKER R D, CHARNES A, COOPER W W. Some models for estimating technical and scale inefficiencies in data envelopment analysis ［J］. Management science, 1984, 30 （9）: 1078-1092.

［146］ BASSO A, FUNARI S. A data envelopment analysis approach to measure the mutual fund performance ［J］. European journal of operational research, 2001, 135 （3）: 477-492.

［147］ BASSO A, FUNARI S. The role of fund size in the performance of mutual funds assessed with DEA models ［J］. The European journal of finance, 2017, 23 （6）: 457-473.

［148］ BELLMAN R E, ZADEH L A. Decision-making in a fuzzy environment ［J］. Management science, 1970, 17 （4）: 141-164.

［149］ BHATTACHARYYA R, KAR S, MAJUMDER D D. Fuzzy mean-variance-skewness portfolio selection models by interval analysis ［J］. Computers & mathematics with applications, 2011, 61 （1）: 126-137.

［150］ BO L, ZHU Y, SUN Y, et al. Multi-period portfolio selection problem under uncertain environment with bankruptcy constraint ［J］. Applied mathematical modelling, 2018, 56 （1）: 539-550.

［151］ BRANDA M, KOPA M. On relations between DEA-risk models and stochastic dominance efficiency tests ［J］. Central European journal of operations research, 2014, 22 （1）: 13-35.

［152］ BRANDA M. Diversification-consistent data envelopment analysis based on directional-distance measures ［J］. Omega, 2015, 52 （1）: 65-76.

［153］ BRANDA M. Reformulations of input-output oriented DEA tests with diversification ［J］. Operations research letters, 2013, 41 （5）: 516-520.

［154］ BRANDOUY O, BRIEC W, KERSTENS K, et al. Portfolio performance gauging in discrete time using a luenberger productivity indicator ［J］. SSRN electronic journal, 1999 (1).

[155] BRIEC W, KERSTENS K, LESOURD J B. Single-period Markowitz portfolio selection, performance gauging, and duality: a variation on the Luenberger shortage function [J]. Journal of optimization theory & applications, 2004, 120 (1): 1-27.

[156] BRIEC W, KERSTENS K. Multi-horizon Markowitz portfolio performance appraisals: a general approach [J]. Omega, 2009, 37 (1): 50-62.

[157] CAO, LI J. Algorithm research based on multi period fuzzy portfolio optimization model [J]. Cluster computing, 2018 (1).

[158] CARLSSON C, FULLER R. On possibilistic mean value and variance of fuzzy numbers [J]. Fuzzy sets & systems, 2001, 122 (2): 315-326.

[159] CARLSSON C, FULLÉR R. A fuzzy approach to real option valuation [J]. Fuzzy sets and systems, 2003, 139 (2): 297-312.

[160] CHANG K P. Evaluating mutual fund performance: an application of minimum convex input requirement set approach [J]. Computers & operations research, 2004, 31 (6): 929-940.

[161] CHANG S, ZADEH L A. On fuzzy mapping and control [J]. IEEE transactions on systems man and cybernetics, 1972, 2 (1): 30-34.

[162] CHARNES A, COOPER W W, RHODES E. Measuring the efficiency of decision making units [J]. European journal of operational research, 1978, 2 (6): 429-444.

[163] CHEN Z, LIN R. Mutual fund performance evaluation using data envelopment analysis with new risk measures [J]. Spectrum, 2006, 28 (3): 375-398.

[164] CHIUAAB Y H. Assessment of China transit and economic efficiencies in a modified value-chains DEA model [J]. European journal of operational research, 2011, 209 (2): 95-103.

[165] COOPER W W, PARK K S, YU G. IDEA and AR-IDEA: models for dealing with imprecise data in DEA [J]. Management science, 1999, 45 (4):

597-607.

[166] CUI X, GAO J, LI X, et al. Optimal multi-period mean-variance policy under no-shorting constraint [J]. European journal of operational research, 2014, 234 (2): 459-468.

[167] DARAIOA C. A robust nonparametric approach to evaluate and explain the performance of mutual funds [J]. European journal of operational research, 2006, 175 (1): 516-542.

[168] DENG X, CHEN C. Fuzzy portfolio selection with prospect consistency constraint based on possibility theory [J]. Journal of intelligent and fuzzy systems, 2020 (1): 1-24.

[169] DENG X T, LI Z F, WANG S Y. A minimax portfolio selection strategy with equilibrium [J]. European journal of operational research, 2005, 166 (1): 278-292.

[170] DESPOTISA D K. Data envelopment analysis with imprecise data [J]. European journal of operational research, 2002, 140 (1): 24-36.

[171] DING H, ZHOU Z, XIAO H, et al. Performance evaluation of portfolios with margin requirements [J]. Mathematical problems in engineering, 2014 (1).

[172] ENTANI T, MAEDA Y, TANAKA H. Dual models of interval DEA and its extension to interval data [J]. European journal of operational research, 2002, 136 (1): 32-45.

[173] FANG L, ZHANG C Q. Resource allocation based on the DEA model [J]. Journal of the operational research society, 2008, 59 (8): 1136-1141.

[174] FANG Y, LAI K K, WANG S. Portfolio rebalancing model with transaction costs based on fuzzy decision theory [J]. European journal of operational research, 2006, 175 (2): 879-893.

[175] FÄRE R, GROSSKOPF S. A nonparametric cost approach to scale efficiency [J]. The scandinavian journal of economics, 1985 (1): 594-604.

[176] FÄRE R, GROSSKOPF S. Productivity and intermediate products: a

frontier approach [J]. Economics letters, 1996, 50 (1): 65-70.

[177] FUKUYAMA H, WEBER W L. A slacks-based inefficiency measure for a two-stage system with bad outputs [J]. Omega, 2010, 38 (5): 398-409.

[178] GALAGEDERA D U A, WATSON J, PREMACHANDRA I M, et al. Modeling leakage in two-stage DEA models: an application to US mutual fund families [J]. Omega, 2016, 61 (1): 62-77.

[179] GARDIJAN M, ŠKRINJARIĆ T. Equity portfolio optimization: a DEA based methodology applied to the Zagreb stock exchange [J]. Croatian operational research review, 2015, 6 (2): 405-417.

[180] GIOVE S, FUNARI S, NARDELLI C. An interval portfolio selection problem based on regret function [J]. European journal of operational research, 2006, 170 (1): 253-264.

[181] GREEN R H, COOK W, DOYLE J. A note on the additive data envelopment analysis model [J]. Journal of the operational research society, 1997, 48 (4): 446-448.

[182] GREGORIOUABC G N. Hedge fund performance appraisal using data envelopment analysis [J]. European journal of operational research, 2005, 164 (2): 555-571.

[183] GUO S, YU L, LI X, et al. Fuzzy multi-period portfolio selection with different investment horizons [J]. European journal of operational research, 2016 (1): 1026-1035.

[184] GUPTA P, MEHLAWAT M K, YADAV S, et al. Intuitionistic fuzzy optimistic and pessimistic multi-period portfolio optimization models [J]. Soft computing, 2020, 24 (7).

[185] HAMPF B. Separating environmental efficiency into production and abatement efficiency: a nonparametric model with application to US power plants [J]. Journal of productivity analysis, 2014, 41 (3): 457-473.

[186] HIRSCHBERGER M, QI Y, STEUER R E. Randomly generating portfolio-selection covariance matrices with specified distributional characteristics

[J]. European journal of operational research, 2007, 177 (3): 1610-1625.

[187] HUANG X, LEI Q. A risk index model for multi-period uncertain portfolio selection [J]. information sciences, 2012, 217 (24): 108-116.

[188] HUANG X, YANG T. How does background risk affect portfolio choice: an analysis based on uncertain mean-variance model with background risk [J]. Journal of banking & finance, 2020, 111 (1).

[189] HUANG X. Mean-entropy models for fuzzy portfolio selection [J]. IEEE transactions on fuzzy systems, 2008, 16 (4): 1096-1101.

[190] HUANG X. Mean-risk model for uncertain portfolio selection [J]. Fuzzy optimization and decision making, 2011, 10 (1): 71-89.

[191] HUANG X. Mean-semivariance models for fuzzy portfolio selection [J]. Journal of computational & applied mathematics, 2008, 217 (1): 1-8.

[192] HUANG X. Minimax mean-variance models for fuzzy portfolio selection [J]. Soft computing, 2011, 15 (2): 251-260.

[193] HUANG X. Portfolio selection with a new definition of risk [J]. European journal of operational research, 2008, 186 (1): 351-357.

[194] HUANG X. Risk curve and fuzzy portfolio selection [J]. Computers & mathematics with applications, 2008, 55 (6): 1102-1112.

[195] HU J, SUI Y, MA F. A possibilistic portfolio model with fuzzy liquidity constraint [J]. Complexity, 2020 (1).

[196] IDA M. Portfolio selection problem with interval coefficients [J]. Applied mathematics letters, 2003, 16 (5): 709-713.

[197] INUIGUCHI M, TANINO T. Portfolio selection under independent possibilistic informaiton [J]. Fuzzy sets & systems, 2000, 115 (1): 83-92.

[198] ISHIBUCHI H, TANAKA H. Multiobjective programming in optimization of the interval objective function [J]. European journal of operational research, 1990, 48 (2): 219-225.

[199] JAHANSHAHLOO G R, LOTFI F H, DAVOODI A R. Extension of TOPSIS for decision-making problems with interval data: interval efficiency [J].

Mathematical & computer modelling, 2009, 49 (5): 1137-1142.

[200] JAHANSHAHLOO G R, LOTFI F H, REZAIE V, et al. Ranking DMUs by ideal points with interval data in DEA [J]. Applied mathematical modelling, 2011, 35 (1): 218-229.

[201] JAHANSHAHLOO G R, MATIN K, et al. On FDH efficiency analysis with interval data [J]. Applied mathematics & computation, 2004, 159 (1): 47-55.

[202] JENSEN M C. The performance of mutual funds in the period 1945-1964 [J]. The journal of finance, 1968, 23 (2): 389-416.

[203] JIANG C, HANA X, LIU G P. A nonlinear interval number programming method for uncertain optimization problems [J]. European journal of operational research, 2008, 188 (1): 1-13.

[204] JOROAB T. Portfolio performance evaluation in a mean-variance-skewness framework [J]. European journal of operational research, 2006, 175 (1): 446-461.

[205] KAMDEM J S, DEFFO C T, FONO L A. Moments and semi-moments for fuzzy portfolio selection [J]. Insurance: mathematics and economics, 2012, 51 (3): 517-530.

[206] KAOAB C. Efficiency decomposition in two-stage data envelopment analysis: an application to non-life insurance companies in Taiwan [J]. European journal of operational research, 2008, 185 (1): 418-429.

[207] KAO C, HWANG S N. Multi-period efficiency and Malmquist productivity index in two-stage production systems [J]. European journal of operational research, 2014, 232 (3): 512-521.

[208] KAO C. Interval efficiency measures in data envelopment analysis with imprecise data [J]. European journal of operational research, 2006, 174 (2): 1087-1099.

[209] KHAYAMIM A, MIRZAZADEH A, NADERI B. Portfolio rebalancing with respect to market psychology in a fuzzy environment: a case study in tehran

stock exchange [J]. Applied soft computing, 2017, 64 (1): 244-259.

[210] KONNO H, WIJAYANAYAKE A. Portfolio optimization problem under concave transaction costs and minimal transaction unit constraints [J]. Mathematical programming, 2001, 89 (2): 233-250.

[211] KÖRNER R. On the variance of fuzzy random variables [J]. Fuzzy sets & systems, 1997, 92 (1): 83-93.

[212] KUOSMANEN T. Performance measurement and best - practice benchmarking of mutual funds: combining stochastic dominance criteria with data envelopment analysis [J]. Journal of productivity analysis, 2007, 28 (1/2): 71-86.

[213] LAI K K, WANG S Y, XU J P, et al. A class of linear interval programming problems and its application to portfolio selection [J]. IEEE transactions on fuzzy systems, 2002, 10 (6): 698-704.

[214] LAMBAB J D. Data envelopment analysis models of investment funds [J]. European journal of operational research, 2012, 216 (3): 687-696.

[215] LEÓN T, LIERN V, VERCHER E. Viability of infeasible portfolio selection problems: a fuzzy approach [J]. European journal of operational research, 2002, 139 (1): 178-189.

[216] LIAGKOURAS K, METAXIOTIS K. Multi-period mean-variance fuzzy portfolio optimization model with transaction costs [J]. Engineering applications of artificial intelligence, 2018, 67 (1): 260-269.

[217] LI B, ZHU Y, SUN Y, et al. Multi-period portfolio selection problem under uncertain environment with bankruptcy constraint [J]. Applied mathematical modelling, 2018, 56 (1): 539-550.

[218] LI D, NG W L. Optimal dynamic portfolio selection: multiperiod mean-variance formulation [J]. Mathematical finance, 2000, 10 (3): 387-406.

[219] LI J, XU J. A novel portfolio selection model in a hybrid uncertain environment [J]. Omega, 2009, 37 (2): 439-449.

[220] LIM S, OH K W, ZHU J. Use of DEA cross-efficiency evaluation in

portfolio selection: an application to Korean stock market [J]. European journal of operational research, 2014, 236 (1): 361-368.

[221] LIN B. Uncertainty theory: an introduction to its axiomatic foundations [M]. Berlin: Springer, 2004.

[222] LINTNER J. The aggregation of investor's diverse judgments and preferences in purely competitive security markets [J]. Journal of financial and quantitative analysis, 1969, 4 (4): 347-400.

[223] LI T, ZHANG W, XU W. Fuzzy possibilistic portfolio selection model with VAR constraint and risk-free investment [J]. Economic modelling, 2013, 31 (1): 12-17.

[224] LIU B, LIU Y K. Expected value of fuzzy variable and fuzzy expected value models [J]. IEEE transactions on fuzzy systems, 2002, 10 (4): 445-450.

[225] LIU J S, LU W M. Network-based method for ranking of efficient units in two-stage DEA models [J]. Journal of the operational research society, 2012, 63 (8): 1153-1164.

[226] LIU S T, WANG R T. A numerical solution method to interval quadratic programming [J]. Applied mathematics & computation, 2007, 189 (2): 1274-1281.

[227] LIU S T. The mean-absolute deviation portfolio selection problem with interval-valued returns [J]. Journal of computational & applied mathematics, 2011, 235 (14): 4149-4157.

[228] LIU W, ZHOU Z, LIU D, et al. Estimation of portfolio efficiency via DEA [J]. Omega, 2014 (52): 107-118.

[229] LIU Y J, ZHANG W G, ZHANG P. A multi-period portfolio selection optimization model by using interval analysis [J]. Economic modelling, 2013, 33 (33): 113-119.

[230] LIU Y J, ZHANG W G. Fuzzy portfolio selection model with real features and different decision behaviors [J]. Fuzzy optimization & decision making, 2018 (1).

[231] LI W, JIN J, XIA M, et al. Some properties of the lower bound of optimal values in interval convex quadratic programming [J]. Optimization letters, 2017, 11 (7): 1443-1458.

[232] LI W, XIA M, LI H. New method for computing the upper bound of optimal value in interval quadratic program [J]. Journal of computational & applied mathematics, 2015, 288 (C): 70-80.

[233] LI X, QIN Z, KAR S. Mean-variance-skewness model for portfolio selection with fuzzy returns [J]. European journal of operational research, 2010, 202 (1): 239-247.

[234] LI X, SHOU B, QIN Z. An expected regret minimization portfolio selection model [J]. European journal of operational research, 2012, 218 (2): 484-492.

[235] LOBO M S, FAZEL M, BOYD S. Portfolio optimization with linear and fixed transaction costs [J]. Annals of operations research, 2007, 152 (1): 341-365.

[236] LOZANO S, GUTIÉRREZ E, MORENO P. Network DEA approach to airports performance assessment considering undesirable outputs [J]. Applied mathematical modelling, 2013, 37 (4): 1665-1676.

[237] LOZANO S, GUTIÉRREZ E. Data envelopment analysis of mutual funds based on second-order stochastic dominance [J]. European journal of operational research, 2008, 189 (1): 230-244.

[238] LOZANO S, GUTIÉRREZ E. TSD-consistent performance assessment of mutual funds [J]. Journal of the operational research society, 2008, 59 (10): 1352-1362.

[239] LÖTHGREN M, TAMBOUR M. Productivity and customer satisfaction in Swedish pharmacies: a DEA network model [J]. European journal of operational research, 1999, 115 (3): 449-458.

[240] MANSINI R, SPERANZA M G. Heuristic algorithms for the portfolio selection problem with minimum transaction lots [J]. European journal of operational

research, 1999, 114 (2): 219-233.

[241] MARKOWITZ H M. Portfolio selection [J]. Journal of finance, 1952, 7 (1): 77-91.

[242] MARKOWITZ H M. The "two beta" trap [J]. Journal of portfolio management, 1984, 11 (1): 12-20.

[243] MASHAYEKHI Z, OMRANI H M. An integrated multi – objective Markowitz – DEA cross – efficiency model with fuzzy returns for portfolio selection problem [J]. Applied soft computing, 2016, 38 (1): 1-9.

[244] MCMULLEN P R, STRONG R A. Selection of mutual funds using data envelopment analysis [J]. The journal of business and economic studies, 1998, 4 (1): 1.

[245] MEHLAWAT M K, GUPTA P, KUMAR A, et al. Multi – objective fuzzy portfolio performance evaluation using data envelopment analysis under credibilistic framework [J]. IEEE transactions on fuzzy systems, 2020, 28 (11): 2726-2737.

[246] MEHLAWAT M K, KUMAR A, YADAV S, et al. Data envelopment analysis based fuzzy multi – objective portfolio selection model involving higher moments [J]. Information sciences, 2018, 460 (1): 128-150.

[247] MOREY M R, MOREY R C. Mutual fund performance appraisals: a multi-horizon perspective with endogenous benchmarking [J]. Omega, 1999, 27 (2): 241-258.

[248] MRÁZ F. Calculating the exact bounds of optimal valuesin LP with interval coefficients [J]. Annals of operations research, 1998, 81 (1): 51-62.

[249] MURTHI B P S, CHOI Y K, DESAI P. Efficiency of mutual funds and portfolio performance measurement: a non – parametric approach [J]. European journal of operational research, 1997, 98 (2): 408-418.

[250] NAJAFI A A, POURAHMADI Z. An efficient heuristic method for dynamic portfolio selection problem under transaction costs and uncertain conditions [J]. Physica A: statistical mechanics and its applications, 2016, 448 (1): 154-162.

[251] NM A, MSC A, WA B. Multi-objective imprecise programming for financial portfolio selection with fuzzy returns [J]. Expert systems with applications, 2019, 138 (1): 112.

[252] OMIDI F, ABBASI B, NAZEMI A. An efficient dynamic model for solving a portfolio selection with uncertain chance constraint models [J]. Journal of computational and applied mathematics, 2017, 319 (1): 43-55.

[253] PENG H, KITAGAWA G, GAN M, et al. A new optimal portfolio selection strategy based on a quadratic form mean-variance model with transaction costs [J]. Optimal control applications and methods, 2010 (1).

[254] PREMACHANDRA I M, ZHU J, WATSON J, et al. Best-performing US mutual fund families from 1993 to 2008: evidence from a novel two-stage DEA model for efficiency decomposition [J]. Journal of banking & finance, 2012, 36 (12): 3302-3317.

[255] RAMLI S, JAAMAN S H. Several extended mean-variance fuzzy portfolio selection models based on possibility theory [J]. Journal of physics conference series, 2019 (12): 120.

[256] RICHARD R. A critique of the asset pricing theory's tests Part I: on past and potential testability of the theory [J]. Journal of financial economics, 1977 (1).

[257] SABORIDO R, RUIZ A B, BERMÚDEZ J D, et al. Evolutionary multi-objective optimization algorithms for fuzzy portfolio selection [J]. Applied soft computing, 2016, 39 (1): 48-63.

[258] SEDZRO K, SARDANO D. Mutual fund performance evaluation using data envelopment analysis [J]. The current state of business disciplines, 1999 (3): 1125-1144.

[259] SEIFORD L M, THRALL R M. Recent developments in DEA: the mathematical programming approach to frontier analysis [J]. Journal of econometrics, 1990, 46 (1): 7-38.

[260] SEIFORD L M, ZHU J. Modeling undesirable factors in efficiency

evaluation [J]. European journal of operational research, 2002, 142 (1): 16-20.

[261] SENGUPTA A, PAL T K, CHAKRABORTY D. Interpretation of inequality constraints involving interval coefficients and a solution to interval linear programming [J]. Fuzzy sets & systems, 2001, 119 (1): 129-138.

[262] SHARPE W F. Capital asset prices: a theory of market equilibrium under conditions of risk [J]. Journal of finance, 1964, 19 (3): 425-442.

[263] SHARPE W F. Mutual fund performance [J]. The journal of business, 1966, 39 (1): 119-138.

[264] SIABY-SERAJEHLO H, ROSTAMY-MALKHALIFEH M, HOSSEINZADEH L F, et al. Usage of Cholesky decomposition in order to decrease the nonlinear complexities of some nonlinear and diversification models and present a model in framework of mean-semivariance for portfolio performance evaluation [J]. Advances in operations research, 2016 (1).

[265] SMIRLIS Y G, MARAGOS E K, DESPOTIS D K. Data envelopment analysis with missing values: an interval DEA approach [J]. Applied mathematics & computation, 2006, 177 (1): 1-10.

[266] SOLARES E, COELLO C A C, FERNANDEZ E, et al. Handling uncertainty through confidence intervals in portfolio optimization [J]. Swarm and evolutionary computation, 2019, 44 (1): 774-787.

[267] ÖSTERMARK R. A fuzzy control model (FCM) for dynamic portfolio management [J]. Fuzzy sets and systems, 1996, 78 (3): 243-254.

[268] TANAKA H, GUO P, RKSEN I B. Portfolio selection based on fuzzy probabilities and possibility distributions [J]. Fuzzy sets & systems, 2000, 111 (3): 387-397.

[269] TAVANA M, KERAMATPOUR M, SANTOS-ARTEAGA F J, et al. A fuzzy hybrid project portfolio selection method using data envelopment analysis, TOPSIS and integer programming [J]. Expert systems with applications, 2015, 42 (22): 8432-8444.

[270] TOBIN J. Liquidity preference as behavior towards risk [J]. Review of

economic studies, 1958, 25 (2): 65-86.

[271] TOLOO M, AGHAYI N, ROSTAMY M. Measuring overall profit efficiency with interval data. [J]. Applied mathematics & computation, 2011, 201 (1): 640-649.

[272] TONE K. A slacks-based measure of efficiency in data envelopment analysis [J]. European journal of operational research, 2001, 130 (3): 498-509.

[273] TREYNOR J L. How to rate management of investment funds [J]. Harvard business review, 1965, 43 (1): 63-75.

[274] TSAI H, WANG A S. The efficiency analysis of life insurance company in Taiwan: two-stage data envelopment analysis [J]. Journal of testing and evaluation, 2009, 38 (3): 283-290.

[275] TSOLAS I E. Modeling profitability and stock market performance of listed construction firms on the athens exchange: two-stage DEA approach [J]. Journal of construction engineering and management, 2012, 139 (1): 111-119.

[276] VANINI T P. A geometric approach to multiperiod mean variance optimization of assets and liabilities [J]. Journal of economic dynamics and control, 2004 (1).

[277] WANG J, HE F, SHI X. Numerical solution of a general interval quadratic programming model for portfolio selection [J]. PlOS one, 2019, 14 (3).

[278] WANG Y M, GREATBANKS R, YANG J B. Interval efficiency assessment using data envelopment analysis [J]. Fuzzy sets & systems, 2005, 153 (3): 347-370.

[279] WATADA J. Fuzzy portfolio model for decision making in investment [M]. Dynamical aspects in fuzzy decision making, 2001 (1): 141-162.

[280] WATADA J. Fuzzy portfolio selection and its applications to decision making [J]. Tatra mountains mathematics publication, 1997 (13): 219-248.

[281] WEI Y, YU P, et al. A new fuzzy multi-objective higher order moment portfolio selection model for diversified portfolios [J]. Physica A: statistical mechanics & its applications, 2017 (1).

［282］WEI L, TIAN X. Numerical solution method for general interval quadratic programming ［J］. Applied mathematics & computation, 2008, 202 (2): 589-595.

［283］WEI L, XIA M, LI H. Some results on the upper bound of optimal values in interval convex quadratic programming ［J］. Journal of computational & applied mathematics, 2016, 302 (C): 38-49.

［284］WU M, KONG D W, XU J P, et al. On interval portfolio selection problem ［J］. Fuzzy optimization & decision making, 2013, 12 (3): 289-304.

［285］XIE B C, YING F, QU Q Q. Does generation form influence environmental efficiency performance? An analysis of China's power system ［J］. Applied energy, 2012, 96 (1): 261-271.

［286］XUE D, LI R. A portfolio selection model with borrowing constraint based on possibility theory ［J］. Applied soft computing journal, 2012, 12 (2): 754-758.

［287］XU X, FENG H, RONG C, et al. Solving non-linear portfolio optimization problems with interval analysis ［J］. Journal of the operational research society, 2015, 66 (6): 885-893.

［288］YANG C, LIU H M. Managerial efficiency in Taiwan bank branches: a network DEA ［J］. Economic modelling, 2012, 29 (2): 450-461.

［289］YANG F, WU D, LIANG L, et al. Supply chain DEA: production possibility set and performance evaluation model ［J］. Annals of operations research, 2011, 185 (1): 195-211.

［290］YAO H, LI Z, DUAN L. Multi-period mean-variance portfolio selection with stochastic interest rate and uncontrollable liability ［J］. European journal of operational research, 2016, 252 (3): 837-851.

［291］YIN D. Application of interval valued fuzzy linear programming for stock portfolio optimization ［J］. Applied mathematics, 2018, 9 (2): 13.

［292］YOSHIMOTO A. The mean-variance approach to portfolio optimization subject to transaction costs ［J］. Journal of the operations research society of Japan,

1996, 39 (1): 99-117.

[293] YOUNG M R. A minimax portfolio selection rule with linear programming solution [J]. Management science, 1998, 44 (5): 673-683.

[294] ZADEH L A. Fuzzy sets [J]. Information & control, 1965, 8 (3): 338-353.

[295] ZADEH L A. Fuzzy sets as a basis for a theory of possibility [J]. Fuzzy sets and systems, 1978, 1 (1): 3-28.

[296] ZHAI J, BAI M. Mean-risk model for uncertain portfolio selection with background risk [J]. Journal of computational and applied mathematics, 2018, 330 (1): 59-69.

[297] ZHANG P, ZHANG W G. Multiperiod mean absolute deviation fuzzy portfolio selection model with risk control and cardinality constraints [J]. Fuzzy sets & systems, 2014, 255 (1): 74-91.

[298] ZHANG P. Random credibilitic portfolio selection problem with different convex transaction costs [J]. Soft computing, 2019 (1).

[299] ZHANG W, ZHANG X, CHEN Y. Portfolio adjusting optimization with added assets and transaction costs based on credibility measures [J]. Insurance: mathematics and economics, 2011, 49 (3): 353-360.

[300] ZHANG W G, NIE Z K. On admissible efficient portfolio selection policy [J]. Applied mathematics and computation, 2005, 169 (1): 608-623.

[301] ZHANG W G, WANG Y L, CHEN Z P, et al. Possibilistic mean-variance models and efficient frontiers for portfolio selection problem [J]. Information sciences an international journal, 2007, 177 (13): 2787-2801.

[302] ZHANG W G, ZHANG X L, XIAO W L. Portfolio selection under possibilistic mean-variance utility and a SMO algorithm [J]. European journal of operational research, 2009, 197 (2): 693-700.

[303] ZHANG W G. Possibilistic mean-standard deviation models to portfolio selection for bounded assets [J]. Applied mathematics & computation, 2007, 189 (2): 1614-1623.

［304］ ZHANG X, ZHANG W G, CAI R. Portfolio adjusting optimization under credibility measures ［J］. Journal of computational and applied mathematics, 2010 (1).

［305］ ZHAO X, WANG S, LAI K K. Mutual funds performance evaluation based on endogenous benchmarks ［J］. Expert systems with applications, 2011, 38 (4): 3663-3670.

［306］ ZHOU Z, JIN Q, XIAO H, et al. Estimation of cardinality constrained portfolio efficiency via segmented DEA ［J］. Omega, 2018, 76 (1): 28-37.

［307］ ZHOU Z, XIAO H, JIN Q, et al. DEA frontier improvement and portfolio rebalancing: an application of China mutual funds on considering sustainability information disclosure ［J］. European journal of operational research, 2018, 269 (1): 111-131.

［308］ ZHOU Z, XIAO H, YIN J, et al. Pre - commitment vs. time - consistent strategies for the generalized multi - period portfolio optimization with stochastic cash flows ［J］. Insurance: mathematics and economics, 2016 (1).

［309］ ZHU J. Imprecise data envelopment analysis (IDEA): a review and improvement with an application ［J］. European journal of operational research, 2003, 144 (3): 513-529.

［310］ ZHU J. Multi-factor performance measure model with an application to Fortune 500 companies ［J］. European journal of operational research, 2000, 123 (1): 105-124.

［311］ ZHU S, LI D, WANG S. Risk control over bankruptcy in dynamic portfolio selection: a generalized mean-variance formulation ［J］. IEEE transactions on automatic control, 2004, 49 (3): 447-457.

［312］ ZHU W, ZHOU Z. Interval efficiency of two-stage network DEA model with imprecise data ［J］. Information systems & operational research, 2014, 51 (3): 142-150.

附录 1　第 3 章 10 只股票 每月收益率

附表 1-1 第 3 章 10 只股票每月收益率

日期	1	2	3	4	5	6	7	8	9	10
2006-10-31	0.425 1	0.062 0	0.055 1	0.053 0	0.153 8	0.050 0	-0.044 6	0.227 6	0.003 7	0.116 8
2006-11-30	0.546 9	0.077 2	-0.216 4	0.116 7	0.214 4	0.172 7	0.040 6	0.026 4	0.243 3	0.188 9
2006-12-29	0.524 3	0.099 1	-0.115 4	0.210 5	0.196 8	0.350 6	0.067 1	0.239 2	0.504 6	0.247 8
2007-01-31	0.481 3	0.325 5	0.342 3	0.162 3	0.513 3	0.457 4	0.248 3	0.244 4	0.445 8	0.491 6
2007-02-28	0.030 9	0.483 7	0.579 6	0.262 1	0.313 6	0.737 3	0.883 4	0.158 2	0.580 7	0.493 1
2007-03-30	0.095 1	0.242 1	0.626 3	0.441 2	-0.036 8	0.514 9	0.811 9	0.302 9	0.342 7	0.134 2
2007-04-30	0.194 5	0.322 0	0.548 6	0.750 3	0.388 6	0.358 7	0.590 4	0.504 6	0.101 9	0.677 8
2007-05-31	0.255 0	0.414 9	0.346 3	0.704 8	0.528 1	0.441 3	0.620 8	0.927 7	0.219 9	0.592 6
2007-06-29	0.322 8	0.231 8	-0.195 2	-0.140 8	0.067 7	-0.115 2	-0.005 7	0.428 6	0.166 9	-0.206 5
2007-07-31	0.194 7	0.180 4	-0.068 3	-0.112 2	0.081 6	-0.124 7	0.084 6	0.000 0	0.572 4	0.047 0
2007-08-31	0.519 3	0.113 9	0.368 0	0.693 0	0.103 4	0.236 3	0.442 7	0.000 0	0.433 2	0.255 5
2007-09-28	0.294 7	-0.057 5	0.213 1	0.359 9	-0.041 4	0.297 2	0.611 1	0.911 5	0.236 0	-0.052 3
2007-10-31	0.061 6	-0.083 7	-0.112 4	-0.065 1	-0.151 5	-0.032 9	0.369 0	0.444 1	0.063 6	-0.081 3
2007-11-30	-0.032 6	-0.044 9	-0.264 0	-0.140 4	-0.190 4	-0.267 9	-0.337 8	-0.085 4	-0.207 3	-0.213 9
2007-12-28	-0.092 8	0.130 4	0.066 4	0.175 6	0.042 2	-0.042 6	-0.033 3	0.400 7	0.000 0	-0.033 8
2008-01-31	-0.104 4	0.002 2	0.013 5	0.036 7	0.023 1	0.015 6	0.342 0	-0.104 6	-0.140 5	0.056 6
2008-02-29	-0.205 1	-0.132 7	-0.086 4	-0.177 2	-0.151 4	-0.039 4	0.065 7	-0.285 5	-0.283 4	-0.057 8
2008-03-31	-0.230 4	-0.247 0	-0.200 5	-0.144 0	-0.270 3	-0.102 1	-0.369 4	-0.143 1	-0.333 5	-0.185 5
2008-04-30	-0.222 1	-0.102 8	-0.243 6	-0.340 0	-0.292 8	-0.168 0	-0.107 3	-0.285 3	-0.153 8	-0.309 0
2008-05-30	-0.197 0	-0.028 6	-0.137 0	-0.285 1	-0.088 0	-0.142 2	0.150 4	-0.193 8	-0.092 0	-0.171 0
2008-06-30	-0.335 7	-0.366 4	-0.348 3	-0.356 4	-0.304 6	-0.372 4	-0.325 4	-0.426 8	-0.506 3	-0.339 7
2008-07-31	-0.185 4	-0.205 9	-0.234 2	-0.205 2	-0.180 0	-0.288 3	-0.250 3	-0.248 1	-0.343 4	-0.261 6
2008-08-29	-0.010 4	0.130 9	-0.170 9	-0.357 7	0.080 6	-0.224 2	-0.317 4	-0.302 8	-0.180 4	-0.190 2
2008-09-26	-0.304 2	0.171 5	-0.191 0	-0.330 8	-0.021 4	-0.202 6	-0.251 7	-0.448 7	-0.157 0	-0.123 1
2008-10-31	-0.457 7	-0.384 5	-0.226 0	-0.246 5	-0.372 6	-0.286 6	-0.441 0	-0.373 9	-0.218 4	-0.108 8
2008-11-28	-0.201 2	-0.465 0	-0.109 7	-0.073 1	-0.366 7	-0.132 3	-0.459 9	-0.086 0	-0.154 0	-0.038 5
2008-12-31	0.142 2	-0.014 0	0.172 0	0.161 4	0.064 2	0.154 5	0.296 4	0.449 1	0.085 0	0.125 9
2009-01-23	0.402 5	0.162 5	0.120 1	0.082 1	0.200 4	0.040 7	0.531 0	0.195 9	0.099 8	0.040 3
2009-02-27	0.316 1	0.135 5	0.255 0	0.233 7	0.109 5	0.188 5	0.395 8	0.152 5	0.327 3	0.159 1
2009-03-31	0.304 8	0.143 2	0.285 3	0.245 6	0.118 9	0.269 5	0.318 1	0.219 7	0.559 4	0.167 6

日期	1	2	3	4	5	6	7	8	9	10
2009-04-30	0.302 4	0.092 9	0.162 2	0.148 6	0.116 4	0.165 0	0.027 2	0.071 9	0.656 8	0.093 2
2009-05-27	0.163 3	-0.002 2	0.176 8	-0.004 7	-0.028 7	0.002 8	-0.123 8	-0.067 1	0.482 2	0.091 8
2009-06-30	-0.010 7	0.085 0	0.090 1	0.054 8	0.107 4	0.093 9	0.099 8	0.076 8	0.215 4	0.060 4
2009-07-31	0.043 0	0.134 4	0.131 7	0.148 0	0.249 1	0.422 7	0.526 2	0.123 2	0.324 5	0.120 7
2009-08-31	-0.226 4	-0.104 5	-0.070 1	-0.089 2	-0.114 9	0.015 2	-0.095 3	0.005 6	0.097 3	-0.102 8
2009-09-30	-0.281 5	-0.160 7	-0.196 4	-0.203 3	-0.235 5	-0.254 8	-0.359 2	-0.099 2	0.017 5	-0.204 5
2009-10-30	0.224 1	0.071 3	0.297 7	0.060 8	0.045 0	0.002 5	0.129 5	0.030 1	0.406 4	0.141 6
2009-11-30	0.092 3	0.125 1	0.465 6	0.228 7	0.121 0	0.223 1	0.110 8	0.110 1	0.255 9	0.306 1
2009-12-31	0.023 1	0.126 5	0.249 5	0.171 5	0.243 4	0.162 9	0.072 9	0.142 9	0.141 0	0.122 9
2010-01-29	-0.103 3	0.087 3	-0.122 2	-0.099 3	0.213 2	-0.151 6	-0.124 5	0.001 6	-0.210 0	-0.128 0
2010-02-26	-0.049 9	0.160 6	-0.118 3	0.115 5	0.096 8	-0.107 5	-0.117 0	0.100 2	-0.167 0	0.008 1
2010-03-31	0.161 1	0.067 5	0.078 9	0.170 4	0.007 1	0.052 2	0.088 4	0.224 6	0.024 5	0.075 3
2010-04-30	-0.007 2	-0.128 9	-0.003 3	-0.115 6	-0.155 5	-0.055 4	-0.066 8	0.243 0	-0.145 1	-0.033 3
2010-05-31	-0.185 8	-0.191 9	-0.200 3	-0.214 7	-0.277 3	-0.194 8	-0.148 6	-0.077 6	-0.183 3	-0.152 5
2010-06-30	-0.327 4	-0.124 9	-0.249 6	-0.218 6	-0.248 4	-0.227 4	-0.131 5	-0.149 7	-0.338 2	-0.217 7
2010-07-30	-0.189 0	0.112 7	0.031 9	-0.004 9	-0.001 5	0.005 9	0.108 7	0.118 6	-0.074 8	-0.008 0
2010-08-31	0.031 7	0.121 6	0.276 4	0.106 4	0.115 2	0.148 6	0.309 2	0.052 9	0.317 0	0.127 7
2010-09-30	-0.130 8	-0.069 2	0.061 9	0.005 0	-0.059 4	-0.023 7	0.513 5	-0.063 0	0.101 3	0.024 0
2010-10-29	0.029 1	0.044 6	0.093 5	0.059 4	0.065 0	0.326 5	0.804 4	0.256 9	0.226 7	0.099 2
2010-11-30	-0.030 6	-0.068 8	-0.036 0	0.112 9	-0.034 2	0.207 8	0.007 2	-0.066 8	-0.013 8	0.316 3
2010-12-31	-0.146 1	-0.147 0	-0.220 6	0.043 4	-0.121 3	-0.212 1	-0.014 2	-0.279 3	-0.268 2	0.215 1
2011-01-31	0.004 7	-0.038 1	-0.039 3	-0.008 8	0.154 6	-0.032 6	0.107 3	-0.084 3	0.028 4	-0.151 5
2011-02-28	0.023 3	-0.019 3	0.101 0	0.008 8	0.172 4	0.253 9	-0.040 5	-0.016 5	0.253 4	-0.105 7
2011-03-31	0.069 9	0.005 8	-0.005 8	0.013 4	-0.030 0	0.922 9	0.229 4	-0.041 4	0.061 6	0.035 1
2011-04-29	0.121 8	-0.008 1	-0.052 4	-0.036 3	-0.018 0	0.444 7	0.036 7	-0.032 2	-0.012 5	0.127 2
2011-05-31	0.019 1	-0.058 1	-0.115 2	-0.107 2	-0.018 4	-0.073 2	-0.032 0	-0.137 8	-0.103 0	-0.028 2
2011-06-30	-0.309 0	-0.081 5	-0.134 4	-0.147 6	-0.098 6	0.179 4	0.043 8	-0.182 4	0.026 8	-0.196 4
2011-07-29	-0.318 8	-0.035 9	-0.039 7	-0.067 7	-0.021 0	0.120 8	-0.078 6	0.003 7	0.027 8	-0.066 4
2011-08-31	-0.056 9	-0.093 9	-0.106 8	-0.060 0	0.021 7	-0.204 1	-0.181 9	0.057 7	-0.174 7	-0.010 3

续表

日期	1	2	3	4	5	6	7	8	9	10
2011-09-30	-0.084 7	-0.087 1	-0.159 7	-0.134 0	-0.097 2	-0.266 5	-0.260 0	-0.120 6	-0.059 4	-0.126 9
2011-10-31	-0.010 7	0.023 9	-0.028 0	0.043 2	-0.030 3	-0.221 5	-0.137 9	-0.128 4	0.054 2	-0.089 2
2011-11-30	-0.002 3	-0.030 9	-0.049 6	0.120 2	0.100 2	-0.213 5	-0.077 9	-0.109 5	-0.156 0	0.050 8
2011-12-30	-0.072 1	-0.146 2	-0.171 5	-0.054 5	-0.037 0	-0.187 4	-0.075 5	-0.206 7	-0.129 8	0.145 9
2012-01-31	0.054 9	-0.081 1	-0.098 6	-0.050 9	-0.049 4	0.101 8	0.026 5	-0.077 1	0.089 5	0.081 9
2012-02-29	0.117 1	0.088 4	0.225 4	0.043 5	0.063 2	0.267 5	0.201 4	0.123 0	0.104 3	0.001 4
2012-03-30	-0.029 3	0.045 0	0.021 7	-0.061 1	0.032 8	0.226 8	0.093 6	-0.116 0	-0.017 9	0.013 1
2012-04-27	-0.009 5	0.045 9	-0.093 8	-0.016 3	-0.005 4	0.157 4	-0.035 8	-0.053 9	-0.019 8	0.023 2
2012-05-31	-0.014 6	0.050 4	0.066 7	0.119 4	0.011 6	0.076 5	0.058 8	0.164 3	0.062 2	0.028 7
2012-06-29	-0.142 4	-0.043 5	-0.105 1	-0.101 1	-0.020 8	-0.198 7	-0.128 8	0.022 0	-0.081 6	-0.025 4
2012-07-31	-0.127 6	-0.115 7	-0.176 1	-0.181 7	-0.039 8	-0.218 8	-0.273 5	-0.028 4	-0.185 8	-0.075 2
2012-08-31	-0.066 3	-0.052 7	-0.120 6	-0.135 4	-0.055 9	0.040 7	-0.215 1	-0.182 7	-0.206 8	-0.040 5
2012-09-28	-0.037 8	0.078 3	-0.048 1	-0.076 6	-0.059 7	0.026 2	-0.137 9	-0.203 4	0.054 5	-0.042 6
2012-10-31	-0.015 7	0.020 1	0.061 4	-0.035 3	-0.047 5	0.159 1	-0.082 1	0.020 6	0.137 8	-0.018 2
2012-11-30	0.010 8	-0.043 1	-0.025 5	-0.043 9	-0.045 8	-0.056 8	-0.255 5	-0.091 5	0.043 8	0.047 6
2012-12-31	0.319 1	0.075 9	0.020 5	0.068 5	0.089 2	-0.075 3	0.160 1	0.008 6	0.358 0	0.173 4
2013-01-31	0.538 9	0.178 8	0.199 2	0.146 5	0.183 3	0.103 7	0.357 4	0.248 3	0.209 2	0.078 9
2013-02-28	0.095 0	0.046 3	0.046 7	0.264 2	0.055 1	-0.094 0	-0.036 6	-0.028 4	-0.051 3	0.014 7
2013-03-29	-0.112 2	-0.088 4	-0.100 6	0.709 9	0.015 8	-0.044 8	-0.151 2	-0.124 3	-0.114 3	0.050 8
2013-04-26	-0.107 5	-0.081 7	-0.057 3	0.326 1	-0.043 9	-0.059 9	-0.161 3	-0.105 3	-0.113 6	-0.140 6
2013-05-31	0.040 8	0.017 3	0.167 8	0.087 0	0.024 0	-0.038 0	0.074 5	-0.052 6	0.058 9	-0.104 3
2013-06-28	-0.152 5	-0.081 8	-0.048 1	-0.120 0	-0.044 1	-0.127 7	-0.228 0	-0.157 9	-0.108 0	-0.231 7
2013-07-31	-0.211 6	-0.147 1	-0.185 1	-0.161 5	-0.103 3	-0.201 7	-0.110 8	-0.244 3	-0.216 9	-0.273 1
2013-08-30	0.093 7	0.079 7	0.065 0	0.020 3	0.341 5	-0.044 1	0.240 6	0.093 4	-0.010 6	0.036 0
2013-09-30	0.274 0	0.120 9	0.102 2	-0.028 1	0.226 1	0.012 9	0.000 0	0.252 1	0.095 5	0.134 7
2013-10-31	0.133 9	0.029 5	0.006 8	0.064 4	-0.081 3	0.005 1	0.000 0	-0.007 0	0.097 1	-0.017 2
2013-11-29	-0.004 0	0.051 6	-0.013 2	0.086 3	-0.007 9	0.002 6	0.000 0	0.020 6	0.147 8	-0.005 4
2013-12-31	-0.086 2	0.010 2	-0.020 2	-0.025 9	-0.038 9	0.099 5	0.000 0	-0.031 5	-0.013 9	0.042 6
2014-01-30	-0.092 1	-0.048 2	-0.033 8	-0.166 0	-0.104 0	0.017 9	-0.102 5	-0.142 4	-0.146 1	-0.087 8

续表

日期	1	2	3	4	5	6	7	8	9	10
2014-02-28	-0.056 1	0.020 2	0.055 0	-0.004 4	-0.102 8	-0.078 1	-0.156 3	-0.089 6	-0.098 7	-0.022 4
2014-03-31	0.064 6	0.044 7	0.066 9	0.044 3	-0.044 8	0.015 2	-0.080 0	-0.023 9	0.073 6	0.026 1
2014-04-30	0.096 5	-0.021 3	-0.022 9	-0.043 1	0.033 6	-0.160 9	-0.015 7	-0.066 9	0.143 3	-0.053 4
2014-05-30	-0.009 3	0.000 0	-0.006 6	-0.077 3	0.061 3	-0.079 6	-0.000 9	-0.049 0	0.050 4	-0.039 1
2014-06-30	-0.073 7	0.023 3	-0.006 7	-0.034 4	-0.022 7	0.000 0	-0.064 7	-0.021 2	0.060 3	-0.042 3
2014-07-31	0.021 9	0.063 0	0.080 0	0.044 4	0.028 5	0.078 6	0.076 4	0.077 3	0.114 2	0.016 3
2014-08-29	0.043 0	0.056 8	0.449 7	0.082 7	0.050 3	0.326 0	0.079 6	0.129 9	0.102 2	0.067 2
2014-09-30	-0.002 0	0.128 4	0.788 8	0.216 4	0.096 9	-0.297 2	0.038 7	0.219 1	0.116 7	0.114 0
2014-10-31	0.074 8	0.237 5	0.328 7	0.139 2	0.144 1	-0.410 9	0.160 7	0.421 5	0.047 5	0.127 5
2014-11-28	0.267 9	0.207 2	-0.031 3	0.009 1	0.157 1	0.124 6	0.156 5	0.727 9	0.092 8	0.227 4
2014-12-31	0.530 7	0.181 6	0.043 9	0.546 5	0.261 7	0.446 8	0.274 5	0.415 3	0.198 1	0.513 0
2015-01-30	0.162 2	0.102 1	0.065 5	0.501 9	0.173 2	0.592 4	0.089 3	-0.030 2	0.155 6	0.208 9
2015-02-27	-0.085 0	0.038 2	0.036 9	0.057 6	0.064 6	0.256 7	-0.119 5	0.041 9	0.122 6	0.038 8
2015-03-31	0.123 0	0.162 3	0.204 8	0.322 2	0.215 5	0.210 6	0.356 0	0.388 2	0.117 3	0.236 4
2015-04-30	0.239 4	0.291 8	0.256 0	0.208 5	0.302 7	0.301 9	0.642 6	0.650 8	0.102 9	0.233 9
2015-05-29	0.079 2	0.351 5	0.382 3	-0.009 3	0.241 8	0.078 1	0.308 8	0.241 5	-0.035 4	0.253 9
2015-06-30	-0.057 8	0.112 6	0.477 9	-0.087 7	0.163 3	-0.233 4	0.288 8	0.376 5	-0.165 1	0.241 6
2015-07-31	-0.115 6	-0.207 5	-0.055 4	-0.262 0	-0.057 7	-0.314 6	-0.010 9	0.174 4	-0.197 5	-0.189 6
2015-08-31	-0.110 1	-0.238 6	0.072 1	-0.319 6	-0.134 1	-0.226 6	0.198 5	-0.360 1	-0.217 2	-0.274 5
2015-09-30	0.109 4	-0.113 2	-0.077 8	-0.204 9	-0.017 0	-0.172 5	0.407 9	-0.305 7	-0.127 7	-0.140 5
2015-10-30	0.118 0	0.061 5	-0.285 8	0.168 8	0.112 3	0.039 6	0.000 0	0.081 9	0.054 0	0.147 9
2015-11-30	0.110 1	0.073 7	0.016 1	0.155 7	-0.017 9	0.021 8	-0.100 0	-0.047 7	0.090 0	0.381 6
2015-12-31	0.120 9	0.073 2	-0.069 3	-0.044 1	-0.022 5	-0.074 4	-0.391 6	-0.049 9	0.194 1	0.103 1
2016-01-29	-0.079 0	-0.079 2	-0.337 1	-0.351 6	-0.100 2	-0.219 0	-0.511 5	-0.164 1	-0.022 6	-0.379 9
2016-02-29	0.009 3	-0.210 1	-0.299 1	-0.291 6	-0.078 9	-0.240 3	-0.402 6	-0.263 6	-0.131 3	-0.395 6
2016-03-31	0.055 3	0.016 4	0.059 7	0.244 1	0.166 3	0.013 7	0.133 6	0.011 6	0.075 6	0.010 9
2016-04-29	-0.033 6	0.063 7	0.022 5	0.124 7	-0.005 1	0.093 5	0.123 7	0.087 5	0.110 3	0.036 3
2016-05-31	0.017 2	-0.009 7	0.017 7	-0.527 2	-0.073 6	0.033 9	0.129 4	0.112 4	0.012 0	-0.031 1
2016-06-30	-0.132 6	0.017 4	0.392 5	-0.520 9	-0.041 9	-0.062 3	0.226 8	0.083 6	-0.000 5	-0.022 5

续表

日期	1	2	3	4	5	6	7	8	9	10
2016-07-29	-0.142 1	0.110 4	0.232 2	-0.017 6	0.004 7	-0.063 1	-0.085 7	0.025 0	0.141 5	-0.055 6
2016-08-31	0.058 4	0.124 7	-0.086 0	0.069 4	0.065 6	0.021 0	-0.078 1	-0.016 6	0.085 0	0.038 4
2016-09-30	0.051 7	0.022 2	-0.015 6	0.071 6	-0.036 4	-0.014 2	-0.075 1	-0.107 8	-0.057 4	0.084 1
2016-10-31	-0.012 7	0.059 3	-0.055 8	0.016 8	-0.027 6	-0.037 7	-0.036 8	-0.029 2	0.071 5	0.025 9
2016-11-30	0.038 1	0.058 3	-0.031 4	0.026 1	0.014 1	0.064 3	0.027 3	0.062 6	0.149 3	0.277 8
2016-12-30	-0.003 1	-0.036 3	-0.098 3	-0.032 9	-0.024 3	-0.010 6	-0.096 1	0.115 1	-0.012 6	0.342 1
2017-01-26	-0.023 9	-0.022 3	-0.074 3	-0.027 9	0.001 8	-0.013 4	-0.104 4	0.051 9	-0.003 1	0.061 3
2017-02-28	0.023 4	0.066 7	0.042 2	0.056 1	0.033 5	0.098 9	0.017 0	0.004 2	0.093 8	0.018 8
2017-03-31	-0.048 2	0.108 5	0.005 8	0.019 1	0.087 0	0.034 1	-0.061 2	-0.004 3	0.003 2	-0.164 3
2017-04-28	-0.082 6	0.063 3	-0.118 7	0.734 4	0.248 2	-0.028 9	-0.145 3	-0.075 9	0.056 2	-0.230 9
2017-05-31	-0.200 0	0.031 9	-0.173 5	0.484 0	0.253 0	-0.277 2	-0.184 3	-0.011 6	0.184 8	-0.212 3
2017-06-30	-0.168 3	0.152 3	-0.064 0	-0.123 8	0.111 4	-0.272 4	-0.063 4	0.031 9	0.150 4	-0.059 5
2017-07-31	0.045 4	-0.180 2	0.065 7	-0.144 1	0.010 3	0.294 9	0.266 8	-0.010 2	0.007 0	0.001 4
2017-08-31	0.005 5	-0.275 7	0.008 5	0.006 1	0.041 3	0.274 0	0.134 1	0.026 5	-0.038 8	-0.064 4
2017-09-29	-0.041 0	-0.032 5	0.151 7	0.077 4	0.013 3	-0.065 7	-0.081 9	0.000 0	0.001 7	-0.010 8
2017-10-31	-0.005 5	0.041 0	0.061 0	-0.116 9	0.121 8	-0.068 1	-0.102 3	-0.010 1	0.057 8	-0.048 5
2017-11-30	-0.027 1	0.058 9	-0.183 6	-0.175 2	0.087 5	-0.047 6	-0.124 3	0.088 2	-0.000 6	-0.066 5
2017-12-29	-0.003 2	0.049 3	-0.072 9	-0.128 8	0.041 2	-0.057 5	-0.044 1	0.191 6	0.015 9	0.001 4
2018-01-31	0.018 6	0.202 8	-0.038 0	-0.028 2	0.121 8	-0.046 2	-0.052 9	0.136 1	0.110 1	0.026 2
2018-02-28	-0.011 9	0.111 3	-0.117 7	-0.035 0	0.086 0	-0.036 6	-0.126 3	-0.046 5	0.060 5	-0.111 9
2018-03-30	-0.113 4	-0.078 9	-0.113 5	0.028 8	0.041 8	-0.121 0	-0.108 8	-0.141 7	-0.016 5	-0.121 8
2018-04-27	-0.063 7	-0.066 3	-0.159 2	0.000 0	0.026 6	-0.114 9	-0.014 4	-0.084 1	-0.047 7	-0.040 1
2018-05-31	-0.096 7	0.064 7	-0.113 8	-0.147 7	0.082 8	-0.219 2	-0.042 7	0.025 1	0.065 5	0.103 6
2018-06-29	-0.156 2	-0.140 5	-0.066 2	-0.142 3	0.114 3	-0.251 2	-0.194 0	-0.080 6	0.090 7	0.076 8
2018-07-31	-0.040 6	-0.160 4	-0.064 2	-0.074 2	0.120 9	-0.011 8	-0.128 5	-0.199 2	-0.120 8	-0.044 1
2018-08-31	0.081 7	-0.064 4	-0.053 8	-0.061 8	-0.002 4	-0.019 5	-0.096 4	-0.128 2	-0.167 1	-0.063 3
2018-09-28	0.035 1	-0.082 0	-0.034 1	-0.108 2	-0.038 8	-0.006 0	-0.149 5	-0.055 6	0.039 0	-0.035 3

附录 2　第 3 章 10 只股票
　　　每月收益率区间
　　　计算分布表及图

附表 2-1　10 只股票每月收益率区间计算分布表

浦发银行（600000.SH）		频数	累积百分比	白云机场（600004.SH）		频数	累积百分比
收益率分组		频数	累积百分比	收益率分组		频数	累积百分比
−0.457 7	−0.406 7	1	0.69%	−0.464 95	−0.417 0	1	0.69%
−0.406 7	−0.355 7	0	0.69%	−0.416 95	−0.369 0	1	1.39%
−0.355 7	−0.304 7	4	3.47%	−0.368 95	−0.321 0	1	2.08%
−0.304 7	−0.253 7	2	4.86%	−0.320 95	−0.273 0	1	2.78%
−0.253 7	−0.202 7	5	8.33%	−0.272 95	−0.225 0	2	4.17%
−0.202 7	−0.151 7	9	14.58%	−0.224 95	−0.177 0	5	7.64%
−0.151 7	−0.100 7	13	23.61%	−0.176 95	−0.129 0	7	12.50%
−0.100 7	−0.049 7	16	34.72%	−0.128 95	−0.081 0	15	22.92%
−0.049 7	0.001 3	26	52.78%	−0.080 95	−0.033 0	16	34.03%
0.001 3	0.052 3	21	67.36%	−0.032 95	0.015 0	14	43.75%
0.052 3	0.103 3	14	77.08%	0.015 047	0.063 0	27	62.50%
0.103 3	0.154 3	9	83.33%	0.063 047	0.111 0	20	76.39%
0.154 3	0.205 3	5	86.81%	0.111 047	0.159 0	16	87.50%
0.205 3	0.256 3	3	88.89%	0.159 047	0.207 0	8	93.06%
0.256 3	0.307 3	5	92.36%	0.207 047	0.255 0	4	95.83%
0.307 3	0.358 3	3	94.44%	0.255 047	0.303 0	1	96.53%
0.358 3	0.409 3	1	95.14%	0.303 047	0.351 0	2	97.92%
0.409 3	0.460 3	1	95.83%	0.351 047	0.399 0	1	98.61%
0.460 3	0.511 3	1	96.53%	0.399 047	0.447 0	1	99.31%
0.511 3	0.562 3	5	100.00%	0.447 047	0.495 0	1	100.00%
其他		0	100.00%	其他		0	100.00%
最小值		−0.4577		最小值		−0.4650	
最大值		0.5469		最大值		0.4837	
平均值		0.0165		平均值		0.0191	
收益率区间		[0.010 9, 0.022 1]		收益率区间		[0.015 7, 0.022 4]	

续表

东风汽车（600006.SH）				首创股份（600008.SH）			
收益率分组		频数	累积百分比	收益率分组		频数	累积百分比
−0. 348 33	−0. 291 3	3	2.08%	−0. 527 19	−0. 463 2	2	1.39%
−0. 291 33	−0. 234 3	4	4.86%	−0. 463 19	−0. 399 2	0	1.39%
−0. 234 33	−0. 177 3	11	12.50%	−0. 399 19	−0. 335 2	4	4.17%
−0. 177 33	−0. 120 3	10	19.44%	−0. 335 19	−0. 271 2	4	6.94%
−0. 120 33	−0. 063 3	26	37.50%	−0. 271 19	−0. 207 2	4	9.72%
−0. 063 33	−0. 006 3	24	54.17%	−0. 207 19	−0. 143 2	12	18.06%
−0. 006 33	0. 050 7	16	65.28%	−0. 143 19	−0. 079 2	17	29.86%
0. 050 667	0. 107 7	19	78.47%	−0. 079 19	−0. 015 2	25	47.22%
0. 107 667	0. 164 7	4	81.25%	−0. 015 19	0. 048 8	22	62.50%
0. 164 667	0. 221 7	6	85.42%	0. 048 813	0. 112 8	16	73.61%
0. 221 667	0. 278 7	6	89.58%	0. 112 813	0. 176 8	17	85.42%
0. 278 667	0. 335 7	3	91.67%	0. 176 813	0. 240 8	5	88.89%
0. 335 667	0. 392 7	5	95.14%	0. 240 813	0. 304 8	4	91.67%
0. 392 667	0. 449 7	1	95.83%	0. 304 813	0. 368 8	3	93.75%
0. 449 667	0. 506 7	2	97.22%	0. 368 813	0. 432 8	0	93.75%
0. 506 667	0. 563 7	1	97.92%	0. 432 813	0. 496 8	2	95.14%
0. 563 667	0. 620 7	1	98.61%	0. 496 813	0. 560 8	2	96.53%
0. 620 667	0. 677 7	1	99.31%	0. 560 813	0. 624 8	0	96.53%
0. 677 667	0. 734 7	0	99.31%	0. 624 813	0. 688 8	0	96.53%
0. 734 667	0. 791 7	1	100.00%	0. 688 813	0. 752 8	5	100.00%
其他		0	100.00%	其他		0	100.00%
最小值		−0. 3483		最小值		−0. 527 2	
最大值		0. 7888		最大值		0. 750 3	
平均值		0. 0173		平均值		0. 019 5	
收益率区间		［0. 010 9，0. 023 6］		收益率区间		［0. 011 3，0. 027 6］	

续表

上海机场（600009.SH）				包钢股份（600010.SH）			
收益率分组		频数	累积百分比	收益率分组		频数	累积百分比
−0.372 42	−0.327 3	2	1.39%	−0.410 9	−0.343 9	2	1.39%
−0.327 32	−0.282 2	2	2.78%	−0.343 9	−0.276 9	5	4.86%
−0.282 22	−0.237 1	3	4.86%	−0.276 9	−0.209 9	16	15.97%
−0.237 12	−0.192 0	1	5.56%	−0.209 9	−0.142 9	10	22.92%
−0.192 02	−0.146 9	5	9.03%	−0.142 9	−0.075 9	12	31.25%
−0.146 92	−0.101 8	6	13.19%	−0.075 9	−0.008 9	29	51.39%
−0.101 82	−0.056 7	10	20.14%	−0.008 9	0.058 1	23	67.36%
−0.056 72	−0.011 6	30	40.97%	0.058 099	0.125 1	12	75.69%
−0.011 62	0.033 5	19	54.17%	0.125 099	0.192 1	9	81.94%
0.033 478	0.078 6	16	65.28%	0.192 099	0.259 1	7	86.81%
0.078 578	0.123 7	23	81.25%	0.259 099	0.326 1	7	91.67%
0.123 678	0.168 8	6	85.42%	0.326 099	0.393 1	3	93.75%
0.168 778	0.213 9	6	89.58%	0.393 099	0.460 1	5	97.22%
0.213 878	0.259 0	8	95.14%	0.460 099	0.527 1	1	97.92%
0.258 978	0.304 1	2	96.53%	0.527 099	0.594 1	1	98.61%
0.304 078	0.349 2	2	97.92%	0.594 099	0.661 1	0	98.61%
0.349 178	0.394 3	1	98.61%	0.661 099	0.728 1	0	98.61%
0.394 278	0.439 4	0	98.61%	0.728 099	0.795 1	1	99.31%
0.439 378	0.484 5	0	98.61%	0.795 099	0.862 1	0	99.31%
0.484 478	0.529 6	2	100.00%	0.862 099	0.929 1	1	100.00%
其他		0	100.00%	其他		0	100.00%
最小值		−0.372 4		最小值		−0.410 9	
最大值		0.528 1		最大值		0.922 9	
平均值		0.030 4		平均值		0.015 8	
收益率区间		[0.026 9, 0.034 0]		收益率区间		[0.008 0, 0.023 6]	

续表

五矿发展（600058.SH）				东方航空（600115.SH）			
收益率分组		频数	累积百分比	收益率分组		频数	累积百分比
-0.511 54	-0.441 5	2	1.39%	-0.448 72	-0.379 7	2	1.39%
-0.441 54	-0.371 5	3	3.47%	-0.379 72	-0.310 7	2	2.78%
-0.371 54	-0.301 5	5	6.94%	-0.310 72	-0.241 7	8	8.33%
-0.301 54	-0.231 5	5	10.42%	-0.241 72	-0.172 7	6	12.50%
-0.231 54	-0.161 5	5	13.89%	-0.172 72	-0.103 7	16	23.61%
-0.161 54	-0.091 5	27	32.64%	-0.103 72	-0.034 7	23	39.58%
-0.091 54	-0.021 5	23	48.61%	-0.034 72	0.034 3	33	62.50%
-0.021 54	0.048 5	20	62.50%	0.034 282	0.103 3	14	72.22%
0.048 464	0.118 5	15	72.92%	0.103 282	0.172 3	12	80.56%
0.118 464	0.188 5	9	79.17%	0.172 282	0.241 3	8	86.11%
0.188 464	0.258 5	6	83.33%	0.241 282	0.310 3	7	90.97%
0.258 464	0.328 5	7	88.19%	0.310 282	0.379 3	1	91.67%
0.328 464	0.398 5	5	91.67%	0.379 282	0.448 3	6	95.83%
0.398 464	0.468 5	2	93.06%	0.448 282	0.517 3	2	97.22%
0.468 464	0.538 5	3	95.14%	0.517 282	0.586 3	0	97.22%
0.538 464	0.608 5	1	95.83%	0.586 282	0.655 3	1	97.92%
0.608 464	0.678 5	3	97.92%	0.655 282	0.724 3	0	97.92%
0.678 464	0.748 5	0	97.92%	0.724 282	0.793 3	1	98.61%
0.748 464	0.818 5	2	99.31%	0.793 282	0.862 3	0	98.61%
0.818 464	0.888 5	1	100.00%	0.862 282	0.931 3	2	100.00%
其他		0	100.00%	其他		0	100.00%
最小值		-0.511 5		最小值		-0.448 7	
最大值		0.883 4		最大值		0.927 7	
平均值		0.030 9		平均值		0.030 8	
收益率区间		[0.020 5, 0.041 4]		收益率区间		[0.022 6, 0.039 0]	

上汽集团（600104.SH）				广州发展（600098.SH）			
收益率分组		频数	累积百分比	收益率分组		频数	累积百分比
−0.506 29	−0.447 3	1	0.69%	−0.395 57	−0.341 6	2	1.39%
−0.447 29	−0.388 3	0	0.69%	−0.341 57	−0.287 6	2	2.78%
−0.388 29	−0.329 3	3	2.78%	−0.287 57	−0.233 6	3	4.86%
−0.329 29	−0.270 3	1	3.47%	−0.233 57	−0.179 6	11	12.50%
−0.270 29	−0.211 3	4	6.25%	−0.179 57	−0.125 6	8	18.06%
−0.211 29	−0.152 3	15	16.67%	−0.125 57	−0.071 6	11	25.69%
−0.152 29	−0.093 3	12	25.00%	−0.071 57	−0.017 6	26	43.75%
−0.093 29	−0.034 3	9	31.25%	−0.017 57	0.036 4	23	59.72%
−0.034 29	0.024 7	21	45.83%	0.036 43	0.090 4	17	71.53%
0.024 711	0.083 7	22	61.11%	0.090 43	0.144 4	16	82.64%
0.083 711	0.142 7	25	78.47%	0.144 43	0.198 4	6	86.81%
0.142 711	0.201 7	9	84.72%	0.198 43	0.252 4	7	91.67%
0.201 711	0.260 7	8	90.28%	0.252 43	0.306 4	4	94.44%
0.260 711	0.319 7	1	90.97%	0.306 43	0.360 4	2	95.83%
0.319 711	0.378 7	4	93.75%	0.360 43	0.414 4	1	96.53%
0.378 711	0.437 7	2	95.14%	0.414 43	0.468 4	0	96.53%
0.437 711	0.496 7	2	96.53%	0.468 43	0.522 4	3	98.61%
0.496 711	0.555 7	1	97.22%	0.522 43	0.576 4	0	98.61%
0.555 711	0.614 7	3	99.31%	0.576 43	0.630 4	1	99.31%
0.614 711	0.673 7	1	100.00%	0.630 43	0.684 4	1	100.00%
其他		0	100.00%	其他		0	100.00%
最小值		−0.506 3		最小值		−0.395 6	
最大值		0.656 8		最大值		0.677 8	
平均值		0.041 9		平均值		0.019 1	
收益率区间		[0.035 7, 0.048 0]		收益率区间		[0.013 9, 0.024 3]	

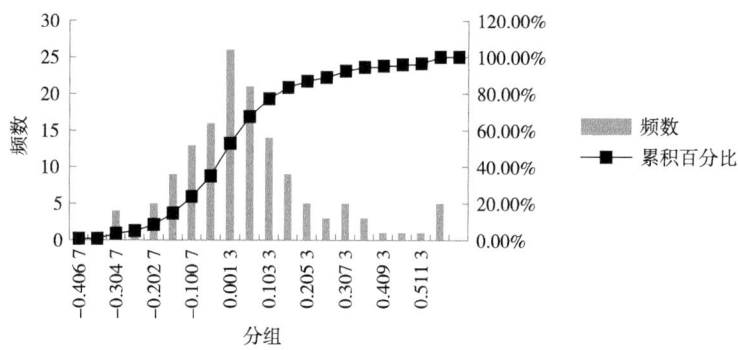

附图 2-1　浦发银行（600000.SH）收益率分布图

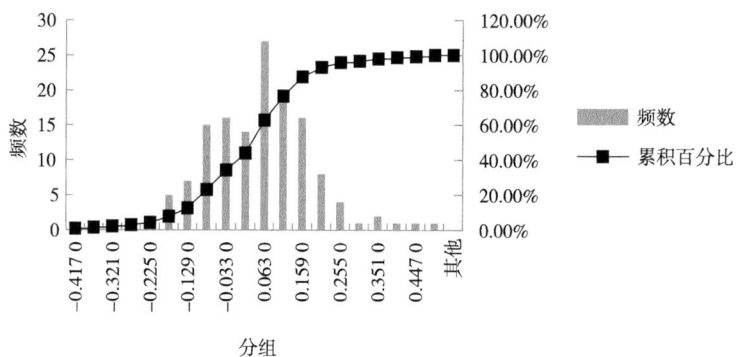

附图 2-2　白云机场（600004.SH）收益率分布图

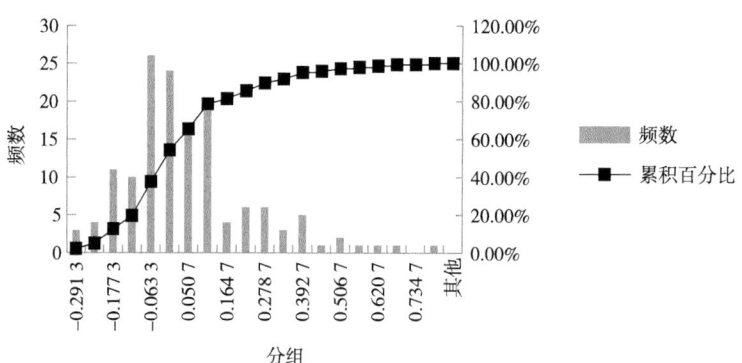

附图 2-3　东风汽车（600006.SH）收益率分布图

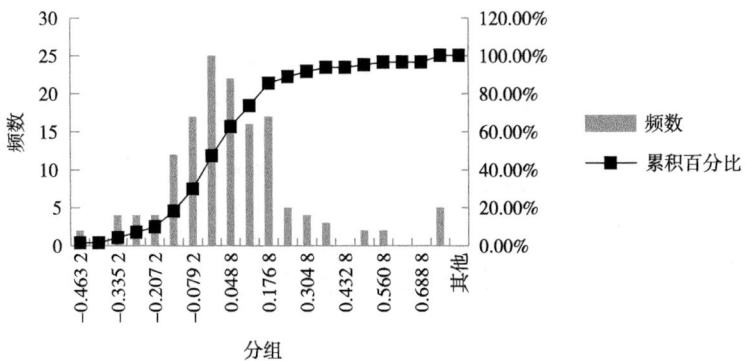

附图 2-4   首创股份（600008. SH）收益率分布图

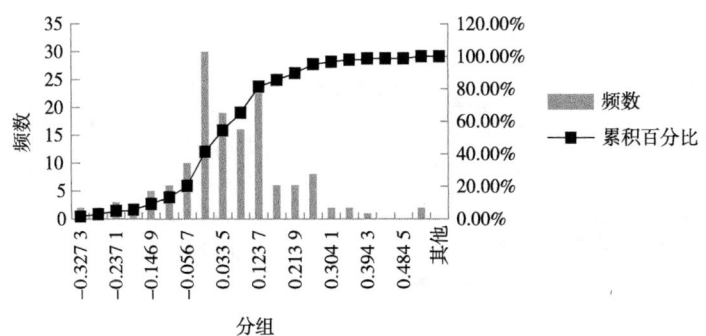

附图 2-5   上海机场（600009. SH）收益率分布图

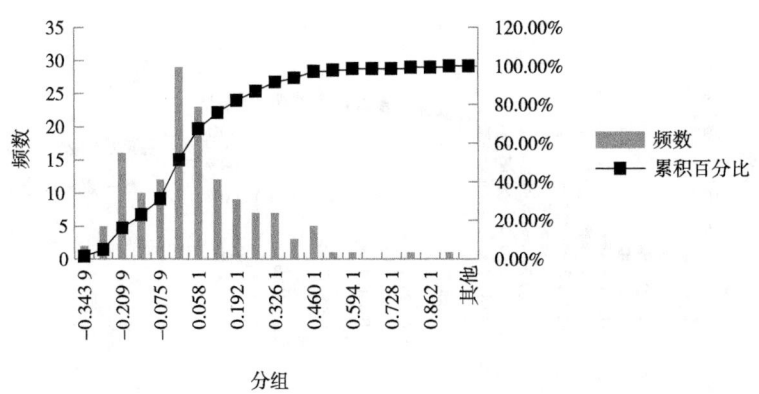

附图 2-6   包钢股份（600010. SH）收益率分布图

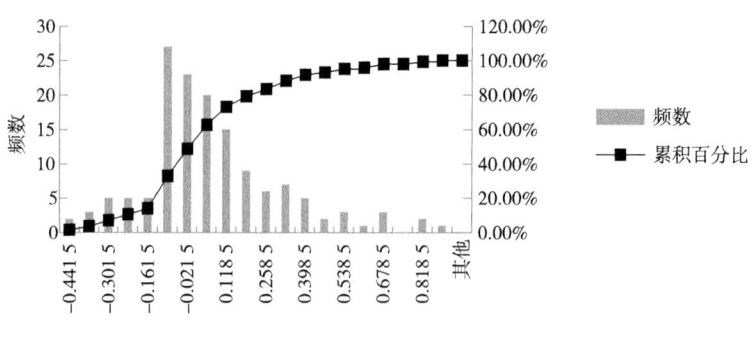

附图 2-7　五矿发展（600058.SH）收益率分布图

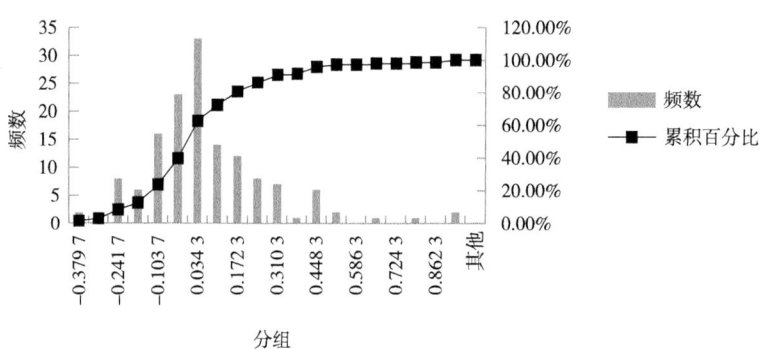

附图 2-8　东方航空（600115.SH）收益率分布图

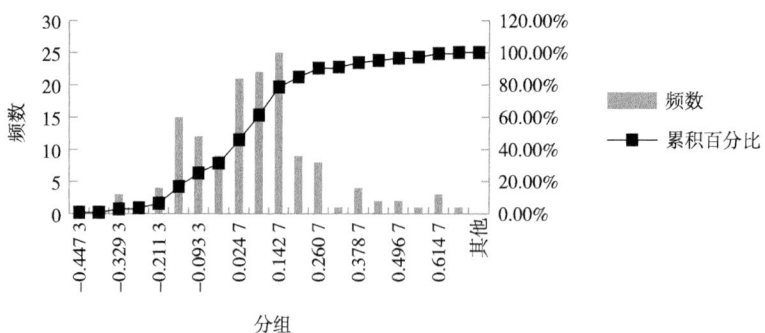

附图 2-9　上汽集团（600104.SH）收益率分布图

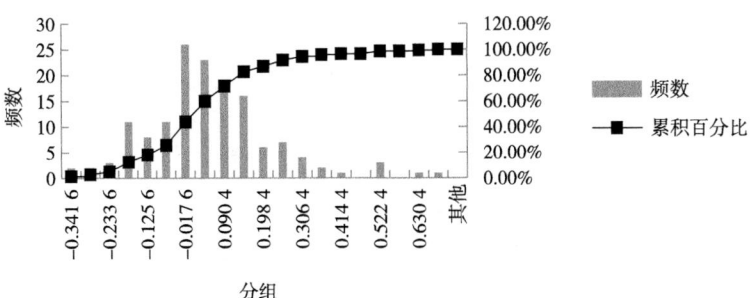

附图 2-10 广州发展（600098.SH）收益率分布图

附录 3　第 3 章 10 只股票每月换手率区间计算分布表及图

附表 3-1 10 只股票每月换手率区间计算分布表

浦发银行（600000.SH）		频数	累积 百分比	白云机场（600004.SH）		频数	累积 百分比
换手率分组		频数	累积 百分比	换手率分组		频数	累积 百分比
1. 133 7	5. 453 7	35	24.14%	2. 936 6	7. 306 6	33	22.76%
5. 453 7	9. 773 7	24	40.69%	7. 306 6	11. 676 6	26	40.69%
9. 773 7	14. 093 7	24	57.24%	11. 676 6	16. 046 6	26	58.62%
14. 093 7	18. 413 7	11	64.83%	16. 046 6	20. 416 6	13	67.59%
18. 413 7	22. 733 7	16	75.86%	20. 416 6	24. 786 6	14	77.24%
22. 733 7	27. 053 7	9	82.07%	24. 786 6	29. 156 6	7	82.07%
27. 053 7	31. 373 7	5	85.52%	29. 156 6	33. 526 6	8	87.59%
31. 373 7	35. 693 7	7	90.34%	33. 526 6	37. 896 6	5	91.03%
35. 693 7	40. 013 7	2	91.72%	37. 896 6	42. 266 6	3	93.10%
40. 013 7	44. 333 7	4	94.48%	42. 266 6	46. 636 6	0	93.10%
44. 333 7	48. 653 7	2	95.86%	46. 636 6	51. 006 6	2	94.48%
48. 653 7	52. 973 7	3	97.93%	51. 006 6	55. 376 6	0	94.48%
52. 973 7	57. 293 7	0	97.93%	55. 376 6	59. 746 6	3	96.55%
57. 293 7	61. 613 7	1	98.62%	59. 746 6	64. 116 6	1	97.24%
61. 613 7	65. 933 7	1	99.31%	64. 116 6	68. 486 6	0	97.24%
65. 933 7	70. 253 7	0	99.31%	68. 486 6	72. 856 6	1	97.93%
70. 253 7	74. 573 7	0	99.31%	72. 856 6	77. 226 6	0	97.93%
74. 573 7	78. 893 7	0	99.31%	77. 226 6	81. 596 6	0	97.93%
78. 893 7	83. 213 7	0	99.31%	81. 596 6	85. 966 6	1	98.62%
83. 213 7	87. 533 7	1	100.00%	85. 966 6	90. 336 6	2	100.00%
其他		0	100.00%	其他		0	100.00%
最小值		1. 133 7		最小值		2. 936 6	
最大值		87. 354 5		最大值		18. 899 9	
平均值		16. 292 6		平均值		2. 936 6	
换手率区间		[0. 159 5, 0. 166 4]		换手率区间		[0. 184 7, 0. 193 3]	

东风汽车 (600006.SH)				首创股份 (600008.SH)			
换手率分组		频数	累积百分比	换手率分组		频数	累积百分比
1.924 6	10.894 6	57	39.58%	3.113 5	11.803 5	45	31.03%
10.894 6	19.864 6	24	56.25%	11.803 5	20.493 5	32	53.10%
19.864 6	28.834 6	19	69.44%	20.493 5	29.183 5	18	65.52%
28.834 6	37.804 6	6	73.61%	29.183 5	37.873 5	9	71.72%
37.804 6	46.774 6	2	75.00%	37.873 5	46.563 5	7	76.55%
46.774 6	55.744 6	10	81.94%	46.563 5	55.253 5	8	82.07%
55.744 6	64.714 6	1	82.64%	55.253 5	63.943 5	5	85.52%
64.714 6	73.684 6	4	85.42%	63.943 5	72.633 5	2	86.90%
73.684 6	82.654 6	4	88.19%	72.633 5	81.323 5	4	89.66%
82.654 6	91.624 6	4	90.97%	81.323 5	90.013 5	7	94.48%
91.624 6	100.594 6	1	91.67%	90.013 5	98.703 5	0	94.48%
100.594 6	109.564 6	1	92.36%	98.703 5	107.393 5	1	95.17%
109.564 6	118.534 6	3	94.44%	107.393 5	116.083 5	1	95.86%
118.534 6	127.504 6	1	95.14%	116.083 5	124.773 5	0	95.86%
127.504 6	136.474 6	4	97.92%	124.773 5	133.463 5	0	95.86%
136.474 6	145.444 6	0	97.92%	133.463 5	142.153 5	3	97.93%
145.444 6	154.414 6	0	97.92%	142.153 5	150.843 5	1	98.62%
154.414 6	163.384 6	1	98.61%	150.843 5	159.533 5	1	99.31%
163.384 6	172.354 6	1	99.31%	159.533 5	168.223 5	0	99.31%
172.354 6	181.324 6	1	100.00%	168.223 5	176.913 5	1	100.00%
其他		0	100.00%	其他		0	100.00%
最小值		1.924 6		最小值		3.113 5	
最大值		32.589 7		最大值		32.514 6	
平均值		1.924 6		平均值		3.113 5	
换手率区间		[0.299 3, 0.348 0]		换手率区间		[0.306 1, 0.344 2]	

续表

上海机场（600009.SH）		频数	累积百分比	包钢股份（600010.SH）		频数	累积百分比
换手率分组				换手率分组			
3.481 4	7.147 4	7	4.83%	0.261 1	9.171 1	18	12.50%
7.147 4	10.813 4	32	26.90%	9.171 1	18.081 1	48	45.83%
10.813 4	14.479 4	23	42.76%	18.081 1	26.991 1	23	61.81%
14.479 4	18.145 4	18	55.17%	26.991 1	35.901 1	11	69.44%
18.145 4	21.811 4	10	62.07%	35.901 1	44.811 1	8	75.00%
21.811 4	25.477 4	9	68.28%	44.811 1	53.721 1	4	77.78%
25.477 4	29.143 4	8	73.79%	53.721 1	62.631 1	6	81.94%
29.143 4	32.809 4	7	78.62%	62.631 1	71.541 1	3	84.03%
32.809 4	36.475 4	9	84.83%	71.541 1	80.451 1	2	85.42%
36.475 4	40.141 4	4	87.59%	80.451 1	89.361 1	4	88.19%
40.141 4	43.807 4	6	91.72%	89.361 1	98.271 1	2	89.58%
43.807 4	47.473 4	3	93.79%	98.271 1	107.181 1	3	91.67%
47.473 4	51.139 4	0	93.79%	107.181 1	116.091 1	5	95.14%
51.139 4	54.805 4	3	95.86%	116.091 1	125.001 1	0	95.14%
54.805 4	58.471 4	2	97.24%	125.001 1	133.911 1	0	95.14%
58.471 4	62.137 4	1	97.93%	133.911 1	142.821 1	1	95.83%
62.137 4	65.803 4	1	98.62%	142.821 1	151.731 1	1	96.53%
65.803 4	69.469 4	0	98.62%	151.731 1	160.641 1	1	97.22%
69.469 4	73.135 4	1	99.31%	160.641 1	169.551 1	1	97.92%
73.135 4	76.801 4	1	100.00%	169.551 1	178.461 1	3	100.00%
其他		0	100.00%	其他		0	100.00%
最小值		3.481 372		最小值		0.261 1	
最大值		76.792 9		最大值		178.288 3	
平均值		21.751 1		平均值		37.059 6	
换手率区间		[0.214 0, 0.221 1]		换手率区间		[0.342 4, 0.393 7]	

续表

五矿发展（600058.SH）		频数	累积百分比	东方航空（600115.SH）		频数	累积百分比
换手率分组				换手率分组			
1.437 07	8.893 1	23	16.67%	1.508 9	10.538 9	32	22.54%
8.893 07	16.349 1	22	32.61%	10.538 9	19.568 9	30	43.66%
16.349 07	23.805 1	19	46.38%	19.568 9	28.598 9	20	57.75%
23.805 07	31.261 1	13	55.80%	28.598 9	37.628 9	16	69.01%
31.261 07	38.717 1	11	63.77%	37.628 9	46.658 9	9	75.35%
38.717 07	46.173 1	7	68.84%	46.658 9	55.688 9	6	79.58%
46.173 07	53.629 1	6	73.19%	55.688 9	64.718 9	4	82.39%
53.629 07	61.085 1	4	76.09%	64.718 9	73.748 9	4	85.21%
61.085 07	68.541 1	5	79.71%	73.748 9	82.778 9	5	88.73%
68.541 07	75.997 1	5	83.33%	82.778 9	91.808 9	4	91.55%
75.997 07	83.453 1	9	89.86%	91.808 9	100.838 9	3	93.66%
83.453 07	90.909 1	2	91.30%	100.838 9	109.868 9	1	94.37%
90.909 07	98.365 1	3	93.48%	109.868 9	118.898 9	1	95.07%
98.365 07	105.821 1	2	94.93%	118.898 9	127.928 9	2	96.48%
105.821 1	113.277 1	1	95.65%	127.928 9	136.958 9	1	97.18%
113.277 1	120.733 1	1	96.38%	136.958 9	145.988 9	1	97.89%
120.733 1	128.189 1	0	96.38%	145.988 9	155.018 9	0	97.89%
128.189 1	135.645 1	0	96.38%	155.018 9	164.048 9	0	97.89%
135.645 1	143.101 1	3	98.55%	164.048 9	173.078 9	1	98.59%
143.101 1	150.557 1	2	100.00%	173.078 9	182.108 9	2	100.00%
其他		0	100.00%	其他		0	100.00%
最小值		1.437 1		最小值		1.508 893	
最大值		150.553 2		最大值		182.080 7	
平均值		38.868 5		平均值		35.786 82	
换手率区间		[0.350 8, 0.389 1]		换手率区间		[0.328 5, 0.372 4]	

续表

上汽集团 (600104. SH)				广州发展 (600098. SH)			
换手率分组		频数	累积百分比	换手率分组		频数	累积百分比
0. 308 9	3. 996 9	35	24. 31%	1. 341 835	4. 986 8	35	24. 14%
3. 996 9	7. 684 9	56	63. 19%	4. 986 835	8. 631 8	35	48. 28%
7. 684 9	11. 372 9	13	72. 22%	8. 631 835	12. 276 8	21	62. 76%
11. 372 9	15. 060 9	9	78. 47%	12. 276 83	15. 921 8	18	75. 17%
15. 060 9	18. 748 9	10	85. 42%	15. 921 83	19. 566 8	5	78. 62%
18. 748 9	22. 436 9	3	87. 50%	19. 566 83	23. 211 8	5	82. 07%
22. 436 9	26. 124 9	4	90. 28%	23. 211 83	26. 856 8	5	85. 52%
26. 124 9	29. 812 9	2	91. 67%	26. 856 83	30. 501 8	2	86. 90%
29. 812 9	33. 500 9	2	93. 06%	30. 501 83	34. 146 8	3	88. 97%
33. 500 9	37. 188 9	2	94. 44%	34. 146 83	37. 791 8	3	91. 03%
37. 188 9	40. 876 9	3	96. 53%	37. 791 83	41. 436 8	2	92. 41%
40. 876 9	44. 564 9	0	96. 53%	41. 436 83	45. 081 8	1	93. 10%
44. 564 9	48. 252 9	1	97. 22%	45. 081 83	48. 726 8	4	95. 86%
48. 252 9	51. 940 9	1	97. 92%	48. 726 83	52. 371 8	0	95. 86%
51. 940 9	55. 628 9	1	98. 61%	52. 371 83	56. 016 8	0	95. 86%
55. 628 9	59. 316 9	0	98. 61%	56. 016 83	59. 661 8	2	97. 24%
59. 316 9	63. 004 9	0	98. 61%	59. 661 83	63. 306 8	1	97. 93%
63. 004 9	66. 692 9	0	98. 61%	63. 306 83	66. 951 8	0	97. 93%
66. 692 9	70. 380 9	0	98. 61%	66. 951 83	70. 596 8	1	98. 62%
70. 380 9	74. 068 9	2	100. 00%	70. 596 83	74. 241 8	2	100. 00%
其他		0	100. 00%	其他		0	100. 00%
最小值		0. 308 9		最小值		1. 341 8	
最大值		74. 066 4		最大值		74. 223 5	
平均值		11. 044 8		平均值		14. 519 6	
换手率区间		[0. 107 1, 0. 112 2]		换手率区间		[0. 141 4, 0. 149 0]	

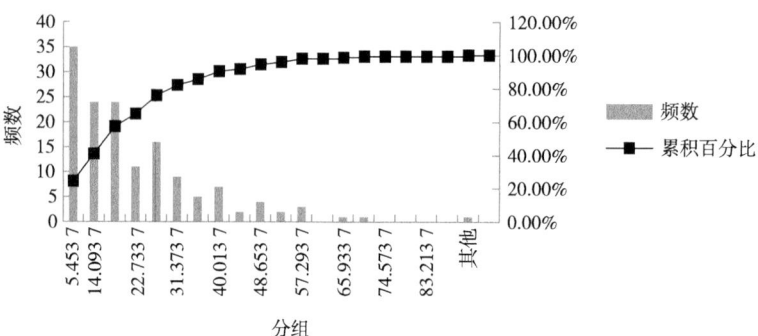

附图 3-1　浦发银行（600000. SH）换手率分布图

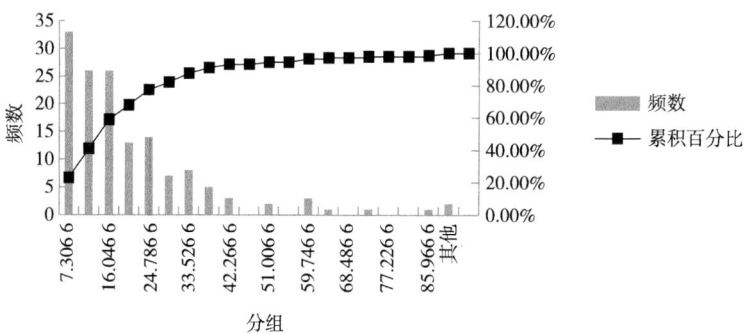

附图 3-2　白云机场（600004. SH）换手率分布图

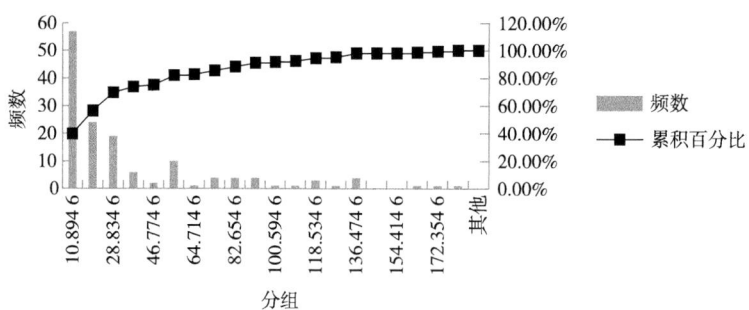

附图 3-3　东风汽车（600006. SH）换手率分布图

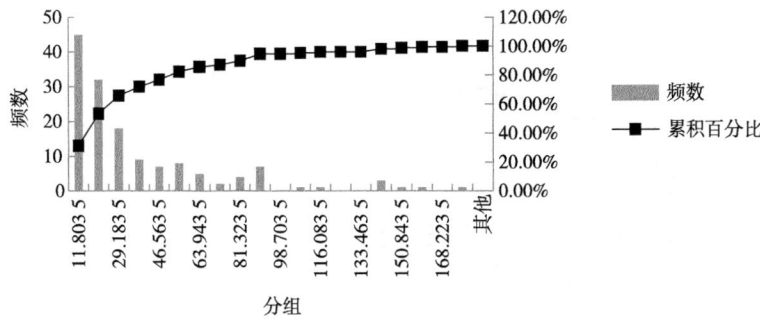

附图 3-4　首创股份（600008.SH）换手率分布图

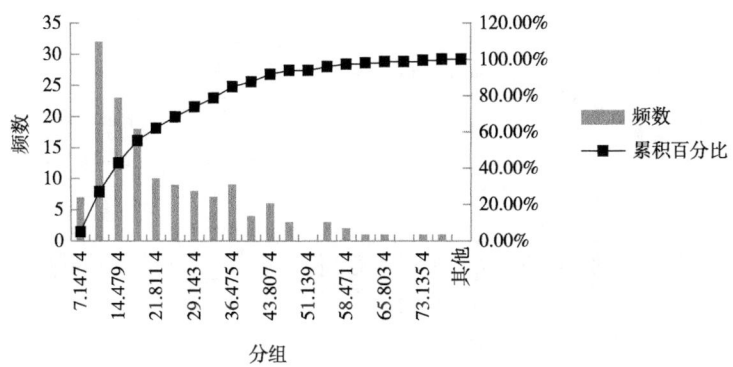

附图 3-5　上海机场（600009.SH）换手率分布图

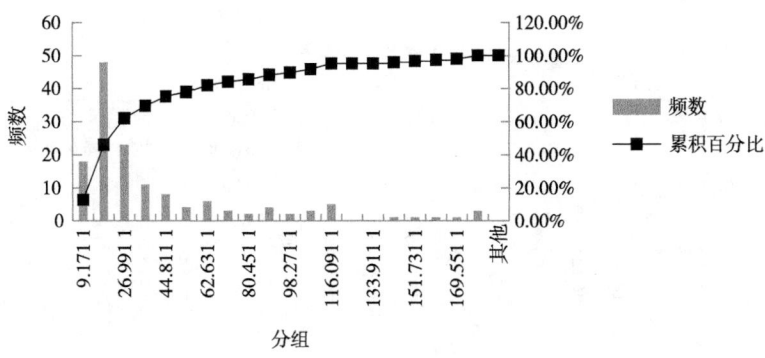

附图 3-6　包钢股份（600010.SH）换手率分布图

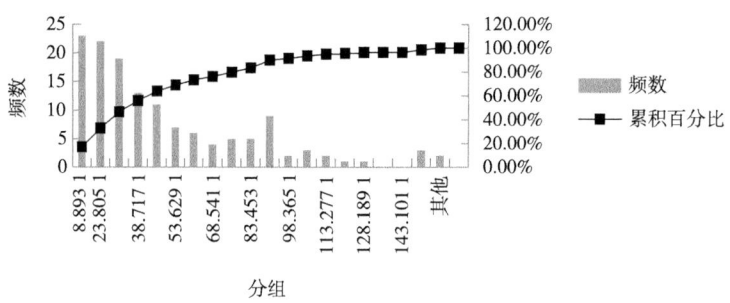

附图 3-7　五矿发展（600058.SH）换手率分布图

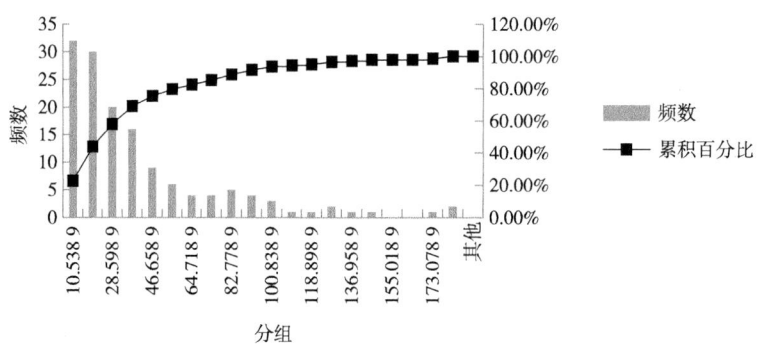

附图 3-8　东方航空（600115.SH）换手率分布图

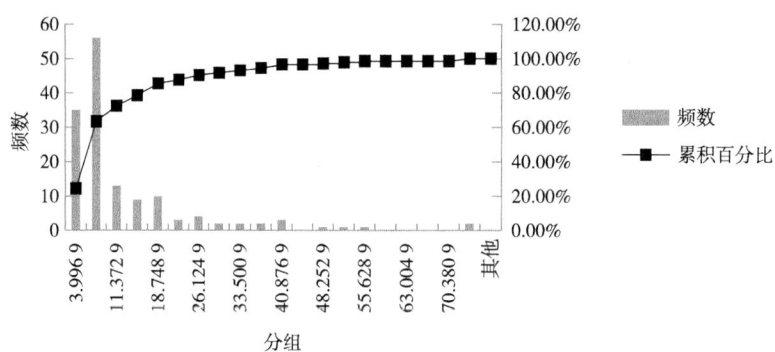

附图 3-9　上汽集团（600104.SH）换手率分布图

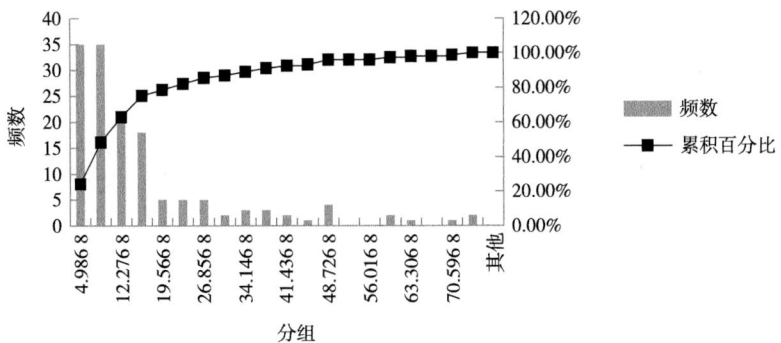

附图 3-10　广州发展（600098. SH）换手率分布图

风险损失区间的确定的代码如下：

```
clc;
clear;
load(' 10gupiao. mat' );
n1=144;n2=145;
 d=var(A);
 R=mean(A);
 D=cov(A);
 d1=d/(sqrt(n1));
 d2=1.96*d1;
 d3=R-d2;
 d4=R+d2;
 RR=[d3;d4];
 RR=RR' ;
 BB=B/100;
 l=var(BB);
 L=mean(BB);
 l1=l/(sqrt(n2));
 l2=1.96*l1;
 l3=L-l2;
```

```
l4=L+l2;
LL=[l3;l4];
LL=LL';
D1=D*0.95;
D2=D*1.05;
q1=[D1(:,1) D2(:,1)];
q2=[D1(:,2) D2(:,2)];
q3=[D1(:,3) D2(:,3)];
q4=[D1(:,4) D2(:,4)];
q5=[D1(:,5) D2(:,5)];
q6=[D1(:,6) D2(:,6)];
q7=[D1(:,7) D2(:,7)];
q8=[D1(:,8) D2(:,8)];
q9=[D1(:,9) D2(:,9)];
q10=[D1(:,10) D2(:,10)];
Q=[q1 q2 q3 q4 q5 q6 q7 q8 q9 q10];
```

附录 4　第 3 章理想点法和线性加权和法模型代码

```
clc;clear;%求解理想点代码
load(' A.mat' );
f1=A(:,1);
Aeq=ones(1,10);
beq=[1];
lb=zeros(1,10);
[x,fval,exitflag,output,lambda]=linprog(f1,[],[],Aeq,beq,lb)
f2=A(:,2);
Aeq=ones(1,10);
beq=[1];
lb=zeros(1,10);
[x,fval,exitflag,output,lambda]=linprog(f2,[],[],Aeq,beq,lb)
f3=A(:,3);
Aeq=ones(1,10);
beq=[1];
lb=zeros(1,10);
[x,fval,exitflag,output,lambda]=linprog(f3,[],[],Aeq,beq,lb)
f4=A(:,4);
Aeq=ones(1,10);
beq=[1];
lb=zeros(1,10);
[x,fval,exitflag,output,lambda]=linprog(f4,[],[],Aeq,beq,lb)
f5=A(:,5);
Aeq=ones(1,10);
beq=[1];
lb=zeros(1,10);
[x,fval,exitflag,output,lambda]=linprog(f5,[],[],Aeq,beq,lb)
f6=A(:,6);
Aeq=ones(1,10);
beq=[1];
```

```
lb=zeros(1,10);
[x,fval,exitflag,output,lambda]=linprog(f6,[],[],Aeq,beq,lb)
Aeq=ones(1,10);
beq=[1];
lb=zeros(1,10);
x0=ones(10,1);
[x,fval,exitflag]=fmincon(@objfun1,x0,[],[],Aeq,beq,lb,[])%
采用理想点法
[x,fval,exitflag]=fmincon(@objfun2,x0,[],[],Aeq,beq,lb,[])%
采用线性加权和法
function f=objfun1(x)%理想点法目标函数
r1=0.010 9*x(1)+0.015 7*x(2)+0.010 9*x(3)+0.011 3*x(4)+0.026 9*x
(5)+0.008 0*x(6)+0.020 5*x(7)+0.022 6*x(8)+0.035 7*x(9)+0.013 9*
x(10);
r2=0.022 1*x(1)+0.022 4*x(2)+0.023 6*x(3)+0.027 6*x(4)+0.034 0*x
(5)+0.023 6*x(6)+0.041 4*x(7)+0.039 0*x(8)+0.048 0*x(9)+0.024 3*
x(10);
q1=0.032 4*x(1)+0.019 4*x(2)+0.036 9*x(3)+0.047 3*x(4)+0.020 5*x
(5)+0.045 5*x(6)+0.060 8*x(7)+0.047 6*x(8)+0.035 8*x(9)+0.030 2*
x(10);
q2=0.035 9*x(1)+0.021 5*x(2)+0.040 8*x(3)+0.052 3*x(4)+0.022 7*x
(5)+0.050 3*x(6)+0.067 2*x(7)+0.052 6*x(8)+0.039 6*x(9)+0.033 4*
x(10);
l1=0.159 5*x(1)+0.184 7*x(2)+0.299 3*x(3)+0.306 1*x(4)+0.214 0*x
(5)+0.342 4*x(6)+0.350 8*x(7)+0.328 5*x(8)+0.107 1*x(9)+0.141 4*
x(10);
l2=0.166 4*x(1)+0.193 3*x(2)+0.348 0*x(3)+0.344 2*x(4)+0.221 1*x
(5)+0.393 7*x(6)+0.389 1*x(7)+0.372 4*x(8)+0.112 2*x(9)+0.149 0*
x(10);
a1=0.6;
```

```
a2=0.4;
a3=1;
f=sqrt((r1-0.048 0+a1*(r2-0.035 7-r1+0.048 0))^2+(q1+0.060 8+a2
*(q2+0.067 2-q1-0.060 8))^2+(l1-0.393 7+a3*(l2-0.350 8-l1+0.393
7))^2);
function f=objfun2(x)%线性加权和法目标函数
r1=0.010 9*x(1)+0.015 7*x(2)+0.010 9*x(3)+0.011 3*x(4)+0.026 9*x
(5)+0.008 0*x(6)+0.020 5*x(7)+0.022 6*x(8)+0.035 7*x(9)+0.013 9*
x(10);
r2=0.022 1*x(1)+0.022 4*x(2)+0.023 6*x(3)+0.027 6*x(4)+0.034 0*x
(5)+0.023 6*x(6)+0.041 4*x(7)+0.039 0*x(8)+0.048 0*x(9)+0.024 3*
x(10);
q1=0.032 4*x(1)+0.019 4*x(2)+0.036 9*x(3)+0.047 3*x(4)+0.020 5*x
(5)+0.045 5*x(6)+0.060 8*x(7)+0.047 6*x(8)+0.035 8*x(9)+0.030 2*
x(10);
q2=0.035 9*x(1)+0.021 5*x(2)+0.040 8*x(3)+0.052 3*x(4)+0.022 7*x
(5)+0.050 3*x(6)+0.067 2*x(7)+0.052 6*x(8)+0.039 6*x(9)+0.033 4*
x(10);
l1=0.159 5*x(1)+0.184 7*x(2)+0.299 3*x(3)+0.306 1*x(4)+0.214 0*x
(5)+0.342 4*x(6)+0.350 8*x(7)+0.328 5*x(8)+0.107 1*x(9)+0.141 4*
x(10);
l2=0.166 4*x(1)+0.193 3*x(2)+0.348 0*x(3)+0.344 2*x(4)+0.221 1*x
(5)+0.393 7*x(6)+0.389 1*x(7)+0.372 4*x(8)+0.112 2*x(9)+0.149 0*
x(10);
a1=0.6;
a2=1;
a3=0.4;
lamda=1/3;
f=lamda*(r1+a1*(r2-r1)-q2+a2*(q2-q1)+l1+a3*(l2-l1));
```

附录5 第4章基于改进区间 可接受度及可能度的 模型代码

```
clc;
clear;
q_bound=[0.047 5 0.073 7 0.021 3 0.043 4 0.024 2 0.045 4;
          0.021 3 0.043 4 0.036 2 0.046 8 0.022 5 0.043 2;
          0.024 2 0.045 4 0.022 5 0.043 2 0.041 7 0.059 0];
r_bound=[-0.012 24 0.050 63 -0.005 46 0.044 670.002 82 0.065 66];
l_bound=[0.809 4 0.973 5 0.276 0 0.345 2 0.768 8 1.206 6];
c=[0.000 2 0.000 2 0.000 2];
r0=[0.001 5 0.002];
l0=[0.4 0.6];


load(' l0.mat' );
 q_bound=Q;
 r_bound=[0.010 9 0.022 1 0.015 7 0.022 4 0.010 9 0.023 6  0.011 3
0.027 6 0.026 9 0.034 0 0.008 0 0.023 6  0.020 5 0.041 4 0.022 6
0.039 0 0.035 7 0.048 0 0.013 9 0.024 3];
 l_bound=[0.159 5 0.166 4 0.184 7 0.193 3 0.299 3 0.348 0  0.306 1
0.344 2 0.214 0 0.221 1 0.342 4 0.393 7  0.350 8 0.389 1 0.328 5 0.372 4
0.107 1 0.112 2 0.141 4 0.149 0];
 c=[0.000 2 0.000 2 0.000 2 0.000 2 0.000 2 0.000 2 0.000 2 0.000 2
0.000 2 0.000 2 ];
 r0=[0.001 0.002];
 l0=[0.05 0.3];


q_low=q_bound(:,1:2:end);
q_high=q_bound(:,2:2:end);
r_low=r_bound(:,1:2:end);
r_high=r_bound(:,2:2:end);
l_low=l_bound(:,1:2:end);
l_high=l_bound(:,2:2:end);
```

```
%m1=0.5;m2=0.5;a=0.8;
i_range=size(q_bound,1);
j_range=size(q_bound,1);
H1=zeros(i_range,i_range);
H2=zeros(i_range,i_range);
R1=zeros(1,i_range);
Aeq=ones(1,i_range);
beq=1;
for i=1:i_range
    for j=1:j_range
        H1(i,j)=2*q_low(i,j);
            H2(i,j)=2*q_high(i,j);
    end
end
R1=c-r_high;
R2=c-r_low;
%R2=c-(1-m1)*r_high-m1*r_low;
L1=-l_high;
L2=-l_low;
%L2=-(1-m2)*l_high-m2*l_low;
A1=[R1;L1];
A2=[R2;L2];
b1=[-r0(:,1);-l0(:,1)];
b2=[-r0(:,2);-l0(:,2)];
Aeq=ones(1,i_range);
beq=1;
lb=zeros(i_range,1);
 ub=[0.5 0.5 0.5 0.5 0.5 0.5 0.5 0.5 0.5 0.5];
[x1,fval1]=quadprog(H1,[],A1,b1,Aeq,beq,lb,ub);
[x2,fval2]=quadprog(H2,[],A2,b2,Aeq,beq,lb,ub);
```

```
fval1
fval2

x=[0 0.2 0.5 0.8  1];
y=[0.046 8 0.0393 0.0278 0.0163 0.008 6];
plot(x,y,' r' );
title(' 最优解随约束水平 α 的变化' );
xlabel(' α' );
ylabel(' f(x)' );
x=[0 0.3 0.5 0.7  1];
y=[0.024 2 0.017 8 0.017 7 0.017 7  0.017 7 ];
plot(x,y,' r' );
%title(' 最优解随约束水平 η 的变化' );
xlabel(' λ' );
ylabel(' f(x)' );


%文中传统方法及郭钧鹏和李汶华(2004)的方法2
clc;
clear;
%第一个数据
q_bound=[0.047 5 0.073 7 0.021 3 0.043 4 0.024 2 0.045 4;
        0.021 3 0.043 4 0.036 2 0.046 8 0.022 5 0.043 2;
        0.024 2 0.045 4 0.022 5 0.043 2 0.041 7 0.059 0];
r_bound=[-0.012 24 0.050 63 -0.005 46 0.044 67 0.002 82 0.065 66];
l_bound=[0.809 4 0.973 5 0.276 0 0.345 2 0.768 8 1.206 6];
c=[0.000 2 0.000 2 0.000 2];
r0=[0.001 5 0.002];
l0=[0.4 0.6];

q_low=q_bound(:,1:2:end);
```

```
q_high=q_bound(:,2:2:end);
r_low=r_bound(:,1:2:end);
r_high=r_bound(:,2:2:end);
l_low=l_bound(:,1:2:end);
l_high=l_bound(:,2:2:end);

i_range=size(q_bound,1);
j_range=size(q_bound,1);
H1=zeros(i_range,i_range);
H2=zeros(i_range,i_range);
R1=zeros(1,i_range);
Aeq=ones(1,i_range);
beq=1;
for i=1:i_range
    for j=1:j_range
        H1(i,j)=2*q_low(i,j);
        H2(i,j)=2*q_high(i,j);
    end
end
R1=c-r_high;
R2=c-r_low;
L1=-l_high;
L2=-l_low;
A1=[R1;L1];
A2=[R2;L2];
b1=[-r0(:,1);-l0(:,1)];
b2=[-r0(:,2);-l0(:,2)];
Aeq=ones(1,i_range);
beq=1;
lb=zeros(i_range,1);
```

```
[x1,fval1]=quadprog(H1,[],A1,b1,Aeq,beq,lb,[]);
[x2,fval2]=quadprog(H2,[],A2,b2,Aeq,beq,lb,[]);
fval=[fval1 fval2]
x=[x1 x2]
%改进区间可接受度的方法
clc;
clear;
%    三种证券的数据来源于邓雪(2010)
q_bound=[0.047 5 0.073 7 0.021 3 0.043 4 0.024 2 0.045 4;
         0.021 3 0.043 4 0.036 2 0.046 8 0.022 5 0.043 2;
         0.024 2 0.045 4 0.022 5 0.043 2 0.041 7 0.059 0];%证券的风险
协方差区间
r_bound=[-0.012 24 0.050 63 -0.005 46 0.044 67 0.002 82 0.065 66];%
证券的期望收益率区间
l_bound=[0.809 4 0.973 5 0.276 0 0.345 2 0.768 8 1.206 6];%证券的市场
流动性即换手率区间
c=[0.000 2 0.000 2 0.000 2];%交易成本比率
r0=[0.001 5 0.002];%可接受的预期收益
l0=[0.4 0.6];%可接受的换手率


q_low=q_bound(:,1:2:end);
q_high=q_bound(:,2:2:end);
r_low=r_bound(:,1:2:end);
r_high=r_bound(:,2:2:end);
l_low=l_bound(:,1:2:end);
l_high=l_bound(:,2:2:end);
m1=0;m2=0;a=0;
i_range=size(q_bound,1);
j_range=size(q_bound,1);
H=zeros(i_range,i_range);
```

```
R1=zeros(1,i_range);
for i=1:i_range
    for j=1:j_range
        H(i,j)=((1-2*a)*q_low(i,j)+q_high(i,j));
    end
end


R0=2*c-r_high-r_low;
R1=r_high-r_low;
R2=2*c-(1-m1)*r_high-(1+m1)*r_low;
L0=-l_low-l_high;
L1=l_high-l_low;
L2=-(1-m2)*l_high-(1+m2)*l_low;
A=[R0;R1;R2;L0;L1;L2];
b=[-r0(:,1)-r0(:,2);r0(:,2)-r0(:,1);(m1-1)*r0(:,1)-(m1+1)*r0
(:,2);-l0(:,1)-l0(:,2);l0(:,2)-l0(:,1);(m2-1)*l0(:,1)-(m2+1)*
l0(:,2)];
Aeq=ones(1,i_range);
beq=1;
lb=zeros(i_range,1);
[x,fval]=quadprog(H,[],A,b,Aeq,beq,lb,[]);
fval
x
```

附录 6　第 5 章基于广义区间二次规划数值解代码

```
clc;
clear;
%15个股票数据
load(' 15.mat' );
q_bound=Q;
r_bound=[0.010 9 0.022 1 0.015 7 0.022 4 0.010 9 0.023 6 0.017 4 0.025
9 0.011 3 0.027 6 0.026 9 0.034 0 0.008 0 0.023 6 0.012 8 0.020 5 0.009
7 0.020 4 0.019 4 0.030 0 0.011 8 0.022 4 0.020 5 0.041 4 0.022 6 0.039
0 0.035 7 0.048 00.013 9 0.024 3];
l_bound=[0.159 5 0.166 4 0.184 7 0.193 3 0.299 3 0.348 0 0.169 1 0.195
7 0.306 1 0.344 2 0.214 0 0.221 1 0.342 4 0.393 7 0.103 5 0.115 5 0.173
4 0.186 7 0.244 3 0.273 5 0.166 1 0.174 6 0.350 8 0.389 1 0.328 5 0.372
4 0.107 1 0.112 2 0.141 4 0.149 0];
c=[0.000 2 0.000 2 0.000 2 0.000 2 0.000 2 0.000 2 0.000 2 0.000 2
0.000 2 0.000 2 0.000 2 0.000 2 0.000 2 0.000 2 0.000 2];
r0=[0.001 5 0.002];
l0=[0.05 0.35];
q_low=q_bound(:,1:2:end);
q_high=q_bound(:,2:2:end);
r_low=r_bound(:,1:2:end);
r_high=r_bound(:,2:2:end);
l_low=l_bound(:,1:2:end);
l_high=l_bound(:,2:2:end);
%m1=0.5;m2=0.5;
a=0;
i_range=size(q_bound,1);
j_range=size(q_bound,1);
H=zeros(i_range,i_range);
R1=zeros(1,i_range);
Aeq=ones(1,i_range);
```

```
beq=1;
for i=1:i_range
    for j=1:j_range
        H(i,j)=2*[q_low(i,j)+a*(q_high(i,j)-q_low(i,j))];
    end
end
R1=c-r_high;
%R2=c-(1-m1)*r_low-m1*r_high;
L1=-l_high;
%L2=-(1-m2)*l_low-m2*l_high;
A=[R1;L1];
b=[-r0(:,1);-l0(:,1)];
Aeq=ones(1,i_range);
beq=1;
lb=zeros(i_range,1);
[x,fval]=quadprog(H,[],A,b,Aeq,beq,lb,[]);

clc;
clear;
%所有的15个股票数据
tilde_r=[0.010 9 0.022 1;0.015 7 0.022 4;0.010 9 0.023 6;0.017 4
0.025 9;0.011 3 0.027 6;0.026 9 0.034 0;0.008 0 0.023 6;0.012 8 0.020
5;0.009 7 0.020 4;0.019 4 0.030 0;0.011 8 0.022 4;0.020 5 0.041 4;
0.022 6 0.039 0;0.035 7 0.048 0;0.013 9 0.024 3];
tilde_sigma=Q;

tilde_l=[0.159 5 0.166 4;0.184 7 0.193 3;0.299 3 0.348 0;0.169 1
0.195 7;0.306 1 0.344 2;0.214 0 0.221 1;0.342 4 0.393 7;0.103 5 0.115
5;0.173 4 0.186 7;0.244 3 0.273 5;0.166 1 0.174 6;0.350 8 0.389 1;
0.328 5 0.372 4;0.107 1 0.112 2;0.141 4 0.149 0];
```

```
tilde_k=[0.000 20.000 2 0.000 2 0.000 2 0.000 2 0.000 2 0.000 2 0.000
2 0.000 2 0.000 2 0.000 2 0.000 2 0.000 2 0.000 2 0.000 2];


R0=[0.001 5 0.002];
L0=[0.05 0.35];


num=size(tilde_r,1);
%num_l=size(tilde_l,1);
%num_delta=num_r;
num_variables=4*num+2;
H=zeros(num_variables);
H_x=zeros(num);


num_count=1;
for i=1:num
    for j=i:num
        H_x(i,j)=tilde_sigma(num_count,2);
        H_x(j,i)=tilde_sigma(num_count,2);
        num_count=num_count+1;
    end
end
H(1:num,1:num)=2*H_x;
f=zeros(num_variables,1);


f(num+1)=-R0(2);
f(num+2)=-L0(2);


%order of variables:x1,x2,x3,lambda1,lambda2,r11,r12,r13,r21,
%r22,r23,delta1,delta2,delta3
```

```
% equality constraint
A_eq=zeros(1,num_variables);
A_eq(1:num,1:num)=2*H_x;

for i=1:num
    A_eq(i,num+2+i)=-1;
    A_eq(i,2*num+2+i)=-1;
    A_eq(i,3*num+2+i)=-1;
end
A_eq(num+1,1:num)=ones(1,num);
b_eq=zeros(size(A_eq,1),1);
b_eq(end)=1;


% inequality constraint
A=zeros(1,num_variables);
num_count=num;
for i=1:num
    A(i ,num+1)=  (tilde_r(i,1) - tilde_k(i));
    A(i,num + 2 + i)=-1;


    A(num + i ,num+1)=  -(tilde_r(i,2) - tilde_k(i));
    A(num + i,num + 2 + i)=1;
end


for i=1:num
    A(2*num + i ,num+2)=  tilde_l(i,1);
    A(2*num + i,2*num + 2 + i)=-1;


    A(3*num + i ,num+2)=  -tilde_l(i,2);
```

```
    A(3*num + i,2*num + 2 + i)=1;
end
b=zeros(size(A,1),1);
%   scale=1e5;
low_bound=zeros(num_variables,1);
%high_bound=scale * ones(num_variables,1);
% low_bound(num+1)=-scale;
% low_bound(num+2)=-scale;
% X0=rand(num_variables,1);
[x,fval]=quadprog(H,f,A,b,A_eq,b_eq,low_bound,[]);
%[x,fval]=quadprog(H,f,A,b,A_eq,b_eq,[],[]);
%min_value=0.5*X' *H*X + f' *X;
```

附录7 第6章模糊二次规划代码

```
clc;
clear;
% 模糊数据
r_bound=[0.150.1 0.2 0.25 0.2 0.4 0.36 0.1 0.3 0.5 0.15 0.3];
l_bound=[0.06 0.09 0.015 0.01 0.075 0.081 0.001 0.002 0.084 0.087
0.001 0.001 0.036 0.042 0.003 0.001];
c=[0.01 0.02 0.045 0.065];
r0=[0.28 0.1 0.2];
l0=[0.04 0.08 0.02 0.01];
r_a=r_bound(:,1:3:end);
r_b=r_bound(:,2:3:end);
r_c=r_bound(:,3:3:end);
l_d=l_bound(:,1:4:end);
l_e=l_bound(:,2:4:end);
l_f=l_bound(:,3:4:end);
l_g=l_bound(:,4:4:end);
m1=0.5;m2=0.5;
lamda=0.5;
i_range=size(c,2);
j_range=size(c,2);
cov_low=zeros(i_range,i_range);
cov_high=zeros(i_range,i_range);
H1=zeros(i_range,i_range);
H2=zeros(i_range,i_range);
R1=zeros(1,i_range);
Aeq=ones(1,i_range);
beq=1;
for i=1:i_range
    for j=1:j_range
     cov_low(i,j)=1/18*r_b(i)*r_b(j);
```

```
                cov_high(i,j)=1/18*r_c(i)*r_c(j);
        end
end
for i=1:i_range
    for j=1:j_range
            H1(i,j)=2*cov_low(i,j);
             H2(i,j)=2*cov_high(i,j);
        end
end
R1=c-r_a-r_c/3;
R2=c-r_a+r_b/3;
%R2=c-(1-m1)*r_high-m1*r_low;
L1=-l_g/3-l_e;
L2=l_f/3-l_d;
%L2=-(1-m2)*l_high-m2*l_low;
A1=[R1;L1];
A2=[R2;L2];
b1=[-r0(:,1)+r0(:,2)/3;-l0(:,1)+l0(:,3)/3];
b2=[-r0(:,1)-r0(:,3)/3;-l0(:,2)-l0(:,4)/3];
Aeq=ones(1,i_range);
beq=1;
lb=zeros(i_range,1);
[x1,fval1]=quadprog(H1,[],A1,b1,Aeq,beq,lb,[]);
[x2,fval2]=quadprog(H2,[],A2,b2,Aeq,beq,lb,[]);
```

附录 8　第 7 章 23 只股票不同时段的效率值

附表 8-1　第 7 章 23 只股票不同时段的效率值

DMU	1个月				3个月			
	Score	Dual Price (x)	Dual Price (y)	v*	Score	Dual Price (x)	Dual Price (y)	v*
1	1.000 00	-63.317 23	109.049 10	4.976 52	0.658 49	-4.626 64	19.407 86	-0.081 62
2	1.000 00	-17.017 22	75.615 43	0.725 09	1.000 00	-4.886 80	20.499 16	-0.086 21
3	0.470 32	-12.860 89	61.496 33	0.484 28	0.425 18	-4.472 16	18.759 84	-0.078 89
4	0.866 01	0.000 00	41.715 38	-1.000 00	1.000 00	-0.579 67	12.138 98	-0.772 99
5	0.914 86	0.000 00	41.715 38	-1.000 00	0.998 43	-0.583 94	12.228 29	-0.778 68
6	0.642 64	0.000 00	41.715 38	-1.000 00	0.631 36	-3.045 40	12.774 84	-0.053 73
7	0.088 76	-16.728 41	74.332 07	0.712 79	1.000 00	-3 348.9 68	130.280 90	619.873 71
8	1.000 00	-15.362 00	68.260 48	0.654 56	0.925 09	-4.219 46	17.699 80	-0.074 44
9	0.446 79	-16.576 46	73.656 89	0.706 31	0.523 34	-4.753 04	19.938 06	-0.083 85
10	0.445 84	-10.085 82	48.226 90	0.379 78	0.522 39	-3.730 71	15.649 59	-0.065 81
11	0.594 75	-9.338 54	44.653 68	0.351 64	0.655 54	-3.210 17	13.466 04	-0.056 63
12	0.756 72	-13.427 16	64.204 04	0.505 60	0.709 10	-4.703 26	19.729 24	-0.082 97
13	0.659 76	-9.268 82	44.320 30	0.349 02	0.679 09	-3.474 50	14.574 83	-0.061 29
14	0.689 30	-12.632 70	60.405 21	0.475 68	0.590 00	-4.161 76	17.457 78	-0.073 42
15	0.473 33	0.000 00	41.715 38	-1.000 00	0.520 38	-3.215 09	13.486 67	-0.056 72
16	0.634 05	0.000 00	41.715 38	-1.000 00	0.610 11	-3.276 66	13.744 96	-0.057 80
17	0.859 72	-9.843 47	47.068 05	0.370 66	0.842 13	-3.684 29	15.454 86	-0.065 00
18	0.930 46	0.000 00	41.715 38	-1.000 00	0.836 61	-3.057 27	12.824 65	-0.053 93
19	0.640 18	0.000 00	41.715 38	-1.000 00	0.580 10	-3.243 85	13.607 30	-0.057 23
20	0.706 95	-10.923 69	52.233 30	0.411 33	0.711 70	-3.687 17	15.466 97	-0.065 05
21	1.000 00	-8.724 05	41.715 38	0.328 50	1.000 00	-3.033 88	12.726 54	-0.053 52
22	0.692 75	0.000 00	41.715 38	-1.000 00	0.656 06	-0.601 78	12.601 85	-0.802 47
23	0.564 32	-12.194 77	58.311 17	0.459 19	0.576 70	-4.194 26	17.594 08	-0.073 99

续表

DMU	6个月				12个月			
	Score	Dual Price (x)	Dual Price (y)	v *	Score	Dual Price (x)	Dual Price (y)	v *
1	0.663 94	-2.503 53	8.595 33	-0.060 19	0.643 54	-1.310 92	4.182 50	-0.210 02
2	1.000 00	-2.943 47	10.105 76	-0.070 76	1.000 00	-1.639 12	5.229 59	-0.262 60
3	1.000 00	-25.589 89	19.803 36	6.118 96	0.499 22	-1.530 12	4.881 82	-0.245 14
4	1.000 00	-1.366 93	4.693 04	-0.032 86	1.000 00	-0.531 34	1.695 23	-0.085 12
5	0.826 20	-1.767 48	6.068 26	-0.042 49	0.704 26	-0.946 50	3.019 80	-0.151 64
6	0.541 20	-2.074 17	7.121 19	-0.049 87	0.263 15	-1.224 67	3.907 30	-0.196 20
7	0.084 07	-20.636 73	15.970 23	4.934 58	0.232 25	-13.689 14	6.714 73	4.874 44
8	0.963 49	-2.518 59	8.647 00	-0.060 55	0.726 11	-1.434 64	4.577 21	-0.229 84
9	1.000 00	-64.307 28	31.980 17	16.275 02	0.452 29	-1.278 78	4.079 95	-0.204 87
10	0.405 37	-2.935 21	10.077 40	-0.070 57	1.000 00	-289.518 30	142.013 10	103.091 90
11	0.759 00	-2.144 24	7.361 78	-0.051 55	0.723 78	-0.882 84	2.816 71	-0.141 44
12	0.696 41	-2.572 23	8.831 18	-0.061 84	0.658 25	-0.860 61	2.745 79	-0.137 88
13	0.721 53	-1.723 07	5.915 78	-0.041 43	0.731 81	-0.872 07	2.782 34	-0.139 71
14	0.714 09	-2.650 58	9.100 17	-0.063 72	0.626 20	-1.233 96	3.936 94	-0.197 69
15	0.582 63	-1.504 61	5.165 75	-0.036 17	0.609 00	-0.909 54	2.901 89	-0.145 72
16	0.703 75	-1.458 48	5.007 38	-0.035 06	0.747 19	-0.796 41	2.540 96	-0.127 59
17	0.731 83	-2.736 17	9.394 04	-0.065 78	0.772 16	-1.074 32	3.427 61	-0.172 11
18	0.790 83	-2.584 70	8.873 98	-0.062 14	0.884 54	-1.202 54	3.836 69	-0.192 66
19	0.455 33	-2.870 51	9.855 25	-0.069 01	0.344 85	-1.532 70	4.890 08	-0.245 55
20	0.742 08	-2.577 54	8.849 40	-0.061 97	0.828 46	-1.401 27	4.470 75	-0.224 50
21	0.942 31	-1.776 26	6.098 38	-0.042 70	0.901 44	-1.101 39	3.513 98	-0.176 45
22	0.586 10	-2.143 97	7.360 84	-0.051 54	0.794 91	-1.150 85	3.671 77	-0.184 38
23	0.630 82	-2.482 20	8.522 08	-0.059 68	0.537 94	-1.440 62	4.596 28	-0.230 80

续表

DMU	24个月				36个月			
	Score	Dual Price (x)	Dual Price (y)	v *	Score	Dual Price (x)	Dual Price (y)	v *
1	0.552 57	−4.453 13	6.209 51	0.365 77	0.536 67	−1.882 07	2.832 08	0.087 01
2	1.000 00	−2.257 78	3.892 67	−0.005 78	0.986 38	−1.519 85	2.287 03	0.070 26
3	1.000 00	−45.786 70	26.462 12	7.308 25	1.000 00	−27.724 74	19.871 22	4.418 09
4	0.699 87	−0.508 17	2.256 78	−0.551 68	0.668 93	−1.626 13	2.446 95	0.075 18
5	0.175 05	−0.554 97	2.464 60	−0.602 49	0.114 47	−2.122 01	3.193 13	0.098 10
6	0.219 04	−1.247 63	2.151 06	−0.003 19	0.288 18	−1.124 24	1.691 71	0.051 97
7	0.127 88	−2.618 90	3.651 83	0.215 11	0.153 43	−1.685 08	2.535 66	0.077 90
8	1.000 00	−7.557 48	10.538 26	0.620 76	1.000 00	−4.629 30	6.966 03	0.214 01
9	0.076 89	−4.997 83	6.969 05	0.410 51	0.361 69	−1.605 51	2.415 93	0.074 22
10	0.106 06	−1.566 45	2.700 73	−0.004 01	0.349 79	−1.389 58	2.091 00	0.064 24
11	0.525 26	−2.798 39	3.902 12	0.229 86	0.721 69	0.000 00	1.039 40	−1.000 00
12	0.617 24	−0.504 24	2.239 32	−0.547 41	0.585 37	−0.991 63	1.492 17	0.045 84
13	0.256 07	−3.214 18	4.481 91	0.264 01	0.491 66	−0.968 95	1.458 05	0.044 79
14	0.274 76	−1.629 93	2.810 18	−0.004 17	0.210 02	−2.821 87	4.246 27	0.130 45
15	0.055 59	−1.682 88	2.901 48	−0.004 31	0.094 09	−1.598 04	2.404 68	0.073 88
16	0.710 70	−0.548 67	2.436 64	−0.595 65	0.680 30	−0.845 27	1.271 93	0.039 08
17	1.000 00	−0.318 75	1.415 55	−0.346 04	0.787 44	−1.070 81	1.611 32	0.049 50
18	0.922 21	−0.434 91	1.931 44	−0.472 15	0.822 96	−0.780 06	1.173 81	0.036 06
19	0.154 58	−3.148 60	4.390 46	0.258 62	0.130 31	−2.046 81	3.079 98	0.094 62
20	0.617 45	−0.536 41	2.382 17	−0.582 34	0.611 28	−1.364 00	2.052 50	0.063 06
21	1.000 00	−1.454 96	2.508 51	−0.003 72	1.000 00	−0.690 73	1.039 40	0.031 93
22	0.860 43	−0.440 67	1.957 01	−0.478 40	0.665 36	−1.210 99	1.822 26	0.055 98
23	0.306 86	−3.020 41	4.211 71	0.248 09	0.376 17	−2.336 88	3.516 47	0.108 03

续表

	48 个月				72 个月			
DMU	Score	Dual Price (x)	Dual Price (y)	v *	Score	Dual Price (x)	Dual Price (y)	v *
1	1.000 00	−6.832 58	9.133 03	0.027 76	0.423 63	−3.575 33	2.367 91	−0.015 01
2	0.945 83	−1.162 59	1.554 02	0.004 72	0.958 46	−0.237 58	0.701 47	−0.531 59
3	0.340 94	−2.922 79	3.906 87	0.011 87	1.000 00	−21.479 62	14.225 74	−0.090 20
4	0.644 22	−1.206 87	1.613 21	0.004 90	0.500 64	−2.310 96	1.530 53	−0.009 71
5	0.260 18	−0.422 28	1.249 45	−0.514 46	0.166 98	−1.607 43	1.064 58	−0.006 75
6	0.424 43	−0.923 19	1.234 01	0.003 75	0.342 51	−1.170 18	0.775 00	−0.004 91
7	0.349 46	−1.743 76	2.330 86	0.007 08	0.113 27	−1.486 88	0.984 75	−0.006 24
8	0.797 99	−2.999 56	4.009 48	0.012 19	0.386 30	−1.732 85	1.147 65	−0.007 28
9	0.044 95	−2.311 81	3.090 18	0.009 39	0.148 74	−3.228 51	2.138 21	−0.013 56
10	1.000 00	−20.470 51	3.888 90	2.653 38	0.433 06	−1.808 37	1.197 66	−0.007 59
11	0.500 86	−2.082 78	2.784 03	0.008 46	0.341 17	−2.418 53	1.601 77	−0.010 16
12	0.712 46	−0.357 20	1.056 89	−0.435 17	0.605 40	−0.274 82	0.811 42	−0.614 92
13	0.269 23	−1.807 62	2.416 23	0.007 34	0.025 84	−2.322 14	1.537 93	−0.009 75
14	0.178 43	−2.115 38	2.827 61	0.008 59	0.184 45	−0.325 65	0.961 51	−0.728 66
15	0.262 13	−1.435 92	1.919 37	0.005 83	0.318 56	−1.821 64	1.206 45	−0.007 65
16	0.716 24	−0.385 57	1.140 84	−0.469 74	0.936 72	−3.716 37	2.461 31	−0.015 61
17	1.000 00	−0.280 66	0.830 42	−0.341 93	1.000 00	−0.210 58	0.621 75	−0.471 18
18	0.757 95	−0.390 40	1.155 14	−0.475 63	0.773 43	−2.777 11	1.839 25	−0.011 66
19	0.240 70	−1.681 63	2.247 82	0.006 83	0.286 61	−2.201 15	1.457 80	−0.009 24
20	0.652 66	−1.672 72	2.235 91	0.006 80	0.648 70	−3.374 80	2.235 10	−0.014 17
21	1.000 00	−0.992 79	1.327 06	0.004 03	1.000 00	−0.347 32	1.025 49	−0.777 15
22	0.641 63	−0.357 76	1.058 54	−0.435 86	0.273 77	−0.341 67	1.008 82	−0.764 52
23	0.187 03	−2.790 72	3.730 32	0.011 34	0.066 38	−2.980 49	1.973 95	−0.012 52

附录 9　第 7 章 5 只股票 10 种组合在不同时段的效率值

附表 9-1　第 7 章 5 只股票 10 种组合在不同时段的效率值

	1 个月				3 个月			
DMU	V（1）X	U（1）Y	Score	Rank	V（1）X	U（1）Y	Score	Rank
1	7. 628 007 9	54. 649 184	1	1	3. 745 436 9	15. 798 465	0. 999 810 4	2
2	7. 584 122 1	54. 334 774	0. 989 472 2	4	3. 757 901 4	15. 851 041	0. 995 347 5	3
3	7. 689 407 2	55. 089 066	0. 970 899 1	8	3. 789 156 8	15. 982 878	0. 979 487 7	9
4	7. 680 416 6	55. 024 654	0. 999 887 1	2	3. 750 857 8	15. 821 33	1	1
5	7. 810 316	55. 955 29	0. 962 382 9	9	3. 812 649 8	16. 081 972	0. 979 843 3	8
6	7. 319 910 5	52. 441 888	0. 984 154 6	5	3. 510 599 1	14. 807 906	0. 979 965 2	7
7	7. 559 512 6	54. 158 464	0. 958 239 2	10	3. 609 162 7	15. 223 652	0. 958 864 9	10
8	7. 722 415	55. 325 542	0. 971 683	7	3. 814 101 2	16. 088 095	0. 981 956 6	6
9	7. 561 676 8	54. 173 97	0. 977 520 4	6	3. 641 061 5	15. 358 204	0. 983 787 2	5
10	7. 592 189 2	54. 392 569	0. 992 924	3	3. 750 031 7	15. 817 846	0. 993 219 4	4
	6 个月				12 个月			
DMU	V（1）X	U（1）Y	Score	Rank	V（1）X	U（1）Y	Score	Rank
1	2. 228 847 4	7. 602 952 8	0. 987 965 4	6	1. 293 316 6	3. 784 167 8	0. 986 52	5
2	2. 261 128 8	7. 713 069 7	0. 981 360 7	7	1. 267 698 8	3. 709 211 6	0. 999 468 8	2
3	2. 288 190 6	7. 805 381 7	0. 980 587 3	9	1. 237 330 6	3. 620 356	0. 982 600 1	9
4	2. 218 525 9	7. 567 744 4	0. 993 180 3	4	1. 295 717 7	3. 791 193 3	0. 983 489 4	8
5	2. 271 917 7	7. 749 872 4	0. 995 045 5	2	1. 222 332	3. 576 471	0. 993 551 1	4
6	2. 065 629 6	7. 046 190 9	0. 993 736 4	3	1. 101 373 5	3. 222 553 4	0. 998 104 7	3
7	2. 140 457 7	7. 301 441 4	0. 991 039 8	5	1. 102 968 9	3. 227 221 7	0. 968 077 1	10
8	2. 304 104 5	7. 859 666 7	0. 981 114 5	8	1. 254 405 9	3. 670 317 2	0. 984 579 9	6
9	2. 139 574 9	7. 298 43	1	1	1. 158 167 5	3. 388 729 4	1	1
10	2. 255 700 4	7. 694 552 5	0. 979 584 7	10	1. 277 449 6	3. 737 741 7	0. 983 892 7	7
	24 个月				36 个月			
DMU	V（1）X	U（1）Y	Score	Rank	V（1）X	U（1）Y	Score	Rank
1	1. 343 652 3	3. 010 994 8	0. 988 707 5	2	1. 178 067	2. 019 796 2	0. 999 414 4	2
2	1. 165 181 7	2. 611 059 5	0. 961 995 6	4	1. 121 662 6	1. 923 090 9	0. 987 882 9	3
3	1. 163 001 5	2. 606 173 9	0. 915 330 1	9	1. 279 037 8	2. 192 910 8	0. 953 460 7	8
4	1. 455 743 6	3. 262 180 6	1	1	1. 230 975 9	2. 110 508 6	1	1

	24 个月				36 个月			
DMU	V（1）X	U（1）Y	Score	Rank	V（1）X	U（1）Y	Score	Rank
5	1. 303 846 5	2. 921 793 8	0. 929 425 7	7	1. 379 327 5	2. 364 857 5	0. 946 707 5	9
6	1. 239 609 9	2. 777 845 8	0. 958 830 2	5	1. 155 436 7	1. 980 996 7	0. 970 966 6	5
7	1. 266 811 3	2. 838 801 5	0. 879 680 4	10	1. 485 155 5	2. 546 299 6	0. 908 204 6	10
8	1. 173 115	2. 628 837 3	0. 920 313 8	8	1. 275 836 9	2. 187 422 8	0. 957 038 1	7
9	1. 359 875 6	3. 047 349 6	0. 966 942 1	3	1. 257 663 8	2. 156 265	0. 968 405 5	6
10	1. 202 684 8	2. 695 100 2	0. 955 006 3	6	1. 163 391 8	1. 994 635 7	0. 986 589 1	4

	48 个月				72 个月			
DMU	V（1）X	U（1）Y	Score	Rank	V（1）X	U（1）Y	Score	Rank
1	1. 015 759 4	1. 640 748	0. 993 872 3	2	0. 885 482 4	1. 104 522 9	0. 994 052 5	2
2	0. 891 223 3	1. 439 585 9	0. 976 892 1	3	0. 748 647 9	0. 933 839 9	0. 959 989 4	6
3	0. 916 761 7	1. 480 837 8	0. 940 399 9	9	0. 765 230 7	0. 954 524 7	0. 907 221 1	8
4	1. 093 357 4	1. 766 091 5	1	1	0. 953 943 5	1. 189 919 1	1	1
5	1. 012 515 3	1. 635 507 9	0. 948 217 2	7	0. 802 974 8	1. 001 605 5	0. 896 688 7	9
6	0. 977 875 3	1. 579 554 2	0. 970 848	6	0. 898 474	1. 120 728 2	0. 991 929 4	3
7	1. 049 329 9	1. 694 974 3	0. 905 528 1	10	0. 952 856 8	1. 188 563 7	0. 886 687 6	10
8	0. 918 963 5	1. 484 394 4	0. 944 401	8	0. 758 248 9	0. 945 815 8	0. 907 974 6	7
9	1. 050 957 6	1. 697 603 5	0. 975 068	4	0. 895 205 7	1. 116 651 5	0. 960 896	5
10	0. 928 212 5	1. 499 334 3	0. 971 230 5	5	0. 806 84	1. 006 426 9	0. 964 407 8	4

附录 10　第 7 章 10 种组合下 5 只股票不同时段的最优组合比例

附表 10-1　第 7 章 10 种组合下 5 只股票不同时段的最优组合比例

DMU	1 个月		3 个月		6 个月		12 个月	
2	0. 002 641	0. 020 247	0. 008 896	0. 034 098	0. 023 861	0. 076 125	0. 046 11	0. 108 481
4	0. 002 836	0. 022 507	0. 011 633	0. 055 3	0. 049 917	0. 165 747	0. 138 189	0. 403 361
8	0. 003 568	0. 026 232	0. 015 321	0. 064 302	0. 022 903	0. 076 671	0. 032 608	0. 110 345
17	0. 002 617	0. 019 953	0. 006 248	0. 029 098	0. 009 116	0. 039 953	0. 026 361	0. 090 175
21	0. 006 636	0. 042 156	0. 021 108	0. 083 807	0. 031 219	0. 108 887	0. 051 829	0. 151 071
组合最优值	0. 018 299	0. 131 096	0. 063 206	0. 266 606	0. 137 016	0. 467 383	0. 295 096	0. 863 433
最优组合组	最优组合 1		最优组合 4		最优组合 9		最优组合 9	
DMU	24 个月		36 个月		48 个月		72 个月	
2	0. 046 845	0. 080 299	0. 078 647	0. 128 41	0. 110 985	0. 157 59	0. 249 16	0. 359 526
4	0. 043 792	0. 124 58	0. 038 603	0. 093 367	0. 056 391	0. 117 58	0. 046 19	0. 060 512
8	0. 027 817	0. 062 866	0. 042 082	0. 076 875	0. 058 343	0. 098 919	0. 098 67	0. 167 936
17	0. 080 999	0. 235 24	0. 056 032	0. 112 377	0. 138 072	0. 268 845	0. 184 413	0. 287 941
21	0. 107 091	0. 183 949	0. 258 456	0. 401 335	0. 202 431	0. 271 679	0. 261 96	0. 172 365
组合最优值	0. 306 543	0. 686 934	0. 473 819	0. 812 364	0. 566 222	0. 914 614	0. 840 393	1. 048 28
最优组合组	最优组合 4		最优组合 4		最优组合 4		最优组合 4	

附录 11　第 7 章 23 只股票区间收益及风险代码

```
clear;
clc;
load(' 23gupiao.mat' );
%   format long
 n1=158;
 d=var(A);%根据每只股票月收益率求方差
 DD=sqrt(d);%求标准差
 R=mean(A);%根据每只股票月收益率求每只股票的期望平均收益
 D=cov(A);%根据每只股票月收益率求协方差
 d1=d/(sqrt(n1));
 d2=1.96*d1;
 d3=R-d2;%求每只股票平均收益的下限
 d4=R+d2;%求每只股票平均收益的上限
 t3=DD-d2;%求每只股票风险的下限
 t4=DD+d2;%求每只股票风险的上限
 TT=[t3;t4];
 TT=TT' ;%求每只股票风险区间
 RR=[d3;d4];
 RR=RR' ;%求每只股票平均收益区间
```

附录 12 第 7 章基于区间 DEA 模型求 23 只 股票不同模式下 区间效率代码

```
clear;
clc;
input_bound=TT;
output_bound=RR;
input_low=input_bound(:,1:2:end);
input_high=input_bound(:,2:2:end);
output_low=output_bound(:,1:2:end);
output_high=output_bound(:,2:2:end);
j_range=size(input_bound,1);
i_range=size(input_low,2);
r_range=size(output_low,2);
theta=zeros(j_range,2);
for j0=1:j_range
%j0=1;
ele=ones(1,j_range);
ele(j0)=0;
ele_tran=1 - ele;
fprintf(' \n--------------processing %d-th DMU:--------------
-- \n \n' ,j0);
% lower bound of theta
matrix_al=zeros(i_range+r_range ,j_range+1);
matrix_bl=zeros(i_range+r_range,1);
for i=1:i_range
    matrix_al(i,:)=matrix_al(i,:) +[input_low(:,i)' .*ele 0]
+...
        (j_range-1)*input_high(j0,i) *[ele_tran 0]+...
        [zeros(1,j_range) -input_high(j0,i)];
    matrix_bl(i)=0;
end
for r=1:r_range
```

```
    matrix_al(r+i_range,:)=matrix_al(r+i_range,:)+[output_
high(:,r)'.*ele0]+...
        (j_range-1)*output_low(j0,r)*[ele_tran0];
    matrix_al(r+i_range,:)=-matrix_al(r+i_range,:);
    matrix_bl(r+i_range)=-output_low(j0,r);
end
coeff=[zeros(1,j_range) 1]';
lb=zeros(j_range+1,1);
scale=1000;
ub=[scale*ones(j_range,1);1];
[X1,fval,exitflag,output,lambda]=linprog(coeff,matrix_al,
matrix_bl,[],[],lb,ub);
% upper bound of theta
matrix_au=zeros(i_range+r_range,j_range+1);
matrix_bu=zeros(i_range+r_range,1);
for i=1:i_range
    matrix_au(i,:)=matrix_au(i,:)+[input_high(:,i)'.*ele0]+...
        (j_range-1)*input_low(j0,i)*[ele_tran0]+...
        [zeros(1,j_range) -input_low(j0,i)];
    matrix_bu(i)=0;
end


for r=1:r_range
    matrix_au(r+i_range,:)=matrix_au(r+i_range,:)+[output_
low(:,r)'.*ele0]+...
        (j_range-1)*output_high(j0,r)*[ele_tran0];
    matrix_au(r+i_range,:)=-matrix_au(r+i_range,:);
    matrix_bu(r+i_range)=-output_high(j0,r);
end
```

```
coeff=[zeros(1,j_range) 1]';
lb=zeros(j_range+1,1);
scale=1000;
ub=[scale*ones(j_range,1);1];
[X2,fval,exitflag,output,lambda]=linprog(coeff,matrix_au,
matrix_bu,[],[],lb,ub);


theta(j0,:)=[X1(end) X2(end)];
end
fprintf(' \n-------------processing done! -----------------
--\n');
```

附录 13　第 8 章基于 DEA 模糊投资组合效率评价代码

```
clc;clear;
a=[0.022 0.053 0.078 0.120 0.006];
b=[0.026 0.060 0.085 0.164 0.086];
alpha=[0.020 0.050 0.072 0.008 0.072];
beta=[0.030 0.054 0.094 0.176 0.090];
%数据量
p=100;
%资产数量
q=5;
%生成X
X=[];
for i=1:p
    x=rand(1,q);y=sum(x);
    X=[X;x/y];
end
p=100;
C=zeros(p,1);C1=zeros(p,1);C2=zeros(p,1);
E=zeros(p,1);
B=[1/2*(b(1)-a(1)+(alpha(1)+beta(1))/3) 1/2*(b(2)-a(2)+(alpha
(2)+beta(2))/3) 1/2*(b(3)-a(3)+(alpha(3)+beta(3))/3) 1/2*(b(4)
-a(4)+(alpha(4)+beta(4))/3) 1/2*(b(5)-a(5)+(alpha(5)+beta
(5))/3)];
D=[alpha(1)+beta(1) alpha(2)+beta(2) alpha(3)+beta(3) alpha(4)
+beta(4) alpha(5)+beta(5)];
D1=[alpha(1) alpha(2) alpha(3) alpha(4) alpha(5)];
D2=[1/2*(b(1)-a(1)+(alpha(1)+beta(1))/3) 1/2*(b(2)-a(2)+
(alpha(2)+beta(2))/3) 1/2*(b(3)-a(3)+(alpha(3)+beta(3))/3) 1/2
*(b(4)-a(4)+(alpha(4)+beta(4))/3) 1/2*(b(5)-a(5)+(alpha(5)+
beta(5))/3)];
M=[1/2*(a(1)+b(1)+(beta(1)-alpha(1))/3) 1/2*(a(2)+b(2)+(beta
```

```
(2)-alpha(2))/3) 1/2*(a(3)+b(3)+(beta(3)-alpha(3))/3) 1/2*(a
(4)+b(4)+(beta(4)-alpha(4))/3) 1/2*(a(5)+b(5)+(beta(5)-alpha
(5))/3)];
c=[0.000 2 0.000 2 0.000 2 0.000 2 0.000 2];
for i=1:p
C(i,:)=(B*X(i,:)').^2+1/72*(D*X(i,:)').^2;
C1(i,:)=(B*X(i,:)').^2+1/18*(D1*X(i,:)').^2;
C2(i,:)=D2*X(i,:)';
E(i,:)=M*X(i,:)'-c*(X(i,:)');
End
X=C2';
Y=E';
[m,n]=size(X);
[s,l]=size(Y);
epsilon=10^-5;
f=[zeros(1,n) -epsilon*ones(1,m+s)  1];
  A=zeros(1,n+m+s+1);b1=0;
  LB=zeros(n+m+s+1);UB=[];
for i=1:n;
Aeq=[X eye(m) zeros(m,s) -X(:,i)
     Y zeros(s,m) -eye(s) zeros(s,1)
     ones(1,n) 0 0 0];
beq=[zeros(m,1)
     Y(:,i)
     ones(1,1)];
w(:,i)=linprog(f,A,b1,Aeq,beq,LB,UB);
end
w;
lambda=w(1:n,:);
s_minus=w(n+1:n+m,:);
```

```
s_plus=w(n+m+1:n+m+s,:);

theta=w(n+m+s+1,:);

theta=theta';
```

%模糊的画图

```
 PortReturn=[ 0.05 0.06 0.07 0.08 0.09 0.1 0.11 0.12 0.13 0.14 0.15
0.16 0.17 0.18 0.19 ];
 PortRisk=[0.000 380.000 51 0.000 66 0.000 83 0.001 0 0.001 2 0.001
5 0.001 7 0.002 0 0.002 3 0.002 6 0.002 9 0.003 2   0.003 4 0.003 6 ];
%30
 PortReturn30=[0.0583 0.0671 0.0786 0.1079];
PortRisk30=[ 0.000 80 0.000 9 0.001 1 0.001 8];
%50
  PortReturn50=[0.0649 0.0906 0.098 0.1026];
  PortRisk50=[ 0.000 65 0.001 3 0.001 7 0.002 5];
%100
  PortReturn100=[0.042 0.0656 0.0771 0.0911 0.0949 0.1096];
  PortRisk100=[0.000 48 0.000 75 0.000 93 0.001 2 0.001 3 0.001 9];
%300
  PortReturn300=[0.0471 0.0495 0.0763 0.0933 0.1042 0.1077 0.1104
0.112 2 0.1149];
  PortRisk300=[0.000 48 0.000 49 0.000 8 0.001 2 0.001 5 0.001 6
0.001 8 0.002 1 0.002 5];
%600
  PortReturn600=[0.0431 0.0497 0.0570 0.0791 0.1053 0.1100 0.1143
0.1297];
  PortRisk600=[0.000 38 0.000 45 0.000 54 0.000 9 0.001 5   0.001 6
0.001 9 0.002 8];
plot(PortRisk,PortReturn,' r-.' ,PortRisk30,PortReturn30,' b+' ,
PortRisk50,PortReturn50,' y+' ,PortRisk100,PortReturn100,' r+' ,
PortRisk300,PortReturn300,' b.' ,PortRisk600,PortReturn600,' g+
```

');

legend(' 真实前沿面' ,' 30DEA 投资组合有效前沿' ,' 50DEA 投资组合有效前沿' ,' 100DEA 投资组合有效前沿' ,' 300DEA 投资组合有效前沿' ,' 60DEA 投资组合有效前沿');

ylabel(' 投资组合收益');

xlabel(' 投资组合风险');